总主编　李红权　朱宪
本卷主编　李红权　朱宪

近代蒙古文献大系

政治卷

◇ 第十二册 ◇

中华书局

目　录

绥境蒙政会在中国现阶段之使命

梁维直　撰

一　成立经过

绥境蒙政会，系"绥远省境内蒙古各盟旗地方自治政务委员会"之简称，今年一月十三日由国府明令发表"特派阎锡山为绥省境内蒙古盟旗地方自治指导长官"。十五日复正式命令蒙政会改组，并以沙克都尔扎布为委员长，潘弟恭察布、阿拉坦鄂齐尔、巴宝多尔济等为副委员长。二月二十三日，沙王率蒙政会负责人及各盟旗王公，在绥远开成立大会，正式宣告就职，当日且发出拥护统一及团结救国之宣言。除蒙政会负责人外，莅会者复有中央监誓代表傅作义氏，阎锡山代表徐永昌氏及来宾日本武官羽山喜郎等，仪式之隆重，为绥远近来所罕见。然吾人于此，必将发生一种疑问：绥境蒙政会，究竟为何而改组？吾人欲解答此一问题，可于下列事态中研究之。

自冀察政态酝酿以来，内蒙谣喙，时嚣尘上。一月廿六日，百灵庙电平办事处，郑重辟谣，此举实足证明谣言之起，非空隙来风。尔后，乌、依两盟各旗王公，对谣传曾郑重提出否认，且表示乌、依两盟，坚决维护统一，反对分裂运动。又一月三日，潘王在绥就蒙旗剿匪总司令职时，复明白表示："保蒙旗即所以保中国，当以最大努力，保全国家领土完整"云云。三月二十五日，百灵庙保安科长云继先等率官佐、士兵千余人离开百灵庙时，曾发出脱离百灵庙与请求地方当局援助之文电。吾人搜集上列数种史实而反复研究之，则德王领导下之蒙政会，其近况究竟如何及乌、依两盟旗各王公对中央之态度，与绥境蒙政会所以成立之必要原因，当不必喋喋烦言，明眼人见之，自不难索解其深重之意义矣。绥境蒙政会之成立，既有上述之深重意义，因之，吾人欲了解其各种真实近况之心理亦愈趋迫切，此次得假西北考察之便，莅临绥远，则造访蒙政会当局一举，不能不成为吾人之首要目标。

二　组织概况

吾等此次抵绥远时，除到省府有所接洽外，未暇至任何处参观，首先即造访蒙政会，当承其秘书主任乌有兰先生接见，款谈颇久。余等造访之主要动机，即在请求蒙政会负责首长，与余等六十余人，作一度恳切谈话。此意当经乌先生许可，约于午后六时，到蒙政会茶会，届时，考察团全体均踊跃参加，出席者有蒙政会委员康达多尔济及委员兼教育处长荣祥，次为蒙政会各科长、秘书等，省府之交际主任尹绍伊亦列席。首由荣祥总管致词，追溯历史，滔滔不绝，言及清人之愚蒙政策，谓不准蒙人习汉文，用汉语，与乎家有三男，必以二男为僧等之恶毒政策，则双眉为之深蹙。末谓："现在政府能深体蒙情，彻底改变其对蒙政策，视蒙汉为一体，此点同人（指蒙政会）至深感佩，故愿竭诚拥护政府。"又谓"蒙民虽属落后，但其未染污习之处，则有如洁白之纸，此后蒙民之进步如何，则在中央之如何启迪与领导"等语。荣总管演词甚长，兹仅提其撮要者而记之。康王以时间过迟，不欲再发言，次则为本团体各代表致词。余因抽暇往晤该会乌秘书，详询该会之组织情形及今后之工作步骤，并举其概略如下：

绥境蒙政会在组织方面，系由两盟十八旗组成，计乌兰察布盟六旗，伊克昭盟七旗，察哈尔右翼四旗及归化土默特特别旗一旗，各旗所在区域，除察哈尔四旗外，多在蒙境。至蒙政会之性质，虽由中央任命，然晋绥绥靖主任阎锡山氏仍为其指导长官，而蒙政会在行政方面，亦须受绥省府之节制，按其性质，实有所谓二重性也。自绥境蒙政会成立后，百灵庙之蒙政会，在法律上言，实应迁至锡林果勒盟各旗地始可，然今以某种政治关系，迁移恐非易事也。

至其会内组织，则大概如下：计设委员长一人，现为沙克都尔扎布（通称沙王），副委员长三人，一、巴宝多尔济；二、阿拉坦鄂齐尔；三、潘弟恭尔〔察〕布。委员十七人（姓名从略）。外又分三委员会与七处：计（一）"防共"委员会，主席康王。（二）建设委员会，主席图王，常委噶王、巴总管。（三）财务委员会，主席鄂王。所谓七处计：一、秘书处；二、参事处；三、民治处；四、保安处；五、教育处；六、卫生处；七、实业处。至蒙政会之经费，则由中央月拨二万五千元，事业费及行政设施费在外。此次潘王赴京，向中央要求六事，内即有建设费二十万元，赈灾费四万元，开办费二万五千元，各款中央已允拨付，余皆得圆满答覆。故潘王此次北返后，对蒙汉感情，必将愈趋融洽。而将来蒙政会之政绩表现，亦必能大慰国人殷殷热望也。

三 现在使命

生息于现状下之中国国民，人无童昏，皆知国难之严重，如一发而引千钧。然，所谓国难，究何所居，吾人细心分析，对外关系虽甚复杂，而主要症结，则莫过于边防之吃紧。窃自九一八事件发生后，东北四省，相继沦亡，而国防生命线之唯一寄托，则专在西北诸省，西北诸省中，内蒙又首当国防线之冲，是以今日内蒙所处之地位，实足以左右中国之安危。而绥境蒙政会，又产生于此等危难之环境中，其使命之重大，当复何如？援吾人管见所及，绥境蒙政会在目前所负之使命，似应有如下三点。

A、关于国防者　内蒙目前在国防上之重要，既如前述。窃自热河沦陷后，今日之所谓内蒙，仅存察、绥两省之西部，吾人均知今后中华民族之出路，不在东南，而在西北，视西北为中华民族之生命线，实非过论。而现存之内蒙，又为西北第一道国防线，因此，内蒙一隅，竟为中华民族生命线中之生命线矣。盖内蒙存在，东则可以窥〔规〕复既失之东四省，西则可以屏蔽正属危急之山、陕、甘、宁。设内蒙不保，则藩篱尽撤，西北立见危殆，而整个中国，亦将起极大之倾摇，国且不国，遑言复兴？故内蒙在国防上之使命有如此。此其一。

B、关于政治者　吾人检阅历史，历代帝王对边远民族，多存歧视，因之施用于边远同胞之政策，充其量不过怀柔羁縻而已，吾人稽阅史乘，莫不深叹其失策！然，今日何日？诚整个中华民族危急存亡之时也。凡属中华民族，均应打破种族上之畛域，消灭地理上之隔阂，而集中全民族之各种力量，以共同挽救目前难关，此点，非特今日执政当局有深切觉悟，一反过去怀柔羁縻之策，即全国内地民众，亦莫不深切了解，中华民族之安危，实联紧〔系〕于五族之共存。故年来内地民众，莫不寄热望与同情于边远同胞也。然，目前侵略我之野心国家，欲逞其蚕食鲸吞之目的，方利用种种挑拨离间手段，从而利诱之，威胁之，以使我汉蒙同胞之感情仳〔化〕裂，而收其各个系〔击〕破之效。此点，我中华民族若不自觉，则危亡可企足而待。今蒙政会既秉维护统一之旨而成立，则对汉蒙同胞之感情与文化，实负有融洽沟通之使命。故蒙政会在政治方面：甲、当使内蒙人民与绥省当局打成一片，以防止敌人之离间挑拨；乙、更当使内蒙人民与全国同胞溶为一体，以与侵略我者抗战到底。此其二。

C、关于经济方面者　内蒙在整个中国经济上，实具有特殊之性质。因内蒙为游牧民族，故畜牧为其第二生命，亦即其唯一财产。内蒙牲畜，可分为马、牛、羊、驼四项。内蒙之马，体质极为坚强，早已驰誉全国，在军事上与农业上均有极大效用，将来我国欲造成国防上之骑兵劲旅，则蒙马实为唯一良骥。至牛、羊、驼三项，亦为内蒙之特产，除其皮革肉乳，可供蒙民衣食外，而羊毛与驼毛两宗，复为迩来出口大宗。近年来欧风东渐，国人多服用舶来之毛织物，如能利用内蒙之羊、驼毛，加以科学方法之制造，则大可应国人之需求，对国民经济之增益，实有不可思议之价值也。此外，内蒙之盐、碱与矿产，其产量亦非常丰富，尤其大青山之有烟煤与无烟煤，无须开采，俯拾即得。查煤与各种矿产，为新兴工业国所不可缺之原料，我国不欲复兴则已，若欲踏上复兴自强之途，则内蒙矿产，实为复兴民族中之重要原素。因此，蒙政会在经济上之使命，一方当善导蒙民，从事于牧畜之改良，他方则宜鼓励蒙民，从事于矿产之开发。此点若获成功，则不特对中国国民经济深有裨益，即对内蒙同胞之生活水准、文化程度，亦可大大提高也。此其三。

上述三端，在我人管见所及，似实为蒙政会当前急务，质之蒙政会负责诸公，未谂以为如何？

四　结语

蒙政会成立之重大意义，及其目前应有之使命既如前述，以此知蒙政会之本身，实非一骈技〔枝〕机关，而国人对蒙政会之希望，亦非等闲行政机关可比也。此次余等抵绥，沙王、潘王、巴王等均因公他往，未得晤及，良以此为深憾。然，当日席间得晤康王及荣总管，知康王沉着静穆，慈祥可亲，实一既富于办事能力又富于民族意识之人才。至荣总管，则精明强干，学识渊博，且又深明大义，实为蒙古同胞中之杰出人才。甚望诸公秉其爱国初衷，永远迈进，诚如潘王所言："保蒙土即所以保中国，当以最大努力，保全国家领土完整！"更有如荣总管自己之言："今后应继续成吉思汗以来之伟烈，而为国家建功！"两公所言，——尤其在此国难严重之时期，——内地任何青年，莫不馨香拜倒！今愿掬我辈一滴热忱，祝蒙政会之迈进无疆！更祝蒙政会负责诸公之迈进无已也。

一九三六，四，十三，撰于故都参议院

《真理评论》（半月刊）
北平真理评论社
1936 年 7 期
（朱宪　整理）

日俄关系紧张中之内蒙

倪继文 撰

自东三省失陷，日本数十年来朝野所一致主张的"满蒙政策"，算是得到初步的实现。然而日本帝国主义并不因此便心满意足的去经营"满洲国"，他还想继续的把蒙古地方，也放在他的统治之下，以作对抗突飞猛进的苏俄的根据地，更进而统制整个的满蒙经济，解决他国内的经济恐慌。热河的横被侵占，多伦的相继失陷，在在足以表示其贯彻满蒙政策的野心。最近，日本对于西蒙，尤其是锡林格勒盟，更作有计划的侵略，可见内蒙局势的危殆，已达到最严重的阶段了。

日本能实现满蒙政策，固然从日本国民方面说来，是馨香祷祝、一致希望着的。然而从苏俄——满蒙的邻邦看来，却是最忌妒最恐惧不过的事。原因很简单，只因为满蒙的富源，如果被苏俄抓到手，同样也可以增进苏俄的经济建设。同时满蒙如在中国政府统治之下，苏俄在国防上可无东顾之忧。满蒙一旦为日本所占领，则马上给苏俄以重大的威胁。所以在帝俄时代，尤其自亚力山大以来，就非常重视满蒙的地位。并且因被阻于欧洲，亟欲在远东觅一海口，以扩张其海军势力。一八九五年强迫日本归还我辽东半岛，一九〇四至〇五年的日俄大战，都是日俄间因互争满蒙而起的冲突。其后，俄国虽然打了败仗，但是他对于满蒙却仍然没有一天忽视过。因而不久，即有日俄的三次协定，划分北满及外蒙为俄国的势力范围，南满及内蒙为日本的势力范围。苏俄革命成功后，国策虽有变动，然而为了国防上的安全及其经济利益的关系，对于满蒙仍不稍变原来的态度。因为中东路的交涉，苏俄政府不惜出兵吉、黑二省，以示威胁，即其明例。这个问题，迁延至今，仍为悬案之一。同时在外蒙方面，费尽心机，实行"赤化"，唆使外蒙独立，并与之订立《俄蒙修好条约》（一九二一年），承认外蒙"国民政府"为外蒙的惟一政府。九一八以后，东北被日本拿去，迫使苏俄在欧洲方面组成了互不侵犯条约的网，将大量军队调至远东的国防上，更积极完成空军计划，抵抗以"打倒第三国际"的先锋自任的驻满日军。不消说，日本也在那里扩充陆海空军，准备应付未来的日俄大战。因此，现在日本与苏俄两国在远东方面的冲突，已经到达箭在弦上，一触即发的时期了。

正在日俄关系紧张的时期，锡林格勒、乌兰察布、伊克昭等三盟要求中央成立自治政府，电文有云："十年以来，外蒙剥夺于苏俄，哲盟、呼伦贝尔沦亡于日本，今日卓、昭等盟亦相继覆没，西蒙索〔耸〕动，华北震撼。……中央虽负扶植救济之责，顾内乱频仍，事势分异……乃于今年（二十二年）七月二十六日，招集内蒙全体长官会议，金曰采用高度自治，建设内蒙自治政府，急谋团结促进，以补中央所不及。凡事自决自治，庶几眉急可挽……"中央为安定整个国家的政局，自不能任其自由演变，于是派黄、赵赴百灵庙宣达中央意志，并指导筹备自治。几经磋商，各盟长官始允□消自治政府之议，改设蒙古政务委员会，内蒙自治问题，总算是告一段落。然而我们应该注意的，内蒙问题并不如此便可以解决了。要解决内蒙问题，还须进一步根据内蒙社会的一切风俗习惯与经济情况。

查蒙古的社会生活，自元朝迄于今日，可谓无甚变化。土地广大，人口稀少。其经济生活，仍未脱游牧时代的生活状况：逐水草而居，任牲畜之自然蕃殖。人民少知耕种土地，更无所谓土地的私有制之存在；宗教思想，深入人心，无近代化的教育。在这种情况之下，要求成立自治政府，当然最容易惹起人的怀疑来。因为实行地方自治，第一须视政治经济的基础如何；第二须视人民教育的程度如何。内地诸省较内蒙条件都好，然而自治迄尚未实施，何况内蒙现状仍停滞在游牧时代。况且，更有一层，内蒙人口不过三十余万，兵力只三四万人，且无完备的新式的枪械，以之自卫，殊感不足。诚如白云梯所言，谓其自治之动机在自卫，试问，此三四万兵力，对苏俄自卫，抑对日本自卫，抑对中国自卫？何况从历史上讲来，政府对内蒙，一向是放任的，怀柔的，谈不到任何不自由。国民政府成立，更以联络弱小民族为政纲，二十余年因为内战频仍，对边疆更是放任的。所以自治实是于内蒙与中国两都不利。

不过据一般的记载说，内蒙自治运动乃出于蒙古智识青年之自觉。这般受过现代教育的蒙古青年，目击同胞仍然颠沛于原始的游牧生活状态中，更鉴于中央对蒙古的漠视，于是在东蒙三盟陷敌之后，提出民族自决与自治原则，以先知先觉的地位而领导内蒙社会的改革。这种推动社会的精神，是我们所钦佩的。但是，只呐喊几个自治的口号，不从社会根本上使内蒙组织现代化，绝不能达到真正自治的途径。因而对于日本与苏俄的侵略，仍是无能力来抵抗。

所以，归纳来说，解决蒙古问题的第一原则，必须蒙汉合作。在中央方面，应一本扶植弱小民族的宗旨，扫除对蒙民的歧视观念，切实促进蒙古各种产业，改良蒙古政治制度，改善蒙民经济生活，普及蒙古社会教育，使蒙古现代化。在蒙民方面，应开诚布公，接受中央的指导，努力促成现代化！夫然后蒙汉两民族才

可以共存共荣，真正收到自卫的实效。方今日本与苏俄皆欲抓到
内蒙的时候，内蒙之前途正系于一念之转机，愿中央与蒙古有识
之士，共起速图之！蒙汉两民族幸甚！

　　　　　　　　　　　　　　二三，八，十，于国立北京大学

　　　　　　　　　　　　　　　《西北春秋》（半月刊）

　　　　　　　　　　　　　　　北平西北春秋社

　　　　　　　　　　　　　　　1936 年 10 期

　　　　　　　　　　　　　　　（王芳　整理）

绥远论

孟宝春　撰

一　历代之经营西北

绥远的开发，远在战国时代，当时赵国北边的云中、九原、固阳，就是现在的归化、托克托、清水河、兴和等地。

秦汉两代的绥远，军事和农垦并重，从雁门以北，阴山以南，东自代郡起（今之东五县——兴和、集宁、丰镇、陶林、凉城），西到朔元郡止（今之临河县境），加上中间定襄、云中、五原三地，就是现在的归绥、托克托、清水河、兴和、萨拉齐、固阳、包头等地，合置五郡，共四十多县。秦皇、汉武两朝，大批移民绥远，以实边防，并事开垦。

汉献帝建安年间，天下大乱，绥境肥区，逐渐荒废，仍被外族所占。经二百余年到北魏时，以绥远作根据地，建都于和林盛乐郡；及至移都代郡，绥省属境仍称为幾〔畿〕内之地，设州置镇，荒废渐兴。到了后魏正光五年（五二四），沃野镇民破六韩拔陵倡乱，各县纷起干戈，破坏之后，此地又归荒废。隋代只在本省中部略事经营，不久又被突厥所占。

唐初讨平突厥，设振武军，置州县，在黄河以北修了东、西、中三个受降城，实行大规模的屯田，于是辟农田，兴水利，地方十分繁盛。

唐末五代混乱，此地又成荒废。赵宋一代，绥省始终未入版图。经辽、金、元三朝的经营，设州置县，但安定的日子少，没有什么发展。

不过，后人若能本辽、金、元三朝的规模，逐渐经营，未始不可使绥省得有异常的繁荣，但，绥省至今仍为人口不满三百万的贫瘠小省，其原因就是明代二百年间的废弃，将历代的经营成绩消灭净尽。

绥省在明代，起初尚属大同统辖，丰州和云内州，是依元朝的制度；又设旧〔东〕胜卫、宣德卫、云川卫、玉材〔林〕卫，这些州县卫所，都是汉武初年所设，到了正统初年先后废除，设兵卫所出〔移〕入内地；又绥西后套也在洪武初年李文忠逐去王保保以后，就旧胜州城故址筑城，驻兵为屯田之计。永乐初年，弃河不守，竟把卫所撤去，移置陕边，从此以后，绥省地方入于蒙古，汉人都迁入内地。清初荒废如故，到了康、乾之季，才有秦、晋贫民，越包头而西，挑渠灌田，不久，土默特部与之同化，逐渐推广，达于后套。

二　绥远产业概观

绥远主要物产，为牲畜、池盐、煤、皮张、药材、宝石、自然碱等。

前后套自开放垦地后，农田渐增，年有大宗麦类产出。而绥境牧畜业之盛，尤值称道；绥远的羊，以伊克昭盟所产为最佳，总产额五十六万三千八百多头，羊毛一千八百十四万零七十多斤，羊绒六十三万五千多斤。绥马也很有名，称为口马，总产额约五万四千四百多头。牛的总产额为六万九千八百多头。兹将上年份

（即廿三年七月份到廿四年六月份）绥远的牲畜和各种皮毛的输出额，志之如下：

牲畜

骆驼	四，二〇四	骡	六，七五四
马	一一，〇九六	牛	五，一五九
驴	五，六二九	羊	二三八，九二九
猪	一一，七七六		

皮张

滩羊皮	一〇二，二三一	猾子皮	一八〇，七三三
狐皮	二一，九一九	马皮	七，五四八
牛皮	六，一一三	狗皮	六，五五二
狼皮	一，九一〇	沙狐皮	一四，〇九八
汗〔旱〕獭皮	五四，八五七	羔皮	六七五，三〇二
各色羊皮	六四四，九二七	驼皮	五，六八五
骡皮	六七二	驴皮	二，八九八
兔皮	三三，一六三	豹皮	一〇
小牛皮	三，三〇七	熟牛皮	六九
白板皮	六四九	猞猁皮	一，五四三
银鼠皮	三，四七一	灰鼠皮	一三七，一〇一
獾子皮	一，六五一	土豹皮	一七二
扫雪皮	四一九	家猫皮	一〇，四四一
猴猴皮	一，〇三七	熟马皮	九
殷子皮	九七五	野狸皮	八，三一五
生黄羊皮	二四，四三六	兔尔狲皮	一，四一九
黑皮	九二	皮条	一七八
羔腿皮	五，三八七	貂皮	一〇〇

毛

绵羊毛	二三,〇七二,九〇九斤	驼毛	二,〇三二,五二三斤
山羊毛	二二七,八四一斤	猪毛	四二九,一二九斤
杂色马毛	一,一四五斤	猪鬃	二〇,〇五七斤
马鬃	八,三九七斤	犀牛尾	一,七五七斤
杂色马尾	六,八二一斤	马尾子	四,五七二斤
山羊绒	五四八,三九二斤		

绥远主要产盐地，是大海滩、贡吉拜申、白盐池、红盐池等地，大海滩每年可产盐二百五十多万斤，行销于丰镇、大同、归绥等地。

绥远产煤很盛，其主产地为固阳、归绥、集宁、陶林、兴和及安北等县，年产九万多吨，以无烟煤最多，约占总出产量三分之二以上。

绥远虽然不是西北的主要药材产地，但每年也有大量输出，上年度绥远药材输出如下：

枸杞	四二九,九六八斤	锁阳	八,五二七斤
津草	四,二四八斤	荒草	四九七,七一九斤
甘草节	一,三八七,八一〇斤	黄芪	二四,六七一斤
生防风	三一,四二二斤	祁草	一,九六二,二四四斤
大黄	二二三,五八四斤	肉苁蓉	二三二,〇三四斤
羚羊角	四一斤	浙贝母	四八,五五三斤
茯苓	六,五七〇斤	鹿茸	四四架
下等药材	四一,七五七斤	最下等药材	八三,二〇三斤
生赤芍	一〇六,三六八斤		

绥远的宝石产地有二：一为陶林的黄花各峒宝石矿，产绿宝石、黄玉和水晶；二为固阳东北的赛林忽峒宝石矿，自民国十六年开采，得茶晶和紫晶约四千多斤，现已停采。

绥远的自然碱产地有二：一为鄂托克旗碱湖，年产约四千三百二十万斤，取碱期在十月至翌年四月；在鄂旗东有巴彦淖，也叫东碱湖，年产碱约三万担。二为杭锦旗碱湖，年产约二万担。

三 以前绥远的地位

绥省成立于民国初年，系由绥远道、乌兰察布盟和伊克昭盟合组而成，民国十七年改区建省。

绥远在汉唐曾有高度的繁荣，明永乐时放弃卫所，绥远落在蒙民手里，清代雍、乾以后，汉民又大批移垦，才逐渐发达起来。

拿民国初年左右的情形来看，绥远有其优越的经济状况。凡是蒙古、新疆的物产，多先运到绥远，再由平绥铁路运到天津等地。在绥远的各处商人，每年有厚利可获。当时陇海铁路没入陕境，甘、宁、青的物产，也多循黄河水运载到绥远，同时，绥境的煤、盐、食粮、牲畜、皮毛、药材，也有大量输出。在苏联西土铁路未筑成之前，绥新汽车公路开辟以后，更有大量新省原料品来绥远贸易，所以那时绥省的经济异常发达。

原料品并非完全卖与外商，绥省也有许多手工工业和小型机器工业随着商业的发达而建立起来了。像土产毛毡、皮布和制皮业都很兴盛。

由于工商业的逐渐发达，移民事业自然可望进步，各省人民尤其是山西北境人民，来绥省垦地日多，河套地方，几年工夫，垦地达四万多顷，私垦的土地，仅达拉特旗就有数千百顷，每年岁租收入达十万多元。

那时的绥远，正过着快乐的日子，外蒙还没有宣布独立，商务往来，一如家人，东有热、察作为屏障，西有宁、新作为外援，形势非常完整。固然，绥省的商品经济，脱不了帝国主义经济侵略的压迫与支配，但，外人还没有明目张胆，视绥远为禁脔，外人吞食绥远的企图，还没有什么明白表示，当然，在外蒙、新疆与东北不被外人攫去以前，绥远本可高枕无忧的。

现在的绥远，却与前不同了。

四　绥远的危机

外蒙古宣布独立后，绥远的外屏已撤，外蒙物产，不再取道绥远输入内地，经济上损失甚大，并且外蒙以其特殊的组织，时有引诱与兼并绥境蒙旗的企图，这时的绥达〔远〕，已成为中国北方的国防前线。

东北既失，热河陷落，整个的冀、晋、察、绥，已成为日本大陆政策的第二步侵略的对象。果然，日本在冀东成立伪组织，将冀省海岸贸易，完全收为己有；同时，嗾使伪军李守信部强占察北六县。敌人的势力，已直接与绥远接触了，自此，绥远情形，顿现紧张，整个绥蒙，已成"山雨欲来"之势。日本强迫德王组独立蒙旗政府，尤与绥远一大威胁。

中国的睦邻政策，替邻人谋了不少便宜的出路，于是日本便肆力以经济侵略致我国于死命，所以华北的经济，乃完全在日本劫持之下，所有各种贸易，都被日本垄断，所有交通路线，都直接间接与日本以许多便利。试想，绥远雏形工商业，哪能抵抗日本有组织有计划的经济侵略？

日货走私的猖獗，是将我国民众最后一滴血汗全都吸吮去了，绥远当然不能例外，各类商号，相率倒闭，市面日形萧条，繁荣如何维持。现在的新疆，无形中类似瓯脱，警报频传，商人裹足，以前新疆物产运绥出口的，现已改由西路从西土铁路运往苏联，况且绥新汽车停驶，消息不通。甘、宁、青三省对绥的贸易，也因种种原因，同臻衰落。

绥省本为产粮区域，但，近来新垦土地很少，荒废日有所闻，粮食未必年年丰收，出口当然不甚可靠，且数目很小，不能调整绥远的全部经济，因此大烟的播种，成了普通现象，烟税的收入，一变而为经济的靠山。

其次，绥境盟族〔旗〕的蒙民，也正感受着空前的恐慌厄运，由于世界经济萧条的影响，原始的牧畜经济，遭着重大的打击，物价低落，产品滞销，而日常生活用品，却反比例的增高，现金流出，无法遏止，加以连年水草不佳，牧畜事业，已不如往年旺盛，去冬和今春的大雪，各旗牲畜冻饿而死的，十之七八，虽有各方筹款救济，不过杯水车薪，无救于事。

所以绥省内有经济的破产——工商业衰落，农村凋敝——外有强邻环伺，正加紧向我进攻，时时有使绥远地图变色的危险，以前繁荣太平的绥远，现已成了一场春梦了！

五　绥东状况

从察北问题发生以来，国内外人士，又多注意到绥东，因为日本既得察北，今后必然要侵入绥东。绥东有其复杂的民族关系，地理上也有其特殊的状况，一般人不甚明了，在此略加记述。

通常所说的绥东，是指丰镇、陶林、兴和、集宁、凉城五县而说的。这五县本仅丰、凉、兴、陶四县，民国元年本来隶属绥远特别区，二年划归察哈尔，九年冬，在丰、陶、兴三县之间，设集宁设治局，十一年正式改县，十八年一月绥远正式改省，绥东五县，又从察省划出，重隶绥远。但，绥东五县，因地理上的关系，与绥东察哈尔右翼四旗，多有其特殊地位。

蒙政会成立不久，内部即肇分裂，绥蒙政会的成立，俨如向旧蒙政会对立，因而双方在政见上不免有许多出入的地方。中央既含混从事，地方更没有纠正改善的能力，前途暗礁，不难逆睹，外交环境，也日渐复杂，绥省今后政治、军事的演进，也已临到最严重的阶段。

绥蒙政会的成立，虽然是蒙境的分区自治，但其经过，却异常复杂。税务的纠纷，是其不可掩饰的裂痕，西公旗事件，使伊、乌两盟对德王更加深了不可调和的裂痕。加以察北事变，绥东告警，谣诼频与〔兴〕，绥蒙乃脱离旧蒙政会而另组政委会。

今春，察哈尔右翼四旗——正黄旗、厢〔镶〕蓝旗、厢〔镶〕红旗、正红旗——各旗总管和代表，都纷纷到绥谒傅主席，报告各该旗旗务近况，并请示维护地方治安的机宜，且坚决表示拥护国家统一的意志。

目前日人大批游历西北，其军事计划，当然偏重于晋、绥，次及宁、陕各省，绥东地位，日益危急。兹将绥东五县的面积、户口确数，以及蒙民的户口，土地所占五县总数的比较，志之如后。

按丰镇、集宁、陶林、兴和、凉城五县的总面积共十四万五千八百方里，户口十二万零三百零二户，六十五万零九百七十九人；蒙民共一千四百二十户，六千六百三十人；地亩共四千零三十五顷七十八亩；蒙民约占五县总人口九十八分之一，蒙民土地约占五县总土地一百九十五分之一。

兹分县述之：

1. 丰镇县——面积三万零六百方里，户口计四万四千三百五十七户，二十五万三千三百三十五人；蒙民户口计二百七十三户，六百三十人，地亩计四百一十五顷六十三亩。

2. 集宁县——面积二万七千二百方里，户口计一万一千四百三十二户，六万九千一百十四人；蒙民户口计二百九十户，二千三百〈人〉，地亩计四百五十顷。

3. 陶林县——面积四万零八百方里，户口计九千零六十六户，四万二千二百三十九人；蒙民户口，计五百四十三户，二千四百四十八人，地亩计一千八百二十六顷八十五亩。

4. 兴和县——面积一万一千二百方里，户口一万六千九百三十七户，九万二千六百八十一人；蒙民户口计一百二十六户，四百三十六人，地亩计五百六十八顷三十亩。

5. 凉城县——面积三万六千方里，户口计三万八千五百一十户，一十九万二千六百一十人；蒙民户口计一百八十户，八百一十人，地亩计九百七十二顷。

六 平绥铁路西展问题

提起来中国的事，就使人头疼！

平绥路是从华北伸入西北的唯一的铁路，是中国自力修成的一条被视为光荣的一条路，第一段由北平到张家口——京张线，是光绪三十一年（一九〇五年）动工，宣统元年完成，长三百六十里；第二段由张家口到归绥，是宣统二年动工，民国十年四月展到归绥，总计建筑费四千万元，都系国款。嗣因通车以后，营业不佳，屡借外债，截至民国十三年五月共借外债达三千万元之巨！第三段由归绥到包头，是在民国十年（一九二一）四月向日本东亚兴业公司借款三百万元——限四年还清——九月开工，十二年一月通车，长二百七十多里。平包全线共长一千四百七十八里多。

我们这条有光荣记录（？）的平绥路修到包头便打住了，十余年来，总是停在包头。因历受军阀混战的影响，平绥路便成了一条军用铁路，既然把这条路"军事化"了，军人们当然不管三七二十一的把路款放进个人的荷包里去了。到现在止，平绥路已负债九千万元之多，而全路路产，总估不过六千万元，这也许是中国铁路的无上光荣吧！

平绥铁路的西展计划，本是早已预定了的，直到今天还没有意去修，当然建设者别有苦衷，不易马上促其实现。可是，一般专家学者，对此路的西展问题，确费过许多时间与精神研究过，讨论过。

在平常，在国内安定，国外无敌的时候，我们很清楚展修平绥路，是有百利而无一害，诚然在国防上、经济上、移民上有许多价值，我们无宁十二分盼望它实现。

可是，现在呢？平绥路西展问题，已不能与早先同日而语，时过而境迁，已有重加估量的必要。不然，徒执胶柱之见，必不会于事实之需要，又有何益？

我们的见解，是平绥路暂时绝对不应西展，有以下的理由：

1. 通蒙、新的道路已经梗绝　从外蒙古宣布独立采取锁境主义以来，外蒙产品，已不复取道平绥路行销内地，使平绥货运，受了很大的影响。在苏俄革命期间和革命后铁路政策没有完成以前，新疆货物多远道来绥远，假平绥路行销内地，以通有无，当绥新汽车畅行时，绥新贸易，日见发达。不料，新疆迭次内乱，汽车路无形停顿，西土铁路的成功，新省货物已不舍近就远，加以金树仁时代闻与苏订有秘约，盛、马之战，新省全部破产，至今新省类同化外，中央政令不行，内部情况，极不明了。若此时展修平绥路，对蒙、新的经济都无好处。

2. 现在展修，有资敌的危险　敌人深入华北和察北以来，对华北的经济，欲思整个的劫持，所以日本对于华北各铁路，必完全垄断，本无疑义。去春日本开发华北经济计划中有修筑沧石铁路和展修平绥路两项，便知此二路对今后日本侵略中国的北方具有甚大意义，尤其日本正倾全力，准备对付苏联，其军事计划第一步必先亡我察、绥，进至宁、甘、新各省，可向北截断西伯利亚铁路，使苏联首尾不能相应，以实现其独霸东亚之迷梦；第二步，再联络华北各交通线［线］，大举南向，以捣我中州。最低限度，日本取华北后，必进取西北，无论平绥路已在日本手中，军事、经济的价值，已不属于我方，即令我方仍能操纵平绥路展修之一段，试问，此一段的作用还在哪里？实际上，我们已经没有展修平绥路的能力，并且坚决反对日本代我修筑。所以我们以目前的状况论，展修平绥路，是不是正好替敌人建设？

3. 甘、宁、青等省的衰落　平绥路的最大价值，乃在经济上，如果真的展修成功，可使甘、宁、青的原料品与工业品假平绥路行销华北，并由天津运销海外。但，近几年来，甘、宁、青正因普遍的灾荒贫困，走向衰落的路上去。外货的倾销，使我民族工业，完全破产，民众在种种重压之下呻吟，更没有兴农经商的好处，那么，平绥路展修所至，还有什么东西可以使平绥路兴旺起来？所以，这一问题，乃在先打倒敌人的势力，再铲除地方的痛苦，才能谈到建设，中国一切问题都是这样情形。

4. 欲展修铁路须先改良政治　中国不晓得什么原因弄到这个地步，穷极了，乃想出种大烟，抽烟税，"寓禁于征"的方法，于是，各省的政费与建设费，要靠特税来维持，来举办，于是，铁路便成了运销鸦片的铁路。平绥路便是专运毒品的交通线，也许铁路有此特殊营业，可以繁荣路业，不幸得很，自日本劫持华北以后，便把东北的毒品，大量运到华北一带行销，物价廉，生意畅旺，我们的铁路，无形又受了一个大的打击。那些种鸦片的农夫，也不能不对着烟田，叫苦连天了。同时，我们对外不能独立，交通越便利，外国商品和毒品来得越容易，我们费苦费力修成的铁路，反成了外货的转运机关。那么，展修平绥铁路所得的经济繁荣，完全是对外货而说的了。

5. 需款太多　平绥的延长线，先不必抱着展到新疆的计划，即修到宁夏，最少须款二千万元以上，以中国目前的财政言，款是办不到的，若是修，必借外债，借外资虽属可行，可是，平绥路的外债已达一亿元左右，现在外债的利息，时刻加上去，而路运的利润，反日益衰落，如果再借外资，不知如何可行！

6. 西北是不是真有无穷的经济价值？　中国人喜说中国是地大物博，这四个字，数年前已有人从实际调查的结果而予以矫正过了，中国正是地大而物不博，人多而钱不多的国家，甚至以可耕地的面积与人口来比较，中国的土地实在不大，大的地方，完全是沙漠、高山而已。以西北言，其经济价值，实较华北、东北不如远甚；而气候恶劣，天灾流行，自然地理的条件曾限制了人民的移殖。事变前，民十七八年，关内向东北移民数达二百多万，西北除已被人民装满的几位〔处〕坚硬黄土层平原外，谁还愿意跑到沙漠里去度生活？所以既〔即〕使平绥路得以顺利展修成功，其所得的经济价值，必不能如其理想之圆满。

7. 展修陇海干线与添修支线，较展修平绥为有价值　华北整个局面，已敌我异势，无已我们的铁路政策，只有发展陇海铁路及其支线，以代替平绥线。若说华北有与绥、察必须交换的物品，则同浦、路正太路已可与陇海联运，其次，西兰段成功后，正不妨由兰向东北发展，往包头兴筑。其实，陇海路的宝兰段已经改为宝蓉段了。

观以上理由，可见平绥路的展修问题，不但不可能而且不必要了。在此，我们应对中国的建设政策，说几句话。

一般的说法，中国的复兴，要自力更生，要使自力更生更易达到目的，端惟建设是赖。不过建设二字，在自主独立的国家，是没有不可以的，因为建设一物，就有一物之用。然我们中国的现状，正在危机四伏危亡无日的时候，我们惟一的工作，是要如何发动解放斗争，从万恶的帝国主义的手中解放出来，然后再从长建设，才不落空；否则，我们万事万物都受外力的支配，所有的建设，不过更便利敌人的侵略而已，不过加重民族的危机而已。

像东北的一切建设，都驾乎内地各省之上，到头都白白地作为礼物送了敌人，建设的结果，有什么利益？我们也并非完全反对建设，如果针对国防去设计建设，使一切建设，通能在日后民族战争中发挥伟大的作用，那当然是必要而且是必需的。但，国防建设，已非可在平绥路西展上所可求其成功，所以平绥路西展问题，目前我们的说法，仍以暂缓为是。而且天下事，要能以时以地而制宜，才能得变通之效，譬如中山先生的北方铁路网及其吐纳海口——北方大港，在彼时诚有计划之必要，现在呢，谁都知道是不可能了，所以平绥路西展问题，在事变前尚有可说，现在已非其时了。

《西北向导》（旬刊）

西安西北向导社

1936 年 10 期

（李红权　整理）

《苏蒙协定》之观察

周开庆 撰

《苏蒙协定》之签订及我国抗议的经过

今年三月十二日，苏联政府与外蒙签订《互助公约》于库伦，签字者为苏联全权代表泰洛夫，及"蒙古人民共和国""小库拉尔"主席阿穆尔，总理兼外长赓登。此项协定，苏联政府于四月八日正式公布。全文如下：

苏联政府与蒙古人民共和国，现因两国友谊，自一九二一年蒙古人民共和国得红军之助，将与侵占苏联领土军队互相联络之白卫军队逐出蒙古领土以来，始终不渝。且因两国俱愿维持远东和平，继续巩固两国现存友好关系，故已决定将一九三四年十一月二十七日即已存在之绅士协定，正式改订此项草约，规定以全力互相援助，以避免及防止武装攻击威胁。并于任何第三国攻击苏联或蒙古人民共和国时，彼此援助，为此目的，余等签订此项草约。

第一条 苏联或蒙古人民共和国之领土，如受第三国家或政府之攻击威胁，则苏联及蒙古人民共和国应立即共同考虑发生情形，并采用防卫及保全两国领土所必需之各种方法。

第二条 苏联及蒙古人民共和国政府，承认在缔约国之一国受军事攻击时，相互予以各种援助，包括军事在内。

第三条　苏联及蒙古人民共和国政府，认为缔约国中一国军队根据互助公约，为完成第一条或第二条之义务起见，屯驻另一缔约国内，至无此必要时，应立即退出，有如一九二五年苏联军队之退出蒙古人民共和国领土，此乃不言自明。

第四条　此项草约共有两份，一用俄文，一用蒙古文，两份俱有同等效力。

此项草约将于签字后发生效力，于此后十年内继续有效。

我国政府，对于苏联与外蒙签订《互助协定》事，业已早有所闻，极端重视。经多方查询，果有其事，我外交部遂于四月七日，向苏联驻华大使提出如下的抗议照会：

> 为照会事：本月三日，准贵大使面交一种文件抄本，称系苏联与外蒙签订之议定书。查民国十三年五月三十一日签订之《中俄解决悬案大纲协定》第五条，规定"苏联政府承认外蒙为完全中华民国之一部分，及尊重在该领土内中国之主权"。外蒙系中华民国之一部，任何国家自不能与之缔结任何条约或协定。兹苏联政府，不顾其对于中国政府所为之诺言，而擅与外蒙签订上述议定书。此种行为，侵害中国之主权，违反民国十三年《中苏协定》之规定实无疑义。本部长兹特向贵大使提出严重抗议，并声明苏联政府与外蒙签订议定书，系属违法，中国政府断难承认，并不受其拘束。相应照请贵大使查照，转达贵国政府，予以满意之答覆为荷。须至照会者。

此项照会，除由我外交部直送苏联驻华大使馆外，并电令我驻苏联大使馆送交苏联政府。苏联政府于九日正式覆文，送交我驻苏联大使馆，其覆文副本，亦于同日由苏联驻华大使馆送交我外交部。全文如次：

　　本月七日，贵代办遵奉贵国政府训令，送交本委员长照会抄件，该照会贵方已于同日面交驻华苏联大使鲍格莫洛夫。该照会理由，因苏联政府与"蒙古人民共和国"于本年三月十二日签订议定书，认为侵害中国主权，并抵触一九二四年五月三十一日《中苏协定》。为此，南京政府认为得以提起抗议。兹对于该照会答覆如下：苏维埃政府，对于该照会所载对《苏蒙议定书》之解释，不能同意，且对于中国政府所提抗议，亦不能认为有根据。议定书之签订与议定书内各条款，均无丝毫损害中国主权之处。该议定书并不容许亦不包含苏联共和国对于中国及"蒙古人民共和国"有任何领土之要求。议定书之签订，于中国及苏联共和国间，及苏联共和国与"蒙古人民共和国"间，至今存在之形式的或实际的关系，绝无变更。苏联于签订互助议定书，认为〈于〉一九二四年在北京签订之《中苏协定》，并无损害，且仍保持其效力。苏维埃政府，兹特重行确证上述协定，就苏联方面言，仍保持其效力以及于将来。至于形式上是否有权与中华民国自治部分签定协定问题，兹仅须提及苏维埃政府曾与东三省政府于一九二四年九月二十日在奉天签订协定，此事并未引起中华民国政府之任何抗议，且经其承认该《奉俄协定》与《北京协定》有完全同等之效力。同时应予以注意者，《苏蒙议定书》，并不反对第三国之利益，因其仅于苏联或"蒙古人民共和国"成为侵略者之牺牲，并不得不防卫自己之领土时，始发生效力。基于上述理由，苏维埃政府，以为不得不拒绝中国政府之抗议，认为并无根据。同时并表示深信中华民国政府，必能确信《苏蒙议定书》并不违反《北京协定》，且适合于中国人民及蒙古人民之利益也。相应照请贵代办接受本委员长最诚之敬意。中华民国代办使事。（署名）李特维诺夫。

我国于九日接到苏联政府的覆文，对于苏联之答覆认为不能满意，当即起草第二次抗议，于十一日送交驻华苏联大使馆。第二次的抗议照会如下：

为照会事：关于苏联共和国与外蒙签订《互助议定书》事，本部长案〔业〕于四月七日向贵大使递送抗议照会，声明该议定书之签订，侵犯中国主权，违反民国十三年《中苏协定》，中国政府断难承认。本月九日，准贵大使递到贵国外交委员长致中华民国驻苏联代办照会抄件一份，答覆本部长上述去照。来照谓："苏维埃政府，兹特重行确证上述协定（民国十三年《中苏协定》）就苏联方面言，仍保持其效力以及于将来。"苏联政府于此重行确认外蒙为完全中华民国之一部分，及尊重在该领土内中国之主权，本部长对于苏联政府此项保证，业已阅悉。惟查苏联政府对于此次苏联与外蒙签订议定书之各项解释，本部长认为并无充分理由。所引民国十三年在奉天所订之《奉俄协定》，尤不能作为先例。来照谓《奉俄协定》之签订，并未引起中华民国政府之抗议一节，适与实事相反。查该协定在未经该处地方当局呈经中央核准作为《中苏协定》之附件以前，迭经前北京外交部于民国十三年九月二十五日、十月十一日，先后向彼时贵国驻华大使提出抗议，并经中国驻莫斯科外交代表向苏联政府抗议各在案。嗣该协定经中央政府核准完成法律手续后，始于民国十四年三月间通知苏联政府，作为民国十三年《中苏协定》之附件。此项事件，原为贵方违反国际惯例之不合法行为，经中国政府予以纠正，固不得援引为贵方有权向中国地方政府签订任何协定之先例。此项苏联政府与外蒙签订之议定书，侵及中华民国之主权，与民国十三年《中苏协定》根本抵触，中国政府对于该议定书不得不重申抗议，并维持上次照会内所表明之态度。相应照请贵大使查照，转达贵国政府为荷。须至照会者。右照会大苏维埃社会主义联邦共和国驻华特命全权大使鲍格莫洛夫。

我第二次抗议照会，自十一日送出后，截至现在，尚未得到苏联政府之答覆。

《苏蒙协定》与中国主权

如上我们已经把苏联政府与外蒙签订《互助协定》的情形，以及我政府一再抗议的经过，作了一个比较详细的申述。我们现在所要研究的第一点是《苏蒙协定》与中国主权的关系。无疑的，《苏蒙协定》之签订是破坏我国的主权的，这便是我国政府所以要抗议的意义。

我们在这里且先置协定的内容不讲，单就擅自与我国的地方当局签订条约这一点而言，苏联政府已经无法否认其有破坏中国主权的责任。夫外蒙之为我国领土的一部分，这是有历史的根据而为世界各国所一致承认的，即以苏联而言，固亦承认外蒙为中国的领土，如民国十三年五月三十一日中苏签订之《中苏解决悬案大纲》第五条，曾明白的规定："苏联政府承认外蒙为完全中华民国之一部分，及尊重在该领土内中国之主权。"又如这一次苏联政府答覆我国第一次抗议的照会中，亦有如下的申述："苏维埃政府，兹特重行确证上述协定（民国十三年《中苏协定》），就苏联方面言，仍保持其效力以及于将来。"从此看来，是苏联承认外蒙为中国领土的一部分，固今昔如一，苏联既承认外蒙为中国的领土，而自中苏复交以来，两国的关系，又日趋于良好；那么，苏联之于中国，就不应有破坏中国主权的行为。这即是说，苏联政府不与统治外蒙的中国中央政府交涉，或未得中国中央政府的同意，而擅自与中国领土一部分的地方当局如外蒙政府签订任何条约，这都是不合法的，都是破坏中国领土主权之完整的。领土的完整为一个独立国家最高无上不可分割的主权；互相尊重领土主权的完整为国与国间所应互相保持的义务；这本是国际法上的共同原则，这样浅显的道理，未必苏联政府并此而不知？然而苏联政府竟擅自与我外蒙订立协定了，不惟不是与我国的中央政府商定，且事先亦未通知一声，是其破坏我国主权的行为，已经非常的明显。《苏蒙协定》之不合法，亦不待赘言，我国政府的宣布该项协定为"违法"，声明"不受其拘束"，诚属天经地义。而苏联政府谓"《苏蒙协定》并不违反《北京协定》，且适合于中国及蒙古人民之利益"，真可谓为无稽之谈了。

自我国提出抗议后，苏联政府，似亦已自觉其签订《苏蒙协定》，实有破坏中国主权之责任，未容狡饰，乃于其覆文内声称："至于形式上是否有权与中华民国自治部分签定协定问题，兹仅须提及苏维埃政府曾与东三省政府于一九二四年九月二十日在奉天签订协定，此事并未引起中华民国政府之任何抗议，且经其承认该《奉俄协定》与《北京协定》有完全同等之效力。"推苏联政府之意，乃欲以《苏蒙协定》比之《奉俄协定》，希图掩蔽其违法的事实。关于这一点，我国的第二次抗议照会内，已经有了如下的驳斥："所引民国十三年在奉天所订之《奉俄协定》，尤不能作为先例。来照谓《奉俄协定》之签订，并未引起中华民国政府之抗议一节，适与实事相反。查该协定，在未经该处地方当局呈经中央核准作为《中苏协定》之附件以前，迭经前北京外交部于民国十三年九月二十五日、十月十一日，先后向彼时贵国驻华大使提出抗议，并经中国注〔驻〕莫斯科外交代表，向苏联政府抗议各在案。嗣该协定经中央政府核准，完成法律手续后，始于民国十四年三月间通知苏联政府作为民国十三年《中苏协定》之附件。此项事件，原为贵方违反国际惯例之不合法行为，经中国政府予以纠正，固不得援引为贵方有权向中国地方政府签订任何协定之先例。"上面这一段话，我们以为说得非常公正，因为且不论苏联政府覆文内所述《奉俄协定》的情形，根本与事实不符，纵令是如此，而这项事件，原是不合法的行为，我们绝不能拿来证明《苏蒙协定》之不是"违法"的。

根据上述的分析，苏联签订《苏蒙协定》之为破坏中国主权的行为，诚属百口莫辩，而我国两次抗议之为义正词严，也就非常的明白了。

《苏蒙协定》与日苏关系

研究《苏蒙协定》所应注意的第二个问题，便是《苏蒙协定》签订后，日苏两国关系的演变，这自然是会直接影响到中国，而间接且牵及于远东大局，甚至全世界的。

日苏两国的关系，自九一八事件发生以还，因两国对外政策的运用与国际形势的转变，表现忽张忽弛的姿态。有时是一片"祥和"，有时又是"山雨欲来风满楼"，紧张到大战似乎就要爆发的样子。但无论其如何的演变，日苏两国终有其扯开面孔大战一场之一日，则是可以断言的。两国关系现阶段的发展，表面上虽是忽张忽弛，而骨子里则一步赶紧一步，即如《苏蒙协定》之签订，便应该是这一步赶紧一步的过程中，所必然应有之一幕的。

我们根据苏联政府四月八日所公布的《苏蒙协定》全文，知道这项协定签订的主旨，在"以全力互相援助，以避免及防止武装攻击威胁。并于任何第三国攻击苏联或蒙古人民共和国时，彼此援助"。这明明是一个防御的军事同盟，就理论及事实言，与苏联及外蒙相连接，可被苏俄目为"第三国"者，不外中国及日"满"。但是中国现在正为人极度侵害与压迫之下，此时的中国，不会去侵略谁，这是很明白的事实。这种事实，苏联岂有看不清之理？既然看的明白，而《苏蒙协定》却又如那样的规定，是协定之主旨，其为对日"满"而言，实不待论证。以过去"满"蒙关系一度紧张，即有一度《苏蒙协定》的传说，而这一次《苏蒙协定》之终归实现，正是在"满"蒙边境问题趋于严重时，我们就可以知道当中的关键了。又据苏联政界的声明，固亦明白承认《苏蒙协定》之签订，由于"满"蒙边界时起纠纷所促成。我们且看八日哈瓦斯社莫斯科的电讯：

> 政界人士顷就苏俄与外蒙古所订立之议定书，发表申明。谓此项议定书所规定者，乃系签字国双方之一，其领土受有侵略之威胁时，则他方即应尽互助之义务。此其意义，较之外蒙古总理兼外长赓登，于本年一月间所发表之宣言，尤为切实。（赓登曾称，吾人希望外蒙古一旦为人侵犯，则苏俄即出而援助。）即较之共产党总书记史丹林，对美国美联社社长霍华德所发表之谈话（本年三月间事）述及外蒙独立受威胁之一段，亦尤为明确。不过议定书中，对于互助条款，并无详细规定，盖苏俄与外蒙古，已于一九三四年间，在口头上成立互助协定，现特签订议定书，以申明已往之协定耳。至于苏俄所以采此坚决态度者，则固蒙"满"边界时起纠纷，有以促成之也云云。

从上面这一段消息里，我们当可以看出苏联签订《苏蒙协定》的主旨，苏联的主旨既在对付日"满"，然则日本对于《苏蒙协定》的态度究竟是怎样的呢？在这里，我们且一读八日同盟社东京的电讯：

> 苏俄政府发表俄蒙援助议定书内容，与日本国防有重要关系。日政府现以慎重态度研究其对日影响。据政府一般意见，俄蒙援助条约目的，在于合法的确定苏俄在外蒙军事的支配

权，颇为明显，尤其第一条中"发生受第三国或政府攻击威胁时"，苏俄及蒙古人民共和国政府"应立即考虑所必要之一切手段"字句，系公然表明苏俄未受攻击之前，先行攻击敌人，所谓"为防守攻击敌人"之意者，系露骨的表示苏俄军进攻的意图之一节也。苏俄政府又于其第二条确保外蒙为第三国受军事的攻击时，实行军事的及其他一切援助之权利，其用意在对日战争等时企图在外蒙领土内使用红军，俾得由日军侧面及后方加以攻击。故本条约之第二条，显然以日本为目标，置红军于进攻的态势。苏俄以本条约之订立，更加其积极的攻势之度，将来公然命其优势部队驻扎外蒙国内，因此结果，警备力薄弱之"满洲国"境，将受不断之威胁。总之，苏俄以本条约获得对于外蒙之军事支配权，日"满"不得不取对付手段。

同盟社的这一段消息，当然可以正确的表明日本政府对于《苏蒙协定》的态度。日本当局确认《苏蒙协定》系以日本为目标，并预料在其卵翼下之"满洲国"，今后将受不断之威胁，而更坦白的声明，日"满"不得不取对付手段，《苏蒙协定》为日苏关系一步赶紧一步的过程中必然应有的产物，而日苏关系因了《苏蒙协定》又更加一步赶紧一步，于此就更为了然了。

我国应有的对策

从上面的几段里，我们已经明了了《苏蒙协定》破坏我国主权的情形和今后日苏关系演变的趋势，现在，我们便当来一究我国于此应有的对策。

第一，就原则上讲，确保国家领土主权的完整是我国今日外交的唯一方针，基于这个立场，所以纵令《苏蒙协定》在今后远东局势的转变上，对于我国有若何的利益，以其是破坏我国领土主权之完整的，我们不能不坚决的表示反对。因此，我们觉得这一次政府之向苏联一再抗议，宣布《苏蒙协定》之为"违法"，坚决的声明中国政府不受其拘束，这是十分正确的办法。我们希望政府今后坚持这种主张，以期达到苏联自动的宣布该项协定作废的目的。

第二，就运用上来谈，《苏蒙协定》之为违法，诚不待再言，但从共谋团结以抗强暴这一点而论，则在今后远东时局的发展上，中苏两国之应该开诚的合作，或为事实的必要；惟中苏两国今后之合作与互助，自应站在平等公正的立场，如苏联此次之抛弃我国中央政府，而私自与外蒙成立协定，不独不能增强共抗强暴的战线，反转使中国的主权遭受损失，因而使共抗强暴的力量趋于薄弱，这一点，聪明的苏联政治家，是应该能够体会到的。至于我国的当局，对于这一点，也应有从大处、远处详加考虑，善为筹维之必要。

第三，我们在上面已经说过，《苏蒙协定》为日苏关系一步紧一步的过程中必然应有的产物，而日苏关系因了《苏蒙协定》之签订，又更将一步加紧一步，万一日苏正式冲突，我国是要直接的受其影响的，这个时间临到的早迟，此时诚然无法肯定，但假如到了那时，我们应该如何应付，是要早为准备，以免临渴掘井的。至于如何去准备，不外力图自强，因为只有能够自强才是国权完整之最有力的保障的。

以上三点，是我认为我国对于《苏蒙协定》应有的对策。

（四月十三日）

《中心评论》（旬刊）

南京中心评论社

1936 年 10 期

（李红权　整理）

日德同盟与绥远告警

中 撰

一

日德同盟，始于两年前，已早有所传闻，尤自去岁迄今，英法报界且将同盟条约之内容，加以披露，谓其内容分为军事协定与反共协定两部。中虽经日德双方之否认，但日德缔盟之事实，确已啧有烦言。本月十六日，美国《巴的摩亚太阳报》编辑勃特逊氏，由日抵沪，向报界宣称日本已与德德〔国〕，于两星期前缔结盟约，兹事遂益证实。然旋又有德国海通社东方经纪人，发出负责之否认。吾人对于此辈通信社之淆乱是非，固早已不加以置信。果也，隔昨复由海通社，自柏林传出《日德反共同盟协定》之消息，该协定已于廿五日晨，由德代表里宾特洛甫与日代表武者小路，举行签字。其内容共分三点：

（一）关于共产国际活动情形，签字双方应交换情报，并采取各项共同防卫之措置。

（二）各国凡感受共产国际之威胁者，应由签字双方会同进行接洽，俾各该国得依照此项协定之精神，采取防卫措置，或加入此项协定。

（三）协定有效期限为五年。

除本协定外，双方并订有补充议定书，其内容亦分为三点：

（一）关于防御共产国际之办法，两缔约国负责当局将密切合作。

（二）两缔约国负责当局将采取严厉措置，以对付直接或间接在国内或国外活动之共产分子。

（三）两缔约国负责当局组织一常设委员会，讨论关于反抗共产国际阴谋活动之种种办法。

如是，喧腾已久，举世瞩目之日德反共同盟，终已见诸实现。

二

吾人于日德反共同盟公布以前，默察中外局势，早已深知日德必有成立某项谅解之默契。就近事而论，德国宣告废止国际通航条款，及绥远告警两事，即可按图索骥，认为日德缔结反共同盟之先声。

查本月十四日，德国向十四国发出通告，宣告废止《凡尔赛和约》第二篇第十二章，关于德国境内各河道通航办法之各条款。其中规定德国境内厄尔伯河、沃特尔河，暨与他国接界之莱茵、多瑙、尼们三河，均作为国际河道，各国船舶，在各该河道内，得自由通航。今德国片面废除该项条款，则可与德国通航之国家，自必受到重大之打击，就中尤以捷克为甚。捷克乃四面陆地，并无出海口之国家，其唯一通海之路，端赖厄尔伯河与多瑙河之国际航道，及德国境内汉堡与斯丹丁两自由港耳。德国此举，不啻将捷克封锁于大陆之内，使其无通海之路。然德国之出此，固在收回其领水权，及废除《凡尔赛和约》对于德国之最后一层限制，抑亦另有其政治之作用在也。

考德国向外发展之路线，自国社党未执政以前，即已定下著名之罗森堡计划，其中规划德国之东进路线为二：一由东北出波兰，一由东南下捷克与罗马尼亚；而其目的则在挟取为俄国工业及农业中心之乌克兰。德国深知其向西发展之已无望，盖有法国东疆马奇诺防线之坚壁清野，及受欧战时，英国军舰之教训，故对向西发展之路线取渐进的态度，如援助西叛军即其一例。总而言之，德国现已并力东向。传闻德波签订十年不侵犯条约之背面，曾附带有进攻乌克兰之秘密协定。其确实与否，固未可而知，但自波、苏二十年代之战争之仇隙观之，德国如能于适当时机，讲妥条件，则假道波兰以进攻乌克兰，似亦不成问题。惟在其东南下之捷克，现已成为其直接向东发展之障碍。故希特勒乃运用其政治手腕，突于本月十四日，宣告废止国际通航条款，采取实际步骤，垄断捷克出口之航业，而纵操捷克之经济生命。质言之，即欲施用经济压迫，使捷克就范而已。然后德国得借捷克与罗马尼亚为桥梁，将其势力直伸至与罗马尼亚接境之乌克兰，因而其所倡议组织之反共十字军，在国际上叫应得通欤？

三

德国宣告废止国际通航条款之翌日，在远东方面，即有绥远之告警。本月十五日晨十时起，日本驱使其豢养之蒙伪军队李守信、金甲三及王英所部之匪众，自察北匪巢之商都，率炮、骑、步庞大之队伍，及以山野炮等近代之武器，开始向绥东陶林境红格尔图进犯。每日攻击必有数起，并有日方化装之飞机，掩阵助战，其目的在袭取绥东重镇之平地泉，然后探囊归绥，而直接摇撼山西。同时在绥北亦抽调匪众，杂以日本化装之军队企图再犯百灵庙，并分向绥西之包头、五原等地进击。使五原一旦失守，则久为日本所垂涎之绥西河套，一片膏腴地带，必将入于日伪军队之手，而作为其生息营养之所，然后沿河直下，西北门户洞开，宁、新、青、甘、陕诸省，垂手可得，而中国已岌岌堪危矣。

溯日本自侵占我东北四省，制造其满洲傀儡国后，其势力已直接逼近苏俄。两国陈兵压境，大有一触即战之势。苏俄为其国内之经济建设，固利于和平而取守势，但日本因其国内财政之拮据，国际形势之不利于己，及中国之始终不肯屈服，遂亦未敢向苏俄立即采取进攻。是以，日本一方面宣称反共先锋为其职志，冀以唤起国际间之同情；一方面复压迫中国承诺日本之要求，协同组织反共阵线以掩饰对华的侵略；同时复施用"以华制华"之毒计，实行分化中国之政策。所谓"冀东防共自治政府"及"蒙古军政府"遂继满洲傀儡国后，接踵登场。更进而欲驱此辈蒙伪匪军，打进绥、宁、甘、新，造成另一傀儡帝国，则可以包围苏俄支配下之外蒙古，亦可于必要时，从外蒙古侧击西伯利亚工业中心地之伊尔库次克，以截断远东红军之后路。惟欲于袭击西伯利亚之同时，必须从绥远加兵于山西、甘、陕，进窥中原，以备阻隔中苏在将来之接近；并图联合全世界反共阵线，进攻苏联，然后方始有胜利之可期。因此日本与德国所期者，乃如出一辙，吾人固早知日德必有反共同盟之默契，故国际通航条款废除之明日，乃有绥远之告警。

四

关于日德反共同盟之协定，除所公布之条款外，欧美各国咸信其必尚有秘文。莫斯科方面更证实日德双方已缔结另一种秘密条约。此说确否，姑不具论，惟在日德缔结反共同盟之下，首先受其直接影响者，在欧洲必为捷克，在亚洲必为中国，则可断言。然捷克在其伟大总统贝尼斯领导之下，对内对外，谅早有所准备，当不致临时仓皇，吾人固不必为其借箸代筹。至于中国，在伟大领袖蒋委员长领导之下，全国一致，团结御侮，当无所用其惶惧。是故绥东甫告警，而全国敌气〔忾〕同仇，守军忠勇杀贼，一鼓而击退匪军，迫近商都；再鼓而直捣匪巢，收复百灵庙。因以转守为攻，以攻为守，此不独自"九一八"以来，为悲愤压抑之人心，吐一口不平之气；且亦表示中央政府已有准备抗战之决心，而无复用其左右迟疑，前后顾虑之态度。虽然，此不过为敌人小试其锋而已，吾人仍须"小胜益急，小挫益励"，固未可沾沾自喜。试观天津驻屯军及关东军之信使往还，其间碌碌何事，不问可知。故苟非日本自动放弃其侵略之野心，则中日局势必致不宣而战，且有全面展开战争之可能。诚以民族生死关头，存亡所系，吾人亦只有与侵略者作殊死战，争得最后胜利而后已！

《群力》（旬刊）
南京群力旬刊社
1936 年 15 期
（李红权　整理）

绥东形势危急

作者不详

国人正忙于筹备国大代表大会选举，正忙于收拾两广残局，绥东形势，突告危急。

迭据报载，七月二十一日午，来自商都的股匪一度窜入绥境，旋被攻击而退；三十日匪部数百人，又向绥境霸桂〔柱〕县土木尔台进犯，因不得逞而退；八月二日匪二千余，又向霸柱的红根尔图进犯，经绥驻军赵承绥部彭旅击退；三日阳高方面又发现匪部百余人，未敢进扰，即退去。八日上海《大公报》张垣通讯：张北近开到日军二联队，某方在商都建飞机场，现已完工，停有飞机四五架；又载："察、绥边境匪军约万人，号'蒙古边防自治军'，商都七台子到匪军甚多，李守信刻到商都，指挥一切"；"绥边匪军携新式武器不少，计有大炮八尊，装甲汽车二十余辆，坦克车四十五辆，飞机二架。"据北平九日中央社电："绥东阳高铁路线迤北某地，七日晚又发现匪众三百余名，企图不逞，旋被驻军击溃。闻伪军李守信部队仍分驻商都、德化一带。"北平十一日专电："察北匪军续向商都附近集中，人数较前增加，李守信往来商都、嘉卜寺间，颇为忙碌，绥东情况又现紧张；传蒙军一部正西进中……"再日机一架十日晨沿平绥线飞往绥远、多伦一带。日军调动甚忙，热河伪军李静修率张海鹏旧部西开云。据以上各消息看来，绥东形势的危急，可见一般。今后局势的演变，尤堪注意。

　　从察北事件发生后，被压迫下的德王已失去自由，更遵照某方意旨，扩充军队，有所企图。某方图绥，处心积虑，已非一日，绥东的兴和、丰镇、集宁、陶林、凉城等五县，早为其目的地之一。总计察北驻军，除德王原有的蒙队约千人，察盟旗总管卓什海统辖的蒙保安队千余人外，其他有李守信部伪军，总数有三千人，加上包悦卿新募兵额，王道一部、宝贵庭部、吕存义部等，总计察北全部实力约有万人左右，驻扎地点以张北为最多。进扰绥东匪军，刻由某方供给大批新式武器，张海鹏部也有从热河向察北集中的消息（察北伪军组织概况详见八月十二日《申报》）。

　　以前我们曾说过：敌人侵略中国，非限于某一地为止，而且必然地要大事西犯，囊括中国北部；其进犯绥东，乃是它既定的国策，势非达到目的不止。尤其是中国国内多事，不能发动对外抗战，正与敌人以若干可乘之机；所以绥远的前途，大可忧虑。

　　绥东五县是边徼的锁钥，是西北的门户，在整个华北与西北的形势上，有其特殊的重要性，据平、绥交通之要冲，为绥远政治之骨干，西控包、原，直接威胁宁夏，南逼晋北，有高屋建瓴之势，在敌人整个军事计划上，有其绝大的意义。所以这次匪军人数之多，武器之精，都告诉我们它最后目的之所在。

　　敌人前在阿拉善旗强设特务机关，近又派多人前往宁夏的额济纳旗和甘肃的平原等地，筹设特务机关。而毛泽东、彭德怀等部三万多人企图由三边北窜宁夏，是西北前途的危机，日益严重。愿政府和地方当局本"土地不可再失，主权不可再损"的原则，出全力以谋应付之策。最后牺牲的关头，即在目前，国人其速起自救！

《西北向导》（旬刊）

西安西北向导社

1936 年 15 期

（丁冉　整理）

绥远省境内蒙古各盟旗地方自治政务委员会暂行组织大纲

廿五年一月二十五日公布　第四二四期

《公报》民铨字第二〇二九号训令附件

作者不详

第一条　国民政府为促进绥远省境内蒙古各盟旗地方事业起见，设立绥远省境内蒙古各盟旗地方自治政务委员会（以下简称本会）。

第二条　本会办理左列各盟旗地方自治事务：

乌兰察布盟所属各旗；

伊克昭盟所属各旗；

归化土默特旗；

绥东五县右翼四旗。

第三条　本会直隶于行政院，并受中央主管机关及中央指导人员之指导，遇有关涉省之事件与省府会商办理。

第四条　本会会址设于伊金霍洛。

第五条　本会设委员九人至二十四人，由行政院就绥省境内各盟旗之盟长、副盟长、札萨克或总管及其他资格相当之人中遴选，呈请国民政府派充之，并于委员中指定委员长一人，副委员长三人。

第六条　本会每月开会一次，遇必要时得召集临时会。

前项会议以委员长为主席，委员因事不能出席时，得派代表列席。

第七条　本会委员长执行前条会议之决议，并处理会务，监督所属职员。各副委员长每年轮流驻会四个月，辅助委员长处理会务。委员长因事不能执行职务时，由驻会副委员长一人代理之。

第八条　本会设左列各处，分掌各项事务：

秘书处：掌管机要文电、会议纪录、文书编译、统计、庶务等项；

参事处：掌管撰拟、审核本会之行政计划及法案、章规、命令等事项；

民治处：掌管关于民治事项；

实业处：掌管关于实业暨交通等事项；

教育处：掌管关于教育事项；

保安处：掌管关于保安事项；

卫生处：掌管关于卫生事项。

前项各处除参事处外，均分科办事，秘书处之科长得以秘书兼充之，除秘书、参事两处外，其余各处应斟酌情形，报请中央主管机关核准设置之。

第九条　本会各处设职员如左：

各处处长各一人（简派）；

秘书四人（荐派）；

参事四人（荐派）；

各处科长十二人至十六人（荐派），科员四十人至六十人（委派）。

第十条　前条各职员除科员外，统由委员长遴选具有相当资格及学识、能力者，报请中央主管机关核转派充之。

第十一条　本会设参议十八人，由委员长就各盟旗佐治人员中派充之，常川驻于本会，代表各本盟旗接洽并办理一切事务。

第十二条　本会因事实之必要得酌用技术人员及雇员。

第十三条　本会经费由本会依照会计年度编制预算书，报请中央主管机关转呈核定，由中央就国库或地方税收中指拨之。

第十四条　本会会议规则及办事细则，由本会拟具草案，报请中央主管机关转呈行政院核准之。

第十五条　本大纲自公布日施行。

《安徽政务月刊》

安徽省政府秘书处公报室

1936 年 16 期

（朱宪　整理）

内蒙自治运动之分析与对策

成人　撰

正在这外患紧急，边疆多事的时候，内蒙自治运动又继东北四省的沦亡、新疆事变的激化，而霹雳一声有如晴空巨雷的爆发出来，诚然是一件值得注意的严重事件。我们知道社会每一件事情的发生都不是偶然的，而必具有其因果律。同样的，此次内蒙自治运动的发生，也有其发生的原因存在。我们欲了解此次自治运动的真像与意义，就得首先分析其发生的原因。

蒙古在我国的地理上，虽为北部屏藩，占面积三百三十三万七千二百八十三平方粁之广，在历史上也有数千年的悠久的发展，但在一般人政治观念中的地位，却已低落得简直没有了！十年前四百八十余万方里面积，六百余万人口的外蒙宣布独立的事实，试问尚能引起国人的回忆吗？自中俄邦交断绝，外蒙一切政治社会措施，就都落诸俄人的掌握里面去了。民十八年以后，更迭次实行共产，上自治〔活〕佛喇嘛，下至穷无立锥的蒙民，都已"赤化"，如车臣汉部（外蒙系分六部）人民比较强悍，即时受赤俄的忌恨和压迫。目下外蒙虽有蒙兵十万余人，赤军仅二万之数，但蒙兵则已名存实亡，经济复完全操纵于俄人手中，提高汇兑，加重捐税，榨取摧残，无所不用其极！对于华人各种苛刻待遇，更是打破历史的新奇纪录，由库伦回国时，每人最多只允带蒙洋二百元，赤金六钱，蔴菇一普（合计三十斤），银镯一对，逾量则没收。原有我国藩土，今竟不仅居住无自由，且受此种苛刻待遇，说来真是令人痛心疾首！

内蒙情况虽不如外蒙的恶化，然地居此三国邻界之处，国际关系非常复杂，外交影响极为重大。在教育、文化、宗教诸方面固已由历史的演进，造成了重大的分野，非一时所能溶汇贯通，打成一片；在政治上，停滞无力的中央政治，内地各行省都无法将力量注贯下去，这远处边陲的内蒙，当然更是鞭长以外的"鞭长莫及"了！中央与地方无形中造成一种不可隐讳的隔阂。同时，此种负有主持蒙藏边区一切行政措施责任的蒙藏委员会，选择非人，竟交由非蒙藏人且不谙地方情形者办理，案情积压，会务停顿，愈加促成此种隔阂的深入。致去冬蒙古各盟旗王公代表满股热忱，联袂入京，冀对中央有所贡献，打破已往隔膜，不图抵京后种种刺激，反使形势严重。诸代表由京返蒙时，即电请中央罢免蒙藏委员会长石青阳，改组蒙会，以除隔膜。电中有云："荏苒月余，刍荛之见，不为主持蒙藏政务者所采纳，复察觉该会年来对于蒙事措置之乖误，是不特地方之现在危急，不能解救，而于蒙藏之未来前途，遗患尤深！代表希〔失〕望之余，惟有全体回蒙，以待中央之最后解决。""……吴某拒绝接见，把待〔持〕机关，违抗命令，值此东蒙沦陷，全蒙岌岌不保之时，而敌人威胁利诱，挑拨离间，无所不用其极！……务请中央毅然罢免阿育勒乌贵、吴鹤龄等，迅予改组蒙古各盟旗联合驻京办事处，此代表等所迫切请求者又一也。"这个电报有两个显明的要求，一是罢免石青阳，一是改组盟旗联合驻京办事处，由晋京代表郭尔卓尔扎布等七人署名，事情发生于今春一月间，在这里显然暴露出内蒙内部的裂痕，和分化的趋势。由一月到现在，将近一年，事实的演化发展，不知经过了几多狂涛巨澜的波折，尤其在这东北沦陷，西北多事的遭际中，敌人时时乘隙进袭，意义的严重，当更加重于往昔若干倍！现据九日京电石青阳虽已引咎辞职，而中央当时既不能透察事实表里，把握急待爆发的危机，必待事态扩大，局势造成以后才设法挽救，这种看不见，推不动的政治形态，诚不能不认为遗憾，感觉有急切改革的必要了。

在我们了解内蒙事件的来踪去迹后，那末，我们对于此次内蒙自治运动的发生，就可以明白的确定有两个意义，一种是内发的本身利害冲突的暴露，一种便是外铄的敌人挑拨离间的煽惑。在第一种意义下，便是锡林郭勒盟盟长德穆楚克栋〈鲁〉普亲王及其他各富有地方势力的亲王，与依附中央系统，任职各机关的蒙籍人员，内部意见利害冲突，相互有如水火之不容，尤其是各王公代表晋京返蒙后，由形势的隔阂，更造〈成〉了情感的仇视和对峙，所谓自治运动便在这个环境条件开展出来。不过，他们这种本身矛盾冲突的发见，当然不是一朝一夕之功，而是以其历史、地域、信仰、观念及经济条件为背景，时间的积虑和历史的发展所形成的。故班禅代表罗桑坚实〔赞〕曾谓："大师谆谆告以一切行动，务必遵守中央意旨，德王极以为然，并云我为求生存而奋斗，绝对不含独立意味，自然不是违背中央，是要在中央导领之下组织一个强有力地方自治政府，保卫国土，免再沦陷，至军事、外交，仍属中央办理，地方绝不干预。"德王通知京、平王公扎萨克等启事中，亦仅谓："今我蒙古，北靠赤化〔俄〕，东临暴日，加以中央政府因我蒙疆地处偏僻，势有鞭长莫及，保护殊觉困难，故本盟长目睹此情，为保护蒙族安辑蒙众起见，决议组织自治政府，于九月二十八日在乌兰察布盟百灵庙正式成立。"所以，此次内蒙自治运动，在发动者的本身方面，实在还是基于一种单纯的政见冲突，和派系仇对而成。这是内蒙自治运动的一面观。

不过，内部既有裂痕，事实便是给予敌人一种进袭利用的机会，尤其是这狼子野心的日帝国主义者，处心积虑，正在计划继满洲伪国而制造蒙古伪国，二三十年来其政客、学者、军人以至商人、艺术家，莫不络绎不绝，奔走活跃于蒙古漠地，为国家努力此种计划之完成。昔有所谓松井清助大佐其人者，精悉蒙古内情，几以全生精力贡献在此种事业当中，日人誉称为"蒙古人之父"，并曾收买蒙匪，一度大举攻热，自称为"蒙古自治军总监"，但以今春三月被杀，故毒焰稍息。总之，日人对于蒙古，实在没曾一日忘记过！编纂《和蒙大辞典》，在教育、宗教方面，也下过莫大的工夫。现在内蒙内部既然发生裂痕，有机可乘，他当然没有不极力利用、煽动的，日人侵占热河后，曾把德王等七人用飞机载往长春，利诱威胁，就是一种显然事实。所以，此次内蒙自治运动在出发点上固属单纯明显，然事实的转变却必然渗合一种国际背景，而造成了一个复杂严重的国际意义的事件。而况过去内蒙与中央的政治关联，根本便是一种貌合神离，若有若无的形态，随时都有脱离我国关系，而附属他人的可能！

内蒙自治运动的分析，大致是应该这样的作两方面去解释。我们对于这次运动的对策，究应如何？是一个值得研究的问题，据作者个人意见，也应分做治本、治标两方面来说：

甲、治标的：

一、积极改组蒙藏委员会，罢免一切不谙蒙藏实情，以及与此次自治运动主持者意见冲突过于尖锐者，和缓空气，而罗致内蒙地方上富有实力与名望之人才，予以虚衔，笼络人心，同时，并参加一部分能干而确有研究者于其内，名义上不必负主要责任，但实际则必使之发生枢纽主动作用，有如强力的党团活动。积极整顿边务，健全收回外蒙的基础。

二、即日派遣能干大员及为内蒙人民所信仰者，赶赴内蒙各地，宣达中央意旨，抚导人民，解释许多误会与隔阂。

　　三、积极催促一部分同情中央的蒙籍人士，回蒙参加此次自治会议，使在会议中建立拥护中央，归顺中央的强力决议案，转移视力和意向。

　　四、在表面上不妨确定"蒙古人治蒙古"的口号，但实际宜由政府指派干员赴蒙，参加内部工作，努力实质准备。

　　乙、治本的：

　　一、以崇拜宗教为手段，扶持内蒙人民对于宗教兴趣，由宗教使汉蒙民族感情打成一片，破除已往隔阂。

　　二、以教育为先导工作，由中央确定一项固定经费，归蒙藏会负责派员赴蒙推进教育工作，首先作普及的小学教育发展，兼授汉蒙文字，使之在教育上文化上了解中国过去历史的伟大，自然归顺。不过此种计划应是统制的，不能住〔任〕其作零碎的畸形发展。

　　三、在经济上尤其应该有个整个统制计划，一面抵抗外力的侵入，一面发展蒙古与内地各省的通商来往。

　　四、政治上，着重实际的力的推动，收罗过去一部分能干的失业蒙古青年，同时，使今后中央军校及中央政校内的蒙古学生，能普遍的深入到蒙古内地去，万不可使之在都市中服务，俾使政治上能收到一部分实际的澄清效用。

　　以上仅仅是随手拈来的几点对策，借以供研究此问题者的参考，详细办法当然还须待一种精确的计划，和能干的人员去推行。内蒙问题确已蜕入一个尖锐严重的阶段，内蒙共仅六盟，除哲里木盟早经划归辽宁，已为日本所吞噬，昭乌达及卓索图两盟地在热河境内，亦已入于日人掌握里，所余者便只锡林果勒、乌兰察布及伊克昭三盟（共二十三旗），仅存硕果难道还能让他人夺取吗？不，当然不能的，我们只有拿起硬干、实干、快干的精神，应付当前事变，处断一切事件，创造未来的新局面！干，才是出路，干，才能生存。

《汗血周刊》
上海汗血书店
1936 年 16 期
（訾茹　整理）

绥东问题

日生　撰

一　绥东风云紧张

绥东风云的紧张，本不自今日始，从去年察北六县在我国放任的及不抵抗的状态中，突被李守信伪部占据以后，绥东问题，即甚严重。有识之士，知道某国既志在攫取内蒙，向西迈进，一方面在遮断华、苏双方的联络，一方面在对外蒙取包围之形势，以为进攻中部西伯利亚的准备，某国之必得绥东以及迤西各地，已甚显然。果然，从七月二十一日绥东匪警传来，形势日趋危殆，令人感到国土主权之再被豪取强占，绥远境内二百余万同胞，刻已成为釜鱼幕燕了。

截至现在止，把所谓察北匪众进侵绥东各项消息，写下几条来：

八月八日上海《大公报》，北平七日中央社电："日前进扰绥东股匪，系来自商都方面。七月二十一日午一度窜入绥境，旋被攻击而退。三十日匪部数百人，又向绥境霸柱县土木尔台进犯，因不得逞而退。八月二日匪二千余又向霸柱之红根尔图进犯，经绥驻军赵承绥部彭旅击退。三日阳高方面又发现匪部百余人，未敢进扰，即退去……查匪部以骑兵较多，并有新式军器。"

同日同报北平七日专电："……商都一带麋集匪军甚多，张北近开到日军二联队，某方面在商都建飞机场，现已完工，停有飞机四五架。……察绥边境匪军约万人，号'蒙古边防自治军'，商都七台子到匪军甚多，李守信刻到商都，指挥一切。……绥边匪军携新式武器不少，计有大炮六尊，装甲汽车二十余辆，坦克车四十五辆，飞机二架。"

八月十一日同报北平十日路透社电："……日军两联队刻已开抵张北，致该处形势，益见紧张，绥察间之交通似已断绝。"同日北平专电："察北匪军续向商都附近集中，人数较前增加。李守信往来商都、嘉卜寺间，颇为忙碌，绥东情况又现紧张。"

八月十三日同报北平十二日专电："多伦一带日军调动甚忙，颇堪注意。……热河伪军李静修率张海鹏旧部西开，运输极忙。冀、察、绥边境股匪悉被招换〔唤〕。……多伦日军增加……德王往来百灵庙与嘉卜寺之间，行踪忙迫，惟言动均被某方监视，绥东形势仍紧。伪军李守信部与土匪王道一股勾结，意图扰乱地方，乘机取利。"

十三日北平专电："热河蒙军近纷向承德集中，更陆续向西开动，察其行动，似拟由察北直趋绥东云。"

十四日北平专电："李守信与傅军迄在对峙中，闻承德日军二千近全部开往察北，多伦日机二十余架忽举行演习，不时飞察绥边境视察。"

八月二十一日上海《大公报》北平二十日中央社电："绥东形势，日来逐渐紧张。伪蒙军前锋为王英匪部，后为李守信伪军。战略采步步为营计划，向前进犯。日来平地泉等处接触，仅系哨线上之小冲突，并非正式开火。战事将在九月中爆发。"

照以上各消息的情形看来，我们应有以下的观察：

第一，在日本内田外相主张北守南进政策，并日使川越北上视察的时候，察北伪军与匪众忽联合向绥东进侵，这对于华北外交与中日整个外交不无牵掣之处。

第二，此次绥东告警，都知是某国人在后边策动，并且有整个的计划与一贯的步骤，所以李守信部与德王蒙军以及土匪王道一部的联合，热河伪军的西开，日本增兵察北，和添增武器，屯集粮秣，筑飞机场等，其意乃在大举西犯，非略夺大块土地不能中止。最低限度也要把绥东五县与察哈尔右翼四旗抢在手中。

第三，庙蒙政会和绥蒙政会对立以后，双方时常发生冲突，德王与石王间的感情素不融洽，某方便可利用此点，嗾使热察蒙军先驱，以消灭绥蒙政会统制下的蒙兵、蒙民，以收整个内蒙实际的主权。

第四，我国因两广问题，视线都集中于是，中枢方面，似以全力整饬粤政，桂局之和平解决，也似乎需要相当的时日，某方未必不以为此乃一最好的侵略的机会，所以又想造些"既成的事实"。

基于上述，绥东问题，确不容忽视，绥东风云的紧张，对于中国的生死存亡有很大的关系，今后的演变，真可注意了。有人以为仍不外是危吓试探的性质，未免轻易言之。

二　察省和绥东的现状

察哈尔省口外的张北、沽源、康保、宝昌、商都、多伦六县和崇礼、尚义、化德三设治局弃守以后，消息隔绝，一切真相，外间不易知悉。张垣和察北的交通，现在仅有日商经营的文林、东鲁、张多、大北四汽车公司，往返车辆，检查乘客很严，除商人外，他人不易通过。蒙古伪政府号有三军，实不过万人，李守信充伪军政部长，所部约二千人，另有王道一充任边防司令，所部亦在千人左右，听说山东的杂牌军人赵奎阁、王子修也在王部任职。伪蒙古政府设在嘉卜寺，刻正扩充势力。

报载察北伪军组织概况如下：

军事方面——伪内蒙古第一军司令官李守信，年四十余，热河蒙旗人，部下多半系热河省人。占据多伦后，兵力尚有四千，经伪方几次改编，只剩两千多名。伪边防自治军司令于子谦，年四十余，绥远人。部队集合地点，在张北二区三宝沟七甲村大虎山一带，现有五六百人，枪不过二三百枝。伪兴亚联合军团总司令金甲三，辽宁人，曾任六十三军冯占海部下旅长，以前只有军团长名义，未见一兵一卒。后来彼在北平与某方机关长接洽妥当，在热河北部和察北一带，招收土匪，势力颇为雄厚，人数较其他各部为多，某方并将察北私枪及自卫枪支完全编入。伪蒙古第二军司令宾得勒额，热河蒙旗人，其队伍系新招的，约有一千八百人，现在张北县三区公会镇驻扎。伪西北防共军司令王道一，最近由某国驻德化特务机关长组为伪西北防共军，其所部全为土匪，七月中旬，才编为部队，但饷糈仍无着落。伪独立师师长王有济，年二十多岁，现充伪蒙公署科员，现只有二百多人。伪青年学校校长布某，蒙古人，在伪蒙公署充教育厅蒙人科科长，校中召集蒙古青年三百多人，请某国人当教官。

政治方面——察哈尔盟长卓特巴扎布，盟长公署设在张北县，盟以下设总务、教育、保安三厅，管辖察北八县（伪军已将尚义、化德、崇礼三设治局划为县治，沽源并入他县）。察北化德县，就是嘉卜寺，事变后不久，改为德化县，近又改市，不属于察哈尔盟。沽源县因收入不丰，归并于多伦、宝昌两县，宝昌县政府改为保源县。

据八月二十一日上海《大公报》绥东通讯："据本年七月初消息，伪蒙军政府方面有大规模之扩军计划，即指令察北各县，凡大小村庄，每村出枪六枝至二十枝。又令各县及察盟各旗，出军马五万匹。此令一下，民间益为惊惶，逃亡日众。然多数因身家财产关系，无法躲避，只得和伪当局讨价还价，大村有愿出枪六枝八枝者，小村有愿出枪二三枝者不等。然凭此数统计起来，察北可收枪两万枝。……"

　　据八月九日上海《大公报》北平通讯："总计察北驻军，除德王原有的蒙队约千人，察盟旗总管卓什海统辖之蒙保安队千余人外，总数则为三千人。被委任为蒙军第八师师长包悦卿，正积极招募扩充军额中，现已有两千人在察哈尔地方。另宝廷贵部约四五百人，驻扎于百灵庙。其他土匪改编成部队者，计有原驻延庆之王道一部所属于子谦、马子荣两部，人数约二千。原驻热河经棚、围场之吕存义部千人。总计察北全部实力约有万人左右。……王英近更在张北向某方领枪千支，正组织军队中。"又据八月十五日《申报》北平十四日专电："现蒙军实力号称八师，计第一军为李守信辖三师，二军包贵亨辖二师，另有一独立师及二独立旅。……"

　　以上察省除张〈家〉口外，已几大部属于伪方势力。刘汝明为察省主席后，曾昭示：保卫治安，澄清吏治，严禁"共匪"，敦睦邦交四项政策。但察省政治惟一难关，乃是财政问题。察省财政，本来以税收为惟一来源，土地亩捐，尚在其次。以前张北关每年税收一千数百万元，现预计本年收入，已不足二百万元，间接的巨大损失，尚不在内。地方保安队和地方军四旅每月须开支十六七万元，地方税收有限，颇感困难。张垣中国人口渐减，日侨反日见增加，现已达三百多人。日本军部在张〈家〉口设有特务机关。

　　察省的情形，可说是焦头烂额了，除了张家口外，几乎都是乌烟瘴气的。再谈谈绥东。

通常所说的绥东，是指丰镇、陶林、兴和、集宁、凉城五县而言，这五县原仅丰、凉、兴、陶四县，民元属于绥远特别区，二年划归察哈尔，九年冬，在丰、陶、兴三县之间，设集宁设治局，十一年正式改县，十八年一月绥远正式改省，绥东五县，又从察哈尔划出，重隶绥远。

查绥远省辖境旧为内蒙乌兰察布、伊克昭二盟和归化土默特旗的牧地。清末放垦，汉人前往的很多，蒙汉相处，久而相忘。像土默特旗已经没有疆界可寻，仅有总管一名，保存名义。其他各处的蒙汉感情，也极融洽。去冬察北多事，百灵庙蒙政会环境恶劣，绥境各蒙旗王公，怕被利用，乃请别立政会，分区自治。中央因在本年一月二十五日明令发表《绥〔绥〕省境内蒙古各蒙〔盟〕旗地方自治政务委员会暂行组织大纲》，开会之日，蒙汉腾欢。在守土御侮上具有绝大意义。

绥东察哈尔四旗，原属察哈尔十二旗群范围（其旧有牧地，即现在的绥东五县，北接乌盟四子王旗，东接察北的商都、康保二县，南界山西大同边城），去年十二月九日到二十四日之间，察北六县，先后失陷，察哈尔旗群被迫归附。右冀〔翼〕四旗牧地久受绥省保护，不愿甘心附逆，为虎作伥。所以这次李守信等派兵入侵，内蒙正黄旗总管达密凌苏龙也告奋勇，率部前往协助。

按：绥东五县的总面积，共十四万五千八百方里，户口十二万零三百零二户，六十五万零九百七十九人。蒙民共一千四百二十户，六千六百三十人。地亩共四千零三十五顷七十八亩。蒙民约占五县总人口九十八分之一，蒙民土地约占五县总面积一百九十五分之一。

三　绥东问题的重要性

绥东在地位上和民族上各有其复杂的关系，对于国防上的意义更大。因为绥东居华北国防的前线，无异是一个独有的屏蔽。可以通西北，控华北，东瞰察、热，北制外蒙，有充分的准备，据而守之，真有鞭挞天下之势。不过绥东旗地平坦，无险可障，若遇侵略，宜于游击野战。惟对方倾巢进犯，只有凭借灰腾梁高原的陶林县，和平绥铁路中心的集宁县了。因为陶林有失，对方可抚绥垣之背，并能抄断集宁的后路。若集宁有失，则平绥铁路中断，晋绥不能相救矣。我人鉴于居高临下的天险，和山积海涵的粮库，所以攻守中心，当以陶林、集宁的得失，为绥远存亡的关键。

在外蒙宣布独立之后，绥远便撤一屏藩，外蒙物产，不再取道绥远以至内地，使绥省在经济上损失很多。察北六县被占后，敌势已直接与绥远接触，德王组称〔织〕独立政府之酝酿，尤与绥东一大威胁。加之平绥铁路，刻已在日本劫持之下，各种贸易，都被日本垄断；新疆的交易与内地断绝之后，绥境益感枯窘，盟旗牧地，因连年水草不佳，牧畜事业，极不繁盛；去冬和今春的大雪，牲畜被冻死的十之七八，以上这些情形，使绥境在经济上、政治上感受着最大的压迫，其优越的地位，自然减色不少。所以绥东问题发生，使国人觉得有不胜今昔之感了。

日本的大陆政策，刻正在强化部队，加紧进行，其不能舍弃绥远，乃尽人皆知的事。本年六月英国《圆桌季刊》载有《东亚的安定》一文，内称："日俄边境冲突，只为一种虚声恫吓，作讨价还价的姿势，并非日本真有意与苏俄开战。因苏俄富源在欧洲与西伯利亚西部，而不在西伯利亚东部与外蒙古，是以日本经济目标，不在海参崴、库伦，而在天津、上海。质言之，日本大陆政策之目的在中国，不在西伯利亚，特为实现其目的便利起见，必须在中国与苏俄间取得一块土地，将中俄分开，并在蒙古树起军事的边界，以防苏俄。"这种论断，可谓十分恰当，日本欲达到控制全中国的目的，并能有把握防备苏俄，势必把绥远及其以西的地方攫到手中。所以绥东问题，绝不能忽视。

我们固然相信绥省当局能密切注意这一问题，并有坚固的防御，能把来侵的匪众和伪军击退。但是绥省一省的力量，究属有限，绥全省政费，每月不过八万元，军费也不过二十多万，去年内蒙雪灾，政府发赈款八万元，察、绥平分，各得四万，可见绥省在军兴以后，经济上、物质上须待大量的接济，而且须急起应付，不要坐误戎机，一面在外交上极力折冲，才有办法。不然，像〈去〉年冬察北六县被占后，我方只听土肥原的花言巧语，解决察北问题，始终没有成效，察北六县终久没有收回，绥东若再蹈覆辙，也必陷于同一运命。

西北的情势，也远不能十分乐观。毛泽东率部三万人拟"窜"宁夏，朱、徐两股，也大批"侵扰"甘肃，岷、洮一带，岌岌可危。同时，日本在甘肃的平原，宁夏的阿、额两旗强设特务机关，正是千疮百孔，亟待设法。若绥东令其自然变化，恐怕牵一发而全身俱动，结果不堪设想。

刻伪蒙匪军正大批集结察北，有再度大规模侵犯绥东的样子，日军也在热河、察北间调动甚忙，看来事机已迫，间不容发，惟有国人看清时势，以有效的方法来防止才是。

八月十日上海《大公报》社评《绥东问题之再检讨》结尾中说："夫绥远内情如此，在外人之侵略者，任如何巧谲伪饰，决不足以欺蒙世界，而在中国中央政府负保国权国土之责任者，对于此类外来之侵略行动，亦断无容忍不问之理由，盖中央在五权

〔全〕代会声明外交方针为'和平未到绝望时期，决不放弃和平'。而蒋委员长在上月二中全会中解释其义为'中央所抱最低限度，就是保持领土主权的完整'。又重言以声明之曰：'我们绝对不订立任何侵害我们领土主权的协定，并绝对不能容忍任何侵害我们领土主权的事实。'今绥东如果被攻占，即是侵害领土主权的事实，在政府立场上何能容忍？全国国民又岂能听政府容忍？吾人因是以为政府今日一面须对地方为有效的应援，一面须在外交为严正之防止，如能挽回危机，诚东亚大局之幸也。"我们很同意这种见解，特引来作为本文的结尾，并请全国人士注意。

《西北向导》（旬刊）

西安西北向导社

1936 年 16 期

（聂慧英　整理）

《苏蒙议定书》之政治意义

崔书琴 撰

一

上月十二日，苏联和外蒙签订了一个《互助议定书》。这个消息传出之后，中日两国都很深切的注意。我外交部曾于本月七日向苏联提出抗议，以为苏联擅与外蒙签订议定书，显系侵犯中国主权并违反一九二四年之《中苏协定》。舆论界也都对苏联表示不满或"惋惜"，而否认《苏蒙议定书》的效力。苏联于收到我国抗议的次日，即送致正式的答覆，对侵犯中国主权一点极力辩饰。我国复于十一日提出第二次抗议，驳斥苏联的答覆。在我国未提抗议以前，日总领事须磨曾晋谒张外长，表示日本对苏蒙签订议定书事十分关切，张外长当即告以如调查属实，必为适当之处置。因此苏联的报纸就说我国提出抗议，系受日本的压迫。日本诚然注意我国的态度，但我们决不承认我国的抗议是出于日本的劝告。有不少日人，希望中苏的争执扩大，中苏的关系恶化。他们并且期待中国能将此次争执声诉于国联。我们必须声明，中国有自己的立场，决不劳日本来乱出主意。

我国向苏联提出的抗议，实具有充分的理由：第一、苏联从来就承认外蒙为我国的一部分，并负有"尊重在该领土内中国之主权"的义务（民十三《中苏协定》第五条）。遇有苏联违背此种义务时，我国皆曾抗议并主张我国的主权。一九二六年苏德订立条约规定德侨在蒙古得享最惠国待遇，北京政府即以其侵犯我国领土主权，而向两关系国政府抗议。第二、苏联既承认外蒙为我国的一部分，自不得擅与外蒙订立含有军事同盟性质的条约。自我国视之，外蒙并无缔结条约的资格。任何国家若欲与外蒙发生条约关系，也必须得我国的同意。《苏蒙互助议定书》之签订，有背《中苏协定》，实为毫无疑义。

二

我国向苏联提出抗议，固然具有充分的理由，同时我们研究这个问题，也不可不注意现实。何以呢？

第一是因为我国和外蒙的关系，多年来实际上已藕断丝连。外蒙住〔在〕满清本是我国的藩属，自清末至民十三，外蒙一因不满意北京政府的待遇，二因受帝俄及苏联的鼓惑，曾发动过三次革命，最后的一次成立了现在的"蒙古人民共和国"。我国始终未承认这个组织，但也未曾以实力消灭它的存在。最近十二年来，无论是北京政府或国民政府，都和外蒙没有什么正式的来往。外蒙当局固曾否认我国的宗主权，而我中央在外蒙实在好久已不行使权力。我们在那里没有中央的军队驻扎；那里的官吏也非由我中央任命。这并不是说，我国对于外蒙的主权因未行使而丧失，只是说平时不去行使，一旦主张起来，决不会对外蒙发生实际的效果。

第二是因为法理的争论并不容易动摇苏蒙事实上的关系。现在承认外蒙独立的，只有苏联一国。苏联虽未正式以外蒙为其支邦之一，但外蒙受其控制的程度颇深，则为毫无疑问的事实。外蒙政府共产的色彩十分浓厚。它任用了不少的苏联顾问，但一切行政官吏则皆仍由蒙人充任。蒙古的军队并不受苏联军官的指挥，他们的职权只限于训练（参阅 Owen Lattimore，"on the Wickedness of Being Nomads"，Asia，Oct. 1935）。因为苏联对外蒙并不明白的露示优越感，同时又表现出她的援助并非出于恶意，所以外蒙当局对她颇为信任。加以库伦、莫斯科间的交通较库伦、北平间的交通便利，自然外蒙会感觉苏蒙关系较中蒙关系密切。这种种情形，都不是空谈主权所能变更的。

我们与其注意法理，还莫如冷静的研究苏蒙签订《互助议定书》的意义及其影响。

三

苏蒙签订《互助议定书》的目的不在对中国，这是很明显的。我国对外蒙及苏联均无用兵的意思，也没有对他们用兵的可能，他们自然不是为了防备我国而成立互助的约束。即就法律解释，纵然容许这个议定书发生效力，它对于我国也不能通用。苏联既声明"议定书之签订与议定书内各条款，均无丝毫损害中国主权之处"，又声明此议定书并不损害一九二四年《中苏协定》之效力，并特"重行确证上述协定"，就是表示苏联虽与外蒙签订《互助议定书》，亦仍承认外蒙为中国领土之一部分。那么即令中国出兵外蒙，苏联亦不得出来干涉，因为这是中国内部的问题，决不能视为第三国的攻击或威胁。

四

从远东的国际政治观察，苏蒙议定书的根本意义，是在确定日苏势力范围之划分。九一八以前，日本视南满、内蒙，苏联视北满、外蒙，为各自的势力范围。九一八以后，苏联让渡中东路，放弃了她在北满的利益，但坚守她在外蒙的地位。这一次苏联与外蒙签订《互助议定书》，不过是告诉日本她已退让到最后限度。往好处说是她希望日本承认"满"蒙的界线是日苏势力范围的新界线。

《苏蒙议定书》可以发生两种完全不相同的影响：一种是倾向和平的，一种是倾向战争的。

一、倾向和平的影响　据一部分欧美人士的观察，日俄关系虽屡传紧张，而最后双方也许会以瓜分中国的领土来结束两国间的冲突。这种观察如果正确，则《苏蒙议定书》的签订正是日苏和好的机会。一方面苏联可以承认伪国属于日本，并担任永不干涉，而另一方面日本可以承认外蒙属于苏联，许她自由行动。可是这种观察并不近乎事实。日本决不会满意日苏势力范围的划分，因她认为满洲及内蒙已入于自己的掌握，无待于苏联之承认。再说，分割中国领土，也不能消弭将来日俄战争的根本原因。日本想进取外蒙，以及苏联要保持外蒙，实有军事上的理由。所以《苏蒙议定书》大概不会发生倾向和平的影响。

二、倾向战争的影响　使日本感觉非与苏联一战不可的根本原因，是她以苏联的东海滨省为日本安全的最大威胁。日本各重要城市距离这个地方很近，以近代飞行术的进步，很容易受苏联军用飞机的轰炸。因此，日本以为必须取得东海滨省，始能得到安全。日俄若发生战争，外蒙就成了很冲要的地带。有许多军事家观察，日本由外蒙进攻苏联较由满洲进攻，尤易取得胜利。他们并且说，日俄战争的胜负，恐将决于贝加尔湖附近。这是日本想进取外蒙与苏联要保持外蒙军事上的理由。现在苏蒙签订《互助议定书》，足以证明苏联对于外蒙之重视。这不啻苏联向日本表示，外蒙是她的国防线，如果日本侵犯外蒙的领土，她必出而援助。日本对《苏蒙议定书》自然发生反感，而加紧对俄的军事准备。

五

《苏蒙议定书》倾向战争的影响虽然很大，但日俄战争在最近并不致于爆发，因为双方尚未准备好，而尤以日本为甚。在日俄战争未发生以前，双方当然都注意我国的态度。伪国与外蒙都是我国的领土，我们都愿收回，所以我国处境十分困难。中立虽是一个稳健的政策，但事实上决不可能。将来我国恐终于被逼卷入漩涡。我们希望敌友的取舍，能决于我们自己。取舍的标准，现在当然言之过早，但决不能离开"两害之间，取其轻，两利之间，取其重"的原则。现在选择友敌的时期尚早，不过在这个时期未到以前，我们必须努力于下列的工作：

（1）实现真正的精神团结。

（2）剿清"共匪"。

（3）团结内蒙王公。

（4）充实国防的设备。

此外最迫切的问题是华北，我们只希望政府决定一个根本政策。

《政问周刊》

南京政问周刊社

1936 年 16 期

（朱宪　整理）

再论绥东问题

曰生 撰

在上期《西北向导》的《绥东问题》一文里，我指出了绥东、察北之现状及其诸种关系，可以明白绥东问题确已不容忽视。绥东与中国的整个生命和今后救亡图存工作上，有其绝大关系，绥东若失，其影响将不止西北与华北。近来的消息，看似绥东风云，稍稍弛松一点，从许多要人口中的"绥东颇见安静""绥东固如金汤"等等言语上看来，也似乎绥东问题，已经完了，我们可以高枕而卧，用不着再替它着急与挂虑，抱杞天之忧的人，岂不是傻子么？尤其是我国素以宽大为怀，迭颁睦邻明令，即使敌人怎样蛮横，怎样不讲道理，但我民族的精神，足以感化之而有余。所以绥东问题，必无问题，有之，也不过是敌人的虚声恫吓，以及我民的敏感罢了，如此局部的区区事件，何必大惊小怪呢。

绥东问题确实是完了么？敌人确不侵犯绥东么？绥东是已安静与巩固了么？我们可以高枕而卧了么？实际上，一万个不是这样，不但不是这样，绥东问题，正在具体的酝酿着，敌人正在谋万全之策，大举进犯。我们的乐观，正足以中敌人之计和表示我们的愚蠢。我们一向都是这么愚蠢的呀！

任何人都知道，日本早在数十年前就已固定了她的大陆政策。这个政策，当然是以中国全国为其目标的。敌人几年来在这一工作上，却〔即〕已完成了许多，在地理上和物质上，都占了最优势的部分；同时，在"欲征服支那，必先征服满洲"之后，其对蒙古问题，当然不能恝然置之。果然，辽、热境内和察北蒙旗已全部括到手内，那么，她该把绥境和宁夏境内的蒙古都收入版图，乃为必然的举动。所以，敌人绝不会给我们留些颜面，好意的停在绥、察边境上为止。其实，意义还有更重大的，迫使敌人不得不再深入。

日本以先天不足的资本国家，自然会有许多弱点的，她是经不起几次狂风暴雨的吹打。世界经济恐慌的潮流，正和冲入了其他资本帝国主义国家一样的冲上日本海岸来，这使日本感着最大的苦闷与忧虑。其次，苏俄革命的成功，对于日本革命暗潮之引满待发，更与日本资本家一大刺激，所以日苏之对立，时时使日本感到有防俄的必要。日本自取得东北四省以及察北各县，似乎在"防苏哨兵"的任务，做到了相当的成绩，但只是一部分，并没有全部完成。若要全部完成，便必须把绥远和西北拿到手中。其重大意义：第一，对外蒙和苏俄取大包围形势，军事上可以截断中西伯利亚，使苏俄东西部不能相顾，对满洲的北部可减少若干军事上的困难与威胁。第二，隔绝中苏的交通与联络，予中国外交上和军事上以不利，并且令中国的最后国防根据地——西北，趁中国尚未完成其"建设""开发"之际，一举而破坏之。因此，日本的必取绥东，由绥东而囊括西北，乃是她既定不易的国策，绝不会中途而止的。土肥原不是露骨的说过么：

> 内蒙的重要性，不在于国力和住民方面，而是在于地理的方面。内蒙的人口，虽然只有三四十万，假如在苏联势力之下，对满洲的国防非常危险。万一日苏开战，内蒙在我国势力之下，苏联的远东作战，会感着非常困难……

可见报载德王招练新兵，王英派代表至内地联络冀东及长城各口股匪，希图大举入侵各种消息，正是敌人的进一步工作，叫你

"明枪易躲，暗箭难防"！

　　兹据上月三十一日天津《益世报》所载："……按其匪兵之扩充，一月即有数倍之增加，总计当在四万以上。……近因晋绥军防备周密，乃变更战略，由王英率其匪部，沿张库路线向西绕道至蒙古，进犯绥西之五原、包头，再行东下。至于绥东、察西一带，匪军取〔攻〕守势，闻该地以李守信担任之……"据此，绥东平静云者，正不足信，且以绥远全省为其攻略的对象。

　　我们都很相信，守土者必不令寸土尺地落在敌手，有"迎头痛击""来则抵抗"的决心，全国人士都见着这一危机之大，必以有力的援助，予敌人以"惩膺"。但另一方面，察北、华北、西北以及中国的现状，却又令人"泄气"。察北各县自被敌人不声不响地吞噬下去以后，立刻变成了招收匪人、藏垢纳秽的大本营，"浪人"们正想趁火打劫，发泄私欲，其蠢蠢欲动，非"劝告"所能制止。其次，敌人从"满洲国"经营到察北以后，察北的军事交通以及军事设备如飞机场等，都在短期内建设起来，采取"步步为营，稳扎稳打"的政策，今后其必进逼绥东，毫无疑问。华北是谁家的天下，从去年《梅何〔何梅〕协定》，中国军队撤退、中国国民党党部撤消之后，我们便已明白了，冀察政权的成立，显然是另具一种姿态的，换句话说，华北正在敌人的卵翼下喘息着、活着，它不会也不可能对敌人的侵略，加以反攻，这是对于敌人进取绥东的有利条件。西北呢，也是焦头烂额，疮痍未复，自顾不暇，似也不暇外顾。同时，中国全国总是闹着头重脚轻的寒热病，单方面的睦邻，可惜得不到敌人的怜惜，敌人反放下脸皮，肆无惮忌。试问绥东处在这样环境之下，焉能幸免，焉能侥免！

　　再找出两个实例看看，愈知日本必积极侵占绥远。

　　九一八后，苏联深感东方国防的空虚，于是设置军备，开发经济，不数年间，其力已不可或侮。除军事设备具见各书报，盛传其有雄厚的兵力足以防寇外，其经济建设，也极可观。计苏联在一九三三年度在远东的投资额为四亿五千万卢布，一九三四年度为十四亿四千万卢布，一九三五年度为十七亿六千万卢布。上述投资额的百分之七十乃至八十，都是投之于铁道、公路、港湾的运输建设事业和各种工业的开发的。今年三月，通过决定一九三六年度的投资预算总额，一跃而为三十亿卢布，较上年度约增加了十二亿四千万卢布。同时工业部门的投资竟增加了五亿三千六百三十万卢布，运输部门增加了九亿一百六十万卢布，并且工业运输一部门在本年度投资额的三十亿卢布中所占的比率，实达百分之九十三以上。可以证明苏联当局是如何地在努力改革和扩张远东地方与军事有密切关系的运输事业，以及建设和发展各种工业了（参看《经济学家》六月号）。其次，外蒙古人民共和国的突飞猛晋，也使日人不敢放心。现外蒙有兵十五万，与苏联构成联合的抗日阵容，东部以桑贝子为根据地，展开了东部国境的防御阵线；去年十二月十一日，主席兼外长亘旦氏率多人到莫斯科报聘，确定了互助关系，外蒙贸易的发展，逐年向上，由一九二三度的三百四十七万四千卢布，仅八年到一九三一年，竟达六千六百十七万卢布，有十九倍的突进（参看入江启四郎著《外蒙的现状》）。由于以上的事实，乃使日本不能得东北四省便算高枕无忧，乃是极明显的事。

再绥远河套一带的丰富物产，也是诱使日人西进的有力原素。据四月号《东洋》日人游历绥远的调查，谓："北自阴山南麓，南至西拉布理多泊，东自远布素多，西至比河，南北千余里，东西二千余里，皆为灌溉便利的地方，宜于种稻，若用科学的方法经营，其富力可凌驾内地二三省以上。"其他矿产、药材，也极丰多，得着此地，可以集兵屯田，以图久远，稍进便到了宁夏平原，日人看得是十分清楚的。

　　在《绥东问题》一文中，曾指出绥东地位的重要来，绥东若失，西北便不保。因绥远是西北的锁钥，锁钥一开，门户洞启，引狼入室，十分便当。西北各省，地形非常复杂，据某一地域而观，各有其攻守之利，若全盘以观，仍以绥、宁为中心枢纽，顺包头、五原以下，一路直通宁垣，无险可守，据宁垣即可抚陕、甘之背，整个西北的局面，必有主客异势的变化。现在以居延海为中心的额济纳蒙古地方，敌人正着手实行分化蒙民的工夫，如果蒙民被鼓动起来，溯弱水而上，进袭酒泉、嘉峪关，可以说是长驱直入，无险可守，假如酒泉、嘉峪关被占，连上额济纳的本部，则内地通甘的道路，完全阻塞，这时西北对外的交通路线，根本无法可想。绥远的得失，关系不为不大！

　　以目前来看，绥东一隅地方，有关西北的各方面甚大，确不容忽视，尤其在西北的民族、国防、国际各关系上，更有其非常的价值。西北民族复杂，平时不无小忿，一旦被敌人鼓动，易肇绝大事端，使我发生内部困难，无力对外，此其一。贺兰、大青两山，无殊西北的屏障，历代防边，在所必争，如果弃险不守，敌人潮〔溯〕河而上，可以长驱直入，我欲反攻，亦大不易，此其二。甘肃通新疆的狭长地带，是西北出新疆而达苏俄的唯一孔道，若此道不通，西北便成釜鱼之势，此其三。所以为了西北的民族、国防与国际的各种关系上说起来，绥远东部，绝不能令寸土尺地，被敌所得。

　　东省被占以后，国人便提出"开发西北"的口号，这个口号是否正确，我们先不加论列。但欲使这一口号可以保障其成功，必先有保全土地的先决条件，土地若失，何言开发？一般明达之士，都早见到了开发西北非短期间的事，可是敌人侵略内蒙的力量，又是一日千里，飞涨不已，不待我们开发的工作完成，敌人便早当叩门以待。所以欲保西北，必须先保绥东。

　　国难日急，时势日非，我们一方面要固守绥东，不令敌人得逞，一方面要发动全民族的抗战斗争，彻底解放我中华民族，以我全民族的力量，争取既失的土地和主权。敌人一日不灭，我们一日也不能辞去责任。当兹绥东危急，又值"九一八"五周年惨痛纪念日即在目前的今日，谨再论绥东问题，愿全国人士，加之注意！

《西北向导》（旬刊）

西安西北向导社

1936 年 17 期

（李红权　整理）

谈《俄蒙协定》

罗隆基　撰

苏俄与我国蒙古于三月十二日订定军事互助议定书，这件事已遍载国中各报。四月七日我国政府提出第一次抗议，认定《俄蒙协定》违背民国十三年五月三十一日签订之《中俄协定》第五条，并声明中国政府对《俄蒙协定》"断难承认，并不受拘束"。四月八日，苏俄对中国抗议即有正式答覆。答覆内容，大概如下：

（一）议定书之签订与议定书内容各条款，均无丝毫损害中国主权之处，因议定书不容许亦不包含苏俄对中国及蒙古有任何领土之要求，同时议定书并不变更苏联与中国及与"蒙古共和国"间至今存在的关系。

（二）苏俄与蒙古订立协定，有民国十〈三〉年（一九二四）八〔九〕月二十日《奉俄协定》旧例可援。

（三）《俄蒙协定》并不反对第三国之利益，因协定唯于蒙俄被侵略时始发生效力。

（四）苏俄重行确保民国十三年《中俄协定》仍保持其效力以及于将来。

对苏俄覆文，中国政府又已提出第二次抗议，认苏俄覆文"并无充分理由"，同时并说明《奉俄协定》不能作为《蒙俄协定》先例。对中国第二次抗议，苏俄态度如何，尚不可知。苏俄第一次覆文，措辞闪烁，理由牵强，实为不可掩盖的事实，关于

《俄蒙协定》与《中俄协定》冲突，《俄蒙协定》违背《中俄协定》第五条，作者在四月十日《益世报》社论中有这样一段话：

> 苏俄所举出的理由，在法律上却根本不能成立。须知《苏蒙协定》签字两方，一方为苏联，一方为"蒙古人民共和国"。协定内容，处处以"蒙古共和国"为独立自主国家看待。蒙古为中国领土或为独立国家，两事不能并立。倘苏俄认定蒙古为独立国家，是即否认中国在蒙古的主权，倘苏俄承认中国在蒙古之主权，同时即不得承认蒙古为独立国家。理极浅近，亦甚明显。今苏俄一方承认蒙古为独立国家，与之签订协定，一方向中国声明未丝毫侵害中国主权，苏俄矛盾冲突之处，三尺童子，亦能看出。苏俄覆文说"《苏蒙协定》不致使一九二四年《中俄协定》因此歧视"。须知《中俄协定》重要条文第五条，民国十三年《中俄协定》签订以前，中国政府力争第五条条文必须加入，原因即苏俄政府在民国十年（一九二一年）蒙古宣言独立时，俄蒙曾订修好条约，苏俄曾承认蒙古为独立国。民十三《中俄条约》第五条，即所以打销民十年之《俄蒙修好条约》。法律上说来，新订条约，当然代替旧订条约。民十三年苏俄与中国订立《中俄协定》，承认蒙古为中国领土一部分，实际已将民十年苏俄承认蒙古独立的前约撤销。今日苏俄复与蒙古订立军事同盟协定，法律上又不啻将一九二四年旧约撤销。到此仍谓三月十二日苏蒙协定与以往《中俄协定》不冲突，《中俄协定》继续有效，岂非欺人之语？苏俄覆文说，苏俄并未向中国或蒙古"作何种土地要求"，且不至使"苏俄与中国或与蒙古关系有何变迁"。须知一国侵犯他国主权的行为，并不限于作何种土地要求。《苏俄〔蒙〕协定》固未使苏俄与中国或与蒙古关系，有何变迁，但《俄蒙协定》使中国与蒙古之法律关系，大有变迁，确为事实。苏

俄违背《中俄协定》之点，亦正在此。

　　苏俄覆文，以一九二四年《奉俄协定》与今日《俄蒙协定》，相提并论，实亦不伦。须知一九二四年《奉俄协定》，奉天并未以独立国名义与苏联订约，其不同点一。《奉俄协定》内容大部分是关于东三省地方之铁路、税率、通商等等，绝非军事同盟性质，其不同点二。联邦国家的地方政府与另一国家政府订立条约，本系国际法上可允许之事，但此种条约，自有法律以内的范围。中国今日并非联邦国，蒙古亦非中国正式承认的自治区域。苏俄与蒙古协定当然不能在法律上求得解释。进一步说，一九二四年的《奉俄协定》，在法律说来，亦为苏俄侵犯中国主权的行为，两非不能并成一是。以过去违法行为，为今日违法行为解脱，亦国际法上从来未有的奇闻。苏俄覆文谓一九二四年《奉俄协定》，中国政府未有任何抗议，亦非事实。关于这点，中国第二次抗议，解释甚详。抗议书说：

　　　　来照谓《奉俄协定》之签订，并未引起中华民国政府之抗议一节，适于事实相反。查该协定在未经该处地方当局呈经中央核准作为《中苏协定》之附件以前，迭经前北京外交部于民国十三年八月二十五日、九月十一日先后向彼时贵国驻华大使提出抗议，并经中国驻莫斯科外交代表向苏联政府抗议各在案。嗣该协定经中央政府核准完成法定手续后，始于民国十四年三月间通知苏俄政府，作为民国十三年《中苏协定》之附件，此项事实，原为贵方违反国际惯例之不合法行为，经中国政府予以纠正，固不得援引为贵方有权向中国地方政府签订任何协定之先例。

　　对于《奉俄协定》为俄蒙协定先例一点，今后苏俄当然无所借口。苏俄覆文谓"《俄蒙协定》并不反对第三国利益"，这种措词，倘苏俄以之答覆中国以外任何国家的抗议，犹有可说，以之向中国解释，是苏俄把中国看成"蒙古共和国"之对等国家。倘中国果成苏蒙眼光中的第三国之一，则中国在蒙古之宗主权何在？苏俄非破坏民国十三年之《中俄协定》而何？

苏俄覆文缺乏充分理由，固不待我们详加解释。这个问题将来解决的方式如何，实值得研究。中国社会，对俄占蒙古问题不若日侵满洲问题之重视，亦为事实。中国社会一班人，以为《俄蒙协定》乃日本在满洲一切行为之反响。日侵满洲，所以对俄；俄联蒙古，所以对日。认定《俄蒙协定》是在日俄关系上比较更重要的问题。一班人以为中国在今日，事实上既无法收复满洲，当亦无法收复蒙古，为今之计，只有待日俄斗争开展时，再图应付。这固然是一种看法。这看法亦有相当理由。对这个问题，我们认定还可以有一个看法。在四月九日《益世报》社论中，作者有过这样一段话：

> 满洲、蒙古问题，同时紧张，表面固然是日俄形势的紧张。日俄目前的紧张形势，又非绝无和缓的可能。和缓的出路，或者就在日俄瓜分满蒙。从历史事实说来，俄国最初经营远东的目的地，本在满洲、高丽，想从此东进，找着海口出路。日俄战争以后，俄国看到此路不通，于是放弃独占东亚的雄图，力谋与日本妥协，以期分割东亚大陆的势力。一九零七年（光绪三十三年）与一九一零年（宣统二年）日俄曾两次缔结协定，合议分割满蒙。第二次协定，风传内容，就是这样："日本合并朝鲜，俄国不加反对；俄国在蒙古有何进行，日本亦加承认，且与以援助。"民国二年，日本政治家桂太郎访俄，又带有缔结特殊协定的使命。协定内容，就是约定内蒙、南满划归日本，北满、外蒙划归俄国。日俄瓜分满蒙，历史上固有过几次协定。目前日俄对峙形势，固然险恶，谁能担保将来不仍在历史上已有方式中寻出路？

　　我们的忧虑还不止此。我们以为"九一八"事变以后，列强在中国的均势局面已破，不止日俄在满蒙可在历史上已有方式中寻出路，其他强国的远东政策或亦可在历史上已有方式中寻出路。整个中国或将回到瓜分时期，亦未可知。俄国目的〔前〕在蒙古的一切行为，在俄国人看来，乃满洲局面发生以后俄国不得不有的行为。日俄以外的强国，为保护其远东利益计，仿效日本在满洲、俄国在蒙古的行为，亦未可知。

　　照这样说来，中国固不能因苏俄对日作用，即轻视《俄蒙协定》在中国方面所生之影响。倘日俄关系改善，《俄蒙协定》又何尝不是俄取蒙古的成案。《俄蒙协定》中所指第三国，并未把中国划为例外，倘将来中国与所谓的蒙古共和国发生冲突，谁能保证俄不援引《俄蒙协定》以助蒙？《俄蒙协定》又何以异于日"满"协定？这是国人应注意之点。

　　谈到这里，我们只有责备国家政治负责者因循贻误之过。"九一八"事件发生以后，中国政府以往在边疆问题上疏忽态度，实应知所改悔。倘中国政府对蒙古问题早向俄国谋通盘彻底解决，《俄蒙协定》或不至发生。同时，倘中国对东北问题，早抱牺牲决心，立〔力〕求挽救，不让东北演成今日局面，倘日本势力在满洲不像今日那般伸张，苏俄在蒙古或亦不若今日的积极，《俄蒙协定》，或亦不至发生。日在满洲与俄在蒙古，实有互为因果关系。中国既不能抱定牺牲决心，以解决满洲问题，复不能早订外交计划，以解决蒙古问题，一切事变，无论在满洲或在蒙古，都听外人自由支配，都听事变自由演进，因循复因循，终以造成今日之局面。当局贻误之罪，实不能辞。

　　事到今日，满洲与蒙古问题，同时求彻底解决，势不可能，一人固不能同时应付两个敌手。然对一切问题，都缩手坐待，亦非办法。此时当国者仍应权衡本身利害，订定全盘外交计划，抱牺

牲决心，用极大勇气，以求应付。满洲与蒙古两问题，倘一方得
到解决，将来双方或有连同解决希望。然解决程序，孰先孰后，
实大有关系，此种外交运用，实关系国家生命前途，愿当国者审
慎筹之！

《自由评论》（周刊）

北平自由评论社

1936 年 21 期

（丁冉　整理）

外蒙古的过去、现在和将来

陈放夫　撰

一　前言

　　一九三一年以来，日本大陆政策剧烈地而且顺利地进展着。仅仅四个年头，由东四省而华北，由华北而内蒙，现在又着手于整个蒙古的攫取，以实现其"满蒙"的大傀儡国的企图。一则满足其领土占领欲；二则可以隔绝中蒙和中俄的关系；三则中国北部的宁夏、甘肃等都可以"顺手牵羊"，而西藏也就成为"栏前肥草"。但是事实上现在的外蒙古，已不是民国十年以前的外蒙古。十余年来，外蒙古的政治、经济都起了剧烈的变化，尤其对外与苏俄有更深的结合。因此，日本的大陆政策，在这里就遇到了极大的困难，日本军部也不能不"予以重大关心而注视之"，这些我们看"满"蒙纠纷的不能解决就很明白了。然而对蒙古的侵略虽然困难，日本不因此而罢手，是可以断言的，我们看广田内阁成立后，日本军部的声明就可以知道。据二月二十六日伦敦哈瓦斯的报告，据说日、德二国在荷兰京城商量在外蒙共同建筑铁道（想为将来进攻苏联之用），更可看出日本对蒙侵略的焦急。然而我们在另一方面，伪蒙古人民共和国的国务院院长旨登及陆长德米德一行到莫斯科，东京传说苏蒙间已成立密约，专以日伪军事为对象。尤可注意的是苏联总书记长斯大林对美联社社长霍华特氏的谈话，斯大林有以下的露骨的表社〔示〕，他说"若日本敢于进攻外蒙共和国，而破坏其独立时，则我人必出而援助之。苏俄外交副委员长施东谟那可夫氏，最近曾将此意明白告知日本驻俄大使，并请其注意苏俄对外蒙之友谊关系，自一九二一年来，丝毫未曾改变，故必要时如一九二一年援助外蒙"。最近《苏蒙互助协定》之成立，可见苏俄又撑着外蒙的腰，所以今后外蒙古在日俄冲突下的地位，以及外蒙过去，尤其现在的政治、经济情形，我们必须有一个大体的明了。

二　伪外蒙古人民共和国的回顾

外蒙古归顺中国，是清朝初年的事。康熙二十七年，噶尔丹"准噶尔之部长"乘蒙古自相侵乱的事实，举兵入蒙，此后又经过清圣祖的几次亲征，外蒙古才正式隶属于中国版图。但是一方面帝俄的野心正炽，自经《尼布楚条约》、《塔城条约》、《瑷珲条约》、《北京条约》以后，尤其增加了对外蒙的野心，结果是在满清宣统三年，乘武昌起义的时候，乃煽动哲布尊丹呼图克图宣布独立，组织外蒙自治官府，号称"大蒙古国"，这是外蒙第一次独立。

以〔从〕外蒙宣布独立之后，经过中国外交部陆征祥、孙宝琦的北京会议，毕桂芳专使的中、蒙、俄会议，三方协商，经过正式会议四十八次，直到民国四年五月才议定《中俄蒙协约》，确立"外蒙古承认中国宗主权，中国、俄国承认外蒙自治，为中国领土之一部分"。外蒙于是由独立而变为自治。中国方面则任陈箓为都护使，充库伦办事〔处〕大臣。以后到了民国八年，中国任徐树铮为西北筹边使，带兵入蒙，外蒙于是自动撤销自治，当时苏俄曾经援用国际条约，向中国提出抗议，经外部答覆"从前外蒙要求自治，实由于外蒙自愿，此次取消自治，亦由外蒙全体之意思，前后制度之变更及恢复，均完全因新形势之发生，以外蒙全体之意思为根据，来照〔会〕所称国际条约取销之先例，比拟不伦，本政府不能认为同意"。苏俄也无其他表示。

当时外蒙古的取消自治，徐树铮的力量很大，后来皖直一战，徐树铮失败，外蒙古一般留俄的青年，乘机组织蒙古国民党，和苏俄极力联络，至民国十年三月，遂于恰克图成立蒙古临时革命政府，同时纠合蒙古革命党员，组织蒙古革命军，与苏维埃政府协同作战，先后击退中国的驻军和各地的白军。至民国十一年，渐次统一，乃决定建国纲领，这是蒙古第二次的独立。当时的建国纲领大要：

　　一、政府以根本废绝封建制度为目的，制定新法律，不问阶级的差别。全国民一律有兵役的义务。

　　二、全国各阶级定均平纳税制度。

　　三、废止奴隶制度。

　　四、保存活佛为立宪君主，政府在下，当国民权之扩张，活佛无否认法律权。政府以国民会议制定之法律，报告于活佛，用国民会议名义宣布。宣战、媾和并预算制定权，属于政府及大小国民会议。

以〔从〕这几点看来，蒙古还是在活佛的君主立宪政体下，实行民主的制度，这当然是适合外蒙客观环境的一种〔一〕办法，并非蒙古左派所企望的。所以到了民国十三年三月，活佛逝世，在同年六月所再来第三次革命，成立外蒙人民共和国人民政府（应注意的是在一月之前，还有《中俄协定》的订立，其第五款云："苏联政府，承认外蒙完全为中华民国之一部分，及尊重在该土内中国之主权。"可见尽是谎语）。十三年十一月开大国民会议于库伦，发表蒙古劳动国权的宣言。其大要系：

　　　　一、蒙古的独立国民共和国，其主权属于劳动国民。

　　　　二、定蒙古共和国的国界，根本灭除封建制度余影，在民
　　主制度上，树立新政府。

　　　　三、政府定施政方针十余项，其重要在为土地、森林均为
　　国有，撤废个人所有权。

以〔从〕这三点上，可以看出外蒙的政府制度完全仿照苏俄
的。尤其明显的，是大国民会议所通过的宪法，与《苏维埃宪法》
大同小异，其根本上尤属相通。其政制的大致定为大小国民会议，
大国民议会休会期间，国家主权由小国民议会行之，小国民议会休
会期间，由小国民会议干部及政府代行之。共和国宪法的变更，则
由大国民议会决定。大国民议会由农村、都市人民及军队中选举之，
议员人数，每年以各选举区人口比例定之。小国民议会，由大国民
议员选出，对于大国民议会负责。大国民议会一年召集一次，小国
民〈议〉会一年召集二次，每期选出若干委员及政府阁员。其政府
则为内阁制。如果我们拿外蒙古的政治机构与苏维埃制度比较，则
外蒙的大国民议会即苏维埃联邦大会，外蒙的小国民议会，即苏维
埃中央执行委员会。又外蒙的国民党，立于政府、议会背后，握政
治的实权，也和苏联的共产党左右政府一样。更应该注意的是，蒙
古在民国十四年规定的《国民革命党规则》第七十七及七十八两条，
规定："加入与世界多数友好团体有关系的'第三国际'，依从共产
国际的指导，做'第三国际'的正党员。"由此我们可以断定，外
蒙古的政治方针及经济设施是取同一步调的。

　　但是我们切不要忘记了蒙古的旧势力是根深蒂固的，虽然经过
了左派党人的几次肃清，但是想在短时期内完全成功是很困难的。
自以〔从〕一九二四年制定宪法，到一九三〇年的四五个年头中，
国民党内部分为左右二派，常闹流血的斗争。右派的全盛时代是

一九二六年，但是这派的中坚人物，如国民党中央委员长丹波特尔泛，青年革命党中央委员长若丹等等，或被暗杀或被倒台以后，左派就掌握了外蒙的实权，更其倾向"赤化"，如没收僧俗王公的财产、设立农业生产组合、彻底的压迫喇嘛等。然而这种政策结果如何呢？外蒙陆军总司令德密特在第七次大国民议会中有过这样的叙述："外蒙人民在大部未曾见过飞机，只有相信鬼神，如用留声机奏蒙古歌，则异常惊奇。"对于这样的外蒙大众，其政府和党部果能施行如何的政治、经济工作，和收到多少"赤化"的效果，实一极大问题。譬如在一九二七和一九二八年得势后，首先便注力于没收僧侣、王公的财产，在一九二九年七月，发表彻底征伐喇嘛的训令，在一九三〇年的第六次大国民议会开始实行，即禁止一般人民儿童入寺院，已进了寺院的喇嘛儿童，则使之还俗。同时使不〔还〕俗的喇嘛，以〔从〕事手工业，以寺院的蓄积财产，报酬他们。当时被用行政处分还俗的喇嘛，共约一万二千人，结果乌兰阿地方受了旧王公的煽动，发生了叛乱。又如将寺院的家畜收归国有，设定柯尔霍斯运动。在一九三一的时候也引起旧王公的反抗。当九一八事变的时候，西部、东部各地乘机又发生了不平的暴动，一九三二年五个月中，柯戈尔、亚尔盘凯、乌布尔盘凯、斯普芬亚尔泰四部，共发生了二十余次的反乱。一九三三年以桑贝子为中心的反政府大暴动，最后使外蒙政府不得不把政策改为和缓，可见外蒙的政治现状虽极力摹仿苏俄，但是境内的旧王公，还持有潜伏的势力哩。

三　外蒙古的经济现状

大家都知道，外蒙的经济情形是非常落后的，这是地理上的客观原因，不得不然的。外蒙最主要的产业，当然是畜牧，据一九二六年的调查，其数量为：

山羊	二，五二九，〇〇〇头
羊	一二，七二〇，〇六四头
牛	一，五二〇，〇九四头
马	一，五九〇，〇〇〇头
骆驼	四一九，〇〇〇头
羊毛	一六，〇〇〇吨
山羊毛	二三〇吨
骆驼毛	一，〇六〇吨
马皮	三，八〇〇枚
子羊皮及其他	一，五七二，〇〇〇枚
各种兽皮毛	三〇〇吨

以上物产，大部在内地消费，一部分输出国外。外蒙为奖励产业计，对于技术的及经济的都予以巨大的补助，在他们第七次大国民议会的纪录中，这样记载［记］着："蒙古的基本产业为牧畜。国民的大部分都从事此业，但是牧畜的方法，还极幼稚，因之国家受了很大的损失，故政府应予以巨额的补助金，务使并〔牧〕户设备周全，其补助金额定一九三二年为七十万卢布，一九三四年较之以前，家畜数增加三，三五〇万。"我们知道外蒙的家畜在一九三三年是一九，五三〇，〇〇〇头，较之一九二四年的数量，并没有巨大的增加，这或者是地理环境的阻碍吧。

至于外蒙的农业，却十分幼稚，其耕种播植的方法也十分原始。农业最盛的地方，是北部西伯利亚国境附近、库伦〔布〕附近、鄂尔浑河、哈拉河、色楞格河等流域及科布多一带。生产限于大麦、小麦、稞麦、豆类等等。耕地合计四万三千公顷，其中中国本部人民的耕作三万九千公顷。外蒙政府对农业也十分奖励，在国民党第八次大会树立了产业建设五年计划，即着手于农工制度的根本改造，准备使贫民百分之七十约有百分之五十国营农业化。当时蒙古的农牧总数为一六五,〇〇〇户，其中贫农七九,〇〇〇户，中农七三,〇〇〇户，在他们的"五年计划"中，准备大大地减少贫农。此外的免费出贷耕地，并免征税金，以资鼓励。在科布多有国营农场的出现，在各地又有集团农场的经营，其努力的程度亦可见一般了。但是事实上因为蒙古［就］贱视农业，改革农业的进途当然不容十分乐观。

至于外蒙的工商业，也是在向新组织的改革中，迄于一九三一年，至所有大工厂的产物价格及所投下的资金，有如下表：

工厂	资金	生产额
一、耐莱哈炭坑	八三,九九〇银元	八五,〇〇〇银元
二、装材工厂	一四九,九三五	五二,八六〇
三、炼瓦工厂	二五〇,〇九五	一七五,〇〇〇
四、制造机械工厂	四一四,一四〇	二五二,八八五
五、装皮工厂	八七二,三五〇	四九三,五〇〇
六、酒类蒸馏工厂	一,五八六,五七〇	八二,〇一五
总计	三,三七七,〇八〇〔三三五七,〇八〇〕	一,八七〇,二六〇〔一一四一,二六〇〕

这是外蒙工业的大概。至于其对外贸易，在民国十年以前，殆操于中国本部居民与俄人手中。民国十年以后，大部分全收归国营的商业组合机关管理，小部分则归农民银行。其他如苏俄的国营贸易股份公司、英国商会、中国商人等仍在继续活动。外蒙的输出品大部为家畜、兽肉、羊皮、羊毛、兽毛、肠、麝香、脂肪、牛油等。输入品大部为麦粉、谷类、砂糖、烟草、米、酒、药品、煤油、棉布、金属制造品，其每年对外贸易如下（一千卢布为单位）：

	一九二四	一九二五	一九二六	一九二七
输出	一九,三七六	一九,七六五	二四,八三六	二五,二五三

	一九二四	一九二五	一九二六	一九二七
输入	一八，一九六	一八，一四七	二二，一一五	二五，六〇八
总计	三七，五七二	三七，九一二	四六，九五一	五〇，九二一〔五〇，八六一〕

近年来虽无确切的材料可得，但依照其以往的趋势而看，则外蒙对外贸易发展的可能性是很大的。

关于外蒙的经济状况，我们最不应忽视的是苏俄在外蒙的经济活动。苏俄在外蒙最重要而最有力的机关，有苏蒙贸易股份有限公司，系于一九二七年，将外蒙古的各通商机关一元化组织而成的。资本金百五十万卢布，主要的股东是羊毛公司、全同盟纺织团、全同盟皮革团、国营贸易部等。现在与蒙古中央消费组织同盟，平分蒙古贸易。其次是苏俄的商船队，包括蒙古地方事务所和蒙古运输股份公司，在国内主要地经营汽车的定期行驶。其他如蒙古国民中央消费组合同盟、蒙古商工银行、蒙古运输部、煤油运输同盟，名义上虽属蒙古国营，而实权都操在苏俄手中，而苏俄在外蒙的外交机关，就在这些通商机关及国内商业机关密切的连络下，可知苏俄在外蒙的政治势力，是站在牢固的经济的基础上的。而苏俄视外蒙是世界革命的实验室，同时又认为供给苏俄必要的原料的储藏所，并不是没有理由的。

四　日俄冲突下外蒙古的将来

日本的侵略外蒙，是大陆政策所规定的，但是今日的外蒙政治、经济的全受苏俄的控制，所以外蒙古的危机，必然与日俄冲突的深化而展开，一旦日俄以武力相见的时候，外蒙古无疑是会成东亚的阿比西尼亚。

日本侵略外蒙的计划和着手，远在九一八事变之前已开始了。

当一九二一年徐树铮倒台后，外蒙陷于混乱无主的时候，白俄军人斯思伯 Baron ungern Von Sternberg 即乘机割据。斯氏占据外蒙后，在库伦大肆屠杀，一面又以外蒙为根据地向西伯利亚进攻，这时候日本就利用斯氏为工具，捣乱苏俄的建设，供给多数的军火和其他物质上的帮助。自以"满洲国"成立以后，日本即将黑龙江以西，大兴安岭以西与外蒙古的外界处，建立一兴安省，专门集合外蒙革命时之右派，包括旧时王公、喇嘛及富有者，培植其势力，以为进攻外蒙的根据，这种计划现在还是积极的进行着，结果是外蒙古的不幸是意料中的事。

日本在二二六事变以前，其支配的伪满和外蒙古的冲突已有不可终日之势，据一部人的推测，日本少壮军人的所以发动暴变，反对政府对俄态度的衰弱也是一个原因。在广田内阁成立以后，我们一方面看到陆军部发表的对远东的强调言论，一方面"满"蒙冲突的消息又重复甚嚣尘上。瞻观前途，正是不容乐观。将来日本的侵略外蒙，至少具有三种作用，第一是实现其大陆政策，以□由外蒙［内由］深入中国西北各地；第二是因为外蒙现在已建立和日本不同的社会组织，为其自身亡存，只有消灭外蒙古的存在；第三是假进攻外蒙及苏俄的招牌，［拟］欺骗世界各国，从事掩耳盗铃的工作。以〔从〕这三点看，如果日本不根本改变其国策，对外蒙的侵略只不过是时间问题而已。

总而言之，如果国际形势一旦有机会的话，日本向外蒙进兵是必然的事，但是外蒙在苏俄的卵翼之下，必然也出其全力以图对抗，所以在不久的将来，我们必可看到外蒙古战争悲剧的演出！

《时论》（半月刊）

南京时论社

1936 年 23 期

（朱宪　整理）

由清水净烟说起——鸦片的形形色色

新锋 撰

如果您一走进了绥远地面，无论是大乡小镇，第一样触您眼帘的，除了女人底小脚以外，就是这"清水净烟"的招牌。这种招牌和普通招牌有些不同，这是一个灯笼式的木柜，正四方形，平方约一尺左右，立方稍高，四周糊着红纸，上下端各以木条交叉着斜嵌四角，成 X 形，以便悬挂，不糊纸，成一方桶样，有的每面各写一字，就是：清，水，净，烟；有的则是一面写"清水净烟"，一面写"货真价实"，其他二面则分写"童叟无欺"、"公平交易"……等商业套语。这种招牌多半是挂在门前（如烟馆），也有摆在桌上（如卖烟而兼换钱的钱摊）。

所谓"清水净烟"也者，不是纸烟，不是水烟，更不是叶子烟，而是西北特产大烟——鸦片烟，曾经引起过最大国耻纪念的鸦片之役底鸦片烟！"清水"云云，表明其不掺入其他膺〔赝〕品之意，但实际上没有真正不掺的。

大烟之在西北，是公开的酬酢品，虽穷乡僻壤，也一定有此种气味的，生长在西北的人，而面上不带烟容的，那真是少数，其势力之大，真是十足惊人的，而隐患之深，也是不敢想象！

您随便走到街上，没有闻不到大烟味儿的，可以说"大烟家家都有"，"各有瘾量高低"。

烟馆是专卖"熟膏子"的地方，他们把买来的烟土，熬成烟膏（俗名"熟膏子"的便是），然后零星卖出，他们底"烟低度"是由十枚或二十枚起码，等而上之，以至三角、五角、一元、八角不等，他们唯一主顾就是住在客栈里的旅客，逛娼寮以及玩"破鞋"的游客，还有商号里面不常吸而又爱吸的商人，和一些买不起土来自己熬煮的劳动阶级……那里也有现成的烟灯，买了烟进去自己吸也行，不另收费，不然拿着回去吸也行，反正客栈、娼寮以及"鞋铺"（指"破鞋"而言），都有烟灯烟具，可以随便吸食，毫不犯禁。

烟馆每月有营业税、烟馆捐、烟灯捐（每灯每月七八元），还有公安局、商会……都有类似捐税之类的收款名目，总计一个烟馆平均有两个灯而言，每月就得拿出二三十元的花消。

烟馆有大有小，大焉者客室五六间，房屋整洁，器具鲜明，货品齐全；小焉者，备房一二间，熟烟二三两，一面土炕，灰尘满布，二只小灯，横卧三四人，此卧彼仰，张来李去，满室浓烟，触人欲呕。但，不论其局面大小，每日收入，至少也须在十元左右，才够开销，因官私花销太大也。

其次就是"土店"，"土店"是大烟的批发处，不论本地零销，或往外埠偷运，都要经过"土店"。因为"土"不入"店"贴花（每两一角），就是私土，私土一经查出，是犯法的。"土店"收入的土，随意掺兑，而后定价出卖。买卖也是无限制的，任何人都能买，任何人也都能卖。"土店"也有字号，一切组织和普通商号是一样的，不过纳税特多而已。其规模大的，有资本数万乃至数十万元的，小焉者，也得几千元以上。也有很多个人经营，不立字号的，这种办法，资本无定，不花任何税用，精明强干的，也能月收百数十元呢！一般经营烟土的商人，大半都能代客找寻保险转运，因烟土虽在本地是公开买卖的，但出了本省地面或是一上了火车，就要犯法的，惟因平、津等处的行市高贵，牟利之徒，就想偷运，偷运之法，第一是自己携带，第二就是保险转运，自己携带，危险太多，一经发觉，不但货物充公，资本损失，并且人还办法，不如保险转运为宜，顺利的运到了，自然是本利双收，不幸中途失落了，也碍不着自己，并且还有人赔偿（实际多是不能赔偿的）。保险的办法，就是由客人按两纳保险费三角（近来听说五角多了），把土点交承保人，运到指定地点时，再交保险费，此外每件（百两左右）还要另出酒钱三四元或二三元不等。至于承保人，都是直接间接和交通有关系的人，近年来铁路上破获此种案件颇多，吾人不难想象而知了。

　　再次就是种户，种户种烟，每亩要纳烟税七八元，每到旧历五六月间就开始割浆，每只烟桃可割六七次乃至十数次，头刀最好（每次割一刀），以次渐差。割浆时，土客纷纷收买，据老于此道人谈：收买烟浆（俗称奶子，因其形状与牛羊乳相似也）最为不易，此中大有说道，一不留神，即上大当，非十分识货的人，不敢收买，做假之法很多很多，有的嚼麻花（油炸的面食之一，平市有出售的），也有的掺猪羊脑子……因作假的方法不同，试验的方法也不同。总之，不识货者，决不能收买奶子。记得我前在绥远时，有一个人收买了二十几两奶子，放在外边去晒，过了一夜，早晨起来去看，他家的小猫正在偷吃，原来不是"烟"奶子，而是"牛"奶子。

　　土客收到奶子之后，就拿去在日光下晒晾，收来时是乳白色的浆状流汁，晾晒后，水分逐渐蒸发，颜色也逐渐变黑紫色，直到晒成泥状为止，约计每两奶子可晒成五六钱"土"，成本每两奶子约四五角，每两土约一元以内，在本地可卖一元二三，到平、津则非二三元不可，且掺进一多半"料子"，是每两运到平、津之后，可有数倍之余利可图了，无怪一些利令智昏者，甘罹法网而不惧了！今冀察政委会有"售贩者不论数量多寡一律死罪"之令，此种法令，如能严厉执行，未始非治标要道之一呢？

　　至于大烟的形状，一般读者恐多未见过，敝人存有烟地照片，有暇觅出，如《半月刊》有地位时，再为制版刊出。现在且直述一个概况如下：大烟长成时，约四五尺高，有如大麻，叶作长形，约三寸左右，青色，花为荷花，美艳已极，分粉红、白、黄、深红各色，黑色甚少，粉红及白色的最多，花分四瓣，一层，中有蕊，底有圆托，花谢后，圆托就变为烟桃，开花期间甚短促，约四五日就凋谢了。烟桃也叫烟葫芦，圆形，稍扁，仿佛为木瓜，但稍较木瓜为小，约如成人之拳。每秧分四五权，每权开花一朵，每花结烟桃一个。桃为一分左右厚之薄层，内储烟子，子小如小米。本地榨子取油，或干炒而食之，据云亦颇好吃。大烟的形状及一切的一切，约如上述，不过小子不是专家（植物学专家，或其他专家等等），不能作一更详细、更正确的记述，实在对不起，谨此鞠躬以谢了！

《实报半月刊》

北平实报半月刊社

1936 年 23 期

（李红权　整理）

绥远不可弃！！

凌长风　撰

　　一个国家失掉偌大一块国土，是一件多么惊人的事，又是一件多么不能忍受的耻辱！所以保卫国土，尊重主权，是任何国家一切公民应尽的、最崇高的、最神圣的义务。国民对一切外来的侵害，俱应尽其所有，誓死杀敌，虽有惨烈的牺牲，当非所计。

　　况且，帝国主义的世界，专以侵凌弱小掠夺原料横占市场为目的，不知有若干弱小国家和弱小民族都牺牲在帝国主义的炮火前面。同时，发达到最高阶段的各帝国主义者之间，有其复杂的矛盾和森严的壁垒，最后解决纷争的手段，是不免诉之于战争的。于是，弱小国家弱小民族若不认识敌人，徒为敌人的俎上肉而已。

　　我们要知道：第一次世界大战之后，由帝国主义的群里，分出一个占世界市场六分之一的特殊国度，这个以社会主义建国的国家，改变了数百年资本帝国主义的制度，给弱小民族造了一条和平大道。从此，帝国主义者又要同心协力（？）向这个笨熊进攻，于是越发增多了侵略阵线的困难，却又越发加厉了她们之残酷的手段。

　　所以，日本帝国主义者，拼命地向落后的、弱小的中国侵略，同时，又不能不以重兵备俄，最少，她的这种最后的挣扎，是要企图着缓和其资本主义体系的崩溃，这种二十世纪四十年代的不聪明的办法，在日本军阀眼中是认为最合理的。

　　奇怪的是，中国一次把数百万方里的土地与四千万人民在不抵抗的收〔政〕策下送了敌人，已是够寒怆的，够耻辱的了。但，不料不到几年，仍然在"屈辱"、"退让"的态度下把冀东、察北也送了敌人，我们的建设与准备的成绩，姑勿论其为是为非，可是敌人的节节进逼，像扩充华北驻军，要求华北五省自治，上海越界布防等等，完全是人所共睹的事实呀！酝酿日久的察北伪蒙军，进图绥东与侵夺西北的计划，居然也在中国的宽大的风度之前逐步实现了。中国近年来抗敌的情绪，反被压抑下去，更与敌人更多的机会使达到侵略目的。中国真是开了弱小民族国家失土奴民的先例。

　　敌人进攻绥东，不，是全西北之战幕揭开了，据月来的各报所载：敌人以充分的武器与给养发给匪军，并有某国兵士多人殿后，匪军王英、李守信等所部刻分两路进兵，一在夺取平绥路沿线各重镇，一在绕攻绥北，直下包、原，日本连日派飞机飞太原、包头一带视察，其在太原、宁夏阿、额两旗地的特务机关，非常活跃。看看整个的西北将要变色了。我方守绥将士，表示誓死不把土地送人，前头部队屡次与敌以重创，这未尝不是一个很好的消息。不过，在抗日意识上颇感烦闷的民众，对于绥东问题有了什么样的关心，抗日问题究竟扩展了什么样的地步，对于抗日杀敌是否具有齐一的态度与决心？这确值得我们过虑！

　　绥远可弃么？可以像东北、察北那样放弃么？不，一万个不！我们基于守土尊权的信念，与抗战复土的宏愿，绥远绝不可弃！绥远是我国的领土，是西北的门户，有其本身的重要价值，试稍加探讨，便知绥远不弃则可以复兴，弃绥远则必亡的道理！

　　敌人进攻绥东，不过是其满蒙计划中的一步。她的一贯政策是要把察、绥、宁、甘以至新疆，联成一线，一方面可以对苏作战，一方面可以控制华北以至于全中国。从历史上看，绥蒙一带与整个中国有重大的关系：秦始皇重兵戍长城，以防匈奴，汉武帝也以内蒙控制边塞，唐以绥远降服突厥、回纥，以底定西北，满清则以满蒙为基础，入主中原，可见这块地方，与民族生存有重大的关系。从地理上看，绥远是华北的锁钥，西北的门户，南连晋、宁，西通甘、新，北达外蒙，东届察、热，黄河横贯，水利颇绕，阴山北亘，地势险要，平绥铁路直达包头，交通便利。绥远一失，则西北各省，均将受莫大的威胁，晋省也将成为釜底之鱼。其且在陇海铁路未通车以前，绥远是我国北部东西交通要道，此门一闭，内外即感隔阂，所以宋时忽略绥、宁，西夏为患数百年，明弃戍卫所，边地之患，终明未已，可见绥远一地是如何重要了。

日本处心积虑，已非一日，她知道仅得东北，对华对苏，都感不足，必先得着军事的优势地带，对苏则包围西伯利亚，断其首使不复顾其尾，用以减少东线的困难，对华则先取高屋建瓴之势，由包、宁直下甘青，以至新疆。由绥顺平绥路及黄河南下，可以包围山、陕，以至中原各地。待其满蒙计划逐〈渐〉实现后，可以不劳而得中国全部，所以近来中日交坛上，所最令人注意的，便是日本除要求中国承认日本在华北的特殊地位外，便是要中国与日本结成"共同防共"阵线，日本所以要求"共同防共"的原因，一方面她可在中国无限扩大其驻兵权，一方面日本可借"防共"为名，随意进出西北，那时对于侵占绥远，更是易如反掌了。绥远在中日以及远东和平上确有极大的重要性，中国若不保绥远，不啻自斩其生命线，自取覆亡。况且，中日问题，已达最后关头，中国民族的生与死，眼看便是决定的时候了，中国如要复兴，如要生存，如要收复失土，湔耻雪辱，非保全绥远不为功，亦惟保全绥远，才能保全西北，然后才能谈到保障华北与收复东北。所以，绥远不可弃！

进之，我们应要讨论辅车相依的晋绥关系。晋北从天镇县县境迤西以至河曲，都和绥远的丰镇、和林、托克托等县毗运〔连〕。
河曲县辖境一部分，原是绥属准噶尔旗地，两省犬牙相错，疆界
显难割分，气候升降，也显相似，所以在自然环境上，造成两省
的深厚关系。绥远全境，原为蒙汉两族角逐区域之一，汉族居民，
大多由内地各省移来，尤以山西为最多，他省来此的居民，类多
聚在都市与重镇，惟晋民则往往遍于绥境各地，即以居于绥远省
会的客籍人口四三，七五八人中，晋籍占过半数，占全省会人口
四分之一强，这是从居民上的关系说。晋人善经商，在绥远的经
济势力极大，迨后北路商业丧失，晋人虽蒙受很大的损失，但其
经济壁垒仍然十分坚固。自今春归绥调查的数字上看，晋籍人口
职业分类，商贩三，三二三名，工艺一，一四四名，雇佣三二九
名，技能四八名，可见其在绥省的经济上的地位了。绥远出产品，
以前畅销平、津一带，从东北失陷，平、津市场被日人所夺，绥
远产品的唯一出路，就是山西，对绥远的财政收入，有莫大的补
益。这是从两省的经济关系而言。绥远各县局面积，共约五十八
万余方里，乌、伊两盟十三旗面积，共为八十六万余方里，全省
面积合计约为一百四十九万余方里，而全省人口估计不过一百九
十万人，平均每方里不足两人，则绥远财政的收入，治安的维持，
行政系统的确立，都须与山西合作，才有办法，同时，山西人民
移垦绥远，最为方便。这是从两省的人口关系上说。他如文化事
业的辅助、教育人材的供给、政治关系的提携、一切社会习惯的
薰染，都能说明晋绥两省关系的密切。在蒙旗对策与防御强暴上
说，晋绥也有不可分隔的关系。自绥蒙政会成立以后，蒙旗得以
相安无事的，固由蒙汉两族平日相处的融洽，但两省当局的指导
有方，也是重要的原因，此次绥东告警，蒙汉军事首领，都能协
力防御，共击匪军，足征晋绥确是唇齿相依，名为二而实则一。

　　如果晋绥〔绥〕的密切连系一旦因敌人收入绥远而被切断时，

不独使晋民无向外移殖发展的地方，而敌人据黄河、长城之险，以窥山西，山西必感背部受敌的危险，那时，我方仅守山西以御侵略，已是敌我异势，不易应付了。所以，绥远不可弃！

绥远本身是有其重大的价值的。绥远主要物产，为农产、牲畜、池盐、煤、皮张、药材、宝石、自然碱等。绥省富产小麦、莜麦，归绥、集宁、临河等地所产的小麦总量，年达十五万石，莜麦约十六万石。绥远的羊，以伊克昭盟所产为最佳，总产额为五十六万三千多头，羊毛一千八百余万斤，羊绒六十三万多斤，绥马总产额约五万四千匹，牛七万头。大海滩一处每年产盐二百五十多万斤，行销于丰镇、大同、归绥等地，贡吉拜申、红盐池、白盐池所产也多。固阳、归绥、集宁、陶林、兴和、安北等地盛产煤，年约九万多吨，无烟煤占总产量三分之二以上。药材各项总计，每年不下五百万斤。自然盐年产量约二万四千多担。陶林、固阳等地所产宝石也很有价值。绥远的物产，不可谓不丰，若能就各项广事生产，其量当更惊人。再者从前甘、宁、新、蒙各地的物产，多以绥远为转毂之地，商旅来往，货店辐辏，也曾繁荣一时。现在虽然外蒙商业不通已久，甘、新商业，因种种原因，也不见起色，但对最近几省，仍保持其优越的地位，若地方安靖，交通便利之后，似不难恢复原状。

日本占有察北，侵略平、津，予绥远商业上以及物产销路上一大打击，在日本之计，为取得绥远，一方面开山辟地，广增富源，一方面垄断平绥、北宁各路，统制华北市场，并把热、察、绥三省铁路，联络起来，尽量把东北物产，向西北倾销，这样，绥远的商业，必一蹶不振，而西北北方商业之锁钥，不啻落于日商之手，我民族的生产与消费，将受无限的限制。所以，绥远不可弃！

总之，今日的绥远，决不可轻弃。绥远之得失，将影响吾全族的生死，我们要认定敌人，看清时势，以全力保全领土与主权的完整，才是上策。中枢当局曾以今后不失寸土昭示天下，并示和平与抗战的最低限度与最后关头，现在敌人不客气地四伸其血手了，这是给我们以抗战的试验。愿全国民众，共起图之。

《西北向导》（旬刊）

西安西北向导社

1936 年 23 期

（聂慧英　整理）

绥东问题之剖视

天健 撰

一 伪军侵扰绥东之经过

自我辽、吉、黑、热四省先后失陷后，识者早知日人之侵华政策，绝不因此而即终止，邻此东北四省之冀、察、绥、晋各省，当又为日人进攻之目的。果也，自去年五月河北事件发生以后，日人此种企图，遂于兹充分表露。去年冬，冀东伪组织成立，我平、津各地，因此大受威胁。今年春间，伪军李守信部进兵察北之沽源、宝昌、康保、张北、商都、化德等六县，于是我察省大部沦入敌人之手，除察南一隅之地以外，察省实已名存实亡。今则察境伪军，已积极作侵绥之企图，绥东防务，又告紧急。吾人盱衡华北近势，诚不禁抱无涯□隐忧也。

作者于此，对华北问题，不欲作全般之考察，只拟就近日绥东情事，加以述论。惟所谓绥东问题者，实即察、绥问题，更进而言之，亦即整个华北问题。吾人于此虽未及考察今日华北之全般局势，而如已深知绥东近日情事之前因后果，则今日华北各省形势之推移，当可于兹得一了然之观察矣。

忆今春伪军李守信部，不费一弹，不伤一兵，一举而安得察北六县，于是日人之侵略察、绥，遂于此奠其初基。当李逆部队占领商都后一周，曾一度进扰绥东，其时某方之观察，以为绥东亦可一鼓而下。不意晋绥军队，早严阵以待，致逆军阴谋，无由得逞，乃退在原地，积极准备。所谓内蒙伪军政府，在日人导演之下，亦于五月间在加卜寺正式成立。伪军招兵买马，大事扩充部队，商都等地之日军飞机场，亦先后建立。伪军实力既增，遂又跃跃欲动。七月三十日，果有伪军数百名，打伪边防自卫军之名号，由察北窜攻绥远省陶林县属之土木耳台，经该地民团据堡抵抗，互击数小时，匪众不支，始向商都方面退去。七月二日伪军再度来扰，人数由数百增至二千余人，进攻陶林县属之红根尔图，与驻扎该地赵承绶部骑兵连冲突，发生激战。匪攻二日不下，死伤达一二百人。此时赵承绶亦到平地泉，当派彭旅长率骑兵增援该地，当时内蒙正黄旗总管达密凌苏龙，亦自告奋勇，率部往助，伪军受创不支，遂向东溃退，绥东暂趋平静。

惟在此时期中，绥境西公旗又发生伊大喇嘛与石王之纠纷。双方部众，自八月六日后，迭有接触。石王曾一度败逃，后得绥远省政府之实力援助，始将叛兵击败，再返王府。查西公旗与绥远、包头系成三角形，地势重要。日方自主使伪军进犯绥东失败，故又转移其目标于西公旗。然以绥远当局应付得宜，致某方阴谋又未得逞。

以最近情事言，伪军进扰绥东之企图，并未放弃，不惟未放弃，且暗中准备，至为积极。在察北麇集之伪军，其总数闻已逾二万人。日方之督战部队约二联队，亦已开到张北，而居中策动之日人，日来奔走察北各地尤为活跃。据此以观，是绥东近日局势之和缓，乃暴风雨前夕之暂时现象，一旦伪军准备充分，事变遂将难免。所幸绥省当局，颇抱守土之决心，绥边防务，亦属巩固，伪军如再进犯，即当予以迎头痛击。在短时期内，当可支持无虞也。

二　察北伪军之概况

以上为察北伪军进扰绥东之经过。查伪军之出此，实由于日方所策动。日方欲利用伪军以进图绥、晋，此为各方周知之事实。关于日方之用心，吾人将于下节再述，兹请先言伪军内部之概况。

自伪内蒙军政府于五月二日在加卜寺成立，当时西蒙各盟旗，因胁于日方势力之下，多有密派代表前往参加者。成立之后，日方荐任军事顾问东风，财政顾问西其十余人，名为顾问，实即主持一切。但表面上则推德王为总参军，下分四部，计军政部长李守信、财政部长卓世海、外交部长陶克陶（前蒙藏学校学生，擅长英文）、参谋部长包悦卿。一说伪军政府之组织，为由德王作总裁，下分外交、内政、教育、司法、总务、建设、实业、财政八公署，另设参谋、参议两部。各公署与两部均有日顾问，负实际责任。至伪军组织，亦传说不一，据闻有内蒙古第一军、内蒙古第二军、西北防共军、边防自治军、兴亚军联合军团、独立师、蒙古青年学校等，均毫无纪律，蒙古军并无军事常识，多属杂牌队伍。兹就调查所得，分述如次：

一、伪内蒙古第一军　司令李守信，年四十余岁，热河省蒙旗人，为崔兴五之旧属，后投降于伪，其部下多系热河省人。占据多伦后，兵力尚有四千之众。后经几次缩编，只余二千余人，编为两旅一团。第一旅旅长刘某，第二旅旅长尹宝山，炮兵团长丁某。彼时伪方监视甚严，待遇尤苛，官兵均愿倒戈。自去冬进展至张北后，伪方监视，已不如前此之严厉，且将之扩为一军。第三旅（旅长王某）人数尚未补足，现驻宝昌、沽源一带。该部枪枝，颇为整齐，完全为韩麟春所造之新枪（数约三千支），官兵薪饷，亦随而提高。近伪方又委李为德化市市长（即化德县），故李往复于张北、德化间，伪方颇重视其兵力。不过亦仅骑兵三千，炮十三门，机枪八挺而已。该部之指挥与教育，悉听日人主持。该部第一旅旅长刘某，山东人，亦为崔兴五之旧属，现又被伪方委为张北卫戍司令，旅部设在张北，第一团驻在大圙圙、宝昌一带，第二团驻南壕堑、土木路（张北管），第三团驻张北城内。第二旅旅长尹宝山，年五十岁，热河人，亦崔兴五之旧属，为人奸险，与伪方关系较为密切，其部队驻商都、尚义、康保等地。第三旅旅长王某，队伍现在沽源、多伦一带，闻系久在延庆北部杂牌军队，归伊收编者。□兵团团长丁某，年三十二岁，热河人，现在张北西门外驻扎，另外有通信连、特设队等组织，均驻于张北城内。

二、伪边防自治军　司令于子谦，年四十余岁，绥远人，前在绥远省会公安局充局长，今春即以地方自治为标帜，奔走于张北、绥远间，因与伪方某最高军事长官秘密接洽，拉得绥省一般失意军人及地方自卫团匪等，集合地点，在张北二区三宝沟七甲村大虎山一带（绥远边境），现有五六百人，枪不过三□百枝，最近由某国人点名，只发给小米一百石，地方倍遭涂炭，现正在候编中。

三、伪兴亚联合军　总司令金甲三，奉天人，前在冯占海部下六十三军当旅长。伪副司令林竹轩，年四十余岁，奉天梨树县人，现任张北县总务科科长。张松涛，年三十九岁，河北人，亦为伪副司令。七月二十日，金、林二人带随员三十余人潜至张北，现在只有该军团名义，未见一兵一夫。据闻伊等在北平与某国机关长已接洽妥当，酝酿多日，热河北部及边疆一带，以及杂牌军队，均有接洽，不久将齐集察北。人数较其他各部雄厚，伪方已允将察北私枪及自卫团枪支，完全编入，是否成为事实，尚不可测。

四、伪内蒙古第二军　伪内蒙古第二军司令宝得勒额，年三十余岁，热河省蒙旗人，其队伍系在热河新召募者，约一千八百名，现在张北县三区公会镇驻扎，正由某伪方积极训练。纪律不甚整齐，枪支亦不全。

五、伪西北防共军　司令王道一。最近由某国驻德化特务机关长组织伪西北防共军，其部队为吕二小之匪众，七月中旬，始齐集张北三区二泉井、三义城一带村庄，饷糈无着，给养完全由地方担负。抢劫之事，日有数起，民众逃避已空，因不堪其扰之绅商民众，均请求移至尚义一带候编，闻不久将移至商都县境，以期在绥远边境做扰乱工作。至其人数，约二千二百名，马六百匹，枪一千二百支。

六、伪独立师　师长王有济，年二十余岁，现充伪蒙公署科员，在事变时充指导员，现正从事拉拢地方素有声望之失意军人，相机活动，将组织伪独立师，在壕堑一带活动，已集有二百余人。

七、伪青年学校　校长布某，蒙古人，现年四十岁，在伪蒙署充当教育厅蒙人科科长。今春该校成立，在察盟十二旗召集蒙古青年三百余名，由某国人当教官。

以上为伪军组织之大略。惟据另讯，与上述又略异。即在伪内蒙军政府之军政部下，计辖有四军。第一军长李守信兼，第二军长德王兼，第三军长卓世海兼，第四军长包某兼。规定每军四师，已成立者有十三师。然按实在人数，每师至多者不及三千，少者只数百人，并且大都无衣无枪，又少马匹。统计人数至多二万，枪枝不及一万。

至伪军政府之扩军计划，据七月初消息，伪军政府已指令察北七县（多伦、宝昌、沽源、张北、康保、商都、化德（加卜寺））凡大小村庄，每村出枪六枝至二十枝，又令七县及察蒙各旗，出军马五万匹。此令一下，民间益为惊惶，逃亡日众。然多数因身家财产关系，无法躲避，只得与伪当局讨价还价，大村有愿出枪六枝、八枝者，小村愿出枪二三枝者不等，然凭此数统计，察省七县可收枪两万枝，同时各村庄应马差者，多得以壮丁为随，故其发展之前途实未可轻视。

三　伪军进扰绥东之意义

基于如上之分述，可见察境伪军之实力，近虽不甚雄厚，而其扩充则甚积极。一切饷械，除搜刮当地民众外，日方亦多所接济。是将来伪军之发展，实不容吾人忽视。而绥东以及其他邻近地方之终将被侵，亦只为时间问题。查日人在察境之此种策动，用意非小，实为其整个大陆政策之现阶段的运用。日本自强占我东北四省后，为更谋西进起见，早有所谓重建"大元国"、"蒙古国"等之宣传与活动。在日方之意，盖欲推行其发动满洲伪组织之故技，挑拨蒙族同胞，使与我中央政府分离，供其利用，更凭此而西图绥、晋，以至陕、甘、青、新，此种计划，如可完成，一则并吞我国西北全部之目的，于以达到，一则对于苏俄，亦成一包围之形势，中俄交通，根本上为其阻断。查日人此种阴谋，欲求完全实现，固亦非易事，然如按步推行，日进不已，而我则毫无准备，听人宰割，则他人之成功与我之终败，必不待言。又吾人如更一究日方对于绥远，亦即对我内外蒙古，及陕、甘、青、新各省之侵略步骤，当更可知日人之策动察境伪军进犯绥东，其用心实至为远大，非仅限于绥东之数县境地也。关于日本对绥远（亦即对整个蒙古与西北）之步骤，据方秋苇先生之分析，其程序如下（见方著《绥东问题之剖析》，载《新中华》四卷第十六期）：

第一步，先在绥远、宁夏、山西各地，设立特务机关。于此等机关装设无线电，并派武官主持，与关东军及华北驻屯军直接通报。更勾结当地汉奸，扰乱治安，以为其活动之爪牙。

第二步，由伪军李守信等部，开始由察东北侵入绥东，再配合日本军力，夺取整个绥远，建立日本在西北的军事势力。

第三步，是准备建筑"包宁铁路"，接平绥路之包头，直达宁夏省城（即华北经济提携酝酿中之平绥路西展问题？），此路已在大连满铁会社之筹划中。

第四步，与第三步同时，以"共同防赤"为名，移殖日本势力于晋、陕。

第五步，一面由宁夏，一面由陕西，共同向甘肃进展，在兰州建立日本统治西北之政治的、军事的、经济的、文化的中心势力。

第六步，由甘肃、宁夏，侵入青海。

第七步，利用少数民族或宗教问题，在西北建立独立政权，以对抗南中国。

第八步，侵入新疆，打击苏俄。

如上方先生之分析，与吾人所见相同。就此上述步骤，以与现实相对照，则知其第一步工作业已开始，远在宁夏与陕西，日方已有特务机关之设立，最近伪军之进扰察东，正为其第二步工作之推行。现伪军虽暂难得逞，然以日方既有此预定之计划，早迟终当爆发，故今后察东形势之将日趋于严重，已不问可知，而近日绥东情事之重大意义，亦可于此为吾人所认识矣。

四　吾人应有之认识与努力

如上所论述，吾人应知今日之绥东问题，实非绥东一隅之问题，所关者乃在整个绥远以至于整个蒙古，整个西北。易词言之，即今日之绥东，已成为国防第一线，一旦绥东有失，全绥即不可保，从而山西、陕西、甘肃、宁夏、青海、新疆等省，亦将有被人侵入继续沦陷之危险。是今日吾人求所以保绥东者即所以保全绥，亦即所以杜绝敌人之西侵，其关系之重大，固不待言。就现势观察，察境伪军力量殊弱，以绥省当局之布置有方，守土有决心，绥东之安全，一时当无问题。惟日方谋我日亟，伪军既在其策动下日加扩充，日军亦随后掩护，以绥省一隅之力，是否能长久支持，诚属疑问。故吾人于此，除盼绥、晋两省当局，此时应积极妥谋抗敌之方，以备不虞外，尤望中央当局，认识事态之严重，对于地方当局，予以正确之指导及实力之援助，俾当地地方当局，在应付方针上有所遵循，在支持抵抗上有所仰赖，而守土之目的，始可期达到。至于我全国同胞，处此国家危殆之关头，更当一致奋起，作当局之后盾，以求突破民族之危难。忆"九一八"事变发生，至今忽已五周年，不独已失国土，收复无期，且大好河山，势将继续沦陷，事之可痛，孰有逾于此者，事之可耻，又孰有逾于此者。全国同胞乎，吾人应知所自勉矣！

二五，九，三

《中心评论》（旬刊）

南京中心评论社

1936 年 24 期

（李红权　整理）

绥东危机的严重和今后的西北

颂均　撰

　　自从去年十二月间，察省北部六县失陷以后，绥远边境的情势便日趋恶化。最初不过是只有蒙古保安队的进驻和少数伪军的盘据，后来因为德王一再受日方的威胁压迫，遂由日方代为招募蒙兵，扩张势力，以为作未来进攻的前驱，并先后运来大批武器。现就绥远以及包围绥远的察哈尔与热河日本驻军来说，在丰宁的约有二联队；在承德的约一联队；在赤峰的亦约有一联队；在多伦的约二千余人；在沽源的约千二百人，兵额虽然不多，为数亦在万人以上，而在河北省境内的驻屯军是可以随时调动的。如果把这些加起来，也就有很可惊人的数字了。

　　然而日人制我们死命的，还有所谓"特务机关"。姑且把河北境内的不谈，专就热、察、绥这一带而论，如林西，如西乌珠穆沁旗，如苏尼特王府的特务机关长松井，如德化的特务机关长田久中，如百灵庙特务机关长盛岛，如多伦的特务机关长桂山，如张家口的特务机关长大本，如张北的特务机关长桑原，如绥远的特务机关长羽山，如包头特务机关长樋川等，所有以上的这些地方，都布有敌人的侵略网。

　　我们再看看在日人指挥下的伪军，在这里，也把冀东的一部分伪军撇开。在苏尼特王府的约有五，〇〇〇人（西北内蒙古"防共自治"第二军军长德王）；在宝昌的约有二，〇〇〇人（第二军第三师，师长王振华）；在张北的计有六起：（一）属于西北内蒙古"防共自治"第一军，军部一，〇〇〇人（军长李守信）。（二）属于第一军第一师约有二，〇〇〇人（师长刘继广）。（三）属于第一军炮兵团约有八〇〇人（团长丁其昌）。（四）属于第一军干部训练处的约有八〇〇人（处长李守信）。（五）属于西北内蒙古"防共自治"第三军的约有二，八〇〇人（军长卓什海）。（六）属于边防"自治"军的约有一，〇〇〇人（军长于志谦）。此外，在公会镇的约有二，〇〇〇人，第一军第四师（师长宝贵廷）与第二军第六师（师长宝音道尔巳佛爷）各占一半。在德化的约有一，〇〇〇人（师长伊绍先）。在尚义的第一军第二师约有一，四〇〇人（师长伊宝山）。在商都的第二军第七师约有一，〇〇〇人（师长牟悦管）。更有伪满热河第五军区五，〇〇〇人（司令王静修）。而分驻在尚义、商都两处的另有两起：一是西北蒙汉"防共自治"军三，〇〇〇人（军长王英）；一是西北边防"自治"军约有一，五〇〇人（军长王道一被枪决，现归王英指挥），再加上在百灵庙德王的卫队五〇〇人，总数约在三〇，〇〇〇人以上。很明显的，看了这些，我们可以知道"友邦"对于我们的战略，比从前直接用武力侵占东北等地的手段，是改变多了。它进攻绥东的部队是以伪军为先锋，自己的"皇军"在后面督促伪军，以收"手使臂，臂使手〔指〕"之效。换句话说，就是避勉〔免〕以自己的实力与我们的战士接触，而驱使伪军向前，这就是它日常所说的"以华制华"的战略！

　　×方的进攻，经过这样一番周密的布置，现在正一步一步的实行着。自本年七月以来，绥东时刻在紧急中，这显然是由×方制造出来的。进侵绥东是××吞并整个华北、西北以至全中国的一个极其重要的步骤。第一，侵占绥东，山西将由此而不保，自然冀、察两省亦为之腹背受敌，等于已入××囊中，即不派兵全部侵略，而这两省也会落于敌人的掌握。所以，××指使伪匪各军进攻绥东，一面是企图减轻中国人民的严重注意，一面是要分散华北中国的兵力，实行个别的击破，而达到吞并绥、晋、冀、察四省的野心。第二，××由进攻绥东更企图进一步的而侵略西北，这本是××侵略整个中国的计划里边首要实现的一部，但是因为西北抗日势力的强化，更加上东北军抗战情绪的高涨，想×方更要积极图谋了，而西北的门户正是晋、绥，所以××便要首先进攻绥东了。第三，侵略西北更含有进攻世界和平阵线的作用，准备由中国西北部侵入苏联，因此，×方不是单纯的进取绥东，当然企图在完成此种策略以前，要实现吞并西北的计划，以便向和平阵线进攻。所以绥东事件是异常严重的，不仅是有关绥远一省，不只是有关整个的华北，而且有关今后的西北。

据最近绥远消息，绥省主席傅作义顷电中央报告，对于伪军进犯，早已严密防范，我们是相信英勇的绥军，一定能够负起抗×救国的军人天职来。由于八月二日和十五日的应战，击退了数千敌军，这不单是兵士能够英勇抵抗，而且也是由于官长的负责守土，不单是绥军的抗战，也是由于蒙军的应援。所以三次抗战，虽然没有消灭敌军，然而保卫了疆土，未许敌军侵入，这是值得我们人民所热烈拥护的。虽然如此，敌人仍在那步步紧迫，增兵运械，有加无已。因此，绥军固然是守土有责，如果实力相差悬殊，处境必日较困难。在这种情势下，华北和西北的国军，既然都有守土驱敌的决心，不应该再犯"各自为战"、临时"抱佛脚"的老毛病，或者，不管他人之受侵略，而竟坐视不顾，现在需要我们发动联合抗敌的大运动。事实上，我们已竟〔经〕知道在华北的二十九军兵士的对××压迫是忍无可忍，愤懑日增，尤其是在最近的丰台和×军发生冲突的事件以后。而在西北的东北军对于抗×的要求更高，在这个大联合下，不论是缔结抗×共同作战

协定也好，攻守同盟也好，联防也好，只要华北和西北的将领精
诚一致的联合起来，这个抗战的力量一定会加强起来，因为×方
所惯用的策略是各个击破，我们的对策就只有联合反攻。如果各
地的实力派真能够以国家民族生存为前提，这样的联合起来，扩
大抗战到全国，我们相信是一定会击退敌人的进攻，不只是能够
把西北和绥东转危为安，更很可能的达到收复失地的最后目标。

　　在伟大的民族战争将要展开的前夜，我们"友邦"的外交官
已经替我们决定了两条"大路"，"不是作战，就是投降"，再明白
一点说，就是一条"生路"和一条"死路"，我们究竟要走哪一条
路呢？朋友们哪！我们是要毫不迟疑的去走上为争取中华民族独
立解放的一条路吧！

《大路周刊》

西安大路周刊社

1936 年 25 期

（朱宪　整理）

绥远问题之国际性

李申夫　撰

　　酝酿已久之绥远危机，现已由日帝国主义指挥下的伪蒙匪军的大举进犯，正式爆发了。绥远危机的爆发，绝不是一个偶然的现像，也绝不是一个局部的问题，由日本大陆政策的演进来看，第一期征服台湾，第二期征服朝鲜，第三期征服"满蒙"，以便征服"支那"全土，则绥远危机的爆发，在日帝国主义已夺取了整个满洲以及内蒙的热、察两省后的今日，勿宁是一定历史的当然归结。有眼光的政治家，就应该很早看到绥远危机这一着，并预防其实现，不要等到现在事变来了，始再手忙脚乱。然而不幸在过去，我们就是在一切无谓的纷扰中迷糊的混过了，致使可避免的悲惨运动，终于无情地来到面前。不能从历史的演进中，看到未来的局面，而只是一味任听历史潮流的播弄，这是可怜，又是可耻。

　　虽然，就是在今天，我们要把问题的真象弄清楚了，并即采取有效的应付方针，那末，劫运的挽回，仍属不迟，否则若再迷糊地遗误下去，那就真要永劫不复了。在绥远问题业已爆发的今日，我们还不辞含泪忍痛地来讨论这个问题，就是这个原因。在这篇文里，就仅想把这一问题的国际关联，作一番检讨。

　　我们在前面已经说过，绥远问题绝不是一个偶然突发的问题，它是日本占领满洲以及热、察各省后的当然归结，就是说，它是满洲事变这一发展的继续、延长。我们晓得，满洲事变当时发生的指导意义，一是企图借此解决日本国内的经济恐慌，一是取得进窥中国中原的根据地，又一是准备对苏联进击，假如说日本目下的进攻绥远，不能完全适用这三个意义，那末，至少这后二意义，是可完全适用的。就是说，他目下之进攻绥远，一方是代表他对中国领土之更一步的侵略，并拟由此而更进窥西北，席卷中原，同时另一明显的意义，就是企图借此造成进攻苏联的更优越的形势。关于前者，有本期其他各文讨论，兹仅将后一点，即进攻苏联这一意义，作一申述。

当然，在这里会有人问：满洲事变发生现在业已五年，为什么还不看见日本进攻苏联，反而他的刀锋更转向内蒙及华北呢？这不是表示他的侵苏野心业已完全消逝了吗？我们现在还要说，日本目下侵犯绥远，是含有攻苏的意义，岂不是有一点无的放矢吗？不，绝不。在这里，我想把事态的原委作一解明。原来在满洲事变当时，日本确是打算把满洲稍许布置一下，即行进击苏联，无奈日本正在从事准备的时候，苏联也在其远东地带积极地整军备武起来，现在已有三十万大军及六百架飞机驻在远东，同时苏联的新式的海军，更以英雄的姿态出现于苏联极东海岸，此外，若铁道网之完成，其工业之建设，更使苏联在远东的军事地位愈形强化。日帝国主义不是傻子，他看到了这种事实，自不能不有所顾忌，他经了一盘划算之后，觉得对苏作战，还非得于更进一步的准备不可。于是他的刀锋就即时转向内蒙及华北来了。他认为若华北能加入他的反共同盟，整个内蒙也收归他的统治，在这时，进攻苏联是较更为容易的。所以日本的侵略的刀锋由满洲转向内蒙及华北，绝不是他放弃了进攻苏联的表示，恰恰相反，这乃正是表示他进攻苏联的更进一步的准备。一般专家的观察，统通认为日本若欲进攻苏联，争取内蒙，实为必要，因为取得了内蒙后，日本的军事势力，就可以直接经过外蒙，在贝加尔湖附近，切断苏联、东亚的联络，使苏联的远东军事，即时陷于混乱。纽约《史霍系报》所载辛斯氏一文，即正好说明此点。他说：

"日本已将俄国军略上之边境，逼退至贝加尔湖，距太平洋海岸已二百英里，倘再控制库伦，则贝加尔湖之阵线亦将受日本威胁，一旦西比利亚铁道在贝加尔湖中断，西比利亚东部，即不能再得外援。"

又本年二月二十六日《字林西报》的东京通讯，也有与此相同的认识："从库伦向苏维埃领土进攻是太容易了，而且由此也很容易地占领贝加尔湖区域。贝加尔湖区域占领了，西比利亚铁道，就会中断，苏俄的军队，假若在这里溃败了，那末，在俄满边界苏俄二十万大军及六百架飞机，日本也用不着顾虑了。"

上述这两种观察，统通认为日本若欲进攻苏联，最有效的路径是取道外蒙，然欲占取外蒙，那又非先得攫取内蒙不可，取得了内蒙才能保证日本对苏作战更优越的事〔条〕件。关于这一点，日本帝国主义的急先锋土肥原贤二，是自己公开承认了的。他说："内蒙的重要性，不在于国力和住民方面，而是在地理方面，内蒙人口，虽只三四十万，假如在苏联势力之下，对满洲国非常危险，万一日苏开战，内蒙在我国势力之下，则苏联在远东作战，会感着非常困难。"

由上种种，我们还能否认日本之进攻内蒙，是与其进攻苏联的准备，毫无关系吗？绥远在内蒙之西部，一方与外蒙接壤，一方是通达日本认为是苏联势力圈之新疆的重要门户，在日本已经取得内蒙热、察的今日，他之必然再进取这一战略的要地，是很显然的。绥远一旦失守，日本的侵略努力必更将展至宁夏、青海以至新疆，现在此等偏僻省区，已不断有日人光顾，据报章记载，彼等甚至在宁夏阿拉善旗以及青海省会西宁等地设立特务机关，并在绥新边境地方，勾结土匪，肆行扰乱。日本为什么要不辞劳瘁，长途跋涉，深入这些偏僻不毛之地？这除了说明了他们是要在这里企图布置对苏作战的阵势，还有什么可解释的？日本现时的目的很〈明〉显的是要把绥远以至宁夏、青海等地都拿到手里，使整个内蒙打成一片，一方面作成对外蒙的包围阵线，作进一步进攻苏联的准备，同时更借此道防线，切断中苏的联络。日本帝国主义十分明了，中苏这两个国家，现在虽然无何密切的关系，但同处在日帝国主义的进攻威胁之前，将来的互相联络是很可能的。以日本的力量单独对付一个国家，或者尚可勉强撑持，要同时抵抗这两个国家，是非常危险的。因此趁着中苏两国尚无密切关系的目前，一举而切断其联络的路径，这，在日帝国主义看来，实是非常切要。一旦中苏的联络断绝了，那时候，日本或者北上进攻苏联，或者南下进窥中国内部，都要比现在更易于下手。这一点，许多精明的观察家，是早已明显指明了的，本年六月英国《圆桌季刊》载《东亚的安定》一文，即指明日本将必在中国与苏联间，取得一块土地，将中苏分开，并在蒙古树起军事边界以防苏联。又最近伦敦《泰晤士报》驻平记者，也公开指摘日本目下在内蒙的军事计划，是企图"从商都的北境起，〈至〉新疆省止，沿苏联及外蒙边界，造成防线"。

　　现在，我们是不是就一听日本把这个防线造成，使日本一方取得对苏作战更优趣〔越〕的形势，同时使我们陷于孤立无援的状态，以便日本更进一步地来奴役我〈们〉呢？不，绝对的不。我们目下的应付应该是，一方以英勇的抗战来粉碎日帝国主义的进攻，同时更要看准日帝国主义企图切断中苏联络这一阴谋，而即时以中苏的联合行动这一事实，来给予这阴谋一个打击。

《西北向导》（旬刊）

西安西北向导社

1936 年 25 期

（李红权　整理）

绥东问题与中苏外交

吴明　撰

苏联人民外交委员会委员长李维诺夫，在最近一次十月革命纪念日，出席莫斯科庆祝大会，并且接受最高列宁勋章的时候，他曾经发表一段很简短，很精彩，而且很能惊人的讲演。李维诺夫是说："展开人类新史迹，而建立了世界社会主义国家底政治基础的苏联，它不仅是在经济底革命运动的主潮方面，把握住了新历史动向的中心，就是对于现阶段帝国主义末日所通过的法西斯政治路线底侵略集团，因为私的利害关系而结成的所谓国民阵线，一切迫害与进攻，在今日拥有绝对足以解决世界的或是苏联自己的，富有和平信念的广大群众的自卫问题底苏联国防建设保证下，我们的和平与安全是没有任何疑义的，没有丝毫恐惧的。但是，我们同时应该说明现在的世界，任何国家的和平保障是建立在集体安全的，而绝对不是使用与侵略者亲善的手段所能换取的。由此我们不能不顾虑到在一切侵略集团的行动，超过它们目前的呼啸时期，而向广大的被压迫者开始践踏的时候，将有许多不幸的国家，不幸的民族走上孤立灭亡底末路。"我们知道李维诺夫的讲演是一方面说明国际间需要坚信集体安全的存在，一方面警告与侵略者亲善的国家是走近了孤立的险境。

李维诺夫要算是第一次世界大战结束后，最成功、最胜利而且最机敏的一个大外交家。他自从一九三〇年正式就任苏联人民外交委员长，在苏联国防的东部线上遭遇到一九三一年九月十八日，由日军占领中国东北三省，而造成压迫远东军，进攻西伯利亚的形势。西部线上遭遇到一九三二年希特拉专政，由反犹太人运动，而发展为德意日反苏联战线。在如此严重的国境危机中，才发见了李维诺夫神秘的外交天才是帮助了苏联国家的基本建设。他运用着苏联以备战求和平的外交策略：第一步，完成一九三二年苏联与波兰、立陶宛、爱沙尼亚、拉脱维亚、芬兰、法兰西各国的互不侵犯条约。第二步，就是从互不侵犯转入集体安全，他次第的在巴黎签订《法苏友好互助公约》，在伦敦签订苏联与波斯、阿富汗、土耳其、波兰、罗马尼亚、捷克、南斯拉夫、拉脱维亚、爱沙尼亚、芬兰及立陶宛诸国的多边安全条约，《苏捷友好互助公约》，并酝酿包括土耳其、希腊、罗马尼亚、南斯拉夫的四国联盟。第三步，参加国联，支持十九国小国委员会，通过制裁意大利案，进行中苏、苏美的三国复交，以及参加庆贺英新皇爱德华就位典礼时，所酝酿扩大的苏英贸易关系。基于上述苏联外交成功诸事实，可证李维诺夫非特能以苏联强大红军武力为背景，而发纵其外交天才，其足以依据社会主义国家的政治基则，判定法西斯政治路线底终极运限，从事组织世界上被压迫的广大群众，而发动社会主义政治前卫战争底人民阵线，尤足以为现世国际和平运动之权威！

自从德日反共集团协定消息公布以来，意大利继续加盟，共同支持东西两线协力进攻的反苏联战线一说，亦渐由炽盛的谣传，演变而成为事实的真象。在当前的国际形势下，侵略集团和集体安全的不并存性已暴露无遗；而国民阵线与人民阵线的必然战争，亦无任何力量足以为其维持一步之缓冲。为社会主义政治担任着前卫战争的人民阵线，自然是一方面要使没落的小资产阶级，动摇的知识分子，通过资本主义发展而寄生下来的民族资本家们，在奋斗中建立合理化的经济制度；一方面要用广大群众的革命情绪，消灭法西斯政团底统治者以权威为工具的生产方法。在侵略集团武装征服的策略中，他们所唯一信任而自命为社会政策的不二法门是主张：以自力所及为殖民地再分割论底市场分配的标准。我们的中国是久已陷于帝国主义集体的经济侵略、殖民地政策支配的地步。整个国家民族在经济发展上，只有具备一种替后期发展的资本主义国家销纳过剩商品的效用，而失去了一切自力生长的生产分配底自由。所以到侵略集团的任一国家，企图独自占有的现阶段，是一天不采取革命路线冲出这武力镇压、经济榨取的悲苦氛围，便只有一天一天的在执行着侵略者底统治命令，贡献我们的力与生命，直至于灭亡。

虽然，在表面上的话是说，意、德、日三国的共同企图，是在完成反苏联战线和毁灭社会主义底政治，而骨子里谁还不知道意大利是为的统治东菲，控制匈、奥，争取地中海上的霸权。德意志是为的对第一次世界大战时的协约国谋报复，劫取乌克兰的谷库。日本是为的灭亡中华民国，完成大陆建国的计划。因此，我们中国，在侵略集团的国民阵线与集体安全的人民阵线底全部会战以前，不容我们自己来考虑是参加国民阵线，或是参加人民阵线，就已经发生了中国本身的存亡问题。更简捷的说明：就是不等到我们决定是向侵略者亲善，还是向集体安全方面发展的时候，就会成为日本帝国主义者底奴隶，谁还理会到人类的心有什么自由意识在冲动？清算起来，中日间自从甲午一战到今天，实在是没有一天没有问题的事实。虽然在不平等条约的迫害上，没有比二十一条件更苛的，在武装侵略的残暴上没有比九一八事变再凶的。因为，既往的都成了历史上的创伤，并且胜利也只有争取最后一次，所以我们对于一切过去的得失，可以暂为搁置，不予检讨。最要紧的倒是最近期间，日大使川越和国民政府外交部长张

群，在南京经过七次会见，竟以日伪军的侵扰绥东而陷停顿状态
底中日关系。我们在被动的外交形势下，日本一面以所提出广田
三原则为张本，造成条文未成立而实际已成事实的华北经济提携，
与迎拒不得，进退两难的"共同防共"两种不契合协商的僵局，
一面以强化在华海军南进机构，以〈长〉谷川清代替及川的华南
不安状态下，发动它们的关东军、驻屯军共同负责西向北进横断
中苏国境的军事，完成与苏联新旧西伯利亚铁道线，成立对阵的
战前配备。绥东军事不论现在的战况如何，或是将来的日伪军是
否推进有利，就本文论证所据，判定其为横断中苏国境军事的前
卫战争，实在是千真万确毫无问题。换句话说，中国的帝国主义
集体侵略殖民地政策寄生史，已揭至最后一页，亦自属毫无疑义。

　　一个具有坚强的民族意识底中国国民，当然不会对于现实国家
民族的地位，决定为一种中国必亡论的悲观推测。可是也绝对不
能惑于恐日病与唯武器论的变态心理的暗示，而无视民族意识的
伟大力量底抵抗性能，否定了民族革命的前途，自坐于客观环境
上国际有利形势的期待，或斗争对象自体毁灭的诅咒。我们既然
相信全部人类历史的内容，只有人与人的斗争，人与兽的斗争，
以及人与自然界的斗争的话，那么，中国民族的生存前途，又怎
能超越这个铁一般历史定律，来永久束缚在寄生作用下的生活范
畴里？由此，我们虽不必深信日本根本就是以反苏联战线为口号，
而实际目的则专在遂行其进军中国的大陆政策；但是，至少应该
明白在日本战时经济的秘密文书中，底确是规定着以中国的百姓
为它们服兵役、服劳役。中国的土地为它们做战场，中国的煤、
铁为它们做资源。从东北沦陷、沪战协定、《塘沽协定》与我们自
己所不承认而日本持为法律根据的《何梅协定》以来，所经历的
事实，使我们不论在行动上，在理想上都认定是日本军部和政府
所不容掩饰的唯一的对华阴谋。

关于日伪军对绥东军事侵扰的根本策略，我们第一步业已判定其为横断中苏国境的行动，同时它所劫取的地方，又都是我们中国的领土；第二步我们就应该不管它是不是要杜绝中苏两大民族底历史关系、政治关系，只要站在以保全领土、主权为第一义的国策立场上，即应处以相当有效的自卫手段。更进一步说到同一被侵略者的地位，尤其应该顾虑到中苏两国共同利害的因果的关系，而讲求其敌与友的身份确定，用以发挥其集体安全的互助精神。我们以为在苏联本身，既求其社会主义政治领域的整体健全，绝对不能特别重视德、意侵略的危害，来单独支持欧洲的集体安全，而忽视日本因占有中国领土，奴隶中国人民以后的实力强大，置四万万被压迫的广大群众底友军于不顾。

凡是不能理解中苏两大民族建立关系重要基点的人们，往往以现阶段以前，中苏恢复邦交以后，在中苏外交常态上的不幸论据，为中苏外交切实进展之结症。其实，如果对于以往事迹加一详细检讨，则其间顿挫支离各点，殊有双方共同负责、共同反省的必要。譬如：第一、中苏复交谈判中，我方曾提出中苏互不侵犯条约为先决条件，而事实上复交至今此项协定终未成功。我们以客观态度来分析，苏联所拖延不决的考量，一面是担心当时的远东国防设备，尚未完成，万一日本军部感受中苏新协定的戟刺，急遽向其东部线进攻的时候，中国是不是足以担负实际的军事协作，姑且不讲，而实际受损者，首先当为苏联本身的边境侵扰；一面是在中国没有明确坚决的抗日军事发动以前，日本随时有勒令参加反苏联战线的可能。所以，苏联与其向中国使用间接方法的运用，毋宁采取直接方法向日本表示相当善意，较为慰快。第二、单独出卖中东铁路的苏联不重视中国法权问题。在中国政府不能在东北行使治权或统治权期间，苏联为减少东部国境上战争危机计，而出此途径，除予中国以政治神经上的相当压迫外，我们应该在解决占有中国领土的暴行问题的直接侵害后，才能清算《中俄协定》上有关东北或中东路的一切问题。第三、《苏蒙军事协定》与《中俄协定》的法理争执。其在政治意义上与前述理由相同，而在军事关系上日本进军热、察省境后，对中苏仅有的交通线——张库汽车路时时有据为己有进攻库伦，切断西伯利亚铁路中部的危险。在中苏军事未能一致行动前，其所以自处者，仍不外乎自卫行动。且以通常外交关系论，日本有权使用中国领土作为对苏军事根据地，而苏联使用中国地方为抗日根据地，抑又有何不可？假定我们的国策不是已经确定要建立在与侵略者亲善的既定方针上面的话，无论中苏外交的悬案有多么严重，多么繁难，只要在日、苏对华关系的比较上发见一点利害的不同，就应该马上去其所害而趋其所利。况且，事实是很明朗的表现在我们的目前：德、意、日的军事同盟是明明白白的侵略集团，苏联外交是明明白白针对着侵略国家的和平政策。我们与其束手就缚的去做日本反苏联战争底死线上的鬼卒，何妨自动的参加拥有世界上最广大群众的人民阵线战争，为创造人类新史迹的斗士。最合理的主张是不和侵略者讲求亲善，不给侵略者做刽子手，向广大群众去建立友军，向人民阵线的前途迈进。所以我们无论如何，必须以全中国人民的血与肉，阻塞日军横断中苏国境的军事出路。同时，更希望李维诺夫能履行苏联和平外交底诺言，与中国建立亚细亚洲的集体安全，共同发动解放远东民族底革命战争。

　　我们相信，这才是每一个中国人所热烈要求的民族意识。

《西北向导》（旬刊）

西安西北向导社

1936 年 25 期

（訾茹　整理）

蒙古与日俄关系之史的分析

潘稚 撰

一 引言

　　已往的蒙古是一片被冷〈落〉遗忘的净土，也是列强势力圈外的一个乐园，但近二三百年来，情形却大大改变了，蒙古不但不再是世界所遗忘漠视的地域，而且是赤白帝国主义者互相争夺的肥肉，被人举为第二次世界大战的导火线了。这"导火线"资格的取得，一面固由于它所处地位受着两种势力夹攻中，一面却也不得不说由于它本身政治、经济的落后；原来在经济方面，蒙古还始终遗留在游牧时代，没有多大的改进，养着一群骆驼做他们特有的交通工具，养着一群牛羊为他们唯一的生活资源；他们对于蕴藏着无尽量的矿产和财富，始终没有想法去利用它过。因此，在帝国主义市场争夺白熟〔热〕化的现代，以蒙古作为推销商品的尾闾，夺取原料的堆栈，都是各帝国主义者所梦寐以求的。同时在政治方面，蒙古在最近数十年中，虽已稍具近代政制的雏形，但实质上，残余的封建势力与部落政治还潜伏着极大的势力，政治上的腐败是我们可以想像得到的。以一个经济落后、政治不良的蒙古，要想抵抗外来势力的侵入，自然是不可能的一件事。到今天总〔终〕于变成赤白帝国主义——日俄——侵夺的一个目标，不过这种局面的演成，势非经过相当的阶段不可，本文的目的就在将蒙古、俄、日间关系经过的史实，划分成几个阶段，并加以简单的说明，借为明白蒙、日、俄现在关系之参考。

二　商业基础的蒙俄关系

蒙古与俄国，因为地理相毗连的关系，蒙俄民间的交往与商业，发端甚早，不过当时这种关系只是私人的性质，并无任何正式契约为基础。考蒙俄正式商业关系的成立，最早当推康熙二十八年（一六八九年）中俄《尼布楚条约》和《恰克图条约》中关于中俄商业之条文，指定以恰克图及尼布楚附近之孜尔喀脱为两国互市地，从此以后，蒙俄人民的商业关系始正式为官厅所承认，亦为蒙俄正式发生关系之肇端。至咸丰十年（一八六○年）《中俄续约》中又增辟喀什噶尔为二国贸易地，并许设立领事，处理商务案件；又特许二国人民在蒙俄边境贸易者，得免除捐税；俄商来京（北平）贸易者，得于途次在库偏〔伦〕、张家口贩卖零星货物。此约一成，不但蒙俄商业地点扩大，而且受到免税的优待了。至同治八年（一八六九年），中俄改订《陆路通商章程》之结果，上项免税区域及通商地点更加扩大，其要点有二：

（1）确认二国边境百里以内之贸易均不纳税。

（2）中国所属设官之蒙古各处，及该官所属之各盟，亦准俄商前往贸易而不纳税，其不设官之蒙古地方，如俄商欲前往贸易，中国亦不加拦阻，惟须有本国边境官之执照。

此后光绪七年之《伊犁条约》及《续改陆路通商章程》，除对于上述二项规定加以确认外，俄国更获得下列各项之新权利：

（1）增设领事：俄国除照旧有约定，得在伊犁、塔尔巴哈台、喀什噶尔及库伦设领事外，并得俟商务兴旺后，二国续行商议增设五处领事，其中在蒙古者，有科布多、乌里雅苏台二地。

（2）扩大无税贸易区域及减税贸易区域：俄国除依照旧约在蒙古地方，无论已否设有官吏，均有无税贸易权外，并准俄民在伊犁（属新疆）、塔尔巴哈台、喀什噶尔、乌鲁木齐（迪化）（属新疆）及关外之天山南北二路，皆得暂不纳税；至于减税区域，除原定自恰克图、尼布楚二地输入天津之货物得享减税利益外，此后凡由此二地运至肃州〔甘肃〕省，亦照天津一律办理。

综观上述，俄国在蒙势力之扩张，实足惊人，自雍正至光绪，为时不过百年，而蒙俄之商务关系，已经私人之交易，进而为官方正式契约之承认，再进而日益扩大其贸易区域，自边境以至内地，复跨蒙古为进入甘肃等省了。不过这时候的蒙俄关系，虽然不能说是一种单纯的商务关系，但只〔至〕少可以说是政治色彩轻而商业因素重，因为俄国当时的东进政策，欲求得太平洋之门户，其主要目标系在朝鲜与满洲，而非蒙古，蒙古成为俄国政治侵略的对象，却是日俄战争以后的事。

三　日俄势力的划分及俄国在蒙势力之确立

中日战争以后，中俄的关系特然辟了一个新阶段，因为当时中国当局允许俄国建筑京汉铁路，引起英国大大的不安，后来英俄双方于光绪二十五年（一八九九年）缔结《英俄协定》，内容为我国承认扬子江流域为英国铁道建筑范围，同时也承认长江以北为俄国铁道的建筑范围，担保互不侵犯。此约一成，不啻为俄国对满蒙侵略加一重保障，此后俄国即可为所欲为，故《英俄协定》实为俄国对蒙势力植基之大关键。

上面说过，这时候俄国在东方的经略，并不仅限于蒙古一隅，原来自十九世纪中叶到日俄战争的四五十年间，俄国一方面是致力于西伯利亚的开辟，一方面是锐意经营朝鲜及满洲，经营蒙古只不过是帝俄东进政策中的一种副业罢了。惟其是俄国对于朝鲜及满洲经营的急进，致引起日本极大的嫉视，孕成此后日俄正面衔〔冲〕突的种子。到了一九〇四年，日俄战争也就因此爆发了，日俄战争的结果，俄国惨败，东亚的局势随之起了一大变化，俄国在朝鲜、满洲的势力也只好拱手让与战胜的日本，这转让的一瞬间，此后日俄在东方的势力也就奠定了"界牌"，走上了各自经营其势力圈的道路，对于蒙古方面言，此后俄国对它的政策已由"副业性"的经营，一变而为积极的急进政策，蒙古也就成为俄国经营东方唯一的目标。一九〇七年，日俄双方又订立第一次《日俄协定》，其目的就在彼此尊重对方领土及既成条约上之权利，并消除双方的误解。换言之，即朝鲜、满洲为日本独占，蒙古变成帝俄禁脔的既成事实重加一层保障罢了。迄至一九一〇年，日俄双方又恐第三者——尤其是美国——出来破坏他们的利益，再从事订立《第二次日俄协定》；同时又缔结《日俄密约》，内容约定"日本合并朝鲜，俄国不加反对，俄国在伊犁、蒙古方面有何进行，日本亦应加承认，并予以援助"。据此，帝俄在蒙的势力及地位，又加一重强有力的保障，对蒙古的一切，真可为所欲为，毫无顾忌了。

由上段的叙述，我们知道俄国对蒙的侵略，既以铁路建筑权为饵，诱致英国订立《英俄协定》，使此后俄国对蒙的行动，英国不得不甘心作壁上观；一方面更以共同利害为言，一再与日缔结协定，以保障其在蒙特殊的地位，此后蒙古在俄卵翼下起来独立的事件，并没有引起国际间任何反感，也就是英俄、日俄数次协定的功效。

俄国对蒙的特殊地位，不但在国际已获一般的承认，即以俄蒙直接关系论，此时俄国对蒙的政策亦已由商业的进而为政治的了。

俄国当时利用同化的布利维〔雅〕特人（蒙族之一）与蒙人交好，进而在塞勒金斯克地方建立喇嘛庙，并由俄政府任命主教喇嘛，此后该庙喇嘛数额日增，亲俄势力日盛，同时俄方更多方优遇活佛，俾为其利用，有时并以金钱贿赂之。

四　外蒙第一次独立与俄国

中国与蒙古的关系，自道光以来，即因清廷措施的不善，双方已有种种隔膜，俄国又乘机从中利用煽惑，故到了一九一一年，外蒙就乘着辛亥革命的时机，密议独立。当时杭达亲王即以外部大臣名义，赴俄请兵，要求俄国对于蒙古独立予以直接的援助，俄遂即派遣大批军队入蒙，至十一月由俄帝国卵翼下之第一次蒙古帝国，遂在库伦成立，由外蒙四盟公推哲布尊丹巴呼图克图为皇帝。这时期的蒙俄关系可自下列数端述之：

（1）蒙古须聘请俄国军官，训练蒙军，指挥其作战，并阻喝〔遏〕中国军队入蒙。

（2）俄国担任供给蒙军军械及军费。

（3）俄国借贷下列款项与蒙古以发展其经济：

（甲）一九一三年，成立无利息公债十万卢布，供组织军队之用，以蒙古国库之收入及采掘特种矿物之收入为担保。

（乙）一九一四年，成立无利息公债二百万卢布，以砂金之采集及蒙古国库收入为担保。同年又缔结三百万卢布之无利公债，以关税及手续料之收入为保证。其用度根据协约第二条之规定，为从事"于财政之改善，国内设施之改善，矿山之经营，畜牧之改良，在俄蒙教官指导下之军队的教练与维持之使用"。

（4）蒙古须聘请俄人为财政顾问，该财政顾问对于外蒙所有款项有监督权、支配权及核准使用权，并得在外蒙地方自行办理煤矿、电灯、电话及各项适当实业之权。

综观上述，外蒙不特在军事上完全须受俄国的支配，即一切经济、财政、实业等大权亦均丧失无遗，故实质上，外蒙独立的真意义，直不啻欲从中国政府夺取对蒙宗主权以备奉献于俄国大皇帝陛下。同时俄外相萨佐诺夫为求得列强谅解计，又先后与英、日二国订立协定，大致俄国承认长春以南之满洲及内蒙古之一部分为日本势力范围，承认西藏为英国势力范围，英日二国则投桃报李，共同承认帝俄在蒙的特殊势力。俄国既得列强之谅解，更进而与蒙古缔结所谓《俄蒙协约》。《俄蒙协约》中除规定俄国扶助蒙古之自治及编练蒙古军队外，同时规定不准中国军队入蒙及华人移殖蒙古；蒙古自后与中国或他国订约时，其所订条约，不经俄国允许，不得违背或变更此协约（《俄蒙协约》）及专条内各条件。同年又续订《商务专条》，其要点为：

（1）俄国在蒙有自由居住、行动及经理商务、制作其他各事之权。

（2）俄国在蒙有自由贸易及设立银行及享受房屋、地产所有权之权。

（3）俄国可以与蒙协商，设立领事及享用矿产、森林、渔业等。

（4）俄国得在蒙古兴办邮政，并自蒙古流至俄境之各河，俄国有航行之权。

继《俄蒙协约》及《商务专条》而后，续行订立的有《开矿条约》（一九一三年），蒙古允许俄国自由开采境内矿产，《铁道条约》（一九一四年），蒙古承认俄国在其领土内永远有铁道建筑权，及《电线条约》，俄国由此获得从伊尔库次克省之孟达至乌里雅苏台间之电线架设权；蒙古政府不得建筑竞争线或以其权利让与他人；其他地方之架设电线，俄国亦有优先权。于是蒙古之二大命脉交通与矿产，均落于俄国掌握之中，所谓蒙古帝国，乃一外力控制下仅存的空名罢了。

上述各项条约订立后，中国政府曾一度提出抗议，但讫无效果。至一九一二年，经中俄双方多次磋商，始各发表所谓《中俄声明文件》，俄国承认中国在外蒙之宗主权，中国承认外蒙之自治权。经此声明，《俄蒙商务专条》反因之而正式成立。至一九一五年六月，中、俄、蒙三方代表又在恰克图会议，结果订立所谓《中俄蒙协约》二十二条，内容大要凡六：

1. 中国承认蒙古有自治权。

2. 俄国承认中国在蒙古有宗主权，蒙古亦承认之。

3. 外蒙政治上之条约，俄承认中国有缔约件〔权〕；经济上之条约，则蒙古有自由与外国订立之权。

4. 俄国在蒙有领事裁判权，中国在蒙有监督外蒙自治官府之权。

5. 凡外蒙政治问题，中国须与俄国商酌办理。

6. 中俄入蒙货物，均不得征收关税。

此约一成，不唯中国在外蒙之主权已名存实亡，即蒙古本身之地位亦沦于朝鲜亡国前夜的绝境。及至一九一六年七月，日俄又缔结《第三次协约》于俄京，其目的即在二国合力支配远东之政局，蒙古局势，亦因之愈形黯淡。但至一九一六年，俄国内部忽起革命，俄政府无暇东顾；同时又因一部分白俄对蒙横加压迫，激起蒙民之反感，中国政府遂因势利导，派徐树铮为西北筹边使，于是蒙古遂得取消独立，归附中国。由是《中俄声明》、《俄蒙商务专条》、《中俄满〔蒙〕协约》等，亦随之声明作废，而外蒙第一次独立事件，亦随帝俄倾覆而结束矣。

五　外蒙第二次独立与俄国

外蒙取消独立后，不到二年，又因徐树铮势力之衰败，及白俄的怂恿，外蒙又酝酿第二次独立的把戏。一九一九年，在白俄领袖谢米诺夫的指挥下，又产生所谓蒙古全体中央政府于达乌里地方，翌年库伦又为白俄、蒙军所攻陷，于是外蒙活佛遂于三月二日宣布第二次外蒙独立，成立临时政府于库伦。不久临时政府与谢氏发生龃龉，谢氏遂下令将其解散，当时一部分左倾青年遂不得不与远东共和政府结合，共同进攻恰克图，压迫白俄在蒙势力，继即联合布利亚特人在恰克图开会，组织蒙古国民党，设立蒙古国民临时政府，是年（一九二一年）夏攻克库伦，白党遂悉被歼灭，国民临时政府遂亦正式改组为蒙古国民政府。

当时统治蒙古国民政府的有二个中坚团体，一个是蒙古国民党，一个是蒙古青年团。蒙古国民党最初由蒙古的贵族和喇嘛所组成，后来党中平民阶级日渐加多，到了一九二二年就实行清党的工作，将所有贵族和喇嘛出身的党员，先后加川〔以〕屠杀或驱逐，于是遂成为清一色的赤色的平民政党，该党的党纲也完全由抄袭俄国共产党的党纲而成。蒙古青年团系由蒙古左倾青年所组成，为一实际握有政治权的中心组织。同时我们要注意，所谓国民党与青年团这二种组织，都是经俄国一手栽培与扶助而成，所以他们实际上都听从俄国共产党的指挥。

上面是说明俄国执政的党与蒙古执政党的联系，其次再看当蒙古国民政府成立时，苏俄政府有些什么表示呢？蒙古的能够独立，上面已说过大半是借着苏俄的援助，因此，国民政府成立后，俄国就首先加以承认，并且派遣全权代表于是年十一月（一九二一年），即在莫斯科缔结《俄蒙修好条约》，内容要点约如下列：

1. 苏俄承认蒙古国民政府为蒙古之唯一的合法政府。

2. 蒙古承认苏俄为俄国之唯一的合法政府。

3. 两协约国负有左列之义务：

（甲）两缔约国无论何方之土地内不许有"以反抗他方或颠覆其政府为目的之团体及个人"之存在，同时不许"以与他方战争为目的之军队"在自国国民内动员或募集义勇兵。

（乙）不许输入武器或促其领土内通过〔于〕"与缔约国直接间接为战斗行为之团体"。

4. 苏俄、蒙古互派全权代表驻于一方之首都，并互派领事分驻各重要协定之都市。

5. 各缔约国居民居留于他方之领土内，享有最惠国国民之权利与义务。

照此条约，则苏俄政府实已明白承认蒙古为独立的国家，当时中国政府对此曾向俄方一再交涉，迄鲜效果。至一九二四年五月，中俄双方遂缔结《中俄协定》十五条，其中第五条规定"苏联政府承认外蒙为完全中华民国之一部分，及尊重该领土内中国之主权。苏联政府声明，一俟有关撤退苏联政府驻外蒙军队之问题，即撤兵期限及彼此边界安宁办法，在本协定第二条所定会议中商定，即将苏联政府一切军队由外蒙尽数撤退"。根据此约，苏俄对于中国已明白取消蒙古独立之承认，则根据蒙古独立所成立之俄、蒙修好协约理当取消，但俄蒙双方则否认中国有此项权力。故此次《中俄协定》，中国所争得者，仅"蒙古为中国领土"之名义而已，实际上，外蒙已早构成苏俄之一联邦了。

上段已简略说明此时期俄蒙政治上之关系。次就经济方面观察，俄国在蒙势力之优越，亦殊可惊。单就贸易一项论，蒙古对于苏俄亦已造成不可分离之势，蒙古贸易年额，有三成操在苏联贸易机关之手，有三成操于蒙古中央生产及消费合作公司之手，其他蒙古机关与各国机关合计亦只占百分之四十，所谓蒙古中央生产及消费合作公司，又完全取法苏俄，关于此类公司之组织，并直接受苏俄所派贸易顾问之指导。此外苏俄政府更与蒙方进行种种关于建筑铁路于蒙古之谈判，以便从交通上同时建立俄蒙密切之关系。

六 "九一八"事变后蒙古与日俄之关系

日俄战争以后，日俄双方对于蒙古问题之见解，始终站在互相尊重的原则下，采取协调的步骤，先后缔结各种协定或密约，互相尊重双方既得之权利及势力圈，同时共同防范第三者的侵入，但这种关系维持到一九三一年"九一八"事变的前夜，终于不能再继续下去了，虽然日俄对于蒙古关系的裂痕，不仅经"九一八"始，但"九一八"所造成的情势，对于俄国委实太不利了，太有危险性了，所以日俄关系的恶化，也就成为不可避免的事。

原来日本早年在东北的经营固然先着重在满洲方面，但他对于蒙古也未尝忘情，这是我们敢断言的，如二十一条要求中亦曾述及关于蒙古的权利，这就是他不能忘怀蒙古的例证。自一九一六年后，内蒙人民屡屡要求独立，据说幕后也不乏主持的人，而且军火的接济、教官的派遣，都有某一方在那里指挥。次之，蒙古对于日本的俱有特殊重要性，从田中奏折中"欲征服中国，必先征服满洲"的一句话就可证明日本不愿放弃蒙古也是势所必然。

接着一九三一年东三省的被劫，内蒙东边的大部分，也先后为人所席卷。一九三四年所组织之内蒙自治政务委员会，又因不胜外力的高压，时在风雨飘摇之中。最近的外蒙又擅与苏俄缔结所谓《苏蒙议定书》，此后蒙古对中国的关系恐更将不绝如缕，前途更黯淡了。因本文的旨趣重在史的说明，所以对于蒙古各种现状只好从略。

《时论旬刊》

南京时论社

1936 年 26 期

（李红权　整理）

兴和县在绥远省之重要

黄启中　撰

自伪匪称兵进犯绥省，赖我守土将士之奋勇，夺回匪伪积年经营之根据地百灵庙，战事得告一段落。然此亦只暂告一段落而已，盖匪伪在绥省之势力虽已瓦解，而某方之雄心未死，则其促匪伪败卒卷土重来，或竟率其残暴之众，直接参加进犯，亦意中事也。据近日敌方军事之布置趋势和绥东之地理观察，则毗连察省邻接张北、商都之兴和，当为匪伪进犯之第一目标，必将为战争之中心区域，守之足以扼匪敌西行、南下之要冲，万一不守，则绥、察、晋、冀联络相依之势解矣！而陕、甘、宁数省，亦将感唇亡齿寒之惧。是则兴和地位之重要与得失，当视为华北存亡之关键，乌可不重加注意也？兹就个人昔年游历所得，并征之典籍与各种调查统计所载，概略述之，以供国人之参考焉。

兴和在汉为沮洳县，北魏为柔玄镇，辽属西京道，金属西京道之抚州，元为威宁县，清光绪廿九年置兴和厅，民国元年改为县，三年划归察哈尔省，十八年一月复归绥远。现为二等县，位该省之极东，距归绥城五百三十五里，东邻察哈尔省之张北县，西连集宁、丰镇两县，南以长城临察哈尔怀安县及山西省之阳高县，北至察哈尔省商都县。境内山地多平地少，地势北部高南部低，全县面积一万一千二百方里，南北长约二百八十里，东西宽平均约四十余里。

一、名胜：有苏木山，在城南，数仞石壁，形势雄伟。登其巅，则万壑千山，别饶风趣。

二、民族：有汉、满、蒙、回四种民族，杂居其间，人民以汉族为最多，蒙族次之，满、回又次之。汉人朴实耐劳，蒙民强悍好骑射，满民依赖成性，素称懒惰，回民则颇多骄奢、虚伪之习。民众信仰方面，除回人崇信回教，蒙人信仰喇嘛教外，汉人则多信天主［主］教、基督教，佛教次之，道教更次之。境内旗地，北境为察哈尔西四旗正黄旗地，有正黄旗总管府及蒙人杂处其间。

三、行政区域与人口：全县共分为五区，辖一百二十三乡，共有村庄九百七十九，户数为一万六千九百三十七户，人数为九万二千六百八十一人（绥省府村治调查表）。农村组织，亦称稳固，村之大者百余家，小者十余家、三五家不等。

四、山脉：全县山脉，西有小坝子山、鹿耳坟山、喇嘛孔督山。西北有头脑包山、小卓子山、脑包虎山。东有大青山、塔步山。东南有猴儿山、哈拉儿山。北有大黑沟山、大脑包山、乌兰大坝山。南有南山、黄石牙山。境内诸山，以中境东偏之大青山及南邻晋、察两省之南山为最大，此次战线，即沿大青山之山脉。黄石牙山之峰，乃为最高。境内山脉，尽系阴山枝脉。

五、沟谷：境内因山岭重叠，故沟谷栉比。其最深邃者首推三角沟，绵延约四十余里，次则为哈拉沟、打街沟、十里沟，其他如四道沟、五道、六道沟、北井沟，及边城下之南三道沟，并大青山下之窑子沟，北区之羊盘沟、醋铺沟、东沟，第二区之大北沟、营盘沟、五道沟、三道沟、前后井沟、新平沟、大五道沟、二号沟、十号沟、白马牙石沟、前后蚨沟、水泉沟、狮子沟、羊长沟、大西沟等等不胜枚举，要皆随山脉之起伏而成谷，非深谷也。

六、河流：河流方面，以二道河为最大，乃苏计河、豪沁河、

鸳鸯河、营子河四水合流而成之总称，自西流南，汇归于河北省
之永定河。

七、物产：全县物产丰富，尤以畜产为大宗财源。

（1）畜产：家畜以牛、羊、鸡为最多，马、骡、驴、驼、猪
等次之。野兽有孤〔狐〕狼、黄羊，皮毛以牛羊皮、黄羊皮及羊
毛为对外大宗贸易。

（2）农产：全县土壤，一、二、四、五各区，多系砂质，不
宜农产，惟三区为粘土，宜种农作业。全境水地少旱地多。农产
物品，以小麦、莜麦、谷子为大宗，糜、黍、葫麻、豆类次之，
麻又次之。

（3）药材：南山沟附近，年产大黄九千余斤，黄芪二万斤，
甘草一万斤，黄芩一百六十斤，均运销冀、晋各省（绥省建设厅
廿年调查）。

（4）矿产：第五区之白脑包产煤，每年约产煤五百七十九吨，
惟惜多系烟煤，兼质地不良耳。大小青山山脉一带，储藏水晶甚
多，迄今尚无人开采。天皮山及大青山一带，多产云母，据专家
调查，其储量约有数十万万斤，但未能以近代法开采，故每年产
量不多。

八、文化：该县交通不便，文化落伍，工商业亦不发达。绥省
府正拟修绥兴公路（归绥至兴和）。县内邮政局、电话局、电报局
各一所。

教育方面，则全县有初级小学三，初级女校及高级女校各一，
高级小学二。学龄儿童男有二千九百零八人，女有一千三百一十
二人，总数为四千四百二十人。入学儿童男生一千二百三十五人，
女生一百四十四人，若就百分法分较，则入学儿童，仅占学龄儿
童数之百分之三十三。至于经费，全年总额六千五百四十九元，
其来源一由田赋附加，二由学田租，三由其他各种税捐。社会教

育方面，仅设社会教育所、阅报所、图书馆各一所。

九、治安：治安方面，除公安局外，有保卫团丁共一千零四十七名，枪械一千一百一十九枝，子弹二万三千九百廿二粒，骑马有一百零五匹，每月需经费七百八十六元，较内地保卫团战斗力强，但待遇甚差也。

统观以上所述，吾人对兴和县之认识，亦可得其梗概矣。近阅报载，该县一区窑子沟、打尖沟、哈喇沟、榆洼、双脑包、三号沟、富三乡、十六号村、大小哈喇村；二区之庆余乡、张冕印村、都家缸房、二四文村；四区之榆树洼等二十余村，约占全县三分之一区域，尽为匪伪占据，焚杀掳掠，暗无天日，迄今人民流散，无所归宿，绥省府现正设法救济中云。兴和为绥东门户，实目下国防上之要区，得失关键，系乎华北存亡。若将来不幸，被匪占据，南可直下察、晋，又可长驱西上，绥省不复为我有也；而匪伪猖獗，某国亦随之实行大陆政策，预备世界二次大战，隔断我国与苏俄，大包围式的某国可以北抗苏联，控制吾国，以求达到独霸东亚之目的。当此之际，所期国人踊跃输将，以资军实，前线将士，抗敌英豪，鼓其不屈不挠之勇气，沉毅果敢之精神，歼彼丑类，还我河山。

《是非公论》（旬刊）
南京是非公论旬刊社
1936 年 26 期
（朱岩 整理）

察、绥问题日趋紧张

仲瑞　撰

最近中日间之局势，其重心在于华北，而华北局势之重心，又在察、绥。故今日之察、绥问题，不独为中、日两国人士所注视，即欧美各国，对其前途之发展，亦至为关切。

某方之企图察、绥，更进而向西侵，以达到其囊括我整个西北之野心，此已为周知之事实。至其由察图绥之方法，为利用匪军作前导，己则以实力为之后继，如此则可以不负侵扰之名，而得占领之实。现驻察北进图绥东者，为李守信、王英等匪部。据闻李守信匪部，近扩编为五师，以刘继广、尹宝山、王新民任一、二、三师长，四、五两师系新编，正招募中。王英匪部则分驻商都以西之大青沟、南壕堑、三宝沟一带，人数有五六千，枪仅半数，某方现正加以补充。冯占海旧部金甲三近亦投王，现在沽源以伪兴亚军名义召集旧部，刻已有五六百人。至各部窥绥计划，据闻：（一）以王英匪部任前线；（二）以李守信军正面作战；（三）以伪蒙军合后，而某方部队则易装参加其中云。

最近绥东各地，匪部与国军已迭次发生遭遇战，惟其目的系扰乱性质。至匪部大举，据传其时间即在本月末。近我地方当局，已作切实准备，并下定决心，如匪部来犯，即予以迎头之痛击。

察、绥问题之紧张，纯由某方之策动，此固不待言。吾人以为局势至此，已无理由可讲，今后匪部如果大举进扰，除予以迎头痛击外，别无他途。果地方当局而抱定守土之决心，则某方纵有阴谋，亦万难得逞也！

《中心评论》（旬刊）

南京中心评论社

1936 年 28 期

（朱宪　整理）

复兴蒙古民族与蒙古青年心理之改造

兰生智 撰

"由满而蒙",这是日本朝野人士的口头禅,也可以说是日本帝国主义者素所持的"满蒙政策"。自从一九三一年"九一八"事变以后,东北沦亡,热河告陷,这是日本帝国主义开展"满蒙政策"的第一声,也可以说是"满蒙政策"第一步计划的成功。至于第二步计划就是要吞噬整个的华北、内蒙。日本帝国主义取得内蒙以后,便可以作为满洲的护翼。在维持"满洲国"的国境而言,在巩固"满洲国"的国基上讲,内蒙可以作为缓冲地带,并且可以南北张弓,北攻苏俄,南威胁中国。日本帝国主义者所倡的大亚细亚主义,便是将内蒙也包括在内。它不但是这样宣传,且有亚洲皇帝的企图。这种贪而无餍的野心,我们可以从日本的地图上,及日本国防新计划中,就可以明白的看出。所谓大日本的国界,不仅将内蒙包括在内,就是整个的亚洲也在这个国境之中。暴日夺取内蒙的计划,第一步先扶助成一个亲于"满洲国"的政府,成为半独立的局面;第二步于〔与〕中国脱离关系,造成一个完全独立的国家,与日本在政治上合作,军事上同盟,经济上提携。换而言之,即是叫内蒙作他们的亡国奴,作他们的奴隶。这便是日本帝国主义对于"满蒙政策"的第二步计划。

我们试睁大眼睛看一看,所谓暴日"满蒙政策"的第二步计划,时至今日,是否已经着手进行了,抑已经成功了?稍留意报纸者，便可以知道，暴日对于"满蒙政策"的第二步计划，不但是早已着手进行了，且有一大半的成功。所谓土地广大的内蒙，山河锦绣的华北，事实上告诉我们，已为东北之续了，已经被饿狼吞在口中了。我们在这千钧一发之际，危于旦暮之时，若能振臂一呼，与敌拼个你死我活，我们的民族或者亦可以由狼口中逃出，由危转安，由亡而兴矣！

我们青年是民族的中坚，社会的砥柱，国家的主人翁。我们不能坐视蒙古民族沦于日寇，我们不忍蒙古民族在暴日铁蹄下辗转。我们要复兴我们的民族，我们要回复我们的祖宗成吉斯汉时马踏西欧，鞭策东亚之威势。吾侪青年要想完成这种伟大的使命，应有惊〔警〕惕与改造者如下：

（一）眼光要远大　现在的世界并不是十七八世纪的世界了，也并不是关闭门户，与世隔绝，"闭门造车，出不合辙"的时代了。我们无论是作事或求学，都要将眼光放大，尤其是我们求学时代的青年，更要将眼光放大。因为青年是民族的中坚，国家的主人翁，复兴民族的责任全在我们的身上，设若我们能将那亡国灭种的心理改除掉，那复兴民族之事，实是易如反掌。

我相信凡作一件事情，绝不是一人之力可以做成功的，尤其是我们作革命事业的，更不是一人之力或三二乡邻、亲友之助，可以完成其伟大事业的。我们不必往远说，就拿我们的总理孙中山先生来作一个例子。总理革命四十年，于辛亥告成。其成功的原因，最重要的还是朋友之助，以及同志的拥护，绝不是总理一人之力可以完成这种伟大事业的。这是事实上的存在，并不是我们故意虚评妄谈总理。总理对于外国人士更为重视，所以他交接的外国朋友亦甚为多。例如在日本，总理的日籍朋友，真是不能以数计，在欧美尤多。譬如在西历一八八九年，总理因国内环境的恶劣，逃至英伦，不幸受了中国公使馆法网的罗致，旬日间即有生命的危险。而总理的老师英人康德黎，闻见恶耗，四方奔走，竭力鼓吹，惹起了中英两国国际公法的交涉，总理始得脱难而出，始能完成其伟大的革命事业。

蒙古青年们，我们要想完成我们的伟大革命事业，难道我们就用不着他人了吗？虽然我们的才大力巨，一人可做百人千人之事，我们绝不用他人来扶助，我们亦绝不与他人来往。然而现在的世界并不是闭关时代的世界，也并不是屋顶开门、灶坑掘井的时代。我们处处都要与他人接触，与他人来往，我们要"取人之长，补我之短"，我们要利用他人来复兴我们的民族。这种事实在历史上也可以看到，譬如在一七七六年北美宣布独立，美国就和英国开战，北美因得了法国及西班牙军火、军费之助，美国始能制胜英国，始能有现在五强之一的美利坚。设若法、西两国不帮助美国，我相信现在的世界上绝没有美国之名，更焉能有五强之一的美国呢。

蒙古青年们啊！这就是我们复兴祖国，复兴民族的前车之鉴。换而言之，我们没有具备这种容纳他人，收容外人的态度，我们绝不能复兴蒙古民族。并且我们的民族可以由衰而危，由危而亡矣。

然而，在我们一部分有智识的蒙古青年中，竟还怀有坐井观天的态度。只知我们的民族是尊荣的、伟大的，不甘于其他各民族连络亲善；只知有我，而不知有他人；只知我们的人是可以交接的，凡是他人均可尽量排斥攻击。这种人绝不像作大事的人物，这种青年也绝不是复兴蒙古民族的青年。我们对于这种人在我们蒙古青年中绝不希望他有。

（二）打破隔阂与［诸］共同团结　隔阂为事业成功之最大障碍，亦可以由隔阂分离，而亡国灭种，此种情形在蒙古尤甚。因隔阂而有畛域之分，同室操戈之祸，大家闹私见，而忘大体，衰弱危殆之祸因此致耳！

况蒙古素为一块肥肉，而为群兽之唾液〔垂涎〕。而自甘分离挑搏〔拨〕，为虎作伥，那真是自趋于灭亡矣！如一般青年专以打倒王公夺取政权为目的，而王公单以打倒青年为标榜。同属一体，有盟旗之划分，又有东盟、西盟之别。所谓东盟与西盟是地理上的区划，并不能作人之分界焉，乌知我蒙古人士已将此弄错矣。

从另一方面讲，蒙古与整个的中华民族，亦应有团结的必要。就以蒙、汉两族而言，无论在历史上、地理上，均有着磨不断的痕迹，扯不断的因缘。就以两大民族的前途计，亦有不可或离的维系力，虽然在过去历史上，他们曾有过几次无理的取闹，这不过是兄弟阋墙、哥兄禅让是了，绝没有其他的意义。这种念头大可不必存留在蒙、汉两民族的脑筋里。像这一类的事情，也不足为奇，譬如在中古时代，英王 James 二世，暴虐无道，压抑人民，英人遂废王，迎立王女 Mary 的丈夫荷兰大总统维廉三世为王。这种事实，和中国历史上蒙、汉两族的关系，有何区别呢？为了两民族将来的幸福上打算，蒙、汉两民族，实有应团结的必要。不但蒙、汉两民族应当团结，就是整个的中华民族，亦应当团结起来，才可以在这弱肉强食的世界上生存，才可以达到我们"共存共荣"的目的。关于这一点，作者不愿多说。因为，在读者之中，一定要有一部分人认为我这说法是谬误的。请读者各位，多参看西欧人士关于此点的评论。

总之，处在非常时代的人，应当作非常时期的工作。然则今日何日，今世何世？正所谓"鱼游沸鼎，燕处燎堂"之非常时代也，鲸吞之祸已临头矣！我们在这千钧一发之际，既不愿作他人的亡国奴，又不愿作他人的奴隶，那么，我们只有起来御侮抗强，起来复兴我们的民族，复兴我们的国家。而复兴民族、复兴国家之要道，就在这两点。如果"舍本逐末"，妄发言论，妄谈复兴，这样我们的民族只有由衰而危，由危而亡矣！

《蒙古前途》（月刊）
南京蒙古前途月刊社
1936 年 30 期
（李倩　整理）

非独蒙古民族之损失，亦中华民国之损失

守 业 撰

世间变化无常，凡生必死，凡存必亡；然死者，自然之推演，人生所不免之常情，其理决然，但有轻有重、有代价有价值之分别而已矣！然普通鸡鸣而起，孳孳为利；徇情徇财而死，斗殴自杀而死，为无代价之死，无价值之死，实轻于鸿毛，诚不足谈牺牲者也。

夫中委兼蒙政会委员尼玛鄂特索尔先生，奉中央命令赴张调查，工作未能完成，却不幸在张北遇匪而殒命。然此次尼先生之受害，是否有何背景，而利用走狗装借土匪之名，阻道行刺，尚未可定。但就一般之推测，在此中国危急存亡，蒙古民旗〔族〕风雨飘摇之际，而中坚领袖，对于狼子野心之施行，利益之图谋，诚有防〔妨〕碍，故为彻通其谋利之途径，而施行此种逆天理之政策，非人道之手段，涂害吾民族中坚领袖，尚有可虑?! 不过如此种种问题，现姑无论矣，惟就先烈尼先生处世之精神，略略谈一谈，而使我们蒙古一般之青年，确实明了尼先生之人为〔为人〕、性情、言语、举动，实应青年所模仿者——故吾青年应效仿先生之精神，效仿先生之为人……使我们意志薄弱之蒙古青年，不致盲人瞎马，陷入歧途！复使民族之危急，更不堪设想！然先生之勇敢、朴实、勤苦、耐劳，亦为现代人士所钦佩者，而先生生平，处理何种事业，含辛服苦，坚忍耐劳，一心一德，贯彻始

终，人所不敢否认之精神；更先生之为人，能伸能屈，能克能忍，而语气刚然，敢作敢为，实吾青年之模范，青年之领袖，惟惜先生不能常常指导我们，永久领导我们，而别世长逝！但先生之牺牲，为国捐躯，为众奋斗，诚光荣之牺牲，有代价之牺牲，有价值之牺牲，实重如泰山。可是对于吾蒙古民族，却受莫大之影响，自内部而言，缺一领导之首；自外部而言，无对待之主体，以致外人之侵略、瓜分、蹂躏、灭种之毒策，更易施行，如此不但蒙古民族被其灭亡，而中华民国之地位，亦极危矣！故吾国最高行政长官蒋院长在先生之追悼会中，亦曾说过：尼委员之牺牲，非独蒙古民族之损失，亦中华民国之损失耳。

《蒙古前途》（月刊）

南京蒙古前途月刊社

1936 年 30 期

（李红权　整理）

对绥境蒙政会设立之意见

武汗泰　撰

国府以民国二十五年一月二十五日命令公布《绥远境内蒙〈古〉各盟旗地方自治政务委员会暂定组织大纲》十五条，并发表正副委员长及委员等十五人。此为中央在蒙古设施第二地方自治委员会是也。至于该会发起经过如何，我们姑且不论，兹就该会设立与我边防是否有办法，这是值的〔得〕我们讨论的一点。在该会公布后，曾有蒙藏委员会委员长黄慕松先生发表谈话，对该蒙政会设立之原因，择其要点有二：（一）系根据绥境各盟官民，纷纷来电请求，据云各王公绝不满意百灵庙蒙会之设立；（二）系根据蒙古各盟旗地大辽阔，交通不便，对自治事务，盖有事倍功半之叹。所以我们就由黄慕松谈话里看来，可知中央当局乃采用划区分治之办法，来推进我蒙古之事务，这是我们非常欢迎的。不过要窥察其时局之演变，更顾虑到百灵庙蒙政会之事务推进，我并不是反对中央之大策，我以为绥远境内蒙政会之设立，对我国边防上，乃有很大之弊害。

一　对百灵庙蒙政会事务之阻进

我们在未讨论到"对百灵庙蒙政会事务〈之〉阻进"以前，我先要回忆百灵庙蒙政会发起之原因。凡关心边疆事情者皆甚明之，自九一八事变后，乃整个的内蒙，已被暴日占据了东蒙，所剩西蒙，亦常为日本窥伺之中。迄至多伦失守以后，西蒙更见危急，若等鉴于中央尚未安定，无力攘外之前，不谋自救办法，则有覆辙东蒙之可能。故我各盟旗官民，抗日心切，惟有在中央领导之下组织蒙古自治政府，为蒙古最高机关，以集中全蒙力量反抗日本之传统满蒙政策，保持蒙古在世界上永久生存，拥护我国国防之巩固。故于民国二十二年六月发起会议于贝勒〔勒〕庙，参加者有锡盟副盟长德穆楚克栋鲁普，乌兰察布盟副盟长沙拉多尔济，哲里木盟之关翼青、韩凤林等，卓索图盟之陈绍武等，以及乌盟、土默特旗，亦有很多代表参加，会商办法。"金以团结始能御侮"，并决定锡勒〔林〕郭勒〔勒〕盟、乌兰察布盟、伊克昭盟、土默特旗察哈尔部联合组织自治政府，直辖中央。以至其后亦有多次之会议，参加者较前逐渐增多。最显著者，如开第一、二次自治正式会议时，除在贝勒〔勒〕庙开发起会议所参加者外，又有蒙古驻平、驻京各办事代表，以及乌盟盟长云端旺楚克，西公旗扎萨克石拉布多尔济（就是西公旗纠纷中的石王），各盟旗至少皆有代表一人，共计出席人数有八九十。迄至民国二十三年二月二十八日，呈请中央再度的审查后，始公布命令设立，定名为"内蒙古各盟旗自治政务委员会"，规定自治原则八条，且命令云端旺楚克为委员长，沙克都尔扎布及索诺木喇布坦为副委员长，阿拉坦鄂齐尔、荣祥、潘王（以上四委员皆为今之绥境蒙政会委员），德王等为委员，这也是中央的命令。并且在自治原则第一条"蒙古地方自治政务委员会直隶于行政院，总理全内蒙各盟旗政务……"等语。总上事实，很可证明百灵庙蒙政会，乃是得之整个内蒙人民的同意，组织成整个内蒙最高机关，就是说再不能有相对立地位的蒙政会设立。因为在自治原则第一条内明文规定了，盖蒙政会乃有总理内蒙各盟旗之政务也。然迄今将近三载，虽无理想的成绩发现，而实在的推察起来很有长腿的进步，这是我们人人可看到的，勿待我举例以明之，这也可说是我们应该乐观的地方。然而现在忽有"绥境蒙政会"之出现，这真是一件惊人的事，同时也最使我们一般关心蒙事的人以及一般蒙民之悲叹。我们知道，绥境蒙政会之设立，无疑的与百灵庙蒙政会是有不可解的冲突，这是事实，我们不应该瞒瞒藏藏的了，尤其在蒙古目前所处之危险，乃是如何的紧急呢。所以我们现在应该"头痛医头，脚痛医脚"，确确实实的解除我蒙古之危险，保持我国领土之完整，巩固我国之国防。我以为巩固百灵庙蒙政会，加强百灵庙蒙政会之实力，作一致之抵抗，而不应该施行划区分治政策。我认为这样的才是高明的办法，真正救亡图存的步骤。我们定神的想，整个蒙古力量来解除目前的危险犹有不足之处，而现在分成两个蒙古，这不是人家不亡，而我们自己亡吗？

二　在日本侵略下的危险

我们用手切一枝铅笔与切一捆铅笔，当然是一枝铅笔容易断了，一捆铅笔不容易断了，这是我们日常生活中的一个简单例证。那么我们在蒙古施行划区分治政策，固然是可以免去事倍功半之叹；而在蒙古目前的危险中，是否顾虑到日本满蒙政策之阴谋呢？自"九一八"事变后，日本之满蒙政策已实现了整个的"满"与一部分"蒙"了。若我们不划其大策，一味守株待兔，等待最后关头，这不但是薄弱的蒙古，日趋危急，就是整个的中国也难保不沦亡。自去秋以后，北方形势，日趋危岌，俎案上之蒙古，尤为紧张。在漩涡中的蒙古政委会，终日期望着中央下最后决心，拯救这千钧一发的蒙古，以免我国受唇亡齿寒的危险。而我中央始终待着"最后关头"、"绝望时期"，对我蒙古始终没有个具体办法。然而危势岌岌，蒙古政务会始终抱着拥护国家，忠诚不贰之决心，延绥目前危机，敬候中央安定大策，乃作一致之抵抗。不幸中央于二十五日公布"绥境蒙政会"之设立，无疑的划分蒙古，减轻蒙古势力，使百灵庙蒙政会受一当头棒击，将整个的蒙古遂分为二，把原有"金以团结，始能御侮"的主旨，而今分为"不共戴天"、"两方对立"的形势。这安能不使维护国家、爱惜民族的人伤志呢？岂能不使虎视眈眈的日本垂涎三尺呢？况日本的政策，我们一向明了的，不是用"以华灭华"政策，分割我国土地吗？那么现在将蒙古自动的分为二部分，岂不是人家不亡，我们自亡吗？在朝鲜亡国时，不是因内部分歧，结果亡于日本吗？这是历史的铁证，所以我们在蒙古施行划区分治，真有覆辙朝鲜之可能啊！

　　总之，我们在国家危殆之秋，为保其领土之完整，免去敌人之蚕食鲸吞，绝不容苟安之办法。应作全盘的打算，不应听取那般昏庸无智的王公们的私见，更不应采纳那般甘心亡国的青年们的话，他们纯粹是解决个人饭碗问题，来鼓动起了这个不利国防的绥境蒙政会。兹就笔者所知道的……等人，他们曾找事于百灵庙，结果不得最高欲望而归，因此才有这件事之发生啊。所以我希望中央当局，对这般倒〔捣〕乱分子应该加以慎重，以免伤国耻民也。

《蒙古前途》（月刊）

南京蒙古前途月刊社

1936 年 30 期

（刘姝林　整理）

绥境各盟旗设自治政委会

转载《北平晨报》社评

作者不详

吾人相信，今日自中央当局以至于地方长官凡有保全国土之责者，除非奴性十足，自外生成，决不至于拍卖国土。顾不拍卖国土，不得便谓已尽其责也。必当进而谋所以保全之道，如何而可以防止人之侵夺，如何而可以拒绝人之占据，俾不至为人所整个的鲸吞，零碎的蚕食，而后始不辜负人民之委托，而无愧于国家民族也。

夫人之窥伺我国土也，或整个的，或零碎的，或以武力侵略，或以政治分割，其方式不同，其手段各别，而其最后之目的，根本之方针，则无以异也。是故我之防止国土被人窥伺也，亦当从各方面谋应付之策，以整个来者应如何对付，以零碎来者应如何防御，用武力侵略当如何抵抗，用政治分割当如何保全，或周旋于疆场，或折冲于坛坫，虽其方式不妨各别，手段无须相同，而最后之目的，根本之方针，乃在于保全国土则一也。信如是也，而后始足与言保全国土，而国土之是否终克保全，尚犹有待于努力，任何人均不敢自信其必能保全，特可以"虽败犹荣"四字，告无罪于国家民族而已。

设或不然，人有一贯之方针，不变之宗旨，而我则临事周章，随机肆应，言政策则纸面文章，仅煌煌足以倾听，言宗旨则口头标语，仅娓娓足以动人。及至事到临头，乃手忙脚乱，肆应无方，心慌胆馁，周族〔旋〕无术。人之以整个来者，我即以整个奉送，人之以零碎来者，我即以零碎赠与，对武力侵略则弃地，对政治分割则委土，而犹号于全国人士之前曰：此在不脱离中央原则之下谋解决也。是勿宁肉袒自缚，牵羊担酒，冀求人之一睐，犹为一慷慨痛快之举，且可使人民获得一深刻之印象，俾其作湔雪之教训，不致如昔日从醉生梦死中丧其国而不觉也。

吾人以为当局历次宣言，辄谓在可以容忍时，必容忍以求和平，若不得已，亦必不惜作最后之牺牲，其言颇觉空泛，尝令人有不落边际之感。盖容忍之限度与不得已之阐释，均随主观之见解而不同，在我能容忍者，人或不能容忍，在我视为得已者，人或早视为不得已，非科学上词典中对此二语有客观之条件，与正当之解释也。然而吾人犹欲引此二语聊以自慰者，则当局于声明此二语之前，尚有一先决条件，即所谓容忍，必在于保全国家领土，维持国家独立与行政完整之前提下，而所谓不得已，亦即在不能保全国家领土，不能维持国家独立与行政完整之前提下是已。然而检讨过去，悬想未来，吾人实不胜其国土日益蹙，国权日益削，民族无噍类日益近之感矣。

吾人非黩武派，非好战者，更非有仇于某国，有亲于某洲。吾人所要求者，为国家领土之完整，与国家生命之保存，他非所望也。虽然，人之于我领土也，或蚕食，或鲸吞，今日割一省，明日据数县，合全中国而计之，为省仅有二十八，为县亦不及二千，不必待十年，几何而不尽丧其土也。即不然，人之于我国之生命，必不欲其苟存，扼其吭而击其脑，毁其手足，残其肢体，假亲善之美名而实行侵略，唱提携之高调而企图独占。譬之于人，虽有状〔壮〕健之躯体，充沛之气力，亦不胜其敲精吸髓，取剥削而必索之于枯鱼之肆也。吾人想当局决不至于卖国，然而如何足以保全领土，则中央与地方，似皆未为全盘之打算，整个之检讨，此征于绥省各盟旗自治政委会之设立，使吾人悲感交集者也。

《蒙古前途》（月刊）

南京蒙古前途月刊社

1936 年 30 期

（李红菊　整理）

所望于绥境新蒙政会者

巴占元　撰

近来内蒙事件纷纭，异闻重生，帝国主义者乘机从中另造是非，以惑国人。而一般新闻界更盲从符〔附〕和，得一闻而创三说，颠倒是非，失其新闻之效用，所载事件自相矛盾，昨事〔是〕今非，使国人不明真伪，多起怀疑心理。而关心蒙事者，更忧虑终日，坐卧不安，以为蒙古之生命至此绝矣！遂生出种种悲观之感想与消极之行为，甚至大骂其执政当局，放任不管，故意断送蒙古民族之生命。岂不知帝国主义者，乘此良机，假造事实，恐吓人心。其实蒙古之实际情形，不像如是简单，例如前月轰动一时之内蒙独立谣言，究成事实否？我们由一件事可以推知百件事，皆是这样，所以我以为现在新闻纸上所载之事，只能看而不能信，而我蒙古同胞对于本身一切问题，皆应以自己之头脑详加考虑，万不可盲从符〔附〕和。就此次绥境新蒙政会成立而论，有人谓伊盟为对付百灵庙蒙政会起见，所以另组自治会，以作对付之机关，或谓乃受绥省主席傅作义之愚弄，而使脱离蒙政会，甚至有人说，此会完全是为对付德王而设立的……这种谬见，当然不足我们一笑。绥境蒙政会之成立，当然有其不得已之形势，他的方策虽然不同，但是目的即是一样，绝不至如前面的那样幼稚单纯。绥境所以要组织自治会，确有重大之义意在，我们由他发表出来的宣言，可以看出他的目的所在。宣言云："绥境各盟旗，北控外蒙，南邻晋、陕。当此陕北共党企图北窜打通国际路线，而外蒙赤化又时时活动之秋，以各盟旗地域之辽阔，居民之散漫，毡幕相距，动辄数十百里，移从无定，稽查维艰，非就其固有组织，加以严密之联络，不足以防止赤色之宣传，非使利害相同之各盟旗团结一致，加强力量，不足以阻遏共匪之侵扰。为适应斯种需要，业经中央明令成立本会，仰承中央寄托之重，复受蒙众拥护之诚，誓当本斯意旨，于睦邻防共方策之下，提高蒙民生活，发展蒙旗文化，以及一切经济建设，借图增厚实力，向防共之目标努力迈进，用期勿负使命，巩固边防。谨此宣言。"由宣言之内容，可得知其真正目的所在，所以此项新会之成立，实值得吾人可幸可庆之事耳。

值此新蒙政会诞生之期，凡我蒙古人士，均应表示祝贺之举，而一般知识青年，更不应默无一言。因此作者念及于此，故不揣冒昧，愿将管见之得，贡献于大会，以作祝贺之礼。自从这个消息打动了我的耳鼓之后，脑子中即刻便起了一个感应，随着便生出一个矛盾的感想，即是一方面以喜，一方面以惧。在喜的方面，感到久为思想完〔顽〕固的王公们，在此内忧外患交相侵凌之今日，而能骤然自动组织自卫团体，解除危难，巩固国防，我想无论蒙境人士，或内外国人，闻此消息后，靡不怀抱绝大之希望与非常之兴奋。就蒙古本身言之，在频遭日俄帝国主义者积极窥进，复遭"赤匪"北犯之际，而能齐聚绥境各王公、扎萨克等共聚一堂，商讨自救大计，组织自治政会，共谋解危方策，亦可谓难能可贵之事矣！所以闻此消息后，令我即刻喜出望外。可是在这喜乐之中，而又含着无限之恐惧。我每每想到蒙民自治，实在使我有点寒心，再想到蒙古王公自治，更使我不由的战战兢兢发抖起来。那么，我不愿意蒙古自治吗？或是我不喜欢王公自治吗？不是，我绝不是不愿自治，更不是不赞成王公自治。我想在这二十世纪的今日，只要是有血性的人类，没有一个是愿作被治者，再明显一点说，没有一个愿作他人的奴隶。我既然是人类之一，更是蒙古青年知识界一分子，何能例外呢？我所以要说这句得罪人的话，实在是由于内心的发动，不得不吐出口来。那么现在我就要发一个问题了，蒙古人要求了自治，是不是要自己治理自己呢？我想个个人听到会答覆一声"那是当然的"答案，不过我又要问了，自己的知识程度究竟够应付所处的环境否？恐怕没有一个人能痛快伶俐〔淋漓〕的答覆出来，尤其是这次绥境的自治，我更觉得上面问题的不能解决。这倒不是我故意危言惑众，或轻视王公，实在是有事实的不能解决。我们平心静气地想一下，绥境蒙古王公们究竟觉悟到什么程度？再很公正的判断一下，绥境蒙古王公们所接受的新知识、新学问，是否够应付这尖锐的环境？我想更没有一个人敢说他的知识是够了能应付了。既然自己无术应付环境，当然要聘任外人辅理，既请外人治理，何以又要加个"自治"的名词呢？不过在这自身才力差缺之时而要求了自治，也有我们补救的办法，这个补救的办法也可以说是作者对于新蒙政会的希望。

在新蒙政会成立之时，正是蒙古形势日非，蒙政会（百灵庙蒙政会）多难之秋。在这种时事转变之时，偶然产生出一个另外的自治会来，当然是免不了国人的注意与怀疑，所以直到今天，谣言还未消杀。不过那种无稽的谣言，当然不值得识者一笑，但是总希望新蒙政会，不要受着他人之挑驳〔拨〕，真蹈入谣言之途，到了那时，我们民族的生命前途，就可想而知了。所以在这新政会草创之期，务须要顾虑到这一点，否则，一失足便成千古恨了。所以我唯一的希望，便是新蒙政会绝对要拥护自治统一与保持精诚合作，在这种形势日非，朝不保夕的情况之下，只有"精诚团结"是我们唯一的自救办法。就是本着这样办法作去，惟恐蹈入灭亡之路，那么，更能允许分离吗？所以这是万万不能作的举动。前几日我在《大公报》上曾经见到一段较为合理的评论，其见解即"绥境蒙古公王因见到日本帝国主义者，积极诱感〔惑〕蒙政会（百灵庙蒙政会）入其掌握之举，又感到蒙政会实力差缺，达不到当地之建设，故一面为防免西蒙再入东蒙覆辙之惨状与分工合作起见，有另组自治政委会分区治理之必要，所以要求中央允许另组自治政委会"，他这种见解，我以为是最合理的，的的确确是这样，毫无讳言。不过虽然在形式上应当分区自治，但是在内心里绝不能存分离之心理。现在虽然因了环境以及其他种种原故，不得不如是，而将来要按照我们前年内蒙自治之原则做去，本来在内蒙自治政委会总则第一、二两款规定"内蒙自治政府总览内蒙各盟、部、旗之治权——内蒙自治政府，以原有之内蒙各盟、部、旗之领域，为统辖范围"，照这样规定，当然不能再有第二个独立机关存在。然而现在的绥境自治政委会，岂不是违背它的总则吗？前面说过，乃是为了不得已，所以暂时行分区自治，而我们将来仍要保持我们的整个性，所以我们心理上万不能脱离关系，更不可互相嫉妒〔宝〕才是。

还有一点希望绥境蒙〈政〉会注意的，就是不可与百灵庙蒙政会互相仇视，晦怨他存心不良。我想只要是一个蒙古人，绝不愿使它灭亡，换句话说，决不愿意断送他们的后代子孙。就这次百灵庙蒙政会说吧，有许多人说它是愿意投日，换句话说，它愿意将蒙古出卖于日本。然而我们要考虑一下，究竟是不是这样，恐怕绝不会的，它所以亲日恐怕也是为应付环境吧！或者有愿意投日的分子，也恐怕是那些少数盲目的完〔顽〕固公王，和那般观念错误的青年吧！至于多数觉悟的主脑人士，恐怕不至于如此吧！前日百灵庙教导队变动外出的事实即是一个很明显的例子，由此可以看出百灵庙蒙政会绝不是甘心亲日，实在是由环境的不许可所如此。所以我希望绥境蒙〈政〉会要谅解它、感化它，不应袖手看他们下落。

除掉上面两种希望以外，对于自己之任务——建设当地与防御"赤匪"等事还要特别注意，万不可作出那种说人道人不如人的事来。的确，要想马上作出一种"一鸣惊人"的事业，实在是一件难事，这倒并不是说蒙古人无能，实在是由于种种的困难所致。因此所希望的也不是马上就要作成一个最文明最完备的民族，至少要名符其实，合乎自治之原理。再明白一点说，至少要比百灵庙蒙政会办的有成绩，这是最重要的一点。不过一件事情在未作以前，总觉得容易，及至实际去作时才感到困难，语云"书到用时方恨少，事非经过不知难"，这句话说的最为合理。上句"书"字正好比我们的智识能力，在未用到我们智识能力时，则不明自己之学识究竟达到如何程度，及至用到时，才感到缺乏。这次绥境蒙政会正好比这样，未成立时看到百灵庙蒙政会能力薄弱作事无进步，可是自己去作时才感到内中酸甜苦辣的味道，换言之才感觉到人才的缺乏与事的难为，所以我希望绥境蒙政会在可能范围内用人不可分界限，总之以人才作标准。我们要求自治，其目的为解除人民之痛苦，并非以"自治"作招牌，而安逸少数之执政人，所以我们以治事着眼，不要以人着眼，在可能范围内尽量运用人才，积极建设我们的一切事宜，如教育、实业、军事、卫生等。对于防"共匪"一节尤应急速彻底办理防御事项，以完成我们成立自治之目的。

综上言之，所希望的不外两点，在消极方面的就是要拥护自治统一，即必须要精成〔诚〕团结。在这样虎视鹰瞵危机四伏的情况之下只有团结一致共御外侮，才可以解除危难。形式上虽然是分治，而实际上必须要共同合作共挽危局，确实地做到精诚团结的地步，万不可作"貌合神离"的形式结合。中国有句俗话说的好，"一家不和外人欺"，我们既然一个祖宗的子孙，当然是一家人，既是这样，那种各怀戒心，同床异梦的事当然不许存在。在积极方面，将自己之任务确实地负起责来，在短时期内能够收到最大之效力，才不致使国人失望。

《蒙古前途》（月刊）

南京蒙古前途月刊社

1936 年 31、32 期合刊

（朱宪　整理）

蒙古青年觉悟吧

麟瑞　撰

　　沉睡的同胞们！现在时候已经到了，把那死气沉沉的现像去掉，整整衣冠，抖抖精神，鼓起大无畏的精神干吧？现在翘首望望，阿国的民族，他虽是个弱小的国家，但是他们的民族精神始终是团结一致的苦干！他是抱着公理，不怕敌人蛮横，不怕敌人坚甲利兵攻击，遇着多少的挫折，多少的风波雨打，永不毁心，经过万死劳瘁，还是不折不挠的斗争，求他们的自由平等。沉睡的蒙古青年同胞们，现今快快起来，仿照阿国民族的那样大无畏的精神，万死不顾的向前奋斗吧！从那枪淋〔林〕弹雨里去找我们的生命，求甜蜜的睡眠生存吧！

　　同胞们欲望求此满足的幸福，必须立定坚毅的意志，海枯石烂，此志不移，我蒙必有复兴之一日。青年同胞们，万不可依赖他人，求人援助，只有表面而无实际，现在看看东蒙，现已被可恨的日帝国主义侵占去，过的一种黑暗生活，快要做它们的奴隶呀，一时一刻得不到自由平等，受着种种刺激痛苦。看现在有人援助我蒙没有，老实的说，没有人援助的，俗语说"吃自己的饭，出自己的汗，自己有事自己干"，据我小小的眼光看来，这三句话的确是不错的，在此时青年同胞们应当想想，为什么受这种耻辱的压迫呢？唉！此是受了以往依赖人的坏习惯，又因我蒙文化落后的关系，社会上蒙人知识分子少，未出社会的青年同胞没有觉悟，所以被帝国主义压迫。在〔再〕看看外蒙早已被俄帝国主义俘虏去，被他们蹂躏不堪，受着种种压迫刺激，不敢出一言，其次在〔再〕看西藏，受英帝国主义的压迫，转回头看看内蒙之情形，亦同样的受恶劣暴贼的强邻公〔瓜〕分，以往我们的老祖遗留下的土地，现已被各帝国主义侵占去，迄令〔今〕我蒙古同胞几乎快到无立足之地，我们蒙古青年同胞思念起这些耻辱来真惭愧到万分了，同胞们，快快觉悟吧！把那朦胧的睡眠〔眼〕睁开和敌人拼一命吧！

《蒙古前途》（月刊）

南京蒙古前途月刊社

1936 年 31、32 期合刊

（朱宪　整理）

精诚团结是自决自治的基本条件

史秉麟　撰

总理遗教《建国大纲》上〔谁〕说："对于国内之弱小民族，政府当扶植之，使之能自决自治，对于国外之侵略强权，政府当抵御之，并同时修改各国条约，以恢复我国际平等、国家独立。"我们国内弱小民族要真正知道自决自治，对国外侵略要能抵御，至少先要作到其最低限度之基本条件。

这个基本条件，就是流行已久的精诚团结四字。但不幸得很，以最近事实看来，所谓自决自治也者，不但这个基本条件未具备，且发生了许多反动现象。我说这话，并非专向黑暗之面的牛角里下工夫，因为冠冕堂皇的话已经让一般大人先生们说的包了庄了，不用在下再狗尾续貂佛头着粪，而况暗者光之始，丑者美之基，此刻不雅之现象，未始非后来美史之材料也！

近日发现一个又肉麻又糊涂的一个文献，那就是云继先等英雄的通电了！通电全文，因未保存，不能照抄，最主要的词句是"庙境日非"。既说"日非"，自非"遽非"，其由来也渐矣。云继先等英雄，听说都是蒙古自治运动中的主要中坚分子，且居蒙政会的相当职位，以服务精神言，不能卸责于德王一人，况据通电称彼等均系忠勤职守者乎！过去二年之久，与德王协力合作，索称融洽，德王如有阴谋，彼等总该与闻，然向无不信任之表示。如谓明知德王有阴谋隐忍姑息而未发，以若辈之富于智慧忠于国家必不如此其沉默也。如谓德王本无可议，不过若辈见绥蒙政会成立，不免生桑梓枌榆之感，故而毅然离开百灵庙，作舍鲍鱼而取熊掌之计，不过这种推测，又太侮辱我们蒙古有为青年矣。无论如何这决不是蒙古自决自治前途之好现象也！

慨自九一八后，日军积极进攻，以期贯彻其预定之侵略计划，窥伺西蒙，无可讳言。而德王大施其依违迎拒之手段、用滑妓〔稽〕之丑技对付强暴，其机心亦足称矣！所谓"大源国"之名号，日方已唆使其御用舆论机关公然发表，先使木已成舟，再取蒙方同意，设德王为私人名利计，当已默而息矣，而仍不甘屈服，声明否认，其勇气尤堪钦佩。故云继先等与德王能合作则合作到底，不能合作或不相容则引而之他未始不可，盖百灵庙的蒙政会及绥远的蒙政会，均在中央统治指导之下，彼此一也，若必加德王以灰色的形容，则大可不必。

弱小民族欲自决自治，其基本条件为内部精诚团结。内部不团结乃灭已〔亡〕之象征，根本谈不到自决自治。日本帝国主义侵略满蒙是公开的政策，但表面上就是唱友助满洲扶助蒙古的甜密〔蜜〕歌曲，但须不反抗他，若有反抗的举动，他立刻就拿出狰狞面孔来制压你。从前意大利对阿比西尼亚总是表示爱惜，希望在他掌中打磨。及一旦反抗，则大军压境枪炮是视矣。

大概身广体胖的饱人，就是可怜面黄肌瘦的饿人，但这饿人要骂饱人一句，那饱人三拳两脚就要饿人的命了！所以饿人想抵抗饱人，自己也得吃的饱饱的充实内力。然则弱小民族的精诚团结，也就等于饿人的吃饱饭！

《蒙古前途》（月刊）

南京蒙古前途月刊社

1936 年 31、32 期合刊

（丁舟　整理）

对绥远问题的认识

作者不详

国家事，现在又到了一个严重关头，这就是绥远问题。据近几天的消息，事态已渐渐严重，由小冲突而至激战。根据各种有关情势推论，其将要发展成为当前国家存亡之重要关头，是不成问题的。

某方人已在声明，说绥远问题是中国内部问题，是中国正式军队与匪军的冲突，与某方无关。这是放狗屁，这不但听的人知道是狗屁，说的人自己也知道是狗屁。中国的事，到现在内政、外交已分不开，"华北"问题是内政呢，是外交呢？"防共"是内政问题呢，是外交问题呢？侵略，就说侵略，不讲理，就说不讲理，才是英雄好汉，何必胡说。

绥远问题是某方绝不肯放松的。我们的见解，日本对华外交，确有其内在的矛盾，军部和外部在对华外交的认识上确有其不同，因此表现为二重外交。大体上是外部主张缓进，且以整个中国为政策的对象，他们看到的是整个中国这个市场。军部则主张急进，他们的对象是华北，想着急急的攫取华北这块大殖民地。而且，外部及所代表的财界，现在所要求的是东亚的安定，由安定中好发展已经取得的东北，充实资本主义的内部。因此外部的态度在对中国亲善以保持这大的整个中国市场，对苏联亦想暂时缓和，以避军防的竞争而支龙〔庞〕大的军费。军部则否。军部要求的是帝国领土的急速扩展，而且认为欲谋既得领土——东北四省——及日帝国的雄霸存在，非逐苏联于亚洲之外不可，为要在对苏战争上取得优势，日本要沿长城线西行，造成对苏联、外蒙的包围阵线，同时并打断中苏的联络。中国问题，可任外部与中国去交涉，华北侵占的国策以外的问题，可任外部与中国去谈判去订条约，但绝不能影响军部在华北的工作，侵略华北已成军部不动的国策。当然我们也要认识，军部也不是反资本主义的，军部与外部及财界只是作法的不同，并无根本矛盾，外部及财界怕军部的蛮干，但只要蛮干能有利，他们也是不反对。

认识了侵略华北，沿长城线向西发展，是日本军部的不动政策，我们便可认识绥远问题的严重，它并不是小问题，并不是中国正式军队与土匪之争。

华北是国家的命脉，东北就是国家的命脉，但是东北已经丢了，华北绝不能再放弃一尺国土。华北的物产极丰富，而且都是国家欲谋复兴时所绝对不可缺少的，中国的煤储量，次于美国及加拿大占世界第三位，但只山西便占去百分之五十二，河北、山东为一大产棉区，内蒙羊毛产量极丰，且可有无限量的发展，华北如再有损失，只华中华南，中国将永不能建立起复兴繁荣的国家，中国将永没有作翻身活动的基础。

这次中日谈判，中国政府的态度已充分表明坚决保守华北的决心，蒋委员长的谈话，更证明这一点。但决心是不够的，认识了日本侵绥是不动的国策，便应拿武力对武力以证明这真的不动的决心。中央现在有两部工作应作：（一）向世界、向日方郑重宣言声明，华北绝不能再让尺土寸地于人，如有人来犯，决以全国国力抗战，不惜以全国为焦土。（二）立调大军北上防御。

寇急矣！这是一个极严重的关头！

《教育短波》（半月刊）

济南教育短波社

1936 年 81 期

（朱宪 整理）

关于苏蒙订立议定书事本部向苏联政府提出二次抗议并公布双方来往文件

作者不详

三月十二日苏联、外蒙订立《军事互助议定书》，四月七日，我国提出第一次抗议，声明不能承认，并不受其拘束。苏方次日答覆，则于领土主权各点，措辞既殊闪烁，而于《奉俄协定》，则谓十三年订立之际，中国无任何抗议，尤属与事实不符。本部接到此项答覆后，即起草第二次抗议，于四月十一日送交驻中国苏联大使馆，除对于苏联确证《中俄协定》仍属有效之一点表示阅悉外，更复层予驳斥，指明其事实上之错误，并郑重申明，我国方面，仍维持第一次去照内所表明之态度。兹将是项来往照会（计三件）之全文，披露如下。

1　中国第一次抗议照会

为照会事：本月二日，准贵大使面交一种文件抄本，称系苏联与外蒙签订之议定书。查民国十三年五月三十一日签订之《中俄解决悬案大纲协定》第五条规定"苏联政府承认外蒙为完全中华民国之一部分，及尊重在该领土内中国之主权"，外蒙系中华民国之一部，任何国家自不能与之缔结任何条约或协定。兹苏联政府不顾其对于中国政府所为之诺言，而擅与外蒙签订上述议定书，此种行为，侵害中国之主权，违反民国十三年《中俄协定》之规定，实无疑义。本部长兹特向贵大使提出严重抗议，并声明苏联政府与外蒙签订议定书，系属违法，中国政府断难承认，并不受其拘束。相应照请贵大使查照转达贵国政府予以满意之答覆为荷。须至照会者。

2 苏方答覆之照会

本月七日贵代办遵奉贵国政府训令，送交本委员长照会抄件，该照会贵方已于同日面交驻华苏联大使鲍格莫洛夫。该照会理由，因苏联政府与"蒙古人民共和国"于本年三月十二日签订议定书，认为侵害中国主权，并抵触一九二四年五月三十一日《中苏协定》，为此南京政府认为得以提起抗议。

兹对于该照会答覆如下：

苏维埃政府对于该照会所载对《苏蒙议定书》之解释，不能同意，且对于中国政府所提抗议，亦不能认为有根据。议定书之签订与议定书内各条款，均无丝毫损害中国主权之处，该议定书并不容许亦不包含苏联共和国对于中国及"蒙古人民共和国"有任何领土之要求。议定书之签订于中国及苏联共和国间及苏联共和国与"蒙古人民共和国"间至今存在之形式的或实际的关系，绝无变更。

苏联于签订互助议定书，认为一九二四年在北京签订之《中苏协定》并无损害，且仍保持其效力。苏维埃政府兹特重行确证上述协定，就苏联方面言，仍保持其效力以及于将来。

至于形式上是否有权与中华民国自治部分签订协定问题，兹仅须提及苏维埃政府曾与东三省政府一九二四年九月二十日在奉天签订协定，此事并未引起中华民国政府之任何抗议，且经其承认该《奉俄协定》与《北京协定》有完全同等之效力。

同时应予以注意者,《苏蒙议定书》,并不反对第三国之利益,因其仅于苏联、"蒙古人民共和国"成为侵略者之牺牲,并不得不防卫自己之领土时,始发生效力。

基于上述理由,苏维埃政府以为不得不拒绝中国政府之抗议,认为并无根据,同时并表示深信中华民国政府必能确信《苏蒙议定书》并不违反《北京协定》且适合于中国人民及蒙古人民之利益也。相应照请贵代办接受本委员长最诚之敬意。

李特维诺夫

中华民国代办使事

3　中国第二次抗议照会

为照会事:关于苏联共和国与外蒙签订互助议定书事,本部长业于四月七日向贵大使递送抗议照会,声明:该议定书之签订,侵犯中国主权,违反民国十三年《中苏协定》,中国政府断难承认。本月九日,准贵大使递到贵国外交委员长致中华民国驻苏联代办照会钞件一份,答覆本部长上述去照。

来照谓"苏维埃政府兹特重行确证上述协定(民国十三年《中苏协定》),就苏联方面言,仍保持其效力以及于将来"。苏联政府于此重行确认外蒙为完全中华民国之一部分,及尊重在该领土内中国之主权,本部长对于苏联政府此项保证,业已阅悉。

惟查苏联政府对于此次苏联与外蒙签订议定书之各项解释,本部长认为并无充分理由,所引民国十三年在奉天所订之《奉俄协定》,尤不能作为先例。

来照谓《奉俄协定》之签订,并未引起中华民国政府之抗议一节,适于事实相反,查该协定在未经该处地方当局呈经中央核准作为《中苏协定》之附件以前，迭经前北京外交部于民国十三年九月二十五日、十月十一日，先后向彼时贵国驻华大使提出抗议，并经中国驻莫斯科外交代表向苏联政府抗议各在案。嗣该协定经中央政府核准，完成法律手续后，始于民国十四年三月间，通知苏联政府，作为民国十三年《中苏协定》之附件。此项事件，原为贵方违反国际惯例之不合法行为，经中国政府予以纠正，固不得援引为贵方有权向中国地方政府签订任何协定之先例。

此次苏联政府与外蒙签订之议定书，侵及中华民国之主权，与民国十三年《中苏协定》根本抵触，中国政府对于该议定书，不得不重申抗议，并维持上次照会内所表明之态度。相应照请贵大使查照，转达贵国政府为荷。须至照会者。

右照会大苏维埃社会主义联邦共和国驻华特命全权大使鲍格莫洛夫。

《外部周刊》
南京外交部情报司
1936 年 110 期
（朱宪　整理）

蒙会事变与解决经过

作者不详

云继先等离庙通电

蒙政会保安处科长云继先①，民治处科长苏鲁岱，教育处科长贾鸿珍，财委会科长任秉钧，参事康济民等，以德王东去，谣诼繁兴，百灵庙方面环境恶劣，仍于本月二十一日联合职员一百余人，率同官兵千余名，离百灵庙，在庙南觅地集中，听候中央及地方当局援助。二十五日云继先等有电致京军政当局，报告离庙情形，兹探志原电如下：（衔略）继先等服务百灵庙蒙政会，二年来矢勤供职，深愿我蒙古在中央领导下，服从德王，增民福利。乃自去冬德王东去不返，庙方环境日非，或谓西苏尼特旗已组织军政府，或谓德王委李守信为军政部长，或谓察北六县改年建号，谣诼繁多，莫衷一是。尤以消息隔绝，既无面晤申白之机会，又无从转达下情，而会中负责者，一切均讳莫如深，甚至有危害生命。继先等不得已，遂同官兵千余人，并联合职员百余人，于二十一日离开百灵庙，在庙南觅地集合，听候中央及地方当局之援助。兹特声明如下：（一）继先等均系南京、北平各大学及军事学

① 后文又作"荣继先"。——整理者注

校毕业之内蒙青年。（二）近因德王情况不明，且消息间〔隔〕绝，感受生命危险而出走，在激于爱国热忱及不背叛国家原则下，无所谓斗争，更无所谓叛变。当出走时，留庙之对方六十余人，彼等对继先等虽横加非礼，但继先等绝不报复，离庙时毫无惊扰，未取分文。经过地方，亦从事约束，秩序如常，可反证继先等之所为，谓之避祸可，谓之爱国反正亦无不可。（三）绥境蒙政会已成立，旧蒙政会职权，当然限于察省之行政区域，至属明显。继先等西蒙青年为多，不应再受旧蒙政会之指挥，故此次脱离，虽情非得已，然亦为泛〔当〕然之处置。诚恐远道传闻失实，或会方横加诬陷，谨布经过，尚希垂察。保安处科长云继先，民治处科长苏鲁岱，教育处科长贾鸿珍，财政委员会科长任秉钧，参事厅参事康济民，率同仁及官佐、士兵千余人同叩。径（二十五日）。

云等离庙经过详情

【归绥通信】德王教导队及旧蒙政会职员中西盟人士，相率离庙，脱离百灵庙事，刻已真相大白。兹就各方调查所得，纪其前后情形如下。

事变起因　旧蒙政会之组织辖境虽广，而实际参加者仅有锡勒〔林〕果勒盟、乌盟之达尔罕旗、土默特旗及察哈尔各旗之一部分，表面上王公与青年合作，熔新旧于一炉，实际上仍由新派所领导。德王为王公中之具有新思想者，故一般新进蒙古青年，皆愿与之合作。蒙古新青年中分子，以土默特人为最多，察哈尔次之，因此两地蒙人开化较早，受新教育者较多，一般新进蒙古青年，此两地人占大多数。百灵庙自治运动之酝酿以及成熟，即以此辈〔辈〕青年为主体，德王为王公中之杰出者，其为人聪明有余，果断不足，易于受人包围。旧蒙会成立之后，德王即逐渐被东盟人士所包围，于是与西盟青年逐渐疏远，因无由接近也。此种现象，去岁初春，已渐明显，又加东盟人士在会中不无作威作福之处，更引起西盟青年之反感。去年蒙谣发生，西蒙青年皆引以为忧，嗣后德王到庙之机会更少，益引起西盟人士疑虑。直至最近，绥境蒙政会成立，而此时德王又不在庙，多由其部下之亲信分子主持一切，彼此误会既深，更易引起冲突，于是西盟青年乃决定脱离德王，俟相当机会即拟出走。

发动经过　二月二十一日夜，西盟青年荣继先、朱实夫、康济民、贾鸿珍等，密谋发动，荣、朱为德王部下之两青年军官，所有德王干部之军校学生，向受荣、朱二人之指挥，此时在庙之新式蒙军在五百人以上，归荣、朱等指挥，旧式蒙军约有二百余人，系德王调各旗士兵加以训练者，皆着蒙古袍，在庙通称"袍子队"。平时士兵枪械，俱存库中，不准使用，故荣等发动时，士兵俱徒手，仅官长有手枪数枝。是夜十一时许，荣等持手枪将所有文武职员手枪缴械，复赚开军械库，将库存新枪五百枝悉数给士兵。其时"袍子队"闻警开枪镇压，因百灵庙河东、河西，极为辽阔，蒙兵又俱散居蒙古包，故深夜枪声四起，亦无目标可寻，荣等所部亦放枪恫吓，同时即相率离庙。庙内大部职员，有在蒙古包中竹战娱乐者，有已入睡者，西盟职员除不愿离庙者外，其余文武共约千人，同于二十三日晨三时许离庙，徒步南向集合。黎明，约行三数十里，庙方"袍子队"乘汽车，架轻便机关枪及迫击炮追出，双方在沙漠中无目的放枪约数十分钟。"袍子队"究系旧式军队，又兼人数过少，卒返庙，荣等乃率队向百灵庙、武川中间之××（地名）退去。恰于此时有绥新长途汽车公司载重汽车数辆，过××拟赴庙，遂为教导队截住，勒令运送彼等至××，是夜荣等即驻××。是日绥方武川驻军已有报告，遂电绥称教导队哗变，此哗变消息之由也来〔来也〕。

事变之后 二十三日荣等一度整饬，乃一方面派代表来绥与绥方及绥境蒙政会接洽，一面即发出通电，向蒋院长、何部长、蒙藏委员会正副委员长报告经过，并表明态度。此项电报二十四日始到绥。二十四日留庙之土默特人士，在旧蒙会服务者，尚有数十人，在庙之德王派，则有敖云章、包悦卿等主持一切，即召集土默特人士开会，敖持手枪站蒙古包门前，痛哭陈述此项之不幸事件，最后逐土默特人士离庙。此等职员之行李、饷项，敖等允于事后发还，即持枪迫令登汽车南行，送至距××不远，汽车返庙，此批人狼狈而返，二十五日始抵绥。荣继先等之代表贾鸿珍抵绥，谒绥省府主席傅作义，表示此举原为反正，请求转呈中央处置，傅已允转达，并令静待复命。贾等定二十六日晋谒绥境蒙政会委员长沙王。

沙王态度 此事发生后，二十五日夜记者特赴绥境蒙政会委员长沙克都尔扎布行辕，访沙王探询意见。其时适副委员长阿勒坦鄂齐尔、潘德恭察布亦在座，记者遂与沙、阿、潘三王会见，谈话结果，三王一致表示如下意见：据称荣继先等通电仅见报载，绥境蒙政会尚未接得正式报告，荣等亦尚无代表来会，故此时对此事详情尚未判明，会中不便作何主张。况且兹事体大，如何处置，将俟全体委员会详为讨论。不过揆诸蒙旗习惯，何旗人民，不论在何处，均须由本旗管辖，不似汉民之随居处而变更。荣等多为土默特人，将先与土默特旗荣（祥）总管商处置办法。其次绥境蒙政会刻在绥开会，系借地址性质，会中一切未定，荣等刻在武川境内驻扎，应由绥省府先为设法。会中亦先向傅主席请示。再就荣等通电内容观之，似欲来归本会，愿受本会指挥，但本会保安处尚未成立，须俟保安处正式成立，负责有人，始可安插，此刻一切俱尚谈不到云。（二十六日）

行政院〈发〉布解决经过

百灵庙蒙政会绥籍官兵，于上月二十一日离庙南下，行政院据报后，电令绥远省主席傅作义，查明实情，秉公处理。顷据傅主席电陈，官兵现均愿服从规定，事变业已圆满解决。行政院特于昨（十一）日发表蒙政会绥籍官兵事变经过，及解决办法如次：百灵庙蒙古地方自治政务委员会科长云继先、朱实夫等，于本年二月二十一日下午二时，率同绥籍官兵五百余员名离庙，由百绥大道向南而去，蒙政会当于是月二十二日电请中央，转令绥远省政府，严行处置。同时绥远方面闻报后，即经派员对该项官兵之行动，严行监视，勿令越轨。该官兵等，并于二十五日由云继先等发出通电，声述离庙经过，略谓自服务蒙政会以来，矢勤供职，甚愿蒙古在中央领导之下，服从德王，增民福利。乃庙方环境日非，不得已特率同官兵于二十一日离庙，在庙南觅地集合，听候中央及地方当局之处置。且绥境蒙政会已成立，先等西蒙青年为多，不应再受旧蒙政会之指挥。此次脱离，实为应然之处置等语。政院方面据报，当决定办法，电令绥远傅主席，查明实情，秉公处理。现据傅主席电覆，对该部处置分三项办法：一、先行解散，并使其即日离开百灵庙南；二、解散后，择优良者改编训练；三、对编余职员，另予安插。顷据武川驻军报称，已于三日开始办理，该部官兵皆愿服从规定，圆满解决等语。此次事变显已告一段落。

《蒙藏旬刊》

中央宣传委员会蒙藏旬刊社

1936 年 113 期

（萨如拉　整理）

绥蒙政会成立经过

作者不详

【绥远二十二日专电】绥境蒙政会定二十三日上午十时在绥市公共会堂开会，正副委员长及各委员宣誓就职，中央电派傅作义监督，阎锡山派徐永昌为代表，来绥指导。徐永昌廿二日晚七时抵绥，绥境蒙政会正副委员长沙、潘、阿三王，委员康、林、额、鄂、奇、噶、石、图八王，荣、孟、达、鄂、巴五总管，代委奇文英全体到站欢迎，傅作义及绥军政长官、地方士绅亦均到站，站内由军警宪戒备，军乐队奏乐。徐下车，由傅介绍与各王公会见，旋徐即在车站接待室接见各王公，寒暄后，徐称阎指导长官本拟亲自来绥，因陕北"剿匪"军事颇吃紧，须在并主持，又因政躬失和，染有微恙，故派本人代表前来，阎指导长官并嘱代候各王公迪吉，当由胡凤山译为蒙语，沙王及全体蒙委同声致谢，徐即赴交通银行行辕休息。当夜傅作义宴徐，邀冯曦、袁庆增、李居义、阎伟、靳瑞萱等作陪，徐在绥不多耽搁，绥境蒙政会成立，与傅作义商谈一切后即返并。

【绥远二十二日专电】绥境蒙政委中公旗札萨克林王，茂明安旗札萨克奇王，二十二日来绥，下午谒沙王，副委员长、乌盟长巴王，因年迈有病，不克来绥，派纳森尔沁为代表，二十二日来绥，出席蒙会。

《蒙藏旬刊》

中央宣传委员会蒙藏旬刊社

1936 年 113 期

（朱宪　整理）

成吉思汗诞辰感言

飞　撰

本月十二日为成吉思汗诞辰，蒙古官民，又将齐集伊金霍洛举行公祭矣，此乃一年一度照例的事体，表面看去，似无若何重大意义，参加致祭者，仅可于仪式完毕后，怡然回家，恬然自处，勿须用甚么心思，想甚么道理；今年之蒙古，环境已非，情势紧迫，危亡涂炭之祸，近在眉睫，已至非用些脑筋，费些气力不行的时期了。

蒙古基本土地，自外蒙分驰，呼伦贝尔隔绝，哲里木、卓索图、昭乌达等盟先后失陷后，所余者只锡林果勒、乌蓝察布、伊克昭等三盟，及察哈尔旗群与宁夏所属之数特别旗而已，若与成吉思汗当年所遗者相较，今日存留，只一角耳，箕裘散丧，祖业败落，为之子孙者，固早有应得之咎矣！

所余者既只一角矣，而这一角之地，亦在飘摇动荡之中，蒙古同胞于致祭祖墓之余，其中心感想，果为何如耶？窃恐必有痛哭流涕，椎心悔恨者，唯徒有悲恨，不过刘炎〔谌〕之流亚耳，绝不能挽救危亡，复兴先业，必须于痛哭之中有所警觉，悔恨之中寓以激励，矫正以往之弱点，重树昔日之声威，能如此方足以言应付蒙古目下之危机。

蒙古之危机，不止一项，在东有敌国之侵攻；在西有共产之窥袭，而蒙地交通，异常阻塞，兼筹并顾，势极困难，故中央鉴此，

乃允设绥境蒙政会，以为防共之实施枢纽，原有之百灵庙蒙政会，
则仍负固有保边重责，所以利其便也，深愿两地长官，于仰体中
央德意之余，脚踏实地，分头努力，此外更依各本身之权责，一
德一心，积极施治，则将来成吉思汗墓前致祭，当有破涕为笑之
日，届时不惟成吉思汗之英灵，得以安慰，即全国同胞亦必一致
景慕不置也。

《蒙藏旬刊》
中央宣传委员会蒙藏旬刊社
1936 年 114 期
（丁冉　整理）

异哉所谓察北事件

补斋　撰

明明是中国国土，可以随便让人来侵占，要问一问他侵占的理由，便发生交涉问题而成为某某"事件"。我不知近代具有独立主权的国家每年发生这样事件有多少？

冀东事件未了，塘沽事件又发生了，塘沽事件未了，同时察北又有事件发生了，发生一次事件，便是令独立主权，完整土地，受了一次损害。照理，土地是国家要素之一，为国民所托命，有人侵我土地，就是害我国家生命，只有积极抵抗，哪里还有其他说法。不然，国家要国防设备，要养国防军人，是留着做什么用？

说起我们中国，真是令人惭愧愤闷，几乎要抬不起头来了。政府任用的官吏，可以倚仗外人力量，盘据二十余县，脱离政府，独立起来，还不够，更要扩张势力范围，侵占铁路。政府因为顾忌着外人竟不能直接的去讨伐，还要以此为交涉事件，一再和人谈判。明明是家里东西，被人抢去了，抢东西的人，既坦然若无事，而被抢的人，还要小心翼翼的向抢东西的人商量，试问这样做人，如何做法？察北六县是不是中华民国的国土？为什么伪国军队，可以自由的来夺取？守土官吏，何以忘记了自己责任，不能去用武力驱逐，何以一定要和人商量？既是商量，一定有讨价还价的关系在内。试问，我们所揭示于全世界，认为非如此不足以维持国家人格的，是不是要牢牢守着"保全国土完整，主权独立"的一个大原则。我们希望此次对于察北事件，负交涉责任的当局，无论如何，不能令上项原则有一点破坏。不但察北事件应该如此，就是冀东事件、塘沽事件，也应该如此。

编者按：据《大晚报》一日北平电讯，李守信部入张北后，察北各县驻蒙保安队事，将自然解决，今后张、库交通或受限止。同时沽源伪军有向蒙绥边境推进消息，是则日伪野心，并不以攫夺察北六县为满足，不知我当局对此欲海难填，步步紧迫的侵略者，作何打算？是不是今日来一回"自然解决"，明日又来一回"自然解决"？

《国讯》（旬刊）

上海国讯书店

1936 年 118 期

（朱宪　整理）

蒙古王公之向心力

斗 撰

自从日本以暴力占据辽、吉、黑、热四省后，为实现他的大陆政策，对于察、绥两境内蒙古王公，无日不在积极拉拢诱惑。近几年来的报纸，已经详尽的揭破了！然而结果怎样？虽是日人惯于造谣，今天说某某王公宣布独立，明天说某某王公态度不稳，但是毕竟事实终能打破谣言，到今天证明那些谣言还是日本人做着的"单相思病"。我们举出一个最显著的例子来说：自从李逆守信强占察北六县后，锡盟处了敌人包围的地位，锡盟负责王公德王，尤为日人威胁利诱的目标，我们国家的力量，暂时既不能达利〔到〕锡盟，而德王处境的困难，这是天下人所当晓得的。然而到今天，德王拥护国家统一及中央的热忱，凡注意边疆问题的人，都可明了的。由这一点，我们可以千真万确的认识，蒙古的王公个个都是忠心爱国的分子！只要我们国家的力量将来能将敌人驱除出去，至于王公的"内向心"，由最近几年艰苦环境中的证明，是不成问题的。"多难可以兴邦"，这正是国内民族精诚团结的一个试金石！

《蒙藏旬刊》

中央宣传委员会蒙藏旬刊社

1936 年 118 期

（朱宪 整理）

有志气的十位新娘

飞　撰

本月三日报载包头通讯一则，谓河北移民协会移民三百三十一名由平抵包，即将赴五原垦区从事耕作。又择配河北村农民之北平救济院成年院女十名亦同车来包云。该市新闻记者曾往访谈，兹录十位新娘亲口所谈赴西北农村之志愿如下："我们对都市繁华无所顾恋，惟希得一自力更生之机会，以期各人生活有归宿，对社会有供献。我们对西北之贫瘠及农村生活之吃苦，绝无畏心，但期精神生活有所寄托，则幸甚矣。"这篇通信阅竟后，不禁欣然而喜，盖救济院女虽间有因特殊情形而入内者，其余均为行为浪漫，防害风化，且未能渡其正常生活者，或为官厅发现而强迫送入，或以翻然悔悟而自行投往，总而言之，并非守分安命之辈，此语绝非妄自臆测，笔者曾经调查过数大都市之救济院，治〔故〕敢作此肯定之词也。

她们虽然多非守身安命之辈，居然有此等志愿，与此次事实的表现，这不能不说是民族前途之福，因为她们生活在淫靡的环境中，以享受为本心，以奢侈为志愿，乃社会中堕落的分子，不良的原素，只要能够守分安命，不作轨外行动，免去过分希求，已然难得而可庆幸矣，今竟不留恋繁华都市，愿赴艰苦农村，以求精神生活有所寄托，这种自力更生的精神，不但出乎我们意料，且已超越我们期望了。

在此民族意识日趋薄弱，各级民众罔知振奋之时，她们竟自勇敢的，坚毅的，超越吾人期望的，作那自力更生的工作去了，安度都市靡乱生活的妇女们，其亦有所动于中乎？

现在我国，内则灾祸频仍，外有强敌压境，不急努力，已难复生，是以这十位肯于努力的新娘，是值得崇拜的，希望国内各级民众，急起直追，同走这条唯一无二的道路吧！

《蒙藏旬刊》

中央宣传委员会蒙藏旬刊社

1936 年 118 期

（丁冉　整理）

冀察交涉中的悬决问题

——三个中心问题

杨公怀　撰

沉寂已久的冀察交涉，自华北日驻屯军特务机关长松室孝良及参谋长永见俊德先后莅津，华北各地的日武官都到津会谈，冀察政委长宋哲元、平市长萧振瀛和津市长秦德纯，亦云集津门，在宾主交欢之后，将开始谈商冀察一切悬案。吾人对冀察交涉的重开，虽没有过高的期望与估计，但总希冀衔命赴津的宋、秦等一行人，在不丧权、不辱国的原则下，折冲一下，以求冀察局势的新开展！现在姑把冀察交涉中久悬未决的三个中心问题，提出说明，以促当局及人民的注意。

甲、冀察"共同防共"问题

目前冀察交涉中，日方最着重的，当然是"共同防共"一点，这原是广田三原则最重要的一环。我们还记得有田归国时曾发表过一篇对华外交的谈话，认为不必拘泥于三原则的意义，想用分割的方式来诱迫我们承认。"共同防共"，便是首先要我们承认的一个原则。赅括的说，就是要把华北日本的军事势力，扩展到防共区域范围内去。他们要在日俄关系紧张时，利用了防共的口号，使我们的物产供其给养，我们的人民供其驱策和牺牲。否则，我们的政府，不正在"围剿"山西的"共匪"，使其不致延及冀察吗？我们的华北当局，不是一再表示冀察防共早有严密布置，毋庸越俎代庖吗？这纯粹是我国内政问题，为甚么要人家代抱杞忧呢？山西"剿匪"军事的着着胜利事实，为什么我们的"友邦"对防共一点，还不肯尊重我国的主权，等我们来独当一面呢？此中隐情，昭然若揭。深望我们的华北当局，应审慎利害关系，把"共同防共"的无理要求，予以拒绝，无负"剿匪"将士热血、头颅所造成的事迹。不要给他们一阵威吓，一阵迷汤，就去钻人家的圈套呀！

乙、察北六县交还问题

日人为完成其对俄防御线和伸其势力于察、绥两省，所以去年怂恿伪军李守信部进据察北六县，不但张、库的交通线被切断了，一旦有事，还可阻遏俄军的东下，它在军事上是占着一个怎样重要的地位呀！经我地方当局和日驻张垣军事联络员大本一再交涉，但结果还是一无成就。现在，更牵涉到绥、察防共问题，他们就以张北六县为中心，大肆活动，一面使卓世海长伪监察公署，以把握各旗王公，一面包围德王劝组伪蒙古国。此种举动的主要目的，是企图以东蒙制西蒙，以内蒙制外蒙，于不废一兵一卒的原则下，使察、绥脱离中国版图而独立。在这蒙满风云危急的当儿，自然是他们更不肯放松一步了。所以日方曾鲜明的表示过，为防共的关系，察北六县的伪军更不能轻易撤退了，并有准备扩军的企图。这六县的归还问题，当然也是目前冀察交涉中的一重难关呀！

丙、冀东伪府取消问题

去年"冀东防共自治委员会"的出现，就是"友邦"使华北脱离中国的初步成功。殷逆在某方的掩护下，窃据了滦、榆、蓟、密等县，大做其傀儡戏。现在，冀东伪政府的财政问题，在劫持关、监〔盐〕两税之后，已渐趋稳定。日方因欲交换"中日共同防共"，曾表示可以使殷逆办理结束。另据外报记者到通县调查的结果，谓冀东伪组织在土肥原未返日前，确曾有办理结束，恢复蓟密、滦榆两区专员公署原来组织的传说，比经殷逆飞津和日司令多田骏酬酢后，上项的传说，又成过去的陈迹了。就现状而论，冀东伪组织的撤销，和事实当有相当距离，其困难决不是仅在殷汝耕个人的处置问题。这次冀察交涉中，是否有新的进展，要看宋哲元等的努力而定了。

总之，今日的冀察已在一个特殊环境之下，要望上列三问题都有圆满的解决，非仅用外交的理论促日军部的反省所可见效的，冀察外交悬案的解决，当有待于外交以外多方面的努力。我们现在不须要"空名"，而要尚"实在"，这是华北当局者在折冲坛坫时，所该深切了解的。

《国讯》（旬刊）
上海国讯书店
1936 年 128 期
（朱岩　整理）

由竞争生存说到组织绥远之农民

体凡　撰

宇宙间有很多的生物生存着，上自多细胞而为万物之灵的人类，以至单细胞目不能视的细菌，究竟这许多生物为什么要生存？这是一个很有趣味的问题。现在我们暂不管其他生物为什么要生存，只来谈谈我们人生存的意义。普通一般人的意思，以为生存就是整天起来奔奔忙忙，为着自己的衣食住求得安全舒适。其实这不能算为生存，只不过是生活的一种极笨挫〔拙〕的方法罢了。生活的高明办法也得不勉强求生活，而须问过良心：这良心上无愧的生活方式，普通人是难于做到的。惟欲生存，根本不能不想法求生活，若无生活，生存便无由谈起。反过来说，要是不能生存，生活是更无依据的了。那么生存及生活，其区别为何？这得清晰的解释一下，生存只〔至〕少包含三种意义，这意义也就是我们为什么要生存着，一是适应环境，二是抵抗环境，三是改造环境，这三意义综合起来说，就是英国大生物家达尔文所说的竞争生存。这里得弄清楚，上面不是说：这意义——竞争生存——也就是我们为什么要生存着，但不是要与他部人类格斗横杀，只不过是使我们这一个国土上的民族能自己保卫自己生命财产的安全，不为他人侵害罢了，究其实，"竞争"二字是含有极大的牺牲性在内啊！生活则仅是生存中一个极微细的项目，绝不含有竞争的意义在内。有人或说：常看见这一商家与那一商家，张贴广告，争相贱卖，以获巨利，那还不是为着生活竞争吗？这话在表面看去，似乎很对，若要往骨子里看，是大谬不然的，因为他们这些竞争是受了人类竞争的影响，说的具体些就是受了帝国主义的经济力量压迫！其他如我国农产品之价格涨落，也是受了这种外力的紧束。另一方面来说，生活是属于每个人的，生存则是整个民族的。这话说来好像不着边际；其实不然，我们可以举出一些例子来说明。譬如在目前的芸芸众生，都是各自顾着自己的衣食住的安全，他人的衣食住怎样便不理会，虽然一个人在无房可住、无衣可穿、无饭可食的时候，也常引起一部分人怜悯的同情心；那也不过是一时的感情，长久是不可能的，实在，人的生活不该长久赖人，国〔因〕为是可以影响到民族生存的。

生存则不然，非使万象一心，集中力量、资财，团结成一个"铁蛋"硬的团体，来求生存不可；如某国人想吞并我们全领土，灭亡我〔我〕们全民族，就得用我们整个国家的力量、全民族的意志，来求我们民族、国家、生命、财产的存在兴〔与〕安全，就是一个浅显易明的铁证。这样看来，生活的目的是每个人各自求得衣食住的安全；生存的最大目的则在求整个民族的存在、国家的强盛等等的意义在内，有时尚含有侵占他人土地财产之举——某方侵迫我国，或有这点意义，由他的理由中可以看出，这么一来，便不是二〔一〕个人的力量所可做到的。生存既然包括着这么复杂的意义，不是漫无组织、缺乏智识的农民大众可达佳境，望其成功，尤其在今日国防第一线的绥远农民，所以，我们打算保守这块肥沃的土地仍归我们所有，继续遗传子孙，就得力谋速图绥远农民的组织，方可奏效。至于组织的办法，首先须依照我省当局训练农民，使他们——农民大众——知道生存之真谛，也就是让我们昏头昏脑的农民们，懂得非经过艰险的斗争不足以生存在世界上，对农民个人也更是不能生活的！农民们能够来〔保〕

了解这一层，当然要奋发努力，不惜牺牲，守这块天富之壤，希望继续在这上面生存，求谋各自生活。不过在目前危机四伏的我省，消极的训练农民，是不容缓的了，是得有军事智识的人，或受过其他教育的人，及已经训练过的农民，时常把绥远的危险，敌人的诡作〔诈〕厉害，生存的要义，生活的谋求，讲说于农民，待相当时期，就可在一个有本领的领导者之下，组织起广大抗敌团体，来共谋生存，求得活命——这样，绥远方不致沦陷的啊！

《绥远农村周刊》
归绥绥远农村周刊社
1936 年 131、134 期
（李红权　整理）

应该重视的察、绥问题

卫玉　撰

　　我个人觉得吾国近年来物质建设方面，政治改进方面，在这样内外交迫的时期有此成就，不能算不努力不进步了。但是再看一看人的方面，就是民族精神方面，实在不敢十分乐观。别的不提，就把近来中日交涉情形来说吧！在八月二十三日以后，盛传中日交涉濒于破裂的时候，一般人尤其东南都市方面的人，惶惶焉急急焉，若大难之临头，奔走相告的说："时局紧张，形势严重。"有的谋地方之维持，有的谋个人之安全，有的为事业谋安全之计，有的为国家作生存之想。姑不论他们为私为公，一时的情绪，总是十分兴奋，极度紧张。等到消息传来，中日问题，尤未到和平绝望时期，大家就欣欣然的说："时局缓和了！不至发生战事了！"安居乐业，淡然若忘。这样苟安旦夕、得过且过的心理是吾们做国民的，万万要不得的。现在幸而只有一部分人存此心理，假使大部人存此心理，民族的前途，还有什么希望呢？而况时局并没有缓和，时机还是很危急呢！中华民国是整个的，决不能看了东南就忘了西北，亦决不会西北危险而东南无事的。请大家注意最近的绥远问题呀！

　　日方并吞满蒙数十年来，处心积虑，志在必得。自"九一八"后，加紧进行，未尝有一日之松懈，所以察、绥之危急，不自今日始，不过今日已到了最高峰罢了。他们惯用声东击西的诡计，移转各方目标，同时他们看透了吾们苟安因循的心理，用蚕食的方法，于外交拖延的空隙里造成侵占的事实，用不着武力，用不着订约。这种不战而胜、不劳而获的便宜，他们已占的太多了，现在当然还要用这套把戏，除非吾们当机立断，迎头痛击，所以对吾中央仍旧虚与委蛇，缓和空气，而在察北、绥东，则积极进攻。这几天不是天天看见多伦方面运到大批军火，某方飞机不时飞往观察，傀儡德王训练蒙兵，王英匪部图犯绥东，伪匪三路进攻绥境……等消息吗？一年以前本刊就大声疾呼说德王之不可靠，察、绥之急急可危，可惜人微言轻，不足动当局之听与国人之重视。现在明明白白，绥东情势，比"九一八"前沈阳尤紧，但是吾们只见中央注意调整以往之国交，未闻遏止未来之萌蘖，国民只知东南一角状态之转变，而忽视西北重镇之危机。上下果真如所疑的近视颟顸，不久之将来，察、绥版图又要变色（不一定有形侵占），而中华民国所存之主权领土，亦几稀了。吾们绝对信任政府"决不签订任何侵害领土主权的协定"，尤其希望"绝不容忍任何侵害领土主权的事实"。

二五，十，十六

《国讯》（周刊）
上海国讯书店
1936 年 144 期
（李红菊　整理）

日俄蒙关系之透视

杜久 撰

一 前言

这一片荒凉的沙漠，自古以来，不知演了多少奇景。匈奴这一族曾给咱们中朝无数的威胁，也曾以少数的他们统治了多数的我们，几达百年之久。成吉思汗带领着善骑善射的健儿驰骋于欧亚大陆，匈牙利人就是他们的后裔，欧洲人谈虎色变的"黄祸"，正显出蒙古利亚在当时给他们的印象是如何的深切！无疑地，蒙古是个神秘之土，它有潜在的力，当爆发的时候，地球的一半受了震动。自从满清入关以后，你强，我更强，他们原是隔壁邻舍，大家的性子谁也不能瞒过谁。狡猾的满清朝廷便以"喇嘛政策"把又高又大的蒙古哥儿羁束的像只驯羊，这多事的"大戈壁"便成了一面大镜子，当天色蔚蓝的时候，贩卖皮货、茶叶的商人骑着骆驼成队地前进，一座一座的蒙古包出现于青绿的草原，还有牛群羊群和巡视牲口的马队，都是静静的，安闲的，没有一些波浪，隔绝了烽火连年的中原。但是北面的俄罗斯和东面的日本，互相在膨胀，伸展其势力，渐渐地在满洲地带相接触，激起了火拼，这是一九〇四至一九〇五年的战争。自后，满洲是在日本的支配之下了，前哨战移到满蒙之间了。两百多年来平静无事的蒙古，便成了日俄逐鹿之野，干戈旌旗和外交文书的种种相，也便形成这一片原野不可避免的点缀品了。

九一八以后，日本觊觎蒙古之心愈加急切。"满蒙"在日本人的心目中原是不可分的名词，非取得蒙古不足以保障满洲的安全。过去的三年中，日俄冲突之渐起渐多，无非是为了蒙古的谁属这一问题。日本利用伪满的实力，渐向内蒙逼进，使外蒙受其威胁，从张家口进袭库伦真是随时有可能性的。但是苏俄肯将这唯一的东方屏障轻轻地放弃，让日本来经营西伯利亚的铁路吗？当然苏俄将以全力来阻挡日本侵蒙的野心，而这十年来苏俄之不惜以种种方法去扶植蒙古，就是这个道理。日本之挑衅当然也是道高一丈〔尺〕魔高一丈，一年来"边境纠纷"之层出不穷，原就是这么一回事，也许这种三角关系的延长，就是远东大战的开始。况且，蒙古是中国的领土之一部，是北部的屏藩，人家在咱们院子里打架，主人是应该出来干涉的，纵无干涉之力，也不应该躲在屋子里佯作没听见啊！

二　日本与蒙古

蒙古是一个经济制度落后而经济富源广大的地方，是资本帝国主义者最好的对象，并且按其形势来看，为日俄两国必争之地。日本之于它，早已动了欲念，只是在"满洲国"未造成以前，是无从下手的。征满与征蒙原是一贯的步骤，不过在时间上有先后之分罢了。再把历史拿来检讨一下，征蒙的成绩虽然赶不上征满的那样好，却不能说日本压根儿没有往这一方面走。清末，外蒙酝酿独立，日本见有机可图，使左计右策地图谋引诱，那时候乘机假名游历外蒙之日人，接踵而来。其中最明显的要算一九一三年外蒙独立之后，受南满会社派遣到外蒙游说的儿玉，就负着天皇的秘密的使命来实行勾结的。只因那时候的外蒙当局还不知道国际间一切政治的玩意儿，他们太天真了，把给日天皇的覆书，托由驻日俄使转达，以致拆穿了西洋镜。后来，俄国发生大革命，国内乱事频仍，也就顾不了外蒙的方面。这给日本一个千载难遇的良机，而欧洲大战又正打得落花流水，日本要想在外蒙占点便宜，谁也不会来干涉的。接着一九二一年，日本又想利用白俄首领谢米诺夫，联合一班"蒙奸"，来建立一个"蒙古帝国"。但是不巧得很，苏俄国内的秩序不久已经恢复，对于这块丰满的草原肯让给白俄作大本营吗？他把白俄迅速地驱逐出蒙古之境，连带地日本的势力也只好缩回满洲去。

但是日本对蒙并不因此次之失败而灰心，她只是再接再厉地前进。不久，她又怂恿那住在哈尔滨郁郁不得意的谢米诺夫，并供给其军械，收买蒙匪，数度进攻外蒙，不过终究仍就〔旧〕失败。于是又改变了途径，而采软诱政策：一面在日本国内兴办蒙语学校，一面勾引外蒙青年渡日留学，使其受"特种文化"之熏陶，而醉心于东化。从此，那批精通蒙语的日本军官和学者，便像水一般地流入蒙古的民间，他们干的是神不知鬼不觉的工作，使蒙古的一切在日本参谋本部里，分门别类，编订号数，作为将来征蒙的指针了。

九一八后，日本军人的铁蹄驰骋于满洲的黑山白水间，整个的满洲既为日本所占有，得陇望蜀，于是征蒙便有急转直下之势了。热河之夺取就是第一炮，但是为要先将华北攫入自己的势力范围之内，所以这一炮放了之得〔后〕，并未急切地西进，却把她的兵力从古北口而南下。不过那些比较缓稳的对蒙工作仍然在进行着，这就是满蒙间交通之开发。这在目前已经大半成功。如吉会路、拉滨路和哈讷路都已完竣，而图们江与宁古塔间，朝阳与承德间，怀远与索伦间以及讷河与黑河间各线，也正在积极建筑中。当然，吉会路之完成，使满洲与朝鲜打成一片，拉滨、图们两路，则横贯中东路，在军事上与经济上也都有很重大的作用。热河被占后，处于交通中心与外蒙相距很近，而又为军事上必争之地的多伦，已不费力地落其掌握。现在日本又在热河境内开辟汽车路，建造飞机场，设立无线电台，这一切都是对外蒙之威胁。

其次，日本又煽动内蒙，效法伪满，演傀儡第二之丑剧，再诱外蒙与内蒙合为一家。德王已经投了日人怀中，所谓内蒙独立的风声也日紧一日，日人又恐单有热河还不足以显这未来的"蒙古国"的雄大，所以又派伪军占有了沽源、宝昌、康保、化德、张北、商都这六县。其实这六县所占区域之广，已是察哈尔全省面积十分之九，而由内蒙至外蒙之唯一交通路线——张库汽车路——也就直接受日本之控制了。再其次，就是以武力攫得内蒙后，进而向外蒙寻隙挑衅。将几个月来这些挑衅的事件，计算起来，当在百余起以上，其重大的也有：一、"满"船大同号越境被击事件；二、日本采金队用船内火号越境被击事件；三、去年十月六日、八日、十二日，日"满"军与苏俄军接连在伯力附近发生武力冲突，双方互有死伤事件；四、和上项事项有关，十月二十三日，日"满"警察、宪兵对于苏俄侨民任意搜捕毒打，同时住在满洲里及绥芬河之俄人亦遭同样虐待事件；五、接着二十六日，伯力方面又发生鲜人武装侵入苏境，与苏俄边防巡察队冲突事件；六、十二月十九日，日本武装官兵数十名，乘载重汽车数辆，开至贝尔池西南的布兰迪桑，将外蒙边哨指挥官及哨警二名击毙事件；七、本年三月二十六日，俄、伪及朝鲜边界之长岭子附近，又发生越界冲突事件；八、四月十日，日伪军又侵犯伯力边境，双方激战甚烈事件。这种种挑衅事件无非给苏俄一个暗示，叫她早点识相地把外蒙让给日本。但是苏俄尽装傻子，一面接连地提出抗议，一面积极完成苏蒙间的军事上与外交上的连系工作，这当然使日本气愤不耐，两国剑锋都在那儿颤动了。

三　苏俄与蒙古

苏俄向来只注意外蒙，和内蒙没有什么值得一述的关系。原来在地理上，外蒙和西伯利亚接壤，西伯利亚这一片未开发的大地，能否很顺利地利用垦植起来，而不受外力的侵犯，全恃外蒙为其天然的屏障。而外蒙与内蒙之间隔了一沙漠，很自然地划为二大区域，那末帝俄在未完全取得外蒙之前，当然不会来侵犯内蒙的了。外蒙在帝俄时代，乘辛亥事起，而宣告独立，同时借俄国的人力和财力，开始接受西洋的文化，所以在政治上和经济上都是十足地成了俄国的保护国。迨俄国发生大革命，帝俄政府崩溃，外蒙一旦失去后盾，独立的招牌亦就摘下来了。此时如果中央有心整理外蒙，确是一个绝好的机会，可是北京政府却没有看到这一点。于是白俄首领谢米诺夫借了日本的力量，重新占据库伦，唆使活佛宣布独立，组织临时政府。这时候的外蒙俨然是日本傀儡，事事仰鼻息于在东京的主人。

苏俄自不能忍耐，所以就向中国发出声明，谓："中国政府如不派遣军队驱逐维克尔（谢米诺夫的部将，在库伦作太上皇），则苏俄政府认为有出以适当的处置之必要。"当然，我国因奉直战事而大忙特忙，遂对蒙事置之不理，而这时外蒙临时政府因青年派不满于谢米诺夫之设施，起了分化，于是苏俄政府便趁机援助外蒙青年群众，把谢米诺夫赶走，以活佛为元首的"蒙古国民政府"出现了。一九二四年五月活佛逝世，便又成立了"蒙古人民共和国"。同年十一月，在蒙古国民大会之下，发表了《蒙古劳动国民权利宣言》及完全模仿一九一八年苏俄宪法的《蒙古共和国新宪法》也颁布了。外蒙已无异成为苏俄之一联邦，而俄蒙经济上的关系，也因此而越来越密切了。现在单以贸易一项来说，已可说明此点。兹将自一九二三年度至一九二七年度苏俄对外蒙的贸易情形，列表如左（单位——吨，金额——千卢布）：

	一九二三二四		一九二四一二五		一九二五一二六		一九二六一二七	
	数量	金额	数量	金额	数量	金额	数量	金额
总输入额	五,七四六	一,五〇四	六,四一四	二,七六九	八,六〇〇	三,六七〇	一〇,九四二	四,六一三
食料品	四,一八九	六五八	三,九九〇	一,二五一	五,四三七	一,四八七	七,四一〇	一,七七四
工业原料及半制造品	九一六	三二二	一,九一七	五七一	三,〇八一	五六一	三,〇八七	七二七
制造品	六二二	五二二	九〇五	九四七	二,六四〇	一,六二四	一,四九六	二,一三三

　　我们再看看蒙古中央组合的原料品销路百分比，其对苏俄输出的比率，可说是与时俱增，如左表：

	蒙古内	对苏输出	经由苏输出	直输他国
一九二四—二五年	六	二五	——	六九
一九二五—二六年	一六	三〇	——	五四
一九二六—二七年	七	四五	——	四八
一九二七—二八年	八	六〇	——	三二
一九二八—二九年	六	七三	一八	三
一九二九—三〇年	九	五〇	四一	——

　　而一九二八—二九年以来，苏蒙贸易之对流，及其进展之迅速，看了左表便更明白（单位：千卢布）：

	由苏运蒙	由蒙运苏	合计
一九二八—二九年	一六，四〇〇	一五，二〇〇	三一，六〇〇
一九二九—三〇年	一七，八一九	一九，七四五	三七，五六四
一九三〇—三一年	三七，三四三	二八，八三二	六六，一七五
一九三一—三二年	四一，三九五	一九，二七八	六〇，六七三

　　据苏俄通商代表部的报告，一九三五年三月第二部的记载，外蒙在苏俄对外贸易总额上所占的地位，如下所记（单位：千卢布）：

	一九三三年		一九三四年	
输出	三八，五六二	七%	四四，八〇六	一〇·七%
输入	一七，二六九	四%	二〇，五六一	八·八%

外蒙商业由苏俄贸易部及蒙古中央合作社所统制，中央合作社与蒙古银行则是外蒙金融与经济组织的中心，但都是直接受苏俄经济集团的支配的。苏蒙间的交通，除河流可通航外，还有四通八达的汽车路，乌丁斯克与库伦之间，则还有定期的航空线。此外，苏俄又在最短期间把游牧的蒙古人穿上一套新式的武装，有经过严格训练的陆军，有坦克车，有新式的骑兵，有数十架乃至上百架的飞机，这一切的武力足与日本所统率下的"满"军抗战有余。当然，苏俄与外蒙打得这般火热，日本怎能不眼红，所以她对外蒙的进攻计划便有箭在弦上不得不发之势，最近数月来之边境冲突的越来越多，便已象征了山雨欲来的局面，苏俄自亦不得不有进一步的表示。所谓进一步的表示是什么呢？若与日本开战，在苏俄的领袖们认为不利的，因为德、波对苏俄已有联合进犯之企图。现在只有将苏俄与外蒙间的合作态度公于世人，给日本一个明确的声明，"我将尽全力来保护外蒙"，这就是《苏蒙互助公约》之各〔公〕布。

《苏蒙互助公约》之传说由来已久。第一次在热河事变正急时，日本即盛传苏蒙结订军事协定，并谓苏军入蒙设防并助蒙军近代化。第二次为去年外蒙代表赴莫斯科之时，日本谓其目的在与苏缔结双方攻守同盟，并举其约文之要点。第三次则在今年日本二二六事变以后，日本更宣传苏联除在西方缔结苏法、苏捷、苏罗互助条约以外，更与外蒙结有互助条约。日本历次宣传，苏俄皆谨守减〔缄〕默，直至本年三月十八日趁日本对蒙压迫愈形愈急的当儿，才将与外蒙签订的互助公约公布了。公约规定外蒙如受第三国（当然指的是日本）攻击，苏俄将作军事上之援助，并暗示外蒙方在训练强大之本国军队，而苏俄之陆军一百三十万人，将立刻与之联合，以应付他国之侵入蒙境。这公约的全示〔文〕如下：

　　苏俄与"蒙古人民共和国"于三月十二日，在库伦签订互助公约草约，签字者为苏俄全权代表泰洛夫，及"蒙古人民共和国"小库拉尔主席阿穆尔，总理兼外长赛登。草约全文如下：

　　苏俄政府与"蒙古人民共和国"，现因两国友谊，自一九二一年"蒙古人民共和国"得红军之助，将与侵占苏俄领土军队互相联络之白卫军队逐出蒙古领土以来，始终不渝，且因两国俱愿维持远东和平，继续巩固两国现存友好关系，故已决定将一九三四年十一月二十七日即已存在之绅士协定，正式改订此项草约，规定以全力互相援助，以避免及防止武装攻击威胁，并于任何第三国攻击苏俄或"蒙古人民共和国"时，彼此援助，如〔为〕此目的，余等签订此项草约：

　　第一条　苏俄或"蒙古人民共和国"之领土，如受第三国家或政府之攻击威胁，则苏联及"蒙古人民共和国"应立即共同考虑发生情形，并采用防卫及保全两国领土所必需之各种方法。

　　第二条　苏俄及"蒙古人民共和国"政府，承认在缔约国之一国受军事攻击时，相互予以各种援助，包括军事在内。

　　第三条　苏俄及"蒙古人民共和国"政府，认为缔约国中一国军队根据互助公约，为完成第一条或第二条之义务起见，屯驻另一缔约国内，至无此必要时，应立即退出，有如一九二五年苏俄较〔军〕队退出"蒙古人民共和〈国〉"领土，此乃不言自明。

　　第四条　此项草约共有两份，一用俄文，一用蒙古文，两份俱有同等效力。

　　此项草约将于签字后发生效力，于此后十年内继续有效。

　　此项公约签订之后，我国当即提出抗议，指斥其忽视中国在外蒙之主权。其实，主权是建筑于武力的基础上，单靠几张抗议，究无力量。现在值得我们注意的，却是苏俄政府由其机关报纸方面，将苏俄订此公约的目的，层层分析说明，毫不顾忌。试读四月八日苏俄《消息报》所载的一段话：

当一九三五年日"满"军队开始屡次进攻"蒙古人民共和国"领土之际，苏俄政府屡请日本政府注意其深切关心于维持外蒙尊严，事实上在日"满"军企图攫取外蒙领土之际，苏俄决难旁观。然而不顾此等严厉之反覆警告，日"满"军之攻击"蒙古人民共和国"领土，不仅继续进行，且采取更挑衅更大胆之性质。因此，"蒙古人民共和国"政府至一九三六年一月，认为必须派遣代表团，至莫斯科要求将原有口头协定改订互助公约，允给"蒙古人民共和国"以援助。苏俄政府同意"蒙古人民共和国"政府之要求，于一九三三年三月十二日在库伦签订草约，此乃更明确规定相互援助义务之具体化，此项义务，远在一九二一年即已建立于联合反抗干涉基础之上。在霍华特与苏俄人民领袖斯大林会谈之中，斯民〔氏〕曾以率直及明白态度，宣称"如日本竟敢攻击'蒙古人民共和国'，企图侵犯彼之独立，则余等不得不援助'蒙古人民共和国'，一如一九二一年所为"。此语曾在苏俄及"蒙古人民共和国"引起狂热，且得全世界全部和平友人最大之同情及了解。

再说，日本对于苏俄与外蒙间之口头的或书面的协约，素来是非常注意的，这次的互助公约自亦早在其意料中，不过嫉视之深仍随时可以闻见。据四月二日路透社东京的访电，则称：

苏俄与外蒙三月十三日所成立之协定，使苏俄政府对"满"蒙争案有发言之权，揆度苏俄之目的，乃欲以重大打击加于日本在华之进步与日本大陆政策，借以破坏中日两国防御布尔布维克主义共同合作之成立。苏俄对维持边界和平之举，长此不具诚意，广田以为边界争案实无和平解决之可能。日本因实施大陆政策，纵日"满"合为一方面与苏俄一方面发生至不幸之事件，亦在所不惜云。

三日，路透社复从大连传来消息，谓［二］：

"满洲"《每日新闻》乃关东军之机关报，今日发表警告苏俄之言论，谓如苏俄施行攻击，则日德两国将联合反对之。苏俄现准备于时间业已成熟时攻击他国，但据半官消息，关东军刻亦在北界厚集军队，其势力之雄厚，不亚于苏军。如苏俄不撤退边界军队，则日本陆军将被迫而有所举动云。

总之，日本是不能坐视苏俄与外蒙间有这样的合意的，而苏俄方面在公布这个公约的时候，亦早已把日本的态度估计得很详密了。

四　结论

作文章下结论，原是极不聪明的事，但若使大家化了宝贵的光阴来读这一篇东西，终究仍然摸不到头绪，那末作者在义道上是说不过去，所以姑且添上这样一个破残而又可怜的结论。无疑地，大家要问的是：日俄大战能避免吗？否则，在什么时候爆发呢？可以这样回答，在人类未能避免"战争"之前，日俄大战是最不能避免的一个，至少在过去一贯的历史的因果看来，日俄两国是在向着"战争"之路走去，总会在那交叉的一点火拼起来。现在所要研究的就是前面的第二个问题，战争是在什么时候爆发？关于这一问题应从两面去看：第一，日俄两国本身在国防上的准备如何，是否有充分的把握；第二，两国的国际关系如何，一旦发生战争，是否可以得到有利的国际形势。

日俄两国备战情形，大概的轮廓是如下：日本在九一八以后即以满洲为根据地，以苏俄为对象，积极准备之中。目前日本在满洲的兵力，约有步兵七师，骑兵一旅，战车五百余辆，飞机五百多架，此外还有工兵、辎重兵、化学队等，合计在三万人以上。此项军队大半配置在中东路的东段，哈尔滨至昂昂溪一带，及中东路西段，昂昂溪至满洲里一带。加以十一万以上的伪军，一万余白俄军，以及由日本移来的大批在乡军人，全数当在二十五万人以上，而海军及伪满的江防舰队犹不在内。交通方面，第一为铁路的建设，两三年来，日本在满洲建筑的铁路，大部分是在黑龙江、吉林，一部分则在热河，显然是对苏俄的军事作用。目前此项铁路已成者，有长图线、朝峰线、拉纳〔讷〕线、拉滨线、图宁线，以及长春至大赉的长大线，哈尔滨至北安间的滨北线，齐齐哈尔至北安的齐北线，共长一千二百余里。其在兴工中者，有宁北至佳木斯的宁佳线，朝鲜雄基与罗津间的雄罗线，以及北安至黑龙江的北黑线等，尤为具有对俄的军事上的意义。其次便是公路，在过去一年半中，日本已在满洲境内完成八千公里的公路。此项公路有六个中心，即齐齐哈尔、伊兰〔依〕、敦化、洮南、通辽、凌源，前四个中心都在北面，显然是以对俄为目标的。关于航空方面，现已筑成五十余处的飞机场。海军方面为增强对海参崴的防御力，也已筑成了在朝鲜的清津、雄基、罗津三个要港。为便于战时指挥计，又分远东军为三集中地：一、集中北鲜地区者，负有辅助海军夺取海参崴要塞及库页岛石油矿之企图，有罗津师团及骑兵师团；二、集中兴安岭、黑龙江地区者，负有略取海兰泡及伯力之任务，且有适时支援左右翼之日军，大部以伪军为前锋，而以其第十四师及吉林方面之第十师团为主力；三、集中龙山和热河地区者，负有略取赤塔及伊尔库〈次〉克之任务，企图出击苏俄红军的后路，以断其后方接济之交通，而完成其夺取全部西伯利亚之宏愿，其主力为八师团。

苏俄方面自亦不能不有针锋相对的准备，她最近将西伯利亚分为五个军事集中区：第一为海参崴；第二为伯力；第三为海兰泡；第四为赤塔；第五为伊尔库次克。在这五个集中区域，布设防线五道：第一道防线，从海参崴经五站至与中国密山临界之间；第二道防线，设于伯力至海兰泡间；第三道防线，设于海兰泡、黑河间；第四道防线，设于斯特列与田斯克间；第五道防线，设于尼布楚与泸滨之间。苏俄远东军共辖十六师团，外蒙古青年混成国防队二师团，游击师团二，其他杂色军队三万余人，又国境阵地守备队二万，"格柏乌"三万，武装移民队三万，总共远东军队约合四十三万人，另有骑兵三师团。据法国某军事家言，远东如发生战事，苏俄又动员工农分子及军队七十万，大概是确实的。至于苏俄在远东的海军力量，却因太秘密的缘故，未能明了。空军方面，苏俄在远东已配置有八百余架的飞机，并在海参崴、双城子、伯力、赤塔、黑河、瑷浑〔珲〕、兴凯湖南岸等地，都建有陆上或水上之飞机场。交通方面，苏俄除铺设了西伯利亚铁路的双轨以外，并计划建筑新西伯利亚铁路（即 BAM 大铁道），以谋军事运输的灵活。

从上面看来，日俄两国都在拼命准备，不让对方抢前寸步，但是究竟内容如何，除了两国的最高参谋当局明了以外，别人休想偷知道半个字，前面所举的一大串数字也不过模糊而又模糊的材料，若说真确二字，还差得远，所以目前日俄两国所发表的军事记载，都是诳，而且是美丽的诳，使人信以为真。不过，我们可以这样地说，这两个国家既在十分紧张的局面下互相竞争，大概不会让谁高过自己太甚，各有缺点，亦各有优势，所以我们姑且把两国的军事力量推为旗鼓相当吧！

其次，从国际关系来观察，虽亦不免模糊之处，较那军事机密，却明显得多啦！我们可以看出，希特勒最近以爆弹般的姿态宣告废弃《洛迦诺公约》，进兵莱因〔茵〕河非武装区域，其所恃为口实的是反对法国下院之批准《法苏互助协定》，而其所挟持之最大法宝，则为德之俨然以反苏新十字军之西方先锋自任，而欲以此掀动英国保守党"赤俄白化"之思想，以便换得英国心许德国之重新在莱茵河岸武装。此种政略完全包含在此次希特勒废弃《洛迦诺公约》的宣言中。希特勒为表示德国武装莱茵河岸之无他，且若有其事地向法国呼吁和平，而互不侵犯条约建议的提出，是更予英国保守党的绅士以一种诱人的秋波。希特勒见这些年事已高的英国保守党的柱石分子居然有些心动起来，当然愈益活跃其反苏作战的姿态。日德同盟，法国《事业报》记者已证明其存在，而德、波之勾结更是公开的事实。现在日、德、波三国的联合，是完全建基于对苏作战的这一立场上，在希特勒宣告废弃《洛迦诺公约》以后，三国参谋部之负责人员，据说已经集于柏林，在计划进攻苏俄的步骤了。此外，德国对立陶宛更有释嫌言欢，共同反苏之外交诡计。其在芬兰，则固早在德国参谋部指挥之下进行其反苏的军事。捷克虽与苏俄新缔互助协定，但法西斯之反政府活动，无疑是有柏林为其牵线。罗马尼亚与苏俄感情日洽固为事实，但反苏亲德之氛围，亦犹未见其澄清。更足以注意的，希特勒之踌躇于并吞奥、匈之途，原来是为了不忍破坏与意大利的感情，因为意大利正在兴高采烈之际，闯祸惹乱子是不怕的，在希特勒的眼中这是反苏阵线中的猛张飞。根据以上的形势简述，我们又可以知道所谓反苏阵线正以希特勒为主角而积极推动中，日本则俨然以远东经纪人自居。当然，目前是最不利于苏俄的时候，我们简直找不出一个国家是足以称为苏俄的密友的，苏俄是弧〔孤〕立了。日本看到这点，她胆子格外壮起来，不因《俄蒙互助公约》而有所踌躇，反而要求苏俄撤退远东庞大的军备。另一方面，苏俄却不能不有所顾忌，所以对于日本之要求谈判各种悬弃〔案〕便不怎样拒绝了。其实这些悬案，如北洋渔业问题，北库页的油田租借权问题，边界纠纷问题等，都是日本一手所造成的，苏俄之承认这些问题还有谈判之可能，自是十分之退让了。这样，我们便可断定最近"远东无战争"，苏俄尚欲尽量以外交手腕来延缓两国前哨战之扩大，而日本亦未必有偌大的决心，敢对这带有几分神秘的社会主义国家试一试刀锋。不过，日本的刀锋之转向中国却是必然的，趁苏俄不敢动的时候，所谓中、日、"满"合作防共一事，正可在此时奠定基础，为将来对苏军事之绝对优势的条件。所以在检讨日、俄、蒙之关系之后，我们不要忘记自己的命运正在极危险的境界，需要我们更大的努力。

《空军》（周刊）

杭州中央航空学校政治训练处空军周刊社

1936 年 182 期

（朱宪　整理）

外蒙问题的回顾

张忠绂　撰

自从苏俄与外蒙订立军事协定以后，国人对于该项问题，颇为重视。天津《大公报》对于该项问题，已屡次著为社评，从各方面讨论。今早得见本日（四月十六日）天津《大公报》社评的题目为《外蒙问题之回顾》，我读过该篇社评之后，感觉其中的叙述与历史的事实颇有出入，尤以关于徐树铮与陈毅对于外蒙关系的一段为最甚。民国八年外蒙取消自治官府的一段公案，其中的曲折甚多，国人对于此段历史明了者甚少，多归功于徐树铮的武力政策，这是一个极大的错误。我们研究历史的人，凡事在求真实，有代前人辩正的义务，所以我想借此机会，将这段公案弄个水落石出。四月十六日《大公报》社评追述外蒙问题的一段文字如下：

> 远者不具论。外蒙独立运动，实起于前清末期。宣统三年十一月外蒙王公发表宣言，脱离中国，时正中国革命，无暇外顾，故帝俄政府乃得从而操纵之。次年俄国即与外蒙新政权订立修好条约，取得外蒙之保护权，中国虽否认独立，抗议伪约，而俄、蒙不之顾也。又越一年，中俄成立谅解，发表共同宣言，俄方承认中国在外蒙之宗主权，中国则承认外蒙之自治，问题暂告结束，然中国在外蒙势力，实际大杀矣。其后俄国发生革命，国内多事，我国乘机恢复其名实相符之宗主权。民国八年徐树铮拜命筹边，提一旅之师，躬赴库伦，迫活佛取

消独立，演出一出有声有色的历史剧，非俄国多事，曷能致此？然即此甚短期间，库张汽车，交通频繁，中蒙贸易，渐见复活，假以时日，中国势力，不难稳固。乃以直皖战起，树铮获罪，陈毅继之，庸暗无力，遂重予俄人以卷土重来之机会。

诚然，外蒙独立运动，实起于前清末年，但帝俄觊觎外蒙的野心，于一九〇七年即已见于国际约章。一九〇七年七月三十日，帝俄与日本签订一密约，规定："日本国政府承认俄国在外蒙古之特殊利益，担任禁止可以妨害此种利益之任何干涉。"一九一〇年七月四日帝俄复与日本签订第二次协约（第一次协约在一九〇七年），以"维持一九〇七年……所订协定所含之主义"，与第二次密约以"巩固及增进一九〇七年……所签密约之性质"。

帝俄既存心侵略外蒙，而清廷此时对于外蒙的措置又诸多失宜，加以清廷于晚年鉴于边疆的外患，颇思扩充中国在外蒙的实力，于是对外蒙移民增兵，并举办新政。外蒙对中央既已不满，俄人乃借此机会怂惠外蒙王公，于前清宣统三年六月十五日开会，密议独立的问题。会议的结果，外蒙王公一致赞成独立，并派杭达多尔济等赴俄，请求援助。宣统三年八月中旬，俄国的军队即已开抵库伦。上面所说的，都还是武昌起义以前的事。

逮至武昌起义的消息传到库伦以后，外蒙乃决意驱逐库伦办事大臣及中国文武官员、兵丁等出境，并宣布独立（一九一一年十一月）。哲布尊丹巴呼图克图，于一九一一年十二月二十八日正式在库伦登极，并组织外蒙独立政府。外蒙虽已宣布独立，但帝俄政府此时尚无径直并吞外蒙的决心。帝俄政府此时对于外蒙的目的只在：（一）保全外蒙为中俄两国间的缓冲地；（二）阻止中国在外蒙境内增加驻军；（三）禁止中国开发外蒙，将外蒙留作俄国日后对外拓展的区域。

帝俄政府既无意径直并吞外蒙，是以一九一二年十一月三日，签订的《俄蒙协约》中只规定："俄国政府扶助蒙古保守现已成立之自治秩序，及蒙古编练国民军，不准中国军队入蒙境，及以华人移殖蒙地之各权利。"同日俄、蒙两方尚签订有一《商务专条》，给予俄人在外蒙以种种权利。同时中俄两方的交涉，直至一九一三年十一月五日，始议定声明文件五款及附件四款，规定：（一）俄国承认中国在外蒙的宗主权；（二）中国承认外蒙的自治权；（三）中国不得在外蒙境内驻兵或殖民，但中国得派员驻扎库伦等地方，保护中国人民的利益。一九一五年六月七日，中、俄、蒙三方代表在恰克图签订一《中俄蒙协约》，由外蒙追认一九一三年中俄两方议定的声明文件及附件，并详细规定中俄两国对于外蒙的关系。从《中俄蒙协约》订立以后，外蒙始正式入于自治的时期。

观于上述，可知外蒙自治的后台老板原为俄国。外蒙自治官府成立后的翌年，外蒙王公即已有主张取消自治者，并曾与中国驻库大员接洽，请求中国加封哲布尊丹巴，并以大宗款项援助外蒙。嗣因中国既无力筹措大宗款项，又不敢开罪俄国，故此取消自治之说未能成为事实。逮至俄国革命以后，俄国已无力顾到外蒙，日本与日本卵翼下的白俄首领谢米诺夫及布里雅特人，复于此时屡次派人诱胁外蒙独立。加以外蒙自实行自治以后，以活佛为首领，依照前清的旧制，外蒙的政治由王公管理，喇嘛只管宗教。自治以后，活佛既任首领，喇嘛始得任政府官吏，参预政治。喇嘛参预政治以后，揽权太过，并擅作威福。外蒙王公因恨恶喇嘛，致对于自治官府极不满意。因上述的内外危机，故外蒙王公均愿取消自治，归附中国。

至于中国方面，在俄国革命以后，虽曾有人建议取消外蒙自治，并废除《中俄蒙协约》，但北京政府当日并无此种胆量。当驻美公使顾维钧，于一九一八年十二月，转达美方询问中国对于外蒙，究竟抱持何种方针的时候，外部的答覆是："外蒙事，政府为维系蒙情起见，对于自治制度，一时似不宜轻议更动，但愿取消从前《俄蒙协约》。"一九一九年正月五日，外部致驻库大员陈毅的电报中，只训令陈毅相机与外蒙另订条款，以代替《中俄蒙协约》，以便将来承认俄国新政府时，即以之作为交换条件中的一种。

陈毅于接到上面所说的电令后，即密与外蒙交涉。适此时库伦各王公、喇嘛开会，议决拒绝谢米诺夫及布里雅特人的煽惑，因而引起取消自治，废除《中俄蒙协约》的问题。一九一九年八月车林代表车、图、三、扎四盟（四盟为外盟王公所辖的土地），向陈毅密陈，愿取消自治官府，恢复前清旧制，并请北京政府以实力援助。陈毅于八月十五、十六两日据以连电中央，并且说："外蒙诚心内向，机不可失……即宜顺势收回。请即……迅催东西两路已发未发军队加运〔速〕来蒙，借御外患，兼保治安，俾此事得底于成。"

外部接到陈毅的电报后，考虑的结果认为："此次该大员来电，外蒙王公竟能以诚意请求中央协助，并自愿取消自治，恢复前清旧制，良为政府始愿所不及。……按近日俄国势力虽已不振，而各国对于此事颇属注意……既有对外关系，日后各国难免有所误会。惟……倘此时拒绝，外蒙必致疑及中央无力兼顾，因而启其轻视之心。目下……耽视蒙局，以期继承俄国权利者大有人在，若乘机而起，外蒙届时或竟为其利用，转而仰其保护，则中国北方边陲将从此永无宁日，此不能不早为虑及者也。本部意见，外蒙王公既有此项请求，政府为时势所迫，无论如何，自不能不有以副其希望。但事关国际，在我如能于此时多得一分之证据，即于将来公布之时少一分阻碍。所有前项取消自治办法决定后，应由驻库伦大员面告车林，先由外蒙王公用全体名义呈请，或秘密电达政府，请求恢复原制，然后政府根据此项请求，再与妥商条件。似此办理，将来政府对外较易措词，不致贻他国口实。"

上述外部的意见，由国务院电知陈毅。陈毅乃复与外蒙接洽，最后活佛亦允取消自治，并商定优待蒙人条件六十三款，由秘书黄成序入京请示。徐树铮于一九一九年六月，先后被任为西北筹边使及西北边防总司令，但徐本人则并未赴库。徐氏赴库之时在一九一九年十月底，外蒙已自请取消自治，陈毅与外蒙所议的六十三款业已商定之后。实则徐氏之驰往库伦，他的目的就在将外蒙取消自治的功劳攘为己有。

徐树铮抵库以后，因他与陈毅发生了意见（因陈毅没有将六十三款条件的内容详细告徐），所以他反对取消自治的条件，主张先行取消自治，然后再商详细办法。此种主张，活佛及外蒙的议会均不赞成。徐氏遂将原定的六十三款大加修改，将优待蒙人的条件多数删去，向外蒙内阁总理提出，限三十六小时内完满答覆，否则须将外蒙活佛及内阁总理拘送张家口。外蒙不得已，乃依照徐氏的要求，提出呈请取消自治的呈文；但是该项呈文，活佛终未肯签字，外蒙议会也未肯通过，仅由外蒙自治官府各部总次长签盖。这是民八外蒙取消自治经过的实情。

徐树铮于接受外蒙取消自治的呈文以后，第二日即启程返京。返京以后，徐氏复呈请政府撤消都护使一职。北京政府应允了徐氏的请求，改任陈毅为豫威将军，而以徐氏兼督办外蒙善后一切事宜（一九一九年十二月一日）。徐氏奉命以后，复至库伦接收外蒙官府各衙门。但不久以后，徐氏又返北京，所有库伦一切事务，均交由副使李垣代行。逮至皖直战争以后，政府复起用陈毅（一九二〇年八月十五日）。

民八外蒙之取消自治，原系出于外蒙王公的自愿，但经徐树铮用武力强迫后，原来主张取消自治的外蒙王公，竟多数一变而反对取消自治。加以喇嘛本不愿取消自治，所以在皖直战争以后，活佛亲信的王公、喇嘛等，又重倡恢复自治，并与白俄谢党勾结，由谢部旧属 Ungern，率兵攻打库伦（一九二〇年十月）。白俄第一次进攻库伦，未能得手，第二次复大举反攻（一九二一年二月），以致库伦失守。但不久以后，苏俄即向外蒙进兵，战败白俄，于一九二一年七月进入库伦，外蒙临时人民革命政府随即成立。自此以后，外蒙即已转入苏俄势力范围之下。直至一九二四年《中苏协定》成立以后，始规定：苏联政府承认外蒙为完全中华民国之一部分，及尊重在该领土内中国之主权；但在实际上，则中国对于外蒙一切事务仍旧不能过问。

综上所述，可见民八外蒙取消自治的一幕交涉，其主动不在中国，而在外蒙的王公，国内一般的论者以为取消自治的原动力，是在北京政府，这是错误的。外蒙取消自治既原系出于外蒙王公的自愿，而我们定要说："徐树铮拜命筹边，提一旅之师，躬赴库伦，迫活佛取消独立，演出一出有声有色的历史剧。"并且说："乃以直皖战起，树铮获罪，陈毅继之，庸暗无力，遂重予俄人以卷土重来之机会。"这与历史的事实相去甚远。国内的一般论者多抱持此种看法，这又是错误的。我们已经说过，外蒙取消自治的原动力不在中国，陈毅固不能贪天之功，而徐树铮尤不应贪天之功！我们研究历史的人，就事论事，陈毅对于外蒙取消自治一幕，虽无大功，但尚无过。至若徐树铮对此项问题的关系，则不仅无功，而且有过。

我何以说徐树铮无功？因为：（一）外蒙取消自治，系外蒙王公自己提起的，与徐氏无涉。（二）徐树铮被任为西北筹边使及西北边防总司令虽在一九一九年六月，但徐氏赴库伦，则在是年十月底。在十月底的时候，匪仅取消自治的建议已由外蒙王公提出（在八月中），即取消自治的条件亦已经陈毅与外蒙商定。（三）徐树铮于就任西北筹边使及西北边防总司令以后，在徐氏本人未到库伦以前，即曾调遣军队赴库。但中国军队进入库伦之议，则并非由徐氏首创，陈毅于一九一八年六月，即已电请北京政府派兵入库，首先抵库之中国军队，为绥远驻军团长高在田所部两营（一九一九年三月抵库）。

我何以说徐树铮有过？因为：（一）陈毅与外蒙既已商定外蒙取消自治条件，且已得活佛允许，而徐氏因为不满意于陈毅，定要将原已议定的条件取消，致失去外蒙王公对于中国的信仰。虽徐氏终得以兵威强迫外蒙屈服，但外蒙已存离贰之心，所以不到一年，外蒙即又勾结白俄，想借白俄的力量将中国驻外蒙的军队驱出。假使当初照陈毅与外蒙商定的条件办理，则外蒙必不至反覆如是的快法。一九一九年，外蒙之所以愿意取消自治的主要原因之一，就是因为他们拒绝了谢米诺夫的煽惑。自治取消以后不到一年，他们重又去勾结谢党，这种责任当然应当由徐氏负担。（二）徐氏既任蒙疆要职，他的武力政策又激起了蒙人离贰的意志，然而他并不赴库坐镇，却在国内参预政争。这种办法，就是他不下台，库伦迟早也是要失去的。（三）徐氏对外蒙的处置，所得的只是减低了优待蒙人的条件，而所失的则是外蒙的人心。中国在外蒙的实力既不充足，而又失去外蒙的人心，则外蒙必将叛离，可以预卜。

总结的说，民八外蒙取消自治一事，徐氏无功可言。民九以后，外蒙的勾结谢党，叛离中国，虽有他种原因，但民八徐氏处置的乖方，失去了外蒙的人心，却也是重要的原因之一。我因为读过了《大公报》的社评，联想起国内论者一般的错误，所以借此机会，将这段公案的实情写出来，以就教于读者。

《独立评论》（周刊）

北平独立评论社

1936 年 198 号

（朱宪　整理）

《外蒙问题回顾》的疑问

徐道邻 撰

《独立评论》一九八号载张忠绂先生一篇《外蒙问题的回顾》，叙述民国八年外蒙撤消自治的一段史实，据说意在更正国内论者一般的错误，而我读过之后，感觉他的错误更多。我不是一个研究历史的学者，自己也未到过蒙古，不过因为认识几个当时身临其境的人，大家常常闲谈，家里又存有一两件当时文电的抄稿（我曾把他同外交部档案中所有的校对了一过），就将我这点一知半解，依照张先生文字中的几项要点，"就事论事"，略略申述，也无非是"事求真实"的意思。

（一）张先生说："外蒙取消自治系外蒙王公自己提起的，与徐氏（树铮）无涉。"

他的理由是，因为先君到库伦是在民国八年的十月底，而车林取消自治建议的提出是在当年的八月。但不知先君之拜命西北筹边使，及西北边防军总司令是在当年的六月，那时候可是尚没有听说外蒙有取消自治的话。而他拜命之后，立即派他的参谋长李如璋（后来第五旅旅长），和西北军第三旅旅长褚其祥驰往库伦，一面和蒙人联络，一面同驻军高在田团长接洽。他们到库伦的时候是在车林建议的以前（他们曾否与车林接洽，我不知道）。而先君直接指挥的军队，是在筹边好几个月以前已经成立妥定的（在奉军入关时，已成立了一大部分，后来扩充到四混成旅，拜命之后，又增加到五旅），并且有相当的名声。我不是在说车林的建议是先君的威望所致，不过我想：李如璋、褚其祥两人之到库伦，及他们之代表一部分很相当的武力，和先君当时政治上的地位同他个人的名声，这三种事实，在他受命治蒙之后，本人亲到库伦以前，与蒙事的展变应当不是全无关系。

（二）张先生说："徐氏赴库伦的时候……取销自治的条件已经陈毅与外蒙商定。"又说，这种条件"已得活佛允许"。

此两说皆不确实，事实上条件既始终未能商妥，活佛尤从未允许，并且他是非常反对该条件的。这可分三点叙述：

（a）关于撤销自治的事，各王公当时并未能意见一致。陈士可（毅）十一月十四日致外交部的盐电里说："巴（特玛）令四部王公退席，各抒己见，用文呈上。结果：三、札、车三盟王公均全体赞成取消自治，土盟各扎萨克及有名望之王公亦均赞同。惟土盟在蒙署各司与活佛滥加爵衔之闲散人员十数……谓仍由总理办事较妥"，可以为证。

（b）陈士可所拟条件，各喇嘛尤为反对。先君十一月十四日，致国务院的寒电曾说个中真象："陈使前拟六十三条虽不适于用，确曾煞费经营。而喇嘛从中牵掣，活佛虽大开会议，皆喇嘛令王公承谤之策。盖会议时，活佛并不质询可否，但问：汝辈不以为然耶？则王公十人而九高声应诺，而散会矣。陈使虽期速定，而明知喇嘛为祟，无术制之。又过听王公之请，益忤喇嘛，不敢相近，牵掣愈力。此树铮所谓听信陈使自办，即经年累月亦难得定也。"

（c）活佛原不赞成撤销自治。上引先君寒电又说：巴特玛"数往谒活佛，往来三数日，佛仍推宕不应，托词非待会议，即声言外交有关"。并且活佛与陈士可一向情感甚坏，根本不愿意接受他的六十三条。先君寒电里有云："巴忽驱车而来，握手告语云：

昨晚别后，连夜面佛，痛陈利害，继之以泣。佛感悟，遂允撤治。
惟言陈使偏袒王公，所拟条件决不愿用。又前蒙之三音诺颜之死，
佛之野子袭封，出自陈使操使，而彼今辄笔之，以为佛罪。加汗
增入京，佛曾专函令谒大总统，请撤换陈使。故今日之事，佛不
愿其预闻，亦不愿他喇嘛、王公等预其事，但由树铮与彼换文，
商定条件，具呈政府可矣。"

以上诸点，从陈士可致外交部的盐电里也能证明。盐电有云：
"取销自治案，蒙兼总理、内务长巴特玛前以须召集外路王公与议
为词，借图延宕抵制。一面派员赴京尝试。……昨巴特玛私谒徐
使，遂又借词活佛不愿，经徐使面加申斥而退。"

张先生叙述事实的错误，可以说是无疑了。

（三）张先生说："中国军队进入库伦之议，并非由徐氏首
创。……首先抵库之中国军队，为绥远驻军高在田所部两营。"

先君虽曾调遣军队赴库，但何尝以"首创"自豪，而对于高
团的军队尤为嘉赞。他在八年十一月十七日巧电中曾说："……非
高团军队坐镇在先，即有威亦难仓卒使成。是事功之立，全出陈
使、高团之力。"至于褚旅入库，则以国家军队调驻本职防地（虽
其防地不限在蒙古，因为起先西北筹边使的范围，外蒙古之外，
尚有新疆、伊犁在内。后来十二月一日督办外蒙善后一切事宜的
命令，才又明白加与他以统治外蒙的专责），更何是功非功之
可言？

（四）张先生说："徐氏因为不满意于陈毅，定要将原已议定
的条件取销。……假使当初照陈毅与蒙商定的条件办理，则外蒙
必不至反复如是的快法。"

不应该取销原拟条件，这是张先生文字立论的骨干。不过据我
所知：先君当时以反对原拟条件，曾有七种理由。而这些理由，
也就是他整个的外蒙政策。我现在把他初到库伦陈述这种理由的

东电（十一月一日）整个钞写在下面：

陈使所拟外蒙撤销自治善后条例，中有不妥之处，拟俟恩副使不日到库，会同熟商，昨经陈明在案。兹先将管见所及，及连日采访蒙人言论，陈请鉴核。

查原件共六十三条。其纰漏之大而显著者约有数端：蒙自清初内附二三百年，中朝专以愚蒙为策，以致人智不开，地利不兴，一遇外强蛊煽，立树异帜。是以治蒙要义，非令日臻富庶，渐启文化，决不足策久远。虽行之过骤，恐滋猜贰；而渐进徐图，究不可忘厥大旨。原件似未尝注意及此。是曰昧启化之义，不可一也。蒙在金、元之际，雄武甲欧亚，而一蹶不振，极于今日，病在宗教限虞，人口不昌，又土产属人私有，不能以政规法令使民服习，逐渐昌盛其事业，利弃于地，日即穷困，所谓窖金而食脱粟，政府亦无如之何也。治蒙之要，既欲导之富庶，固以文化，即不得不渐有所兴革。纵不宜强拂旧习，要必预留相机因应地步。此项条件乃举其历来锢疾更从而护以重障，是不撤自治尚可于中国领土名义之下因势利导，权宜措施，既撤之后反无术可进以文明。是曰坚锢蔽之障，不可二也。所贵乎撤销自治者，非贵乎其名也，贵乎政府获设治之实耳。今则政权统于中央，不过首条中笼统语，余数十条，皆增重蒙古王公把持之力。或虑言之蒙人不应，故姑从其意以诱之，然后施以强力，以期得志。抑知国家行大政，胡可诈骗行事？伊古以来，又岂有诈骗而能久者？是曰乖轻重之宜，不可三也。撤自治以后，关税如何改订，财政如何整理，农商矿业如何振兴，一未计及，但言王公、扎萨克、喇嘛岁俸、念经等费率由政府支给，树铮诚愚，不知从何处支给。若曰取之于蒙，则蒙民既供应中枢，而喇嘛、王公之权仍在，自必照旧供应，以蒙民之困苦，宁忍更令增此输纳乎？若曰取之帑储，则今日帑储之穷，自顾不暇，何暇顾蒙？恐今日制定条例，明日即失去政府威信，蒙情仍他向矣。且帑储即有余力，亦无辇金而购漏卮之理。是曰戾财政之情，不可四也。《中俄蒙协约》，为中俄所互订，列邦共闻共见，非蒙所能独保，亦即非蒙所能独废。我欲废此，当向俄交涉。如谓俄无政府，我姑与蒙订明废除以占先着。试思他日俄有政府，能以今之条例杜其诘议乎？俄不诘议，而坦然自谓仍存，我能以此条例阻其入蒙乎，乘俄无力，我本我领土主权着实布置，俄实无从阻挠。我若不暇他顾，订立条例之中侈然以为折冲奏效，窃恐后议繁兴，公约理屈，腾列邦之笑，仍于事无毫发益。是曰背国约之纲，不可五也。且订定条例之主旨，期能废除俄约耳。而办事官署之设，乃概系之于依据俄约，而谓之办事佐理员，宁不更为俄约增加一证例乎？是曰贻矛盾之诮，不可六也。连日库中论议，皆言此项条例出自三数王公之意，喇嘛固不赞同，即王公亦多未趋一致。且活佛强制之力尚在，纵令全数王公迫请，而活佛不应，终无如何。喇嘛一流人物，未可过于抛弃。窃谓蒙古人智不开，而能自团结者，厥惟宗教是赖。即王公之于蒙众，亦非借宗教之力不能行其权。离宗教而转取王公，终未见可得一当。故为政府计，应兼收并蓄，持其平以操纵于上，饵以利禄，崇以荣观，无不甘就范围者。若偏重王公，漫出徼幸之计，漠置喇嘛，听作不平之鸣，则远之种他日倾覆之恨，近之则授强邻笼络之隙。是曰失远大之见，不可七也。夫诱掖蒙人，撤销自治，美名也；展辟地方，浚发民智，美事也；得名而有益于事，美之美者也。若徒骛虚名，而不审其事有碍，非谋国之至者也。树铮为料理军事而来，本不愿妄有渎议。惟边任所寄，亦不应有懈职责。素志一意，惟以国家疆宇，蒙民乐利为念。谨用略陈所怀，上渎聪听。如有百分之一稍可采纳，请下陈都护使及各副使另拟简括条文，不必毛举细故，致近琐碎；亦不必牵涉邦交，或兹他累。其条文大意，则树铮愚见，以为财政大权，由政府斟酌情形选员督理，遇事与王公、扎萨克商酌妥洽，然后施行。宗教荣典，政府一意崇优，有加无已。王公、喇嘛岁俸以及地方经费，由政府从优核给。所有封册荣典，一概照旧。地方安危，一律由政府保护。外交违言，一律由政府交涉。寥寥数条足矣。抑文字愈繁，罣漏愈多，各种意见愈易丛杂，将来梗阻愈无限量，不如统括言之，蒙古尚可获安，而无阻于启化之计也。东（十一月一日）。

依据上电，可以说张先生所称"徐氏因不满意于陈毅，定要将原已议定的条件取消"，是将因果倒置。至于先君和陈士可闹意见之原因，据我所听见的是有三个说法：一、因为陈氏没有将六十三款条件的内容详细告诉他（张先生是采用此说，我不认以为然）。二、先君到库伦后，活佛拟出奔俄国，陈氏闻而不问，先君则极重视此事，故派兵守卫佛宫，遂与陈氏意见纷歧。三、先君抵库后，陈氏受中央某人的指使，设法破坏其成功，乃耸〔怂〕使王公反对撤销自治（此说言者认为极可靠，但我未敢深信）。但看先君十一月十七日致段督办（芝泉）的巧电，则他同陈士可表面上的闹意见，却是他对蒙人纵横捭阖的一种策略：

外蒙撤治事，意见纠纷，久议未决，今乃不附条件，慨然而定，殊为始料所不及。查此案：陈都护使往复磋议已历半载，其中烦琐，诸必参夺部呈，调查案卷，联络商家，奔走诱说，恩、李各副使劝导外路王公，勤劳均不可没。枢府计已鉴及，无庸树铮代为声叙。查王公辈首鼠两端，欲争回喇嘛已侵之权利，一面向陈使具请，又恐为活佛喇嘛所害，一面则又声言不愿撤治。喇嘛辈凭借活佛招权纳贿逼人，恐撤治后失其所依，则蔑王公之茸弱，力蛊佛听，俾担允行，外仍饰辞。自树铮到库，察知此情，遂阳与喇嘛示好，俾知相附……又与高团联成一起，威望具矣。自为喇嘛所乐趋，谓可借以抵陈使而制王公也。王公辈见喇嘛有恃，愈不得不坚附陈使，期以自固，不虑再有涣散。树铮乃得一意搏〔搏〕挽喇嘛，饴之以恩，则好语绵绵；临之以威，则词棱霍霍。俾其形神颠倒，莫知何意。然后猝入本题，责以盅佛逢恶之罪。并斥王公迟回却顾，不知利害。树铮假国钺，秉督办神献，手握重兵，恐吓无知无力之蒙人，譬扬刃以吓家儿，丈夫所羞出。徒以案久不决，国家将有损威失重之虞，遂不惜出此下策。前电布置略定，即指此而言。不图侥幸一发而中也。然非陈使操纵巧妙，即有策亦属无隙可乘。非高团军队坐镇在先，即有威亦难仓卒使成。是事功之立，全出陈使、高团之力。树铮所经擘画，尽在日后，未尝注念目前，何敢引为己幸也。迭次电文，稍有不满陈使者，比因院电，别有感触，故作愤激之词，非于陈使有所芥蒂。统祈核谅。（巧二）

至于说不取消原拟条件，外蒙就不会生离贰之心，或至少不至反复如是的快法，在我是不敢如此乐观的。不管原拟条件之能否成功（活佛之坚决拒绝，上面已经指出），及先君所说明的施行时种种可虑之处，即使该条件能议定施行，则喇嘛、王公间意见之水火必将更加极端。那时谁保那些不得意而有权势的喇嘛不再向强邻勾结？日本同俄国对外蒙的垂涎及其侵略煽惑的工作，大家大概还记得。而蒙人之民智未开，胆怯性疑，更加一向在强邻煽惑胁诱之中，则首鼠两端，自然是他们当然的态度。所以我认为：除非我国有强大的武力驻扎外蒙，政府有营边的壮图和预备了充分的后援，谁也不能担保外蒙具有真正取消自治的决心，和他们归附心之有长久性。

（五）张先生责备先君，说他："既任蒙疆要职……并不赴库坐镇，却在国内参预政争。……就是不下台，库伦迟早也是要失去的。"

他这个责备不能算不得体，可是未必能使先君心服。因为我知道：先君当时的环境是非常困难。就是：他整个收复外蒙的心愿，在政府中间，未曾得到任何人的同情。这在财政方面和驻边军队的关系是何等的重要（所以直皖战后，蒙人再叛，褚、高孤守库伦，中央未尝有一兵一弹的接济），说起来真可怜。他在政治上一二十年的生活，一向是注重中枢，轻视地方的（所以有好几次有人劝他作督军，他不干。他民七直隶督军的呼声，外边人知道的较多）。因之他从政多年，也皆历当枢要，而他的政敌也是以在中枢所树立的为多（当时所谓徐靳之争，大家大概还能记得）。可是到了民国八年，叠兴不息的政争使他对于中央政治灰心了，他愿意退出了斗争，带着他所训练的几旅军队去到当时无人肯去的外蒙，求他一生事业的一个新基础（在他东电所申述的外蒙政策，可以看出他有久居外蒙的决心和切实治蒙的志愿）。可是他这个诚意的退步，并未能得到对方的谅解，他们对于他的军队，在财政上处处予以困难。他受命筹边是在八年六月，可是到了十一月，他本人到了库伦的时候，他预备最先入蒙的第三旅（当时驻在宣化），只运到全数士兵的一半（即四千人），这就是他财政困难的表现。并且就是这一笔开拔费也还是他本人挪借得来，动用若干时之后，才由政府归还了一部分的。至于当时政府中人之不肯替他帮忙，大概是顾忌他的成功（就是张雨亭后来加入直皖战争的动机，也是怕他外蒙势力成立之后，将予东北以有力之威胁）。所以在入蒙开始的时候，已坚决的给他以财政上之掣肘。何况在他入库以后，"库张汽车，交通频繁，中蒙贸易，渐见复活"，而他显然有成功希望的时候呢？先君两次入蒙，都是少住即返，就是因为他看出外蒙事业的希望，所以格外切冀得到国内援助的把握。

他两次久羁北京，并不是参预政争，实是想得到国内政见的谅解和财政的接济。哪知道越是他返蒙的心切，越引起他政敌的反感，而他脱离政争的决心，反促起他所欲避免的内战的爆发。这哪是他始料所及的事情（当时国务院会议对他西北军饷糈应发与不应发的热烈争辩，现在住居天津的当时财政总长大概可以证明的。而西北军五旅军队，只有半旅——第三旅的半旅——开到蒙古。其他四旅半虽已置备皮衣皮帽，而始终未能开始向北开拔，——大概一旅、四旅、五旅在洛阳，二旅在廊坊——也可以证明他当时财力的缺乏。后来有人责备先君：直皖战事之后，何以不退守外蒙？不知他已到蒙古的军队只有第三旅的四千人，其他四旅半已无法可以运输入蒙——那时张家口有王廷桢的驻军把守，王是属于敌党的，——无武力、无财源，到了外蒙还有什么发展办法）。

（六）张先生又说："徐氏对外蒙的处置，所得的只是减低了优待蒙人的条件，而所失的则是外蒙的人心。中国在外蒙的实力既不充足，而又失去外蒙的人心，则外蒙必将叛离，可以预卜。"

我们看了前面所述的东电，可知先君在外蒙要推行的，不是一个野蛮的武力政策，而是一个欧洲中古式的开明专制政治。虽他一时曾略事威胁，这也许是当时要解决撤治问题一个必要的手腕（此中详情，将来有机会再谭）。看他陈述他对付巴特玛的方法：

> 巴现任总理，手执政柄，其人又颇谙外事，可谕以利害，故专意结之以信，感之以情。每于大议场中，当众极为谦下，尊以老辈，誉以清操，讽以活佛多病，可接其任。看操之日，示以军规之严，军容之肃。兵士放假观剧，苦乐与共，俾知军心之固，期以入我彀中。返携与谈，皆谓王公与喇嘛相持之下，非黄教之福，宜劝活佛立功自固，勿久执违。其实活佛应否，全惟此四人是视（一、巴特玛，二、大沙毕商卓巴特，三、溯楚克，四、棍布，均最高之喇嘛）。而四人中，巴年最

长，位最高，活佛信任较薄。故属其尽力以自托中央，树铮亦
许以全力相辅。巴甚感戴。(先君寒电的一段)

再参看上述巧电，则似乎他对付蒙人的手腕未必完全乖方。若谓
实力不足，应该防备失去外蒙人心，则在未有武力之先，外蒙根
本可以不去。而一种我（政府）居其名，人（王公）获其实，满
布祸根的撤治，与我国有什么好处？

以上所说，是我对于张先生文字中六项大题的讨论。此外还有
两项比较重要的错误，也于此附带指出。

（一）张先生说："徐氏之驰往库伦，他的目的就在将外蒙取
消自治的功劳攘为己有。"

我在上面既已叙明：六十三款并未商定，则当时实在尚无
"功"可"攘"。而先君之不埋没陈士可的功劳，亦于上述的巧电
中说出。不但如此，在数种电文中还可以知道，先君很有借重陈
使的意思。先君八年十一月十日致国务院的卦电说："东电陈请核
示之原议七不可，及条文大意，既奉钧院公电：大总统谕许为卓
谋远识。明晨公议时，自当抱定此旨，和衷洽商。又条文中有与
筹边使署官制职权攙越者，概予削去，然后责成陈使妥办。如不
能，即请责成树铮，妥办后，仍移交陈使，坐承其功。树铮亦本边
使职权，力自图之。树铮只重国事，决不以荣枯毁誉介意。"十一日
的真电又说："条文俟斟酌后，交伊（指陈）向蒙员商办。树铮亦
另行尽力，期于速成，以免旷日持久，或生枝节。事成归功陈使，
决不与竞。"万里远驰，攘他人功劳的人说话如此吗？

（二）张先生又说："但是该项（呈请取消自治的）呈文，活
佛终未肯签字，外蒙议会也未肯通过，仅由外部、自治官府各部
总次长签盖。"

关于此点，张先生也不无误会。先君十一月十五日有一电
（删二）说："今日已召集喇嘛、王公全体会议，议定由〈活〉佛

签名盖印，率众具呈，自请撤治。"可是当日又有一电（删三）来更改："删二陈报，……系都护派人来告，谓蒙员托其转达。电发后……始悉议定办法稍有不同，都护是传闻之误。活佛签名盖章，向无此例。由官府各部长签名盖印，声叙会议公决，活佛允准，请为代陈政府。查清室逊政，亦由太后谕内阁与民国大员交接，并非帝后自行具名。夜郎虽小，帝制自娱。佛不具名，亦于外无嫌。慨然允之。"于此可知当事真象。至云"议会"也未肯通过，则外蒙当时并没有什么"议会"（也许张先生所指的，就是上说的喇嘛、王公全体会议，而该会议是通过撤治的）。

　　总结的说，张先生一篇外蒙撤治的叙述，对于当时事实，实在过于隔膜，而所得的材料又太缺乏，所以成见过深，而论定失当，或不免轻言妄论之嫌。我谨就我所知的事实略略写出，求张先生和读者的指教！

　　　　　　　　　　　　　　　　　　　二十五年五月廿日南京

《独立评论》（周刊）

北平独立评论社

1936 年 203 期

（朱宪　整理）

答徐道邻先生关于《外蒙问题回顾》的疑问

张忠绂　撰

我在《独立评论》一九八号上曾经发表了一篇文章，题目为《外蒙问题的回顾》。关于我那天（四月十六日）作这篇文章的动机，我可以在此处声明如下：（一）我那天正预备替《独立评论》作篇文章，看到那天天津《大公报》社评的题目是《外蒙问题之回顾》，而感觉着该文的内容不十分详尽，且有我认为错误的地方；（二）我这几年正在研究中华民国外交史，因此民八外蒙取消自治官府的一段公案，也正在我研究的范围以内。我很惭愧，我没有到过蒙古，而且当时亲身经历的前辈，我一个也不认识。我不认识这班前辈，固然是一种缺陷，然而也有一种好处，那就是我研究的结论，自信没有感情作用参杂其间。假若我研究的结论是错误的，评者可以说我"对于当时事实实在过于隔膜，而所得的材料又太缺乏"，但评者决不能说我"成见过深"。我和这班前辈非亲非故，徐树铮先生我固然与他没有一面之缘，就是陈毅先生我也丝毫不认识他。我和徐道邻先生倒是认识的。不过我们研究历史的人，就事论事，虽尊亲也不必为讳，此点倒是要请道邻先生原谅的！我敢在此处负责的声明，我作《外蒙问题的回顾》一文时决没有成见，也决没有感情参杂其间。从这一点上立论，这是我敢于希望道邻先生原恕我的！

研究晚近中国外交史本是一件极其困难的事，不仅止材料不易搜集，而且在判断史实的时候，势必得开罪于许多前辈闻人和与这些前辈闻人有亲友关系的人。我不研究晚近中国外交史则已，我既研究这部分外交史，我只有根据我所得的史料秉公论断。我的论断也许有错误的可能，但是我的心中决无"左刘"、"右刘"的成见。"矢人岂不仁于函人哉"，"巫匠亦然"，就是这个道理！因为研究历史而使人见罪，虽然是出于不得已，但是毕竟"衅自我开"，我愿意在此先向道邻先生深致歉忱！

我向道邻先生致歉，这是"私情"，我对于民八外蒙取消自治官府一段公案所下的论断，那是"公谊"。从"私情"的立场上讲，我先向道邻先生深致歉忱。从"公谊"的立场上讲，我对于道邻先生的"疑问"仍然不得不作一答辩。

在上面我已经说过，我作《外蒙问题的回顾》一文的动机，其中的一个，就是我这几年正在研究中华民国外交史。我明知这部分外交史非常难作，时期离现在太近，有关系的人物且多半尚在人世。因为这个缘故，我曾将我所作的《中华民国外交史》（卷上）的草稿，在各大杂志中先期披露，征求批评。在我的草稿第一次发表（《外交月报》第五卷第五期）时，我曾经加以如下的说明："其时期距今太近，史料之搜求不易，文字之着笔尤难。此时发表之拙著，仅能作为草稿，务希国内外交界之耆宿，以及海内外研究外交之专家不吝指正，俾便于全书完稿时减少谬误。"道邻先生现在肯不吝赐教，我当然是极其欢迎。本来写近代史的人，决没有人敢说他所下的论断，就是最后的正确的论断。譬如欧洲战前数十年的外交史，在大战以后，因为各国政府公布档案的结果，几几乎全得重写。我们写近代外交史的人，只能就研究时所可能得的一切材料尽量利用，作一论断。可能得的材料没有能完全利用，或者用得不好，这是作者应当负责的。因新材料的公布而需要改变论断，这不是作者所能负责的。我所著的《中华民国外交史》（卷上）一书，现正在排印中（由北大出版部承印），大约七八月间可以出版。在此时，假若道邻先生或任何人，能够根据尚未公布的材料改正我的错误，我极愿接受，并愿将原书修改。但是道邻先生这次在《外蒙问题回顾的疑问》一文中所引的档案，据我看，认为还是不足以推翻我原有的论断！

对于民八外蒙取消自治一段公案，我的《外蒙问题的回顾》一文中的主要论断有三点：（一）民八外蒙取消自治的一幕交涉，其主动不在中国，而在外蒙的王公；（二）陈毅对于外蒙取消自治一幕虽无大功，但尚无过；（三）徐树铮先生对此项问题的关系则不仅无功，而且有过。

道邻先生对于我的第一点论断，提出的疑问是："但不知先君之拜命西北筹边使及西北边防军总司令是在当年的六月。……而他拜命之后，立即派他的参谋长李如璋……和西北军第三旅旅长褚其祥驰往库伦。……而先君直接指挥的军队，是在筹边好几个月以前已经成立妥定的。……并且有相当的名声。……李如璋、褚其祥两人之到库伦，及他们之代表一部分很相当的武力，和先君当时政治上的地位同他个人的名声，这三种事实……与蒙事的展变应当不是全无关系。"

的确是的，徐树铮先生拜命两职是在六月，在外蒙自请取消自治以前。这层我在《外蒙问题的回顾》一文中也已曾经提到，不能说我是不知道，道邻先生所说的三种事实，那也是可靠的。当然，我不能说这三种事实与蒙事的展变全无关系，然而这并不能推翻我的论断：外蒙取消自治的主动不在中国而在外蒙的王公。我们只须看陈毅于八月十五致中央的电报，他说："中央原议，惟望改正俄约限制，酌挽利权，仍保留自治，以顺蒙心。惟近因库伦大会解决，拒绝外患之谢、布独立，遂牵动内部之黑黄两派问题，并于废除协约，取消官府，亦生动机。……此次各王公到库，密议中蒙前途关系。对外问题，黑黄均一致赞助中央，惟黄派则兼留自治以握政权，黑派则感受苦痛，有宁牺牲官府以脱离黄派把持之意。"（原电见外部政务司拟：《研究俄约关于外蒙古问题议案》）我们再看八月十六日陈毅致中央的电报，他在这个电报中，先报告外蒙王公代表车林，请求撤销自治的一幕谈话，然后说："查外蒙诚心内向，机不可失。……即宜顺势收回。"

外部接到陈毅的两电报以后，考虑的结果，一则曰："此次该大员来电，外蒙王公竟能以诚意请求中央协助，并自愿取消自治，恢复前清旧制，良为政府始愿所不及。"再则曰："倘此时拒绝，外蒙必致疑及中央无力兼顾，因而启其轻视之心。"三则曰："外蒙王公既有此项请求，政府为时势所迫，无论如何，自不能不有以副其希望。"

我想上面所引的这几件档案，已经足够证明民八外蒙取消自治的一幕交涉，其主动不在中国，而在外蒙的王公。撤治的主动既不在中国，而且外部于接到陈毅的两电以后，虽主张"不能不有以副其（外蒙王公的）希望"，然而他们却同时建议"先由外蒙王公用全体名义呈请"，以便"将来政府对外较易措词"。原因是，"事关国际，在我如能于此时多得一分之证据，即于将来公布之时少一分阻碍"。于此可见，在外蒙王公自请取消自治以前，中国政府绝无撤销外蒙自治的意思。徐树铮先生是政府的官吏，假若我们定要说，政府于事前虽然没有撤销外蒙自治的意思，但是徐树铮先生却有此意，那我们必须要有充分的反证，道邻先生似乎没有提出这种反证。纵然我们承认道邻先生所说的三种事实——李、褚二人到库，他们代表一部分实力，以及徐树铮先生的地位与名望——与蒙事的展变不是全无关系，但是我们仍然可以说："外蒙取消自治系外蒙王公自己提起的，与徐氏无涉。"因为，（一）李、褚二人的赴库，纵然是意在和蒙人联络，但决没有负与外蒙商洽撤治的使命，这一点我们根据上面叙述的情形可以断言（道邻先生的文中也没有证实他们负有这种的使命）；（二）我们既已证明在外蒙王公自请撤治以前，北京政府并无撤治的意思，道邻先生又没有提出反证，证明徐树铮先生在此时有此种主张，因此之故，我们纵然承认李、褚二人代表一部分武力，承认徐树铮先生在当时有他的地位和名望，但是他并没有利用他的地位、名望和武力来作撤治的主张。我说："外蒙取消自治系外蒙王公自己提起的，与徐氏无涉"，这句话我认为仍然是对的！就是我们再退一步说，假定外蒙王公的自请撤治，是因为徐树铮先生的"先声夺人"，殊不知，这时中央政府对于外蒙的政策（决不轻易更动外蒙自治制度，但愿取消《俄蒙协约》，相机与外蒙另定条款），陈毅于接到训令后，已早与外蒙密商，徐树铮先生既没有另提撤治的主张，外蒙王公又何至为他的先声所夺？就是我们更退一步说，假定外蒙王公之所以自请撤治的缘故，是由于目睹中央渐有注重边事的意思，而且具有实力，然而这只能说是中央的功绩，也不能说是徐树铮先生的功绩。假若外蒙王公的自请撤治，的确是因为中国此时是有威可畏的话，则徐树铮先生与六月间拜命两职的事件，应当远不如七月二十日改督办参战事务处为督办边防事务处，而以段祺瑞任该处督办的事件重要。徐先生的威望决不及段先生的威望，徐先生的实力也决不及段先生的实力。我们既不能将外蒙撤治的动机归功于段先生，我们自然更不能将外蒙撤治的动机归功于徐先生。外蒙撤治的动机另有他的主要原因，内在的是黄黑两派的争端，外在的是俄国革命后的无力（俄国原为外蒙独立与自治的后台老板），与日本操纵下的谢（谢米诺夫）、布（布里雅特）的煽惑（外蒙不愿依靠日本）。故所以我说："外蒙取消自治系外蒙王公自己提起的，与徐氏无涉。"

　　我的《外蒙问题的回顾》一文中的第二点论断是：陈毅对于外

蒙取消自治一幕虽无大功，但尚无过。道邻先生对于这一点似乎没有提出疑问，因此我们对于这一点，也可以不必在此再为申述了。

我的《外蒙问题的回顾》一文中的第三点论断是：徐树铮先生对此项问题的关系，不仅无功而且有过。道邻先生的"疑问"似乎是完全针对这一点而发的。他所提出的六点，除了第一点有关于外蒙撤治的动机，已由我在上面答覆外，其余的五点都应当在此处答覆。

我在《外蒙问题的回顾》一文中，对于我的第三点论断所下的解释是：

我何以说徐树铮无功，因为：（一）外蒙取消自治系外蒙王公自己提起的，与徐氏无涉。（二）徐树铮被任为西北筹边使及西北边防总司令，虽在一九一九年六月，但徐氏赴库伦则在是年十月底。在十月底的时候，匪仅取消自治的建议，已由外蒙王公提出（在八月中），即取消自治的条件，亦已经陈毅与外蒙商定。（三）徐树铮于就任西北筹边使及西北边防总司令以后，在徐氏本人未到库伦以前，即曾调遣军队赴库。但中国军队进入库伦之议，则并非由徐氏首创。陈毅于一九一八年六月，即已电请北京政府派兵入库，首先抵库之中国军队，为绥远驻军团长高在田所部两营（一九一九年三月抵库）。

我何以说徐树铮有过，因为：（一）陈毅与外蒙既已商定外蒙取消自治条件，且已得活佛允许，而徐氏因为不满意于陈毅，定要将原已议定的条件取消，致失去外蒙王公对于中国的信仰。虽徐氏终得以兵威强迫外蒙屈服，但外蒙已存离贰之心，所以不到一年，外蒙即又勾结白俄，想借白俄的力量，将中国驻外蒙的军队驱出。假使当初照陈毅与外蒙商定的条件办理，则外蒙必不至反复如是的快法。一九一九年，外蒙之所以愿意取消自治的主要的原因之一，就是因为他们拒绝了谢米诺夫的煽惑。自治取消以后不到一年，他们重又去勾结谢党，这种责任当然应由徐氏负担。（二）徐氏既任蒙疆要职，他的武力政策又激起了蒙人离贰的意志，然而他并不赴库坐镇，却在国内参预政争。这种办法，就是他不下台，库伦迟早也是要失去的。（三）徐氏对外蒙的处置，所得的只是减低了优待蒙人的条件，而所失的是外蒙的人心。中国在外蒙的实力既不充足，而又失去外蒙的人心，则外蒙必将叛离，可以预卜。

"总结的说，民八外蒙取消自治一事，徐氏无功可言。民九以后，外蒙的勾结谢党，叛离中国，虽有他种原因，但民八徐氏处置的乖方，失去了外蒙的人心，却也是重要的原因之一。"

道邻先生对于上面这几段的叙述最表不满。他的第二点否认我所说的：徐氏赴库伦的时候（十月底），取消自治的条件已经陈毅与外蒙王公商定，且已得活佛允许。他的理由是：（一）对于撤治事件，外蒙王公意见并不一致；（二）外蒙喇嘛尤反对陈毅所拟条件；（三）活佛原不赞成撤治，且对陈毅不满。我现在答覆如下：（一）关于第一点，就是根据道邻先生所引的电报，也只是说："三、札、车三盟王公均全体赞成取消自治，土盟各札萨克，及有名望之王公亦均赞同，惟土盟在蒙署各司与由活佛滥加爵衔之闲散人员数十〔十数〕……谓仍由总理办事较妥。"外蒙王公只有四盟，而四盟中只有土盟中之闲散或不重要人员不愿撤治。撤治是外蒙王公自己提起的，我们纵然承认王公中也有少数不重要的分子反对，然而这并没有阻碍外蒙王公提出自治的请求，也没有阻碍王公与陈毅商定条件！（二）关于第二点，外蒙喇嘛反对陈毅与王公商定的条件，这一点我是承认的。我在所著的《中华民国外交史》（卷上）一书中曾经详述，并且还曾提到，他们因为反对条件，尚曾派遣大喇嘛密力根到北京来表示他们的意见（道邻先生没有提到此点）。但是这也并不能推翻我所说的，取消自治的条件已经陈毅与外蒙王公商定。（三）关于第三点，活佛原不赞成撤治，且对陈毅不满。是的，活佛因为被喇嘛所包围，原不赞成撤治，但是后来（十月底前）经外蒙内长兼国务总理商卓特巴亲王面陈，终于允许。活佛允许后，陈毅方始与王公议定条件，派秘书黄成序进京，请政府核定（以上都是十月底以前的事）。

根据上面叙述的事实，我仍认为我所说的：徐氏赴库伦的时候，取消自治的条件已经陈毅与外蒙王公商定，且已得活佛允许，这句话是没有错的。喇嘛虽然不赞成六十三条，但是我们应当知道，喇嘛在外蒙独立与自治以前是不能干预政务的。再进一步说，我上面的那句话，原是在叙述徐树铮先生到库伦以前的事（十月底以前）。道邻先生所引的两电都是十一月十四日拍发的。在十一月的时候，徐先生已经到达库伦，并且主张不必先定条件，应由活佛先行率众呈请撤治，然后再商详细办法。因为他有这种主张，所以活佛又变了卦。我们不能因为活佛后来变卦，而根本否认活佛以前允许撤治的事实！

道邻先生的第三点，是关于中国军队进入库伦的问题。他也承认我所说的："中国军队进入库伦之议，并非由徐氏首创。……首先抵库之中国军队，为绥远驻军团长高在田所部两营。"他只是说："先君虽曾调遣军队赴库，但何尝以'首创'自豪。"我在《外蒙问题〈的〉回顾》一文中，也曾提到徐先生曾调遣军队赴库，我并未曾说他以"首创"自豪，我只是在说："中国军队进入库伦之议并非由徐氏首创。"我的原意是在说明我的论断，那就是说徐先生对于外蒙撤治是无功可言的。道邻先生既没有驳我的这一点，我想我的这一点或者可以站得住。

道邻先生的第四点是在说明：（一）徐先生之主张将原拟条件取消，并不是因为不满意于陈毅，而是为公；（二）徐、陈间的闹意见，是徐先生对蒙人纵横捭阖的一种策略；（三）纵不取消原拟条件，外蒙若要反复，仍然是可以反复的。

对于上述的第一点，我的答案是：（一）徐先生于十月底到库伦，而于十一月一日即已发出东电，主张全盘取消原拟条件，假若徐先生不与陈毅闹意见，似乎不应如此办法。外蒙撤治是一件大事，已经议定的办法还恐横生阻碍，现在将前议完全推翻，这不是给外蒙不满的分子以口实吗？徐先生假若没有成见，似乎应当与陈毅详商修改的办法，迁就已成之局，何必定要将前议全盘推翻？（二）我所说的"徐氏因为不满意于陈毅，定要将原已议定的条件取消"一语是根据陈崇祖所作的《外蒙古近世史》一书来的。陈氏曾在库伦"两掌记室"。他书中的叙述我也曾与别种材料对校过，除了月日间有错误外，事实大部分都可靠。（三）徐先生十一月一日的东电，我们安知道他内中所说的不是"官话"？当局者的电报固然是极好的材料，但是我们利用这种材料时，似乎应当分别他的性质轻重，若果徐先生是因为与陈毅闹意见，他也决不会在致政府的电报中说的！（四）不错，著《外蒙古近世史》的陈崇祖，他也许有代陈毅说话的嫌疑。但是我们就全局来看，他的话似乎是大致不错。我们要推翻他这句话，尚须等待我们有可靠的相反的史料发现！

对于上述的第二点，徐、陈间的闹意见，是徐先生对蒙人纵横捭阖的一种策略，这句话恐怕太勉强了罢。道邻先生提出的证据，又是徐先生自己的电报。纵然我们承认徐先生所说的是真话，我们真不知道徐先生这种纵横策略的用意所在。据他自己电中所说，他的用意是在笼络喇嘛。但是我们所知道的，喇嘛是反对撤治的，他们对于陈毅所拟的六十三款尚表示反对，徐先生的主张比六十三款更来得利害，他们决不至于专因为与王公作对，看见王公依附陈毅，而他们就甘心依附徐先生，赞成徐先生的主张。后来的事实也证明，在徐先生实行他的主张的时候，反对最力的不是王公，仍是喇嘛。老实说，徐、陈两氏的闹意见是真的，而不是假的。就是道邻先生所引的巧电中也曾说到："迭次电文稍有不满陈使者……非于陈氏有所芥蒂"，这句话虽然是剖白的话，但是已经表明出徐先生迭次电文中，的确有不满陈氏的表示。我们再看道邻先生所引的寒电中也说到："此树铮所谓听信陈使自办，即经年累月亦难得定也。"假若这句话尚不能证明徐、陈两人闹意见的真实性，那后来等到徐先生携带外蒙呈文返京以后，又何必留兵监守陈使公署？并且呈请中央取消都护使职。

对于上面的第三点，纵不取消原拟案件，外蒙仍然可以反复。这句话是不错的。不过我原来的话只是说："假使当初照陈毅与外蒙商定的条件办理，则外蒙必不至反复如是的快法。"我没有说外蒙决不至反复，我只是说没有这般快法，这是我的推论。我的理由是：（一）外蒙建议撤治是在一九一九年八月。正式呈请撤治是在同年十一月，而勾结谢党进兵是在第二年的八月。从正式呈请撤治到勾结谢党，前后不到一年。十个月以前，外蒙的王公和喇嘛（喇嘛为保持自己的政权，虽不主张撤治，但也倾向中央，反对与谢、布合作），都不肯受日本卵翼下的谢、布煽惑，而在十个月以后，他们自己反去勾结谢、布，外蒙纵反复无常，然而这种反复不能说是毫无原因吧！（二）王公原是提议撤治的主动者，而在十个月以后，原来主张取消自治的外蒙王公，竟多数反对撤治，我想这决不能专责他们反复无常吧！

道邻先生的第五点是在说明：（一）徐树铮先生没有赴库坐镇是因为无武力、无财源；（二）徐树铮先生决无意参预国内政争。关于第一点，我的答覆是，陈箓、陈毅都可以到外蒙坐镇，以徐先生的地位和名望，何以反不能去，何况他已有四千兵运到外蒙了呢？就是他实在感觉困难，他何以不早日辞职，何以他反请中央取消陈毅的都护使职，将陈毅调回北京呢？关于第二点，我只说徐先生"既任蒙疆要职……并不赴库坐镇，却在国内参预政争"。我以为徐先生在此时曾经参预国内政争,这是不能否认的事实,他是否不得已而为之,那就另外是一个问题了。

道邻先生的第六点是在说明:(一)徐先生在外蒙所推行的不是一个野蛮的武力政策;(二)徐先生的处置未必完全乖方;(三)我居其名,人获其实,满布祸根的撤治,与我国有什么好处? 道邻先生的这段文章的用意是在反驳我所说的:"徐氏对外蒙的处置,所得的只是减低了优待蒙人的条件,而所失的则是外蒙的人心。中国在外蒙的实力既不充足,而又失去外蒙的人心,则外蒙必将叛离,可以预卜。"然而道邻先生的这段文章似乎不大切题。我并没有说徐先生在外蒙所推行的政策是野蛮的,但是徐先生对外蒙曾用武力威胁的手段,这点就是道邻先生自己也承认的。纵然徐先生的目的是在对外蒙实行"开明专制",但是他的"一时威胁"却已足以使他失去外蒙的人心,何况徐氏的"开明专制"尚不是蒙人所欢迎的。我居其名,人(指王公)获其实的撤治固然与我国没有什么好处,逞一时的武力而又无以为继的办法,难道与我国有好处吗。讲到满布祸根,我以为陈毅所拟的条件固然不是完善的,但是徐先生的办法所布的祸根尤其重大。

道邻先生说:"若谓实力不足,应该防备失去外蒙人心,则在未有武力之先,外蒙根本可以不去。"道邻先生这句话的用意似乎是在主张,纵然实力不足,我们也应当到外蒙去;既到外蒙去,则我们必定要办到名实全归,不必顾虑失去外蒙的人心。那道邻先生何以又同时说,徐先生之所以没有坐镇外蒙的原故是由于无武力,无财源? 我承认能办到名实全归自然最好,但是中国此时没有经营外蒙的实力,与其弄到后来名实俱亡,似乎到不如根本不作名实全归的梦想。治蒙的方法不外两种:(一)用实力;(二)维系外蒙的人心。徐先生既不能始终以力量实力经营外蒙,徒逞一时的武力,失去外蒙的人心,这种办法我们不能承认是妥当的。

　　道邻先生所提出的六项大标题，我已一一答覆如上。此外，道邻先生还曾提出两点。第一点是关于"攘功"的问题，这一点与上面的讨论全有密切的关系，上面的讨论已足以说明一切，我不预备再费词了。第二点是关于撤治呈文签盖的问题，道邻先生对于我所叙述的都没有否认，只说"外蒙当时并没有什么议会"。关于这一点，我请道邻先生看《The China Year Book》（1921—22，P.575），外蒙此时是有议会的，而且上下两院，不过组织特别，没有用直接选举制而已。

　　我素来不愿意与人作争辩的文章，这一次我作《外蒙问题的回顾》一文，是因为看到《大公报》四月十六日的社评，将民八外蒙撤治的一段事实说得太简单，并且完全归功于徐树铮先生，与我研究的结果大不相符，所以我写了那篇文字。今又承道邻先生赐教，我很感谢。然而道邻先生所提出的理由和证据，据我个人的看法，并不能推翻我在前文中所下的论断。我不是说我的论断一定就是对的，我只是说，要推翻我的论断，尚须有待于新的史料的发现。在没有任何足以推翻我的论断的新史料发现以前，我仍然认为我的论断是对的。

　　我因为研究中国近代的外交史，以致不能不牵涉到徐树铮先生，因为牵涉到徐树铮先生，遂又引出道邻先生的质问。我很抱歉，我惟一敢于希望道邻先生原谅的理由是我决没有"成见"。徐树铮先生为前辈闻人，一时硕彦，虽然我认为他对于外蒙撤治事件无功有过，但是这并不是批评他个人。我愿意在此向他致敬！并向道邻先生深致歉忱！

《独立评论》（周刊）

北平独立评论社

1936 年 204 期

（朱宪　整理）

再论外蒙撤治

徐道邻 撰

外蒙撤治一事，在《独立》中已引出了三篇文章。我因为对于张先生答我的《外蒙问题回顾的疑问》，还有些要补充的事实，现在不能不再有所讨论。不过张先生的答辩文字，实在有点支离琐碎（如同有一两处对我《疑问》中的文字——中国军队入库之"首创"（页九），及外蒙反复如何"快法"（页十）等等，简直故意曲解；或者谈到喇嘛反对撤治的六十三条，却说他们在自治以前不能干政（页九），也是无理强辩）。我不愿意在大众刊物上条条辩驳，去作私人文字争执。现在仍旧是就几项大题作些事实的补充，就便申述点意见。大体既明，则一切枝节问题无关紧要。我不是对张先生此外所说的各点一切表示同意，更不是第一次所争辩者尚多，第二次有几点认输，所以争辩的变少。

（一）张先生说外蒙取销自治的一幕交涉，其主动不在中国而在外蒙的王公。他依据外交部所签注的考虑，断定中国政府无撤销外蒙自治的意思，并且推定先君当时也没有撤销自治的主张。

我在《疑问》中曾对此指出三个事实略有申述——李、褚二人到库，他们代表一部分实力，先君个人的地位与名望——在《独立》发表之后，有一个老前辈写信给我，又告诉我一些补充的事实。

他信里说：民国七（！）年的夏天，先君与张雨亭发生意见，辞职奉军副司令之后，就一心注意西北边防问题，结果于当年阴历七月，作了一个筹边策上给政府。在这个条陈里面，记得是提到撤销外蒙自治的事情。后来得到国务院会议通过，成立了西北边防筹备处（在东城北兵马司），就任他为处长，这是民七夏末秋初的时候。当时筹备的工作非常紧张，到了冬天他派西北军第三旅旅长（？）褚其祥（当时番号如何，尚待查）和参事长（！）李如玮（民八改充总参谋，民九春改充第五旅旅长）两人到库伦视察当地情形，筹划撤治办法。在库四十余日方始返京。第二年春天（端午节前后），二人再度赴库进行撤治，又住了二十余日（二人两次出差，旅费是由筹备处军需处报销的）。回来的时候，皆有报告书作成，由先君签注意见，拟具办法，陈报府院（此事由张千子一人经办，极其慎密。张君现已物故。底稿我家里没有，惟有希望将来可以得到府院旧卷）。在这个当儿，先君又派第一旅旅长宋邦翰、第四旅旅长张鼎勋先后赴库（二人旅费，抑由筹备处报销或系旅部报销，记不清楚），等到八年六月十三日，西北边防筹备处处长改任西北筹边使（当时国会通过），及六月二十四日兼派西北边防军总司令（但由国务院令派，未经国会通过），两个命令下来之后，李、褚二人又奉命联袂赴库（就是我在《疑问》一文中所指出的），已经是他们第三（！）次库伦之行了。

　　照上面所说：先君七年夏天上给政府的筹边策，已经有撤销自治的主张，而褚、李的三次入库更实在负有接洽撤治的使命。就使张先生仍认此为反证不足，至少也许可以承认先君当时既有精密考虑的筹边策的整个计划，事前谋虑经营又有一年三个月充分的光阴，更且派遣高级军官五次入蒙，作了比较长期和切实的视察，对于撤销自治的问题，或者不至于完全没有想到。

　　后来车林向陈士可（毅）建议撤治，固然不能说一定是褚、李三次入库的收获，不过因此就说外蒙取消自治，系外蒙王公自已提起的，与先君"无涉"，未免抹杀了上面所述的一切事实。

（二）张先生维持他的论断，说取消自治条件已经陈毅与外蒙王公商定，且已得活佛允许。不过后来先君到库别有主张，所以活佛才又变了卦。

张先生依据陈崇祖的《外蒙古近世史》，补述："活佛原不赞成撤治，但是后来经商卓特巴亲王面陈，终于允许。活佛允许后，陈毅方始与王公议定条件，派秘书黄成序进京，请政府核定"，可是陈书同页又说："……拟定条件六十三项，喇嘛等多不赞同。……各王公恐事败垂成……商请都护使派人持条件赴京，先请政府认可。……喇嘛等知都护派人入京，即要求活佛抗争，活佛恐都护偏袒王公，亦派大喇嘛密力根入京争之。由是王公、喇嘛等彼此益相持不决。"（陈书第三篇页二，此与远东外交研究会所编《最近十年中俄之交涉》页一六二所述相同）

于此可见，纵使活佛对商卓特巴的面陈，或者有过应诺的表示，可是对于陈士可所拟的六十三条实在并未曾允许。因为若是已经允许，他派大喇嘛入京所争的是什么，而大喇嘛的入京，是在先君尚未向库伦出发的时候。

就是后来陈士可十一月十四日致外交部的盐电，也仅说"巴特玛前以须召集外路王公与议为词，借图延宕抵制"和"巴特玛借词活佛不愿"等语。足见六十三条，乃是一种曾经提出的草案，并不是业已商定的条款。如果六十三条是蒙古方面（活佛、喇嘛、王公）和中国方面已经完全商洽妥协，毫无问题的条约成案，徒以先君到库以后别有主张，而活佛遂变了卦，否认前议，则这活佛"变卦"的事实，已足为先君破坏撤治成功很大的罪名。可是陈士可许多的电报里，和当时一般的新闻和舆论及一切论蒙事的书籍，并没有这一类的论调。——陈士可不是没有攻讦先君的电报，不过也仅说到"徐使对于条文过事挑剔，不谅办事苦衷，窃恐有辜王公希望，又难措手”而已（盐电）。陈崇祖之《外蒙史》及《中俄之交涉》两书，与先君并无好感，亦皆无活佛“变卦”之说。

张先生所说六十三条已经得活佛允许，不过先君到库之后，活佛才又变了卦，可以说是一种毫无事实根据的强辩。

（三）张先生继续主张：“徐氏因为不满意于陈毅，定要将原已议定的条件取消”，因而讨论到先君和陈士可闹意见的事实。

先君之所以要取消原拟六十三条，曾有七种理由。一、未能作启化蒙人的基础；二、保留了制度上开化的障碍；三、增重了王公们把持的势力；四、应许了他们以我们所供给不出的俸费；五、国际条约上的立场无根据；六、保留了所要废弃的条约的效力；七、失掉喇嘛王公兼驭的平衡。皆是极其重要。尤其第四点，马上会使中国丢面子；三与七两点会使外蒙不久就发生内乱；第五点所说的，更合符张先生所引的外交部的见解：“此时多得一分之证据，即于将来公布之时少一分阻碍。”

我们要批评当时取消原拟条件的是非，应该研究原拟条件妥当不妥当和要取消的理由充分不充分。如果原拟条件实在不妥当，因而应当取消，则取消的动机如何，是否因为闹意见，批评者可以不必细究。如果原拟条件并非不妥当，无须取消，则就是不闹意见，要取消也不对。先君陈述他要取消原拟条件的理由，有一千四五百字的东电，我曾整个的抄出。张先生对他并无一句一字的批评，而简单地以“官话”两字了之，陈崇祖确有“代陈毅说话的嫌疑”，却认他的话似乎是大致不错。丝毫不问取消原拟条件是否有理，斤斤的坚持其动机为闹意见，而结果则根据此点，说取消原拟条件为不应该。历史学者的批评态度，不应当如此！

陈崇祖的《外蒙古史》书中说：先君晤见黄成序，询以有何秘要，成序未曾以条件见告，徐、陈意见，即胎于此（页三）。这是张先生所根据的材料，不过此说尚未尽其详。我现在把先君后来述及此事的卦电（八年十一月十日）抄录在下面：

> 查陈使原拟条例，定稿之初，树铮即有所闻，渠遣秘书长黄某，甫到京，亦即知之。因未来见告，故亦不过问。乃黄到六七日后，陈使忽电树铮，谓黄有秘要赴京，到时祈面晤。讵黄晤时，蹰躇其状，闪烁其神，吞吐其词，询其有何秘要，则云无他事，因请假赴奉，故都护属便道一催队伍耳。树铮更笑而遣之。树铮启行前一日，谒大总统叩辞，奉询及撤治条例事，饬取阅研考。归向院（国务院）秘书厅借得外交部签注原件，即携之北行。途次日夕审核，颇悉利弊所在。意到库陈使必以见商，故早作预备。又来时本望以筹边事业问诸陈都护及各副使，公同计筹，明年开春，即可兴办，一备国家另设官额，一使外政之官潜移默化，渐改为民治之区。于行时亦经陈明大总统鉴核，奉谕甚好。闻陈为助，自是善策。故停车之夕，即取治蒙条议秘案倾诚相示。而渠始终意殊不属，略与谭及撤治事，其闪烁吞吐亦与黄同。树铮不便再言，是以电陈意见，拟俟李、恩两副使到后公同商酌（即前《疑问》文中抄载的东电）。嗣知陈使接政府中人秘授意旨，属其不须以条文相示，意在勾结一二蒙员，自行分授办理。查树铮自到库之日起，一言一动，每日必电陈政府鉴核。事因所见所闻，或所意揣，无不分析明白，自问无负于政府，无负于道义。树铮在外之时，权宜甚大，岂好为驯谨哉，只以历来国家威信不出都门，天下蔑视者多，故愿率为矩式纳人以轨物耳。今再陈管见，祈赐鉴照。……（后半段已在《疑问》十七页中引出）。

我们现在可以知道：先君起先与陈士可并没有什么个人意见，以后的不和，是因为陈士可受了政府中人的意旨，对他在外蒙的工作有掣肘的趋势。取消原拟条件的理由既然很多，也不能说这一定是闹意见的结果。

至于闹意见的收获，是王公们益坚附陈使，不虑再有涣散，喇嘛辈则依附先君，认为得援，后来猝入本题，易恩以威，喇嘛辈既一向以依附先君为号召，现在自然没有坚决反抗他的力量和余地，而不得不服。这就是擒贼擒王和孤人之势的办法。关于此段事实，我于《疑问》中曾摘抄两个电报（十五页的巧电，十七页的寒电）。现在再补充一些：

> ……树铮察知此情……一意向喇嘛市好，俾知依附。然后济以恩威，期遂吾计。本拟与陈使协同妥办，奈与晤谈，稍及喇嘛，渠即苦苦向树铮代王公求情，一若树铮与王公有深仇大恨，不能相容也者，故前电有不敢尽情信任之说也。自严谕岱青王朋楚克后，迭向喇嘛中人日加灌溉。又探知巴特玛因前充商卓特巴，为活佛所夺，又年轻者皆封亲王，而彼只有王衔，心中亦多不平。且现任总理，手执政柄……故属其尽力以自托于中央，树铮亦许以全力相辅。巴甚感戴（中间节文见《疑问》十七页）。数往谒活佛，往来三数日，佛仍推宕不应，托词非待会议，即声言外交有关，昨晚遂与勒限，谓外交有中央政府在，会议无可待，活佛向来办事不待会议，今不能独待。我所责求，活佛与执事两人签〔金〕见。他有异言，我自当之。执事如此高年不惮奔走，以谋黄教之安。而活佛罪恶已满，尚不肯发此言，徒令喇嘛假威权以祸王公，王公不平已久，必思起复，争乱相寻，则黄教已矣。黄教去，外蒙必如散沙，则外蒙已矣。是执事有爱外蒙爱黄教之心，而活佛持之以攘乱也。外蒙为国家领土，我为外蒙长官，有弹压地面之责，不能坐视。请往告佛：明日速应则已，明日不应，当即拿解入京，听政府发落。巴又稍以俄人及蒙兵为言，意谓如是必致惊恐地方。树铮谓即有惊恐，是昏佛使然，非我之咎。……渠许

再往，向佛力劝，更略谈其不平之事。树铮许以事定后，王衔立可册真，并其弟皆与双俸。渠更约明晚再见。今晨独坐默念：万一佛再不应，安能径行拿解。当即坐罪彼四人（四最高喇嘛），责以不能善辅活佛，姑作拘禁之状以恐之，再图别策。庶刚柔兼济，而不损国家之威。正自筹酌，巴忽驱车而来……云佛允撤治，惟言陈使偏袒王公，所拟条件，决不愿用……等语（节文见《疑问》十二页），并胪举佛恳代维持往事数件。树铮以机不可失，遂许以今偕其谒佛面商，决不令佛有失体面，或喇嘛、王公有何不均。巴称谢而去，临行又坚嘱守严密，盼事定后再告他人云云（十一月十四日寒电）。寒日到巴寓所，议商条件，因仍为去喇嘛权职，树铮坚持，欲订条例，非简略不可。详细办法，可另定边事章程，或不定条例，但由佛率众具请撤治，一切办法，统待另商，或派人随树铮入京详定。渠狡展良久，逼之去谒佛，树铮寻又严词诰谕，谓祸蒙之罪，不在佛而在喇嘛，宽限一日夜，明晚定须解决，否则拿解者不止一佛，执事虽老，亦当随行。渠状极畏惧。大约一二日内可见定夺（十一月十五日删一电）。

删电计达，今日已招集喇嘛王公全体会议，议定：先由佛签名盖印，率众具呈自请撤治。一切条件办法概从另定。饬人来求，今晚不必再逼，日内定即妥办。……（删二电）。

删二陈报蒙员会议情形，并求树铮今晚不必往逼，系都护派人来告，谓蒙员托其转达。电发后，有人询巴，何以会议未散，匆匆先归？答云："昨徐公限今晚六时晤面，故早归待之耳。"树铮仍即往晤。始悉议定办法稍有不同，都护是传闻之误，活佛签名盖章，向无此例，……佛不具名，亦于外无嫌，慨然允之。并致昨晚歉意，其公文旦夕即定也。（删三电，节文见《疑问》十八页）。

看了以上四电，当时接洽撤治手续的经过可以了然。张先生在《外蒙问题的回顾》中说："徐氏将六十三款大加修改，将优待蒙人的条件多数删去，向外蒙内阁总理提出"（《独立》一九八·页六），殊不确实。先君的主张是但请撤治，不定条件，后来蒙方正式的请愿呈文就是如此办理。陈崇祖的《外蒙近世史》（页四）和《中俄之交涉》（页一六二）也皆是如此说。张先生所说的事实（大加修改和删去优待条件）不知根据什么材料（China Year Book?）。

（四）张先生责问先君：陈箓、陈毅，都可以到外蒙坐镇，以他的地位和名望，又有四千兵，何以反不能去？就是实在感觉困难，何以早不辞职？中国此时没有经营外蒙的实力，根本不应作名实全归的梦想。

我在《疑问》一文中已经详述先君在政府中之树有强力政敌，因之他的外蒙政策受了财政上极大的掣肘。二陈之所以能先后坐镇外蒙，是因为他们在政府中没有敌人，不虑中央财政之无接济，而且开销又不大。在先君则不同：他本人尚在国内之时，已经不容易为蒙事筹款，若是到了库伦坐镇之后，中央一文不发，这四千士兵如何生活？生活都成问题，还说甚么坐镇，还说甚么开发（直皖战事之后，驻库的四千士兵未得中央片钱粒米的接济，他们自然须别谋生活。而他们这被强迫的生活方法，也许就是后来外蒙勾结谢、布图谋复治的主要原因之一。不过这是我的推想，并非见诸记载）。

中国当时不是没有经营外蒙的实力（我们曾经派过兵驻扎俄界，反对共产党的俄人，在俄国境内，多有挂中国旗以资保护的）。不过政府中人不愿意赞助先君经营外蒙的计划罢了。并且他不是不知道政府中有人反对他的计划，但是一方面他知道段合肥是有心给他赞助，一方面他希望当时的东海总统（徐东海之作总统，是在安福时代的国会中选出，而安福议员之选举东海，先君是极力主张的一人），最后也应该可以给他帮忙。不知道东海虽以段系（安福）之力当选总统，后来却利用张（志潭）靳（翼青）联结八省（直奉为首）以排挤合肥，而酿成直皖之战，哪有心对他的外蒙计划给帮忙呢？

至于"早不辞职"的话，身负重责的封疆大吏，哪能一感觉困难就去辞职，何况他的困难的最高点就是国内政争极烈的时候。如果政争胜利，他反可以贯彻他的外蒙政策，又何必辞职？

如果承认先君之参预国内政争是"不得已而为之"，那就不能责备他不赴库坐镇，也不能说"这是另外一个问题"。再看他对筹边事业有将近两年的经营，五次遣将，两次入蒙及在蒙古的各种计划及布置（如同设立边业银行、筹还俄债、条陈消弭政教之争诸端），不能说他是有心于国内政争的。

"利用武力"，固然可以说是先君用以达到撤消自治目的的办法。"无以为继"，却是因为当时政府中无人注意边疆事业，及国内政争的结果，不能说是他的"办法"不妥。

（五）关于外蒙"议会"一层，陈任先（篆）的《蒙事随笔》（页一九一），陈崇祖的《外蒙史》（第一篇页四一），及《中俄之交涉》（页一三五），皆载有"上下两议院规则"（张先生若引此三书为证，似乎比较引用 China Year Book 更为有力），不过简单数句。而"下议院"之组织如何皆一字不及，我想是大概当时实际上没有成立。至于"上议院"是以"各衙门正副大臣及在库伦当差各王公组织之，以总理为议长"。《中俄之交涉》说他"名为议院，实权惟操诸上议院议长一人之手"（页一三五），这大概就是活佛屡次以之托词，而后来卒由总理召集的"喇嘛王公全体会议"。看先君的寒电说："活佛向来办事不待会议，今不能独待。"可见这个"上院"实际办事的时候也极其希少。无论如何，先君既于十一月十四日主张不定条件，但请撤治限期答覆，"翌日，巴特玛即召集喇嘛王公全体会议，议定照办"（陈史页四，《中俄之交涉》页一六二），已是明白的事实。张先生于《外蒙问题的回顾》中却说"外蒙议会也未肯通过"，不知他所指何事。

　　总而言之，我们今日批评当时外蒙撤治的一段公案，如果知道当时办到撤消自治的经过，并非简单（就拿陈士可的六十三条来说，也有各喇嘛的从中力阻，和活佛派大喇嘛入京力争的困难），则起先撤治的主动在何方，已不是主要问题。既是原拟六十三条后来未能施用，则其当时之已否商定，也不大要紧。承认中国应该派遣军队入库，则应看派去的军队的能力如何，首创之议，无足轻重。并且研究了取消原拟六十三款是否得当，则闹意见的如何是没有关系的。明白了先君参预国内政争的不得已，就不能责备他不赴库坐镇。问一问在当时边围未失外患方殷之时，我们应该不应该注意守御藩篱，和先君所计划的外蒙政策及他在库伦的一切设施是否符合机宜，则后来纲领才施后继不至的结果不能教他负责。

　　张先生对先君的外蒙政策，在库伦一切的设施，和中国当时整个的环境，未尝有些许的批评，而只侧重几个无关紧要的枝节问题，根据些傅会失真的传闻，来断定先君"无功有过"。甚至于说："假定外蒙王公之所以自请撤治的原故，是由于目睹中央渐有注重边事的意思，而且具有实力，然而这只能说是中央的功绩，也不能说是徐先生的功绩。"对于外蒙事业有望，中央顾忌成功，不与援助的事实，说这是他"逞一时的武力而又无以为继的办法"。实在当时政府中注意边防实力经略的大员，只有先君一人（直皖战后，中国再无一人去经营边疆了），却说这只能算中央的功绩，而政府顾忌他的成功，不予援助，则倒是他的"办法"不好。这种笔法，我不能认为"秉公论断"。我不能不对张先生之

"无成见"怀疑。

　　研究外蒙撤治一事，与研究一般外交史不同，对方的公私材料简直可说没有（关于对欧美的交涉，那是何等不同），我国所可利用的更是异常缺乏，因为治蒙一事及撤治前后，皆由筹边使署主办。外交部当时虽曾抄留了一部分文件，可是筹边使署整个的档案现在尚无下落。至于私人记载，则当时同先君共事的人，以武人居多，后来多别有工作，无暇著述。现在所有的书，有同陈士可入蒙的陈崇祖所作的《外蒙史》，虽非尽无成见，实已凤毛麟角。陈任先的《蒙事随笔》，材料甚多，但仅限于撤治以前的时候。远东外交研究会所编的《中俄之交涉》，固然叙及撤治经过，不过是偏重于对俄交涉。Korestovetz 的 Von Chiuggs Khanbis Sowic-trepubli，详于外蒙本身，疏于我国的设施。关于外蒙撤治一事，书面的材料实在是异常希少。所以我认为要明了当时实在的情形，必须找到几个身临其境的前辈，详细咨询，再拿我们所知道的事实妥慎对正。好在事情相隔尚不过远，真实的情形还是可以考据出来的。

　　外蒙撤治的经过，和对于国内政争的相关，其中情形是非常的曲折和复杂（如同筹边政策中注意到中俄分界问题，及西北军入库以前，调和高在田驻军和蒙人感情等节，皆非片言可述）。中蒙两方可以利用的公私材料，既像以上所说的缺少，而张先生怕有"感情作用参杂其间"，又不肯咨询当时亲身经历的前辈，却是他对于外蒙撤治经过的论断既非常肯定，并且认为这个公案他已弄得"水落石出"。我想他所利用和根据的，除了 China Year Book 和陈崇祖的《外蒙史》以外，必定还有其他更好的材料，求张先生不吝的介绍给我！我现在也想研究外蒙撤治的一段史实，同时请读者和曾预其事的老前辈多多给我指教。

　　　　　　　　　　　　　　　　　　（六月十七日，南京）

　　稿发之后，接到当时筹边使署总务厅厅长王荫泰先生一封信，可作参考，补抄如下：

　　　　茂翁所述，褚、李三次入库，有关撤治，系属事实。陈拟六十三条与王公商定得活佛允许一节，未之前闻。又外蒙当时确无议会，年鉴不知何据。溯外蒙撤治以后，所有接收，皆由弟经办。据知绝无此项机关。盖当时外蒙一切政务，除军事、财政以外，咸属总务厅之职掌，故弟知之尤悉。事实俱在，故无劳征询伍君矣。看管陈士可之说，更绝无其事，甚矣闻见之异辞也！

　　　　　　　　　　　　　　　　　　　　　　　　（六月十七日）

《独立评论》（周刊）
北平独立评论社
1936 年 209 号
（朱宪　整理）

写在《再论外蒙撤治》的后面

张忠绂　撰

我在《独立评论》一九八号上发表的《外蒙问题的回顾》一文，因为牵涉到徐树铮先生，竟引起徐道邻先生出来为他的"先君"辩护。因为徐道邻先生作了一篇《外蒙问题回顾的疑问》，于是我又在《独立评论》二〇四号上作了一篇答覆的文字。在那篇文章中，我曾经对于道邻先生的疑问逐一答覆。我在那篇文章中，曾经说过如下的几句话："我素来不愿与人作争辩的文章……道邻先生所提出的理由和证据，据我个人的看法，并不能推翻我在前文中所下的论断。我不是说我的论断一定就是对的，我只是说，要推翻我的论断，尚须有待于新的史料的发现。在没有足以推翻我的论断的新史料发现以前，我仍然认为我的论断是对的。"

现在道邻先生又作了一篇长约九千字的文章来与我辩难，但是在他的这篇文章中，除了他所提到的"一个老前辈"的信外，他没有提出任何新的史料。就是据他所说的这位"老前辈"的信中所谈的，似乎对于道邻先生和我辩难的主旨也无关重要。

道邻先生虽又作了这样长的文章来与我辩难，但是他在他给胡适之先生的信中，却表示愿意"结束这个争论"。道邻先生自己既不肯以身作则，而反作了一篇如此长的文字来辩难，他的言外之意自然是希望我不再作答辩，或者甚至于希望《独立评论》的主编人发表了他的这篇文字之后，不再发表我的文字。道邻先生既希望"结束这个争论",而他自己又不肯停止辩论,要停止这种无聊的辩论,我只好不再作长篇的答辩了。

我之所以不再作长篇答辩的理由有如下列:(一)这次的辩论根本就没有多大的价值。道邻先生第一次文章中所提出的"疑问",老实说,我都觉得不大切题。(二)道邻先生这次的文章中没有提出新的理由、新的史料,似乎更没有需要答辩的价值。(三)道邻先生既愿"结束这个争论",而他自己又不肯停止辩论,这次的辩论只好由我来停止了。(四)我个人明天就得离开北平,本月(七月)十四日由上海出国,我现在也没有功夫来作这种无聊的辩论。

最后,我希望道邻先生能如他给胡适之先生信中所说的,将外蒙撤治的历史整个的写出来,作成一本书,那未始不是一种贡献。道邻先生说:"整个的叙述当时撤治情形,我(指他自己而言)的材料尚不够用。"但是他却说我有成见,我所说的是错的,他所说的是对的,这是不是证明他自己先有"成见"?我现在愿意再拿我在上次文章中所说的几句话来做结论:"道邻先生所提出的理由和证据,据我个人的看法,并不能推翻我在前文中所下的论断。我不是说我的论断一定就是对的,我只是说,要推翻我的论断,尚须有待于新的史料的发现。在没有足以推翻我的论断的新史料发现以前,我仍然认为我的论断是对的。"我现在敬祝道邻先生努力发现新的史料,那时——也只有到那时——我自然甘拜下风。

《独立评论》(周刊)

北平独立评论社

1936 年 209 期

(朱宪 整理)

绥东问题的严重性

张熙若　撰

大概系因西南问题凝住了大家的视线吧，国人对于绥东问题似乎不大注意的样子。其实，绥东问题的严重性决不在西南问题之下，因为所谓西南问题现在已经成了尾声，已经缩小为广西问题，而广西问题不久总可得到适当的解决，但是绥东问题却系国难深刻化中一个新阶段的开始，其止境尚难预测，其关系极为重大。

这个问题我们可以分作三方面探讨：一、此次敌人侵扰绥东的意义；二、此次的侵扰将发展到甚么程度；三、我们应该如何应付。

（一）此次敌人侵扰绥东的最大意义，当然是在实行准备对俄作战的一种预定计划。这个计划，很明显的，是要将自察哈尔起，经过绥远、宁夏、甘肃以至新疆的一长条地带于开战前一概占领，并且作种种军事设备，以为战时之用。这个计划，至去年年底止，已经作到的只有察哈尔（顺便说一句，察哈尔早已名存实亡，现在察哈尔省政府所管辖的，只有长城以南旧日直隶省的宣化府而已，长城以外数千里之地早非我有矣!）。自去年年底至最近所计划布置的，就是如何及何时再行西进占领绥远，现在占领绥远的计划已经开始进行。绥远占领之后，自然又将依次占领宁夏及甘肃的西北部，不到新疆不止。

这个庞大计划的最要目的，已经说过，是在对俄作战。这个计划的次要目的是要将中国与苏俄分离，使战时彼此不至有接济合作之可能。中国尽可永远不作联俄之想，苏俄亦尽可永远不屑要中国做助手，日本却不能不防止此种可能的联合的发生。中国昔日筑长城以防夷狄，日本今日竟在同一地区设隔离地带以制中国，中国边防史上竟添了这样奇异的一页。

这个大计划若能成功，不但中国北部与外国的交通完全断绝，不但昔日内蒙古之地完全丧失，而且关内的山西、陕西、甘肃等省立刻感受到极大的威胁。东四省一去，冀、察立受威胁，绥、宁及甘肃的西部一失，则雁门关以南，嘉峪关以东数省地方也就失掉屏障，岌岌难保了。

侵扰绥东只是一个庞大的计划中的一环，它有它的必然性，它有它的严重影响，我们绝不可短视，以为塞外之地无足轻重。我们如欲保全黄河以北，雁门关以南，嘉峪关以东数省之地，此事决不能轻易放过，决不能不抵死力争。不争察哈尔已属失策，若连绥远亦不争，那就更加危险了。察哈尔之沦亡，或者可拿中央势力不能达到一句话去塞责，绥远固为中央势力能到之地，且其地守土之官尤为渴望中央势力速到之人，断不可蹈察哈尔之覆辙，靠地方长官自行处理。绥远并非绥远或山西之绥远，乃是整个中国今日边防上最关重要的地区之一，须以整个国家之力争之守之。

（二）现时之侵扰，将发展到甚么程度，是否不久要将绥远全省或其主要地区完全占领？这当然要看我们抵御的决心及实力如何而定。就敌人方面言，能如察哈尔之无声无臭的不费一枪一弹的和平占领，自然最好，不然，自将用种种恫吓、威胁、煽惑、扰乱的手段以取之，非万不得已，不肯用正式军队作大规模的军事行动。拿现在绥远当局及驻军的忠诚及精神看，不费一枪一弹的办法及煽惑扰乱的手段，是绝对不能售其技的。最可怕的是我们实力单薄，倘遇人家用正式军队作大规模的侵略时，我们若无强厚的实力及可靠的准备，结果自将不利。可虞的在此，应该急速准备的亦在此。

当然，此事或有相当的曲折和延缓，但是我们须知，占领绥远既是包围外蒙的整个计划中的一部分，迟早必求实现，一时的曲折延缓或有之，根本放弃则不能。我们不可因敌人稍有动静即便张皇失措，亦不可因敌人暂无动静却又苟且偷安，我们应该充分利用敌人延缓时期的机会准备一切，等待不可避免的冲突到来。

但究竟有无曲折，是否延缓及曲折到甚么程度，延缓到甚么时候，我们丝毫没有把握。此事现在既已发动，我们只能假定是没有多大的曲折和延缓，我们应该拿整个国家的力量加紧的准备一切。侥幸的心理、消极的态度、推诿的习惯，都是亡国的恶因，应该痛切戒除。人家是志在必得，我们是理在必守，我们不能希望人家不来，我们只能严阵以待，使之不敢来，至少不敢轻来。欧战时的立爱基虽然终归陷落，但它对于欧战的结果是有绝大的影响的。我们今日应急速设法使全国各重要地区都成为一种相当的立爱基，惟有如此，才可免沉沦的浩劫。往者不论，如有决心，请从绥东始。

（三）应付绥东危机的办法，在大体上说，原甚简单。中央应照前此调兵入晋，"剿灭共党"的办法，迅速调遣得力军队至绥东布防，若遇股匪来犯，自可立予解决，倘有正式军队相侵，更应迎头痛击。若是三师五师不够，自应增至八师十师及十师以上足用之数。疆土不守是失职，守而不力也是失职。彻底有效的守卫，不是随便对付即可办到的，它须要有精细的计划和严密的组织，始有成功的希望。交通、运输、军需、给养等事，均须有极详确可靠的规划，庶临时不至有陨越之虞。

关于调遣得力军队至绥东增防一点，有些人或者以为现在两广问题尚未解决，中央恐无可靠数目的军队供此调遣，此点我以为不然。广西问题如能和平解决，自可腾出许多军队，供此调遣，即不然，应付广西一省，绝对也用不了原来预备应付广东、广西两省的原有军队数目。此虽系一专门问题，非深知现在中国军事情形者不能详言，但以常识论，可供调遣的军队似乎犹属不少。所以我认为，此点不应成为不去援救绥东的理由。

还有一点值得辨正，有些人以为日本现时对华外交趋向和缓，不应为绥东军事过分刺激，使之反趋强硬，此真不通之论。因为若果和缓，何来绥东之事？而且若果和缓，自不会因我增防绥东，转趋强硬。倘若并非和缓而我误认为和缓，不加戒备，则绥远自将为热河及察哈尔之续，结果又添一误国的行为。

其实，调遣中央军队至绥，不见得一定立刻就要打仗，大致在目下还是镇慑的效力多。反之，若无可靠的戒备，更易令人生觊觎之心，无异鼓励侵略。国防之事，与其用而无备，不若备而不用。何况以现时实际情形论，并不见得是备而不用呢！

归结一句话，现时绥东的侵扰，包藏着极端严重的因素，我们不可不注意，不可不用整个国家的力量去应付。

二十五，八，十六

《独立评论》（周刊）

北平独立评论社

1936 年 215 期

（訾茹　整理）

不要忘了绥远

青 海　撰

在桂局紧张的时候，全国的视线趋向西南是当然的现象。但是在求统一的时候，绥远的岌岌可危也应该有同样的关怀。

绥远的危机不但影响华北，它的横被侵扰是要牵动到整个西北的。国人想能了解到几年前所盛唱开发的西北，在今日也不能弃于不顾。而西北的现状，非但受"共匪"的流窜，从新疆同察、绥的边境还有两种势力的压迫。所以绥远的安危便是我国黄河以北地带的安危，正和广西与华南及西南的关系一样的重大。让我们来谈谈绥远。

绥远在地理上的重要是怎样？黄河离开了甘肃，在宁夏境内，西岸被贺兰山脉包着，东岸被绥远的伊克昭盟半沙漠地挟持，一直北流到五原、临河，两岸才放宽起来，东流横贯绥远，成为极好的垦地。这便是绥远中部的屯垦地带，由前清迄今经过了多少年的农村经营，有平绥铁路的连络和发展。绥远的北部，是蒙古同胞游牧区域，中部和北部几乎完全被大青山山脉（阴山山脉）隔住。其互相交通的路子，由绥东向西数去，第一由集宁（平地泉）和陶林北行至滂江，就是现在伪匪扰乱的区域。第二由归绥经武川而至百灵庙，为绥蒙政治的中心连络。第三由包头经固阳以入蒙古草原，为以前王英、杨猴小等活跃地带。绥远的南部即伊克昭盟全盟的半沙漠蒙古牧地，控制着宁夏和陕北。绥远的西部，由包头经五原、临河，为通宁夏阿拉善旗、额济纳旗及新疆的道路。

绥远在政治上的重要是怎样？前清的理藩政策，以万全（张家口）为治理外蒙的咽喉，而归绥（归化城）为控制全部内蒙的枢纽。所以早清御驾亲征驻跸归化之后，非但在归绥设立了将军衙门，且建筑了许多喇嘛召庙，作治本治标的种种办法。现在我们在五族一家的根本方针之下，虽然讲不到侵略二字，但是绥远对于蒙古民族将来改进和建设上的政治重要，始终不变。绥北大部为乌兰察布盟地，其东为锡林果勒盟的一角。绥南为伊克昭盟全部，过了黄河西岸就与阿拉善特别旗接壤，经额济纳旗可由星星峡直达新疆。所以归绥这一个大枢纽的受侵或损失，将影响到我国政府同蒙古民族的直接连络。这非特与国土的保存发生问题，于民族一贯也十二分的重要。

绥远在国际侵略上与西北的关系是怎样？我在先已经提起了现在西北有两种侵略势力的酝酿。其一，是由热河、察哈尔而向绥远、宁夏急进的侵略势力，其先头的布置已经达到宁夏阿拉善旗的定远营（王府所在），由浪人架设了大无线电台。这几年来他们赴西北调查的团体或个人，也不在少数。其二，是由新疆侵入的"赤化"势力，现在虽然按兵不动，而将来的突如其来却并非意外之事。况且"赤匪"以前在陕北的盘踞即有"崎角"之势，今日之窜扰宁夏、甘肃更为明显，以成其日后必要时里应外合的一种举动。这两股侵略势力的目的地不约而同的都在兰州。不过，倘使由东往西的侵略可以设法阻止或延缓下去，则由新疆或内蒙方面来的侵略决不会先自发动的。而西侵的势力，要是不能在绥远遏止，则非但宁夏、甘肃失去了一层障蔽，侵略的程度恐怕还要加速，因此而引起了国际间的正面冲突。同时我们更可以料到，在这种几千里路长的侵略阵线，最有用的方法是利用当地的不良领袖来号召党羽以做侵略的前锋和傀儡，过去的事实也就如此。所以绥远的侵略，非但能使中央同蒙古同胞失去连络，结果侵略的推进，还要给人家以诱惑杂处西北各民族的机会和地利。虽然现在西北各个民族的首领都是有智识和国家观念的，但是事宜先防，少不了害群的恶魔，到了那种局面，非但弄到我国民族团结力的分崩，恐怕还要影响到比甘肃更西边的地带，那是更不堪设想了。绥远在今天，可以算是西北的第一道防线，我们应该尽力来维持和巩固它，而了解它的重要性。

至于这几年来，绥远本省的情形又是怎样？在傅作义任主席后的绥远，的确各方都有进步。他的虚心请益是很可佩服的。绥远省的建设，虽然没有很大的成绩，那种苦干和挣扎的精神却值得注意。对于人民和农村方面，厉行禁烟是极有决心的一件事，虽然根深蒂固的烟毒不能立刻铲除，比以前却好多了。这几年最使人注目的一件事便是"民生渠"的问题。在贫苦的绥远省，要拿出一大笔款子来同其他机关合办与农民有直接利益的民生渠，当然是极可钦佩而同时也使全省热烈希望着的。虽然现在因技术上的错误而不能立刻利用，我们最少也希望不久能得相当的纠正办法。此外如绥远毛织厂的创办，经委会绥蒙防疫处的设立，交通公路的推进，以至陶林附近的牧场计划，都可以表现出绥省建设方面的不甘落后。在治安方面，近几年来的进步更属惊人，绥境蒙古领袖与省政府的合作，绥蒙会的成立，都是巩固国防的根本办法。同时因为有了这种团结，散匪的滋扰也就减少了。军事方面，由傅作义、王靖国等的积极训练的确予民众和农村以相当之保护。所以从人事方面来看，绥远省内的秩序，是值得称赞的。可惜因为天灾不断的来临，以致这穷苦的边省不能十分往发展的路来走。而比较高明的技术人员，也因为薪水的低微和环境的困苦不愿前往。虽然如此，包头私人经营的电灯厂和面粉厂也能代表近代工商业的精神。最近成立的河北新村，由段村长承泽脚踏实地来贯彻移民殖边的一种工作，可以见到绥远并非是不能开发不能生产而可以放弃的一块废土。

　　最后让我说这样一句话：我相信保守绥远的将领和士兵是不会放弃绥远的，希望举国的人民和政府不要忘了绥远，而给以物质和精神上的一切援助。

《独立评论》（周刊）

北平独立评论社

1936 年 218 期

（李红权　整理）

外蒙之政党及政治

缪杰　节译

一、外蒙古人民共和国之产生史略

外蒙古人民共和国的创造人为土木巴托尔，生于恰克图附近一个偏僻的地方。他父亲非常的贫穷，给富豪牧放牲畜，过着极贫苦极惨淡的生活。土木巴托尔十几岁时候，父亲就亡故了。他只好和他父亲一样地去给富豪牧放牲畜。但是，他很勤苦好学，在工作时间，还孜孜地读着书，因此，很为他人所敬爱。不久，他和他的母亲迁往恰克图去住，就在一家工作场里当学徒。恰克图和俄境很为密接，来往的俄人很多，他开始与俄人接近，学会了一口很流利的俄语。

那时，正当俄国国内战争结束后不久，在恰克图也有俄国共产党人的活动，土木巴托尔是最先与他们接近中间的一个，并传说他还曾到俄国学习训练了一很长时期，不久，他就发起蒙古人民革命党的组织，号召蒙古人驱逐蒙古境内的白俄以及解除王公、喇嘛的武装，建立蒙古人的独立国家。在这种口号下，他在合绍县聚拢了数百人，首先协同苏俄红军驱逐了盘踞在恰克图的白俄军的残部，和附近王公、喇嘛的势力；继后又打败了中国边防军（徐树铮旧部）于库伦，遂于一九二〇年正式建立起外蒙古人民共和国①，以库伦为京都，改名为乌兰巴托尔，继后又扫除东南部的王公、喇嘛的势力，和中国边防军的残部，俨然形成一个新独立国家。

二、外蒙古之人民革命党

土木巴托尔所手创的人民革命党及其附属的组织——革命青年团，为外蒙唯一无二的政党，其他任何政党，均不许存在。人民革命党在土木巴托尔领导之下，听从第三国际的指导，接受其指挥，他采取共产党的组织，奉行共产主义，名义上不直接称共产党的原因，只不过第三国际估计游牧经济的外蒙古，还够不上共产革命的资格，只能在国民革命的阶段。党内有苏俄共产党所组织的党团，操纵一切，以便贯彻第三国际的主张。党的高级干部，大都是留俄返蒙的学生，都是布尔雪维克党员。人民革命党有代表出席第三国际会议，第三国际亦派有代表驻蒙指导党务。

党员有正式党员与候补党员两种，在成为正式党员以前，必须经过候补党员的阶段。这和中国国民党差不多。入党的条件与候补时间的长短，依人的职业而有差异。其分人民职业有三类：

（一）无产阶级、贫民、兵卒。

（二）不使用他人劳力的畜牧者、家内手工业者和农民。

（三）以前的贵族和官吏。

第一、第二两类，只须正式党员二人的介绍保证，经过考核后，就能入党。第一类的人候补期间为四个月；第二类的人候补期间为八个月。属于第三类的人，须有在党三年以上的正式党员介绍保证，经过严密的考核，始能入党，他的候补期间为一年。

---

① 应为一九二一年。——整理者注

在候补期间内，参加党的会议，只能发言，不能表决。

人民革命党第八次党代表会于一九三一年举行，其决议的主要内容如下：

（一）关于政治方面：

一、特别保护平民的权利。

二、党应指导国家的事务。

三、改善民族关系。

四、应慎重与资本主义国家之交际，并对其侵略加以监视。

五、应起草驿邮制度改正案，开辟汽车路。

六、改善国家的产业经济，增进与苏俄之亲善。

七、国家银行帮助平民从事生产。

八、预防兽疫。

九、改善模范农场。

十、防止蒙俄经济机关之竞争。

（二）关于组织方面：

一、与第三国际维持原来的关系，与各国共产党及东方弱小民族的国民革命运动发生密切的关系。

二、设立二十四个方面委员会。

三、征求地方机关的意见，制成最合理的党纲及党则。

人民革命党的附属组织，也就是他的预备团体，亦即培养干部人材之所在，是革命青年团。他附属于人民革命党，受其指挥，听其命令。普通未满二十一岁的青年，可以加入，经过相当时期，即可入党为正式党员。

三、外蒙古的政治

外蒙古人民共和国的政治组织，可说是与苏俄大同小异。各政府机关尤其是军事机关、经济机关等充满着俄国顾问。顾问的职权超出一切，宛如太上皇一样，各机关长官对之不敢不服从。

自一九二〇年改称共和国后①，组织国民议会，名为波拉尔登，废弃以前的盟旗制度，基于民主主义，实行共和制度。第一次改革——一九二〇〔一〕年，将封建时代王公的统治权，收归中央之手，承认劳工也享有人权平等。同年，第二次改革，对中产以上生活的人，只许其日常生活中必需以有所有权，其余财产一律予以没收归公。后来，一九三二年的改革，又将稍有积蓄的劳动者的财产没收去了。

蒙古人民共和国的一切权利，属于劳苦人民。彼等经过"大波拉尔登"及"小波拉尔登"所选出来的议员而发挥其最高权力。所谓"大波拉尔登"，为议决重要国务的人民会议，与苏俄的苏维埃会议相似，为全国最高权力机关，其职权所掌管之事项如左：

一、对外代表国家缔结外交条约。

二、缔结变更国境、宣战及媾和条约。

三、关于内外公债募集的事项。

四、管理国内贸易事项。

五、计画国民经济，准许及变更利权专卖权。

六、管理运输、电信事业。

七、组织并指导全国军队。

八、核准国家收支预算，规定租税制度。

九、规定货币及信用制度，发行纸币，铸造货币。

十、规定土地使用法，制定"爱玛克"及"荷纯"（见下文）的境界，决定土地、森林及其他富源的利用法规。

十一、制定诉讼法、裁判所组织法，及民刑法规。

---

① 原文如此。应为一九二四年。——整理者注

十二、制定国民教育法规。

十三、制定国民保健大纲。

十四、制定度量衡标准及制度。

十五、确定统计组织。

"大波拉尔登"以"爱玛克"的平民、市民及军队的代表组织之，议员的数目，以选举人的人数为比例而决定。议员的选举，依据"大波拉尔登"选举法，画分选举区域，选举所定额数的人员。通常在各"爱玛克"中选举。若依此该大会未能成立，则以各"荷纯"的代表者为议员。议员任期为一年，通常大会期每年举行一次，由"小波拉尔登"决定召集之，临时大会，由"小波拉尔登"的决定，或"大波拉尔登"议员三分之一以上或选民三分之一以上的请求，而召集之。

大会从来每年由十一月下旬至十二月上旬举行约一个月，而一九三二年第七次会议后，决定改在六月举行。

"小波拉尔登"，酷似苏俄的中央执行委员会，在"大波拉尔登"闭会中，执行国家最高机关的职权，只对"大波拉尔登"负责，其所掌管之职权如左：

一、颁布法律命令。

二、统辖政府的高级机关。

三、决定"小波拉尔登"干部会及政府事务范围。

四、监督基本法律及"大波拉尔登"决议之实施。

"小波拉尔登"，通常每年春秋二季召集会议，临时会议，则由"小波拉尔登"干部会的决定，或"小波拉尔登"三分之一以上委员的请求而召集之。

至于中央政府以下的地方行政系统，亦有足为略述者。其等级有五，即"爱玛克"、"荷纯"、"西蒙"、"巴克"、"阿尔班"五级。"爱玛克"乃过去外蒙"汗"之改称。如"车臣汗"，改名为

"享尔究爱玛克""土谢图汗",改名为"希克多汗艾玛克"是。"荷纯"即旗之变更。"阿尔班"为十户之集团,五"阿尔班"为一"巴克",五"巴克"为一"司〔西〕蒙",与我国乡区自治组织相类似。其地方行政,采取自治制度。又"爱玛克"、"荷纯"各有其"波拉尔登",各"波拉尔登"各选举出一执行委员会,各执行委员任期一年,直接对于所选出之"波拉尔登"负责。

《中央大学校风》(二日刊)
南京中央大学校风出版组
1936 年 383、384 期
(朱宪　整理)

绥蒙会之议决案

作者不详

北平二日电：绥蒙会第二次大会，今日在绥继续开会，关于绥东五县权限问题，因该五县原属蒙旗管辖，经提出大会讨论结果，决定仍由蒙旗与绥省府共同负责。至百灵庙蒙政会秋季大会，已决定缓期召集。德王前电平，邀郭王赴嘉卜寺，郭王是否前往，尚在考虑中。

本京息：绥蒙政会驻京办事处息：政会二次大会之盟旗代表，陆续到绥，日内举行，西公旗大喇嘛死后纠纷，已告一段落。

归化三日电：绥蒙会二次全体大会三日通过：（一）通缉西旗叛首曼头，并抚慰被灾难民；（二）训练蒙兵防共工作；（三）派员督导盟旗教育。晚七时潘王代沙委员长欢宴全体委员，由傅作义作陪。

三日北平电：德王一日赴嘉卜寺检阅蒙军，二日返百灵庙，王英匪部仍集张北，国军严密戒备中。

张垣讯：察北各县伪军因蒙人多不愿附逆，时与绥军互通消息，现实施封锁政策，并化装土匪，到处捣乱，使外人在该地经商、传教者，亦难驻足。

《中央周报》

中国国民党中央执行委员会宣传部

1936 年 431 期

（丁冉　整理）

蒙旗宣化使章嘉抵京

作者不详

蒋委员长为明了各蒙旗最近情况，特电邀蒙旗宣化使章嘉呼图克图来京，俾便垂询一切。章氏奉命后，即由五台山首途来京，业于十一日下午三时到达，京市各界莅站欢迎者千余人，极一时之盛。兹将详情分志如次。

蒋委员长自电邀章嘉来京后，即饬正太路局特挂花车备用，并派该局颜局长、王处长随车照料。章嘉登车启程后，由正寿〔太〕路经石家庄转平汉路南下，过开封时，豫皖绥靖主任刘峙、豫省府主席商震，率军政官员千余人，到站欢迎，章嘉与各欢迎人员略事寒暄后，继续开车过郑州转陇海路，于十日下午七时半抵徐州，军事委员会所派邵专员，蒙藏委员会所派赵参事，章嘉宣化使驻京办事处宫主任等，已先期到徐迎候，当晚在徐暂宿，十一日晨七时转津浦路南下，下午三时到达浦口。

莅站情形

莅站欢迎章嘉宣化使者，计有中央党部叶楚伧，国民政府代表傅选青，蒋委员长代表姚琮，行政院代表郑道儒，考试院戴院长代表许崇灏，警备司令谷正伦，司法行政部长王用宾，津浦路局局长杨承训，敏珠〔尔〕呼图克图等，及党、政、军、学各界约千余人。蒙藏委员会正副委员长吴忠信、赵丕廉，亲率全体职员到站招待，极一时之盛。车入站后，章嘉宣化使于军乐声中下车，向欢迎人员一一点首致谢，随乘澄平专轮渡江入城，驻锡华侨招待所。

此来任务

章嘉此次奉蒋委员长命来京，系向中央当局报告宣化公署过去宣化工作，与各蒙旗近况，并请示今后工作方针。现蒋委员长因公赴杭，章嘉拟在京候谒，留京久暂，目前尚难预定，蒙旗近况，现尚安谧云云。

章嘉谈话

余（章嘉自称）于本月四日由五台山启程，道经太原访晤阎（锡山）指导长官，有所商谈，八日离并。本拟先到北平料理使署事务，并视察北平各寺庙喇嘛教务，适于中途接奉中枢电召来京，遂由石家庄改道南下。至此次到京，除向中央当局报告历次派员赴蒙宣化情形，并请示今后进行方针外，尚拟出席国民大会云。

吴、赵欢宴

此次随同章嘉来京者有宣化使公署总务处长郭懋修、高等顾问□桑巴图，秘书苍吉、周威古、李文泰，参议席增阁，行署科长包德惠等，及卫队二十二人，一律下榻华侨招待所。蒙藏委员会正副委员长吴忠信、赵丕廉，以章嘉及其随员沿途劳顿，特于十一日晚设宴为之洗尘，席间请有该会处长、秘书等作陪。

谒陵献花

章嘉呼图克图于十三日晨七时赴陵园谒陵献花，蒙藏委员会派科长白凤兆随同招待。章嘉献花礼毕，便道游览名胜，旋即返华侨招待所休息。九时许相继有居院长、何部长，及中委褚民谊等往访，章嘉一一招待，晤谈甚快。宾客辞出后，章嘉乃赴国民政府、考试院、蒙藏委员会拜访各长官，下午继赴司法院、司法行政部、实业部、财政部、监察院、市政府等机关拜客，旋出中山门外，拜访孔副院长及中委张继。晚七时应吴忠信欢宴于励志社，席间有各部、会长官作陪，宾主畅叙极欢，九时始散。

觐见主席

章嘉呼图克图十六日晨十时由蒙藏委员会委员长吴忠信陪同赴国府，觐谒林主席致敬，当经国府文官长魏怀、典礼局长唐豸引见，闻主席对边情极为关怀，垂询颇详，并对章嘉深致慰勉，历半小时辞出。

（又讯）章嘉呼图克图十六日觐见林主席后，主席赐以一品席，以示慰劳。监察院长于右任，交通部次长俞飞鹏等，分别往访，谈约半小时辞出。下午章嘉随从分赴各机关答拜，五时赴司法院出席居正欢宴，七时有何应钦、唐生智、朱培德、程潜，假励志社欢宴，八时有行政院各部、会、署长官在外交部大楼联合欢宴，章嘉先后前往参与盛会，至九时余欢〔始〕散，返回华侨招待所休息。

《中央周报》

中国国民党中央执行委员会宣传部

1936 年 437 期

（李红权　整理）

绥省危机迫在眉睫

作者不详

北平十一日电：绥东情势日益紧张，据某方所接情报，察北伪军李守信、王英各部，已补充竣，最前锋为王英部，王主力骑兵约二千左右，均系察、绥一带蒙古骑匪，康保、宝昌一带为热河伪军王静修各部，李守信部大部集中张北，弹械由某方供给外，最近由承德陆续运抵张北，大小坦克车、装甲车达一百二三十辆，李守信统率之汽车队已完全改编。伪匪军扰绥方策，系仿效西北"共匪"之游击战略，以骑兵为主体，实行以少部分之侵扰使国军防不胜防，伺机而进，必要时以全力猛攻。某方在阿拉善旗兴筑飞机场，扩充军备，其主要目的为威胁绥远，绥省危机已近眉睫。伪军近复征募土匪万余人，大部麇集商都、尚义一带，前曾与我军小有接触，旋即退去，传匪军有于本月中旬调集完竣，即将开始西犯说。晋绥炮兵司令周玳日前由并抵绥，沿途检阅所部驻军，十日偕傅作义视察归化城东蜈蚣坝等处防务，林王前代表乌盟长巴王来绥，十日晨谒傅作义报告绥北情况，据称乌盟、绥北尚平靖。张垣讯：察北伪军过去二月中□在收编训练时期，故对伪兵每月每人只发伙食费三元，伪官每人每月六元，现因编制就绪，鼓励侵绥犯晋起见，经伪蒙政府规定正式发饷，兵士分副兵十元，正兵十一元，副目十二元，正目十三元；尉官分少尉五十元，中尉七十元，上尉九十元；校官分少校一百六十元，中校二百四十元，上校三百六十元；将官分少将四百八十元，中将六百元，上将七百二十元。闻此项饷项，已由伪蒙政府军政部于本月一日记〔起〕拨给实施。

企由绥侵犯晋南

十二日北平电：察北、绥东形势已见险恶，王英部极思一逞，日来由热境又运到察北大批匪军，增厚实力。据最近统计，王英、李守信两部各有六千余人，企图由绥南侵过雁门关入晋南，打通防俄路线。闻晋、绥、察当局对联防保境安民计划，已有准备，刘汝明连日在平谒宋哲元，对联防事迭次商议，为防宵小乘机活动计，察、绥两省府已严令所属，加紧指导民众，训练"防共自卫团"，以备万一。

业已发生前哨战

北平十三日电：关系方面息：察北匪军连日与我驻军发生前哨战，匪不久将大举进犯，闻此次王英自任总指挥，第一路由刘志谦负责，取道张北犯兴和，第二路由金甲三负责，从商都取陶林，某方沿新成之锦承铁路及承多公路输送大批军火入张北，匪军如虎添翼。但我方已有充实戒备，察、绥、晋三省联防办法，当局亦有周密筹划。沽源平定堡近忽由热河开到伪军甚多，居民甚感不安。包悦卿日前由东蒙间道热河返嘉卜寺，连日与德王有重要会商，包所募蒙古骑兵现正集中嘉卜寺，积极训练。德王近被某方包围，行动不自由，环境极恶劣。

欧美人士颇关心

张家口十三日电：平、津欧美人士多关心绥东局势，日来平绥道上，多欧美人士前来考察，日驻张特务机关长大本四郎，前赴绥远、大同一带考察毕，十三日晨返张垣。

《中央周报》
中国国民党中央执行委员会宣传部
1936 年 437 期
（李红权　整理）

阿王来京祝嘏过平谒宋

作者不详

归化二十五日电：阿王二十四日离绥赴并，谒阎锡山报告伊盟防务，日内转京，向中央报告蒙务，并代绥蒙会为蒋委员长祝嘏。

太原二十五日电：包西护路司令阿王二十五日晚来并谒阎锡山，请示盟旗事务，并谒王靖国。

太原二十六日电：阿王二十六日晨七时离并，乘正太车晋京贺寿。

北平二十六日电：绥蒙政会委员阿王于二十六日夜十二时一刻抵平，闻在平稍留，将进京谒中枢当局报告蒙情。

保定二十六日电：绥远蒙政会委员阿王，二十六日晚十时由并经石庄，乘平汉二十二次车赴平转京。据谈：本人二十四日由绥偕傅主席作义到并，访阎主任，留一日，二十六日晨由并启程来平，拟留二三日，访谒宋委员长后，即晋京报告绥蒙会一切情形。绥东地方现尚平静，王英匪部二十五日一营叛变。我防务巩固，不生问题。傅主席在并尚小有耽搁，本人到京后，至多留一月即返。

北平廿七日电：阿王廿七日晚语记者：余定廿九日晋京，因系初次，故携带一部分蒙古土产，拟献林主席、蒋院长及中枢各要人，以示敬意。关于绥蒙情形，并将向中央详细报告，并请示一切。在京勾留日期久暂尚未定。阿王二十七日晨赴各方拜客，下午在邸休息。

北平廿八日电：阿王廿八日上午八时，由绥蒙政会驻平代表陈树仁陪往谒宋哲元，报告蒙政情况及绥东形势甚详，宋勖勉有加，至九时许辞出。阿王廿九日上午八时乘平沪通车赴京祝嘏。

本京消息：绥蒙政会副委员长阿勤〔勒〕担鄂齐，廿八日有电致蒙藏委员会称：定今晚离平南来，此间以阿王系初次来京，已筹备欢迎云。

《中央周报》
国民党中央执行委员会宣传部
1936 年 439 期
（朱宪　整理）

《苏蒙议定书》的透视

一鸣 撰

　　自从九一八事变以来，外蒙和伪满边境界的纠纷时起，差不多天天都在打劫中，蒙伪冲突的消息，报纸上也不断的登载，因此，一向为国人所漠视的外蒙古，乃渐渐的引起了大众的注意！尤其是到了现在，因《苏蒙议定书》由一九三四年在口头上成立的互助协定，到最近实行签订起来，以证明已往的协定，更惹起注意远东时局者的关心！我外交当局，经过缜密研究之下，认为这种喧宾夺主的行为，不但侵犯我国主权，并且违反《中苏协定》，而向苏联政府提出严重的抗议。不过从日苏两国积极备战的形势看来，这个所谓赤色的人民共和国的外蒙古将成为一个猛烈肉搏之大战场，乃可断言的！那末，这一纸抗议书，是不是侵略者视线下的具文，就要看我们贤明的外交当局，准备作何种适当的处置吧！

　　在霍华特和苏联人民领袖史丹林会谈之间，史氏竟很坦白的宣称："如日本竟敢攻击蒙古人民共和国，企图侵犯彼之独立，则余等不得不援助蒙古人民共和国，一如一九二一年所为。"我们看到史氏的这种语调，便可了解苏联之所以采取这种坚决态度，都因蒙伪边界的纠纷，有以促成的。因为日帝国主义为应付这未来的战争计，不得不先在大兴安岭方面，从事布置，以谋进军的便利；同时苏联方面，亦因外蒙防日战争的要塞，所以不惜蔑视我国主权，擅和外蒙缔约，以适应它本身的利益。《苏蒙议定书》便在日苏两国战争危机紧迫的形势下产生的！这在九一八的伤痕已溃烂到截肢断体的残废者的中国，又有什么方法来驱除这一班"红眉毛绿眼睛"的打劫强人呢？

我外交当局，自向苏联提出抗议后，乃苏联的外交委员长李维诺夫竟答称："苏联政府，不得不认为中国政府抗议，并无理由，同时表示深切保证，使中华民国政府确知《苏蒙草约》，并不违反《北京协定》，且亦符合蒙古人民以至中国人民之利益。"这种主权和侵犯的问题，见解正相反对，但是我们要晓得所谓蒙古人民共和国，完全是苏联援助之下建设起来的。一切政治、经济、军事的组织，都以苏联为模型，经积极建设以来，确也有相当的成绩，和以前在王公、喇嘛统治下的昏迷蒙昧状态相比，实有天壤之别。近来军事的实力，也很充实，军队中的重要官长以及顾问等，都是俄人自任，男子年在十八岁以上，四十五岁以下，都有当兵的义务，军器均自苏联运来，极为精锐。

握外蒙古政府大权的国民党，实际上就是共产党，已经在一九三五年正式的加入第三国际。所以这一个赤色的勇士之都，在苏联积极的以政治、经济的力量经营之下，领土内中国之主权，早已是名存实亡了！不过在我国欲行使主权于外蒙的时候，常常暗中阻挠，没有明显的表示而已。

总之，苏联既承认外蒙是我国领土于前，而又直接和外蒙缔约，这个侵犯我国主权的矛盾，无论如何，它是难以狡辩的。我们的政府和人民，是绝对不能予以承认的。所以要保护领土的完整，必须确定外交的方针。我贤明的当局，究竟有没有具体的办法呢？

《礼拜六》（周刊）

上海礼拜六报馆

1936 年 636 期

（朱宪　整理）

德王被逼异动

北平通信

阿难　撰

　　日本此次增兵平、津，一面为威胁冀、察，一面则为夺取我西北之张本。关于夺取我西北计划，如逼德王宣布内蒙组织伪军政府，是其一也！查日本图蒙谋之已久，日顾问在德王左右，监视德王言行，计数十人，化德会议，亦可谓为日顾问所导演，北平与百灵庙无线电交通中断，又系日顾问的诡计有以致之，德王在不能自主之下，遂有上月十二日成立伪军政府之举，盖是时日军正大举运输平、津，增强兵力，固互有呼应的作用也！

　　伪军政府设置地点，系察北之化德县嘉卜寺，德王自任为总裁，兼伪蒙军总司令。伪军政府之组织，系设二部八处，当举行成立礼时，内蒙各王公、各总管及日本顾问、日参议官、日指导官、伪满参谋次长（日人）等均参加，礼堂供成吉思汗遗像。故其国号曰"大元"，年号为成吉思汗纪元七百三十一年，伪蒙军政府旗系蓝地，右上角有黄、白、红三纵条，与蓝地共为四色，系取蒙、满、回、汉四族共和之意。又德王以伪总裁名义发表宣言，大意约分三点：（一）沿长城向西北直至绥远、青海、宁夏均为其国境（即河北省西北角亦在其内！）；（二）声明建设新蒙古国，以蒙、满、汉三民族混合组成；（三）通电各蒙古青年，凡在中国内地者，一概回蒙，量材任用。

关于伪蒙军之组织，绝对由日顾问官主持，第一步完成两军，一由李守信统率，一由包子臣统率，每军辖两旅，每军各约有一千五百人，均归日军官训练之。预定于本年七月间，由该两军进占绥东四旗一带，第二步将伪蒙军扩大为八个师团，充实力量，以便导日军伸其势力于绥远、青海、宁夏各省。德王名义上虽为蒙军总司令，实则其权握在日顾问掌中！

目下日方运输军火及军用汽车、飞机到蒙甚多。又百灵庙至热河之长途汽车，已由日人主持行驶，内蒙经济，亦在日人调查开发中。凡此情势，今日之内蒙殆非我有！惜国内报纸，未能尽报道之责，故国人知其真相者甚鲜！

《礼拜六》（周刊）

上海礼拜六报馆

1936 年 644 期

（朱宪　整理）

内蒙危矣

倬云 撰

日本的对华方针，好像车轮一样，时时在转变着，但无论如何转变，不管是双重外交或一元化外交，归纳起来，总脱不出两个范围，那便是"硬"、"软"两条路，有时怀柔，有时强横；像过去的"币原"、"焦土"、"协和"、"水鸟"……等外交方针可以看出，然而，虽各个主张之不同，要皆离不了征服中国的传统的侵略政策，这在田中奏折中早经说过，"欲征服中国须先征服满蒙"。中国幅员广大，土质丰腴，日本垂涎久矣。"九一八"之役不费一弹，未折一矢，安安稳稳夺得征服中国第一根据地的东北。伪满成立，由于日人指挥经营，因为地理与利益等关系，第一个与苏俄发生冲突。报纸上关于日苏关系之史的记载，证明了日苏间的严重性。盖苏俄为日本推进大陆政策之唯一劲敌，为对付此唯一劲敌，在种种急切底需要上，蒙古乃为日本积极推进国策的一个先决问题，换句话说，为敌对苏俄及征服中国计，必席卷蒙古而后已。

蒙古问题至最近，形势愈趋严重，究竟严重到什么程度，各方传说不一，报纸上的消息，又似乎在发疟疾病，忽冷忽热，这扑朔迷离底局面，真使人猜测不透。不过照过去情形及现在局势，在日本诱胁齐攻下的蒙古，确是危机重重，说句伤心话，内蒙将非我所有，从此脱不掉日本的羁绊了。

谈到蒙古问题，大家都不期然注意到蒙古问题中心人物之德王。当然，在这混乱的局面下，独负政治重任底权威者，他的一举一动，在在足以左右大势，因为德王之态度不明，引起关心蒙古问题者若干猜疑。不过，我们不要尽在德王身上打圈子，内蒙的危机固然与德王有关，但也是内蒙所处地位，及政治力量使然，我们且检视一下内蒙的现状。

"物必自腐，而后虫生。"内蒙在日本人的目光中是念兹在兹地必取而纳诸囊中了，但如果内蒙不因为特殊关系的话，即使日本怎样诱诈威胁，恐怕也不能稍动站在民族战线底蒙古人的心，而将那些勇悍崛〔倔〕强底蒙古人笼络得服服贴贴吧？这要说第一由于政治，第二由于经济，同时德王本身亦有许多弱点，均给虎视眈眈的日本以乘隙的机会。先说政治吧，蒙古局势之处于灰色状态中，有几个原因：（一）蒙古内部意见不一，即德王直系的人物，分新旧、持重与激进等派；（二）自绥蒙会成立，百灵庙蒙政会已名存实亡，德王所能直接指挥的，只锡盟之苏尼特等数旗，而所能号召的，亦仅察境之蒙古部落；（三）老成硕望的锡盟索王新丧，德王甫接任，一切安辑人心工作未竣。有这些原因在内，于是而内蒙之危机乃益加重，同时德王措施失当，惑于日人之允予实力及物质上援助，以复兴蒙族等蜜语，集中精神不顾一切地积极扩张武力，从事扩编蒙军，实行征兵制等，弄得蒙古人无法牧畜，生计恐慌，而在公家则增加担负。积上数因，蒙古的政治就愈弄愈糟，混乱不堪，再蒙民迷信深，黄教势力大，政治力量有许多地方达不到，自然蒙古的内部就发生危险的内讧问题，让日本来坐享渔利。

其次是极端严重的经济问题。蒙古生产落后，无社会经济可言，自百灵庙自治政委会成立以迄现在，嘉卜寺种种政治组织，在在都是耗费而不是生产，前者每月尚赖中央少数接济，今后情形又不相同，德王的若干办法，均为穷字所厄，仰屋兴嗟，徒唤奈何。又以曾因争某项特税与绥省龃龉（当时几演成嘛绥冲突，后虽和平解决，但从此特货不经过蒙境，蒙方分文无获），经济更形窘困，因之又给日本一个机会，进而诱胁，使蒙古不得不挺而走险和日本提携。

此外蒙古在今年春天所遭遇的天灾，诚为近百年来罕见，我国内部给蒙古的赈款是那么微薄，根本活不了蒙民几条命，这给日本乘机卖好。只看日人对于蒙古的赈济工作，一举便是筹助五百万，并在蒙古兴安区、呼伦贝尔一带，采办大批牛、羊、马种，络绎西运，交德王派人分发蒙民牧畜。像这样的"雪中送炭"来表示怜恤与同情，蒙古人安得不感激零涕，而蒙古人的心理又怎能不为"恩惠"式的毒计所绊系呢？

然而蒙古民生凋敝，经济窘困，日本何以爱上这地瘠民贫、万里无垠的不毛之地，必处心积虑费去若干心血与财力来拉拢，来侵略呢？前面说过，为对于唯一劲敌之苏俄啊。日本深知欲抵制苏俄与控制外蒙及贯彻田中底"征服中国必先攫取满蒙"之策略，须先取内蒙于掌握中，尤以内蒙之锡盟与察哈尔十二旗，介在外蒙与中国内地交通之要道，非使形成缓冲式的特别区域，俾与热河及东北发生密切关系不可，故不惜用种种怀柔方法以求达到目的。明此，则日本重视内蒙之所在，以及今日蒙古问题之严重性可知。当此日人积极谋我，蒙古局势扑朔迷离之际，我中央当局该为适当处置，在政治、经济两方面，不要尽让日本施展他那乘隙而入的诱诈伎俩，真的席卷蒙古才好。

《礼拜六》（周刊）

上海礼拜六报馆

1936 年 656 期

（朱宪　整理）

外蒙与日俄关系

［日］成田精雄　作　　何定权　译

外蒙，我国土也。壤邻苏联，宝藏丰富。清初，俄人固己觊觎及之。后交通日便，俄人在外蒙之势力亦日增，迄来，外蒙所有政治上经济上之一切大权，均在俄人掌握中。名虽我属，实苏联之保护国矣。日本自明治维新以来，国势猛进，大陆鼾梦，狡焉思逞。灭我琉球，占我台湾，夺我朝鲜。朝鲜，日人渡满之桥也，桥成，满终日属。继而蚕食热河，遂欲并及河北诸省。外蒙之富藏，亦日人所欲染指而甘心者也。俄亦贪狼，何肯吐已咽之肉？故"满"蒙冲突，亦即日俄冲突也。夫日俄敢于聚争外蒙，若忘中国为其宗主国者，欺我弱耳。富家之败，有力者莫不愿分得一藏。藏之美者，争之所聚也。我苟心怯，以外蒙餍日俄而图安，无异添薪止沸。若效武卞庄，亦宜有卞庄之勇，否则直南宋下策。计非无万全，在三思耳。偶阅《中央公论》日人成田精雄氏《外蒙与日俄关系》一文，感而译之，以飨读者。俾读者警日俄于我外蒙用心，愤起筹策，驱二魔而复河山，勿使他人鼾睡卧榻，封豕荐食上国，此译者愿与读者共者也。

——译者附志

（一）东亚之日俄关系与"满"蒙国境纷争

随"满洲国"成立而成立之日本大陆势力，与彼接壤诸国直接交错其利害。职是，于极东之俄领及中国北部，日本未敢稍疏其注意也。"满洲国"与外蒙古横亘接境约七百粁地。去岁，尚无纷争可言，我等亦忽其注意焉。然二国间固有其纷争之端存，仅"满洲国"于此问题暂抑制其处理而已。乃因去岁一月之哈尔哈庙事件，而二国间关系突然转变。为解决此事件，遂举行"满"蒙会议，但会议终归决裂。尤为自去岁底以来，在两国国境间屡次所发生之纷争，一跃而惹动全世界视听之集中于"满"蒙问题矣。

"满"蒙问题所以被重视者，由于日俄在东亚大陆上势力之对抗。苏联于旧为中国版图之外蒙已确加保护，既置新疆于势力下，更进窥西藏。又在中国内地"蠢动"之中国红军，图"赤化"绥远省，并拔外蒙以昔〔西〕者之〔以〕求"赤色"势力横断中国。此种计画如成功，则中国之"赤化"势力不啻整顿一牢固阵容。于此策谋之应付，日本之大陆势力乃进出于中国北部（冀察政权之成立），以图遮断"赤色"势力之横断中国。而于根据地满洲，则先自国内驱去苏联势力（收买北满铁路），再使冀察政权继之成立，终乃以自己之势力区域对于苏联之东亚势力根据地外蒙取包围状态。在东亚大陆日本势力之……结果将由日俄战争而决定。东亚未来局势，将全视日本对于苏联根据地外蒙之态度如何，以为判断。

今试谈"满"蒙之国境纷争。

言及纷争所发端之哈尔哈庙事件，则为去岁一月二十四日，赴"满"蒙国境哈尔哈庙附近实地视察之日"满"军警，受外蒙兵不法射击，死亡数名。事后，于一月三十一日，我方曾有以武力扫荡外蒙兵事件。"满洲国"为求此事件之解决，提议举行满"蒙"会议，外蒙亦承认之，乃于六月三日，开"满"蒙会议于"满"俄国境之满洲里市焉。

会议中，"满洲国"为防止未来种种纷争之发生，主张处理此事件之二国，有派代表机关，常川驻节于彼此国都及国境地带，以修国交之必要。如此议难蒙同意而徒斤斤于处理各个现地问题，殊无大意义。然外蒙则坚持仅处理国境问题，而于两国修交主张，严厉拒绝。双方意见，盖大相径庭矣。

正折冲中，六月二十三日，在哈尔哈庙附近工作之关东军测量手，忽为外蒙兵所捕去，会议乃因此而决裂焉。

欲求会议之死灰复燃，已不可能。欲于两国所坚持主张中求一妥协点，亦不可得。如此横亘约半载，而"满"蒙会议仍无收获。去岁十一月二十五日，愈形决裂矣。

外蒙对于"满洲国"所提议两国修交问题，何故加以拒绝？约有下列诸答案：

1. 外蒙无论在政治上在经济上，全由苏俄支配。名虽为独立国，本身实无自动能力与他国结交。

2. 外蒙不欲他国知其国内政情不安（暴动频发），及经济状态不良。

3. 正值日俄关系紧张时，故极力警戒军事重要地外蒙军事施设情报之漏泄。

4. 国情不安，而与"满洲国"通款曲，恐改革政治之徒辈出。

会议决裂后，"满洲国"乃重要声明，彼于今后国境纷争，决采自主解决宗旨。"满"蒙关系，瞬又紧张。未几，即有下列诸事件发生。

十二月十九日（去岁）事件：会议决裂未几，十二月十九日，日"满"军于贝尔湖西南之阿兰荷多次库地附近，扫荡越境驻屯之外蒙国境监视队，捕虏外蒙兵十名。此实为"满洲国"自主解决纷争，而积极行使实力之事件。

亥鲁木托事件：此后，"满"蒙国境纷争，常往返于贝尔湖附近。今岁一月十五日，乃在距贝尔湖约三百五十粁之亥鲁木托地，发生大冲突。是日，外蒙兵约三十名，袭击"满"边监视所，虏去"满洲国"哨兵七名，盖为达交换于去岁十二月十九日事件中，被捕外蒙兵十名之目的。一月十四日及十六日，又于同地发生小冲突，双方各死伤数名。

二月十二日事件：自去岁末至今岁之一月十四日、十六日、二十六日，二月五日，在纷争之中心地阿兰荷多次库处，时有小冲突。二月十二日，可忧虑事件因以产生。是日，日"满"军于阿兰荷多次库附近，与占据"满"领约二百之外蒙兵冲突，卒击灭此兵，而夺还其地。但日"满"军死伤者达十八人。此次战斗中，苏联飞行机二架，曾参加轰炸日"满"军。

此（指二月十二日事件——译者注）为最后在"满"蒙国境之最大冲突。解决此问题，今已移于外交交涉途径中矣。两国关系，可于断交状态中望圆满解决。今后……可充分有也。外蒙对于解决国境纷争采取如何态度，众目所注也。在本年二月二十一日之大田—斯托木了可（译音——译者注）会谈中，苏联外务次长斯托木了可，乃提倡设置"满"蒙国境委员会焉。

于此会席上，大田大使率直要求俄外务次长阐明俄蒙关系。谓基于何等根据，苏联政府对于外蒙乃不辞斡旋之劳。我等所见特殊俄蒙关系之事实，而苏联从未表明其基于何等法之根据，以与素所明白承认在中国主权下之外蒙缔结国交也。

于此事件，斯托木了可次长，以为不触条约关系之有无，苏联政府为保护外蒙独立，自有必要之援助任务。外蒙与苏联国境直接接壤，且对于外蒙之第三国势力，亦直接为对于苏联之威胁。

由斯氏之言，暗中固可见两国实有攻守同盟之特殊协定在。

苏联之提议，经"满洲国"之诺允，"满"蒙间之国境调查委员会，不久可成立之事实，略可确定矣。但"满洲国"随之而复希望两国正常修交，此能否形诸事实，尚不易决断。总之，自去岁来，由于纷争频发而酿成之"满"蒙国境问题，今始稍感一喘息焉。

（二）苏联与外蒙

一九二一年，在赤俄援助下而自中国独立之蒙古新国家，于一九二四年，暗杀其国王活佛，以宣布共和制度，改称为蒙古人民共和国。独立之初，俄蒙两国关系，有为在他独立国所不能见之特殊一体协调政策存在焉。

试先考其政治上之关系。苏联承认外蒙为一国家，彼此交换外交代表，两国首领又时相往返酬酢，外蒙政治诸机关，在俄人指导之下而运用者，约有数百焉。

尤使人注目者，为独裁外蒙之蒙古人民革命党存在。党如其名，然非共产党也。特允许以苏联为盟主之第三共产党印度、可民、铁忍（译音——译者附〔注〕）参加其盟会（但无决议权）。现此党党员人数，已达一万六七千矣。

两国经济关系，尤为密切。苏联以国营贸易机关，代替其旧日私营商人。利用其本国之经济发展，及两国之特殊机关，于一九二九年，几全独占外蒙市场。一九二七年，俄蒙之输出输入额，仅占外蒙全输出入额百分之三十四。一九三四年度，俄蒙之输出入额，乃达外蒙全输出入额百分之九十一矣。

苏联独占外蒙市场，乃由外蒙之协力。一九三〇年末，外蒙政府颁布贸易国营法，以统制贸易。迩来，外蒙采用与苏联通商政策，使其本国之货品得与他国同输出入于苏联机关及俄领。外蒙于苏联以外之任何国家，则全断然采取经济锁闭手段。

　　仅因贸易关系，苏联获得外蒙铁道敷设权、国内河川航行权、通信及航空之特殊权。又由两国共同出资，以谋汽车运输业及工业企业之建设。凡外蒙之其他经济事业，均有俄人插足或援助焉。

　　由此观之，仅谓俄蒙关系亲密，不如谓俄蒙已化为一体为善也。

　　苏联保护外蒙之最大理由，即为外蒙之领域，自苏联国防上视之，实属重要。苏联若以……为假想敌，而运用战争，外蒙实可成为最重要战线。试参照前页所揭示地图（原作上前页有一外蒙与苏联地图——译者）即可知矣。海拉尔方面之……在"满"蒙国境线……近方军事根据地贝桑子……次入俄领，而成功贝加尔湖附近之……事，则战局之最后归趋，即显露矣。至于贝加尔湖以东所谓极东地方全赤军之兵站保给，实由西伯利亚一铁路维系，断其归路，则足剥〔制〕全军之死命矣。

　　此时，外蒙之地理特殊性，自成为苏联之重要防备物。附近蒙古，为广漠之沙漠地带，缺乏饮水，战线势必延长，则兵站之供给，将感烦苦，而大部队之移动，亦觉困难。欲不大施力而占领贝加尔湖之附近，实属难能。且国境线防备之施行，甚为重要。于此，大部队乃不能移动，则虽以战斗行动敏速之汽车及战斗车等为中心之机械化赤军部队，亦何所坚持其自信理由哉。

　　不特此也。外蒙有二千万余头家畜资源，可成为食粮与军马补给之根据。战时，其重要尤将倍加也。

　　因此，苏联乃不顾一切牺牲，而愿成为外蒙之确实保护者。

（三）外蒙"赤化"之真相

　　外蒙共和国，面积约一五〇三千平方粁（约日本内地四倍），人口约八十万，所有家畜数目，不下二千万余头。

　　外蒙共和国成立后，外蒙"赤化"即受约束。数年间，因政策之左右，曾发生数次争乱，然右倾政策终行施焉。一九二八年末，左派压下右翼，而获得政权。自一九二九年以至一九三二年初，彼等即实行其急激"赤化"政策。然为大多数国民所攻击，而酿成大暴动。不得已，政府乃求急遽政策右倾化。外蒙之急激"赤化"，于此一挫折焉。

　　外蒙首相阖敦，曾指斥急激"赤化"政策之谬误，谓"左翼派政策之谬误，为使外蒙入于社会主义之发展段阶〔阶段〕中，以求其能建设为社会主义国家。但今之外蒙，非社会主义国家也。应使其在非资本主义之发展道程中，渐次进移而成为新模型之民族革命，反帝国主义、反封建主义之极端民主主义共和国"（一九三四年末第七次大国民会议之演说）。

　　当时，极左政策曾赍各方面以如何影响，而受多数国民之反对，于下述状态中可见之。

　　外蒙之主要产业为牧畜，约占国民总收入之八成。自极左政策实施以前之一九二九年一月以至今日，外蒙之家畜数如表：

骆驼	四七二（每单位千头计）
牛	一，八五九（千头）
山羊	三，三三九（千头）
马	一，五七五（千头）
羊	一四，七〇四（千头）
总计二一，九五〇〔二一，九四九〕（千头）	

　　蒙古原行土地私有制，为游牧经济。因其无不动产，故资产之多寡，全由所有家畜数而决。大体上，旧王公贵族及大喇嘛僧院等之经济，较为富裕。

蒙古政府曾改此个人经营之牧畜经济为共营经济组织。以中农及贫农为中心组织，使为共营经济之基础财产。没收僧院及富农之家畜，而不予以代价。又课僧院及富农以苛酷之累进税，且加以弹压。一九三一年末，外蒙地带之共营化者约 32.5% 矣。

共营经济内容究属如何？被共营化之中农及贫农，实未知共营经济之必要。然所以参加者，由于不偿所买家畜也。而富农则因重税及没收，乃于所有家畜，竞卖之，屠杀之，以求加入贫农之中。结果，在极左政策实施三年中，外蒙家畜减少约七百万头。

其他事业之各部，采用极左政策者，均归失败。例如在农业方面，为谋〈与〉牧畜同样共营化，而作业面积因以急减。

工业及手工业，因国家统制过激，其生产量亦为显著之减少。

弹压私商，而代以国营商业，各地商品乃入饥馑状态中。

为苛酷之宗教征伐。如没收寺院所认为财源之家畜，及强制下层喇嘛僧还俗，遂唆起多数宗教心强者之反感。

扑灭文盲运动之骚扰，徒困惑一般无知文字必要之游牧民众。

由极左政策之执行，遂导起大多数国民反抗政府，彼等与曾受政府激烈弹压之旧王公贵族及上层喇嘛僧相结，一九三二年春，遂有颠覆政府之大暴动。暴动区域，蔓延外蒙产业中心一带地。外蒙政府，无如之何，乃借助于苏联军队。是岁秋，乱平。

因暴动之勃发，外蒙政府乃求急遽政策之右倾化，以图安定人心。结果，撤〔撤〕废牧畜业及农业之共营化，缓和苛酷之累进税，许可商业私营，又使其他各业，亦趋右倾。总之，外蒙已恢复极左政策采用前之状态矣。

大暴动勃发后，岁凡四更。今日之外蒙，究属如何？

牧畜业：值极左政策实行时，家畜数目急激减少。右倾化后，乃渐增加。其总数现已达二千一百余万头矣。然外蒙畜牧业，若不自素朴经营以移于诸施设合理之经营中，则无充分发展余地，且将步入穷途。图打破此难关，虽为急务，然目今外蒙政府财政困乏之秋，又将奈之何哉。

农业：今之作业面积，仅四万三千亩地。蒙古人原多肉食，于食粮谷物需要较少。即外蒙本身所需要食粮谷物量（约五万五千砣）之四分之一，彼等亦不能供给。因地质与气候关系，外蒙农业，将来必无大发展，可断言也。

工业：羊及兽皮之加工制造工厂凡二三。此外，有铸造机械工场，制酒工厂，小规模炼瓦工厂，及制材场，而采炭业及采金业，亦见诸实行，但均幼稚耳。外蒙矿物资源，未能充分调查有名矿产，或未有也。以前之劳动者，全为中国人，近来蒙古人参加人数，亦渐多矣。

国内商业方面，废官商独占主义，许可私商经营，以图物质供给之调节。私营商业者，多为中国人。除酒精及酒类之制造权外，即在国家中能独占之大资本经营，与夫一切商工业，均许可其私营焉。

外蒙国营贸易之建设，今则全赖苏联。输出多为畜产品，输入以食粮品、棉布占大量。最近，石油、铁、汽车等物输入之增加，极可注意。由出超而转入入超，今甚显著矣。

年度	由苏联输入	输入于苏联	入超	出超
一九二九	一〇，〇四六	一五，二七六		五，二三〇
一九三〇	一七，八一九	一九，七五四①		一，九二六
一九三一	三七，三四三	二八，八三三	八，五一〇	
一九三二	四一，三九四	一九，二七八	二二，一一六	
一九三三	三八，五六二	一七，二六九	二一，二九三	

---

① 应为一九，七四五。——整理者注

续表

年度	由苏联输入	输入于苏联	入超	出超
一九三四	四四，八一〇	二〇，五六一	二四，二四九	
一九三五	一一，六三三	七，九一一	三，七二二	

外蒙政府，为求减少入超续增，乃于一九三五年，采取紧缩方针，此实可注意。去年度之输入额，遂较前年度减低〈至〉约四分之一矣。

宗教问题：予外蒙"赤化"进程以最大阻碍者，厥为喇嘛教与国民之密接关系。自极左政策撤〔撤〕废后，即除去对于喇嘛教之苛酷压迫，返还其已没收之家畜。然政府于此反革命之根据，暗中犹侦视之。于大喇嘛庙，则派遣全权委员以监视其行动。僧侣无选举权及服兵役义务。

蒙古人教育程度甚低。一九三四年末，官厅公务人员，有四分之一为文盲。同年度，就学学生人数，合初等、中等学校共计之，尚不达四千人。蒙古民族之教育如斯，文化程度实甚低落。不拘政府如何努力，而"赤化"进度极迟者，此诚一因也。

有上述之迟滞经济组织与文化，故外蒙"赤化"不易进步。苏联尚不满意于支配外蒙政治，乃欲〔而〕外蒙国民全体"赤化"，俾可成为己药笼物。然因反政府气势弥散于喇嘛僧、旧王公贵族及国民大众间，乃于严重取缔中，匍匐而进。苏联及外蒙政府，所以极度警戒他国策动者，亦固所宜。

将来之外蒙如何，非放手外蒙而可想见者。于此有关之日俄运命，实密接而横于吾人之前焉。

《国立中央大学日刊》

南京国立中央大学出版组

1936 年 1664—1666 期

（李红权　整理）

蒙古民族之史的回溯

韩载华　撰

一　引言

　　蒙古在长城北面，由种族的名称，转而为地理上之名称。有广大的平原，有古老勇敢的民族，上至唐虞，下迄今日，为中国北部屏障。迨民国以来，五族一家，汉蒙关系，更为密切，第频年政争，边事废弛，帝国主义者，显露其凶狠狰狞之面目，施展其强暴胁迫之手段，妄顾国际间之信义，昕夕以割据分化之方式，举凡中华民国之广大领土，为其唯一侵略之对象，日本之南下政策"大陆政策"，苏俄之东向政策，各张其凶恶之魔手，攫取我边陲各地，朝鲜、安南、台湾等相继沦陷。于前九一八事变，东四省随之覆灭，广大之蒙古，正在日俄赤白帝国主义者夹缝中讨生活。蒙古之文化、经济既然落后，而政治组织，又甚弛懈，因此外蒙已成苏联之附庸，内蒙亦将沦为伪满之续。我们感觉蒙古为中国领土之一部分，蒙古民族为五大民族中之一民族，蒙古为中国整个领土之前卫，实有唇亡齿寒、有休戚相同之关系，尤其在今日中央集中国内军政贤硕，组织国防委员会，研讨整个国防上之安全，所以联想到蒙古在地理上的重要，蒙古民族过去历史的悠远，与汉蒙民族关系的密切，略举梗概，申论如下。

二　蒙古民族在领域上之剖视

蒙古是一个广大无涯的平原，内部有戈壁大沙漠的横亘，南北往来硬〔梗〕塞，交通不便，因此在地理形势上，自然的分为两部分，漠以南为内蒙古，漠以北为外蒙古。十五世纪末叶，鞑靼达〈延〉汗统一漠南北。十六世纪初，达延南下，留幼子守漠北，号喀尔喀部，分三汗，即土谢图、车臣、札萨克：这就是后来外蒙古名称的起源。达延自己与嫡孙卜赤居漠南东部，就是今日的察哈尔的起源；他第三子巴尔色居漠南西部，便是后来鄂尔多斯部之起源；巴尔色次子俺塔居归化城以西一带，便是土默特部起源。这几部在清时概称内蒙古，康熙时废牧地为官立牧厂，编其部众为旗，其范围东至黑龙江、辽宁及吉林一部，西至新疆省之伊犁、焉耆、塔城，西南与甘肃接壤，至青海、宁夏，南界河北、山西、陕西、宁夏，北至俄国，〈与〉后贝加尔、伊尔库次克及叶呢塞斯克省衔接①，全部面积，共一百三十六万七千九百五十三英方哩。外蒙古东界黑龙江，西界新疆，东北接俄属西伯利亚之后贝加尔及依〔伊〕尔库次克两省，西北则以萨彦岭山脉及俄属阿尔泰山脉为界，尚包含有科布多及唐努乌梁海二区，东西五千里，南北三千里，苏俄为便于分割我土地起见，于十三年在乌梁海又建立一乌梁海国民共和国，设首都于刻拉斯耐，并包含有科布多一部，是今日之外蒙古，其舆图又改观矣。内蒙古北连大漠，东入辽宁，南界陕西、山西、河北三省，西接宁夏，就政治地理言，除东部划出一部归辽宁外，余分为热河、察哈尔、绥远三省。蒙古为中国北部屏蔽，蒙古与中国，有如高屋建瓴之势，蒙古存亡，

---

① 原文如此。——整理者注

实为中国安危所系。

三　部落时代之蒙古民族

考蒙古土地之领域，既如是其广袤，其民族部落之组织，亦随着时代的激荡也不断地变动，盖中华民族内含之五大民族，惟蒙族与汉族关系最早而密切较深者。蒙古在我国朔方塞外草原，广袤万里，三千年来，尽为游牧民族。《史记》："唐虞以上，有山戎、猃狁、荤粥，居于北蛮。"又云："殷时曰獯粥，改曰匈奴。"晋灼云："尧时曰荤粥，周曰猃狁，秦曰匈奴。"《史记·五帝本纪》："黄帝北逐荤粥，合符釜山，而邑于涿鹿之阿。"尧都晋阳，而墨子称其"北教八狄"。周自后稷封于有邰，越数世，即失官，而窜于戎狄之内。公刘乃复修后稷之业，居于邠。再传至太王，复为狄所逼，徙歧〔岐〕山下，爰其文武，世济其德，而周势始张。文王伐昆夷，至武王，遂放逐之泾洛以北，命曰荒服，以时入贡。是中国与朔方诸民族开始政治活动之发轫时期。嗣后宣王征服猃狁，诗人美其功曰："薄伐猃狁，至于太原，出车彭彭，城彼朔方。"晋文公迎襄王入于雒邑，以兵威攘戎狄，使居于西河圜、洛之间。秦惠王拔义渠二十五城，并有陇西、北地、上群〔郡〕，乃筑长城以拒胡。赵武灵王亦变〈俗〉，胡服习骑射，北破林胡、楼烦，自代并阴山下，至高阙为塞，置云中、雁门群〔郡〕。燕亦筑长城，自造阳之〔至〕襄平，置上谷、渔阳、右北平、辽西、辽东群〔郡〕以拒胡。秦灭六国，始皇使蒙恬将数十万众北击胡，悉收河南地（今洛交、安化群〔郡〕），因河为塞，筑四十四县城临河，徙適戍以充之。而通直道，自九原至云阳，因边山险，堑溪谷，可缮者缮之，起临洮，至辽东，万余里。又渡河据阳山北假中。及秦乱，刘、项相持，未遑图边，单于头曼

渡河南，复其故地。至冒顿世，匈奴益张，围汉高帝于白登，其
后复入萧关，烧回中营〔宫〕，帝置细柳、棘门、霸上三军以备
之。武帝时，得卫青、霍去病累岁穷讨，匈奴又居徙〔徙居〕漠
北，是以汉境至于阴山，乃自关河以西置酒泉等群〔郡〕，隔绝羌
胡，遂通西域。宣帝、成帝时，呼韩邪单于朝汉为藩臣。和帝时，
北单于为窦宪破灭。安帝世，南单于屡被鲜卑侵掠，魏武遂分五
部，置西河、离石诸群〔郡〕。后突厥西据乌孙旧地。唐贞观初，
颉利可汗经〔侵〕至渭桥，卒为太宗所灭。然西北民族却更因此
而逐渐南下，入居中原，匈奴、鲜卑、羌、羯、氐，在晋代造成
了五胡乱华的局势。唐末之后，五代的渤海、契丹、女真、西夏
诸族，横行华夏。宋时辽、金继起，阿骨打称帝。以至蒙瓦部，
统一欧亚。由猃狁、獯粥以来，初为突厥种之匈奴，盛于秦汉；
次为通古斯种之鲜卑，盛于两汉；更次为突厥种之柔然，盛于两
晋、六朝；又次为突厥种之回纥，盛于隋唐；又次为通古斯种之
契丹及女真，盛于五代及宋；继之而起者则为蒙古。蒙古为宝
〔室〕韦、契丹之一部，实突厥与通古斯种之混合种。

　　蒙古的名称，起自成吉思汗，见于中国史籍者，则有蒙兀、蒙
古〔国〕、蒙古里、盲骨子、蒙兀儿、蒙骨斯诸名，字义不同，要
皆为一音之歧译。蒙古人天资刚劲，专习骑射攻战，逐水草游牧
为生，在成吉思汗以前，可称谓部落时代，与中原往来频繁，亦
称扰攘时代。因文化成〔程〕度低落，政治组织松懈，虽勇敢善
斗，终为割据之局面。《史记》曰："其俗，宽则随畜，田〔因〕
〈射〉猎〈禽兽〉为生业，急则人习战攻以侵伐，其天性也。"
"儿能骑羊，引弓射鸟鼠，稍长则射狐兔，用为食。""狄〈俗〉
逐水草，无城郭宫室，故云就庐帐盟也。""无文书，以言语为约
束。""贵壮健，贱老弱。壮者食肥美，老者食其余。"此十足表现
蒙古民族生活之全貌也。

四 成吉思汗以后的蒙古民族

十二世纪中叶，宋、金对峙角逐于黄河流域时，蒙古各部尚为金所臣服羁縻〔縻〕，常朝贡于金。后来金的国势渐渐不振，统制力也逐渐减退，有名的成吉思汗，即正在此时诞生。起初利用他掠夺和统制的手腕，协助金击破塔塔儿，同时消灭克烈部、蔑儿乞部，降服斡亦剌部，在很短的期间，他快〔就〕把蒙古民族统一了，当时运用他的勇悍强劲的军队，向漠北迈进，在它铁蹄下灭亡了土耳其民族乃蛮部、乞里吉思部、畏兀儿部、葛逻禄部，都通款降服，自是以后，更进一步的攻破金国，侵略波斯，进攻欧罗巴，随即并吞金国，征服宋朝，建设了亘古未有、横跨欧亚两个大陆的大帝国。至一二六○年，第五代的合罕忽必烈（世祖，〈一〉二六○—一二九四年，拖雷之子）即位于开平，国号称元，自此蒙古的可汗在中国居住称王了。在蒙古的窝阔台（拖雷之兄，即太宗）对拖雷（成吉思汗的儿子，太宗窝阔台的老弟）不甚满意，时常发生叛变，终为拖雷所压服了。传十四代至顺帝（一三三三——一三六七）的时候，国势渐渐衰弱，中原各地，豪杰并起，江南起义的朱元璋进攻燕京（今北平），顺帝兵败，将中国领土放弃而北走蒙古，从封建的中国元朝王帝，至是又复变为民族制的蒙古的部长，在蒙古元史上称为北元，而在明朝方面则称之为鞑靼。在明太祖、成祖两代，连年用兵，元室的势力，始向下衰颓，成祖用"以夷制夷"的中国传统政策，与瓦剌（斡亦剌）通好，而压制鞑靼，然瓦剌与鞑靼相互起伏，至顺帝孙俺答汗皈依喇嘛教义，相信因果报应之说，深觉杀戮为一绝大罪恶，遂与明修好通商。明朝衰亡，清室入关，统一华夏，西蒙古的准噶尔部（明朝的瓦剌部之后）渐增强盛，部长噶尔丹汗，随势东进，其势力远至克尔〔鲁〕连流域的车臣汗部，终清之世，蒙古完全保持一个平静状态。民国成立，蒙古亦宣告独立，迄今外蒙古成立共和国，受苏俄之保护，内蒙自自治政府成立后，亦继续不断地制造伪满第二，日本的大陆政策，苏俄的东方政策，赤白帝国主义者，正在迈步前进吓！

五　外蒙古共和国之前后

外蒙古全面积为六二二，七四七平方哩，人口为六，一六〇，〇一六人，每方哩平均约十人。政治之区划，为喀尔喀四部落及唐努乌梁海、科布多，而以喀尔喀四部落为中心，唐努乌梁海、科布多附属之。喀尔喀共八十二旗，东路曰土谢图汗部二十旗，位于土腊河沿岸，又车臣汗二十三旗，位于克沦鲁〔鲁沦〕河沿岸，西路曰札萨克图汗部十八旗，兼管辉特一旗，位于杭爱山之西，北路曰三音诺颜汗部，兼管厄鲁特二旗，位于翁金河之北。至科布多，原为准噶尔旧地，有杜尔伯特、扎哈沁、额鲁特四〔三〕部二十〔十二〕旗。唐努乌梁海，位于乌里亚苏召〔台〕卡伦外，有五旗四十六佐领，近年来受苏俄赤色之薰染，政治上亦随着时潮激动而急剧的转变。

苏俄〔外蒙〕在一九一一年十一月，在帝俄支持下，乘我革命发动，无暇外顾，即发动独立之宣言。一九一二年十二月，俄国与外蒙结修交条约。一九一三年，中俄两国共同宣言，成立谅解："俄国承认外蒙在中国之宗主权，中国承认外蒙古之自治权。"嗣外蒙古政权宣言取消独立，再回复于我国政府之主权下，仅承认其有自治权。其后一九一五年，中、俄、蒙三方会商，扩充前记之协定。一九一七年，俄国革命暴发，我国乘机在外蒙恢复宗主权。一九一九年十一月取消外蒙之自治权，一九二〇年十二月，派遣徐树铮为西北筹边使，管辖外蒙。一九二〔十〕一年秋，赤色政府在西北〔伯〕利亚追〔逐〕出之温格龙将军率领之白兰〔俄〕军队，逃入外蒙之首都库伦，乘势驱逐驻在库伦之徐树铮军队，以喇嘛教之法王活佛为君主，组织新外蒙古政府，当时中国以内患正殷，中央力量不及边防，外蒙遂脱离中央之统治。

综之自一九一七年苏俄大革命后，布尔塞维克倡导东方政策，即以外蒙为其侵略之对象，盖自列宁瓦沙战败后，深觉西方"赤化"之不易，乃采西守东进之政策，因此有继续不断援助外蒙，驱逐白俄夺回库伦，组织蒙古人民共和国，同时援助盛世才统一新疆，树立苏俄在我国北方之势力，以卢布收买鼓惑御用中国盲动青年，企图整个"赤化"远东，使中国整个土地，四万万五千万之中国民众，同隶于赤色帝国附庸统治之下，因此苏俄于一九二〇年借口白党温格林侵入外蒙，举兵占领库伦后，即以下列各方式猛烈的向外蒙进行其东方政策：

1. 组织蒙古国民党：温格林占领库伦，外蒙左倾青年，均逃于西伯利亚，苏俄即在上乌丁斯克、伊尔库次克，收容扶助左倾革命青年，组织蒙古国民革命党，旋改为蒙古国民党。

2. 编练蒙军：一九二一年三月，蒙古国民党在恰克图邻境吐鲁伊次可萨夫斯克成立临时革命政府，一方面请苏俄出兵协同讨伐温格林，同时使各地蒙古革命党员，组织"巴鲁第撒"队，纠合各地"巴鲁第撒"队编为蒙古国民革命军，先将恰克图中国驻军击走，以恰克图为军事、政治重心根据地，继而夺回库伦，肃清白俄，均以此等蒙军为主力，而助以苏俄赤军。

3. 召集国民会议，建设国民政府：外蒙临时政府，召集国民会议（大富拉尔旦），建设蒙古国民政府。

4. 社会、经济革命：活佛死后，外蒙社会方面，如废除王公贵族称号及一切特权，经济方面，如土地、森林、水泽等皆实行共产。

其次苏联政府于本年三月十二日，与外蒙古人民共和国之间缔结军事互助协定，内容谓：缔约国一方面，如受第三国之攻击时，其他一方应立即予以军事上之援助。该约签字者为苏联全权代表泰洛夫，及蒙古人民共和国"小库拉尔"主席阿穆尔、总理兼外长赓登，中央以此举侵害中国主权，违反民国十三年中苏协定，已提出严重抗议，但制〔既〕成事实不易推翻。

由上观察，我边围之外蒙，变成为苏维埃联邦之一部，史单林之言曰："日本果攻击蒙古人民共和国，而图毁灭其独立时，吾人决帮助蒙古人民共和国，李维诺夫之助理斯托蒙尼亚科夫，近业已如此通知驻莫斯科之日本大使，并阐明自一九二一年以来，苏联与蒙古人民共和国保持友好关系而未变，吾人决助蒙古人民共和国，如吾人在一九二一年内所曾助之者。"又史氏答郝渥尔："日本侵夺库伦之企图，果使苏联必须采积极行动乎？"如是则外蒙已同化于苏维埃联邦之下，事实上已成为苏维埃之保护国矣。

六　内蒙自治运动的激起

内蒙古全面积为二八四，四九〇平方里，人口为一〇，三七三，二五五人，平均每平方哩约十九人，文化与内地各殊，政治组织亦与内地不同。民国初年，对于内蒙已汉化地方，改为热河、察哈尔、绥远三特别区。民十八年，更建为行省，又将西套蒙古，划为宁夏省，但一方面，无论内蒙、外蒙，仍维持盟旗制度。所谓盟旗制度者，系由封建的游牧民族所产生的一种政治组织。内蒙原分六盟，东部四盟，西部二盟，东四盟者，（一）哲里木盟十旗，跨辽宁、吉林、黑龙江三省，面积之大，为内蒙各盟之长；（二）卓索图盟七旗；（三）昭乌达盟十三旗，在热河省内；（四）

锡林郭勒盟十旗，在察哈尔省境。西二盟者，（五）乌兰察布盟六旗；（六）伊克昭盟七旗，在绥远省境。此外归化城土默特二旗，亦在绥远省内，呼伦贝尔八旗及及伊克明安一旗，在黑龙江省内，阿拉善一旗、额济纳一旗在宁夏省境内。而呼伦贝尔西界俄属西伯利亚，南接外蒙古，是我国口防〔防〕要地。阿拉善族〔旗〕，滨临河套，出产丰富，土地肥美，在内蒙经济上，颇占重要位置。自日本北进海洋政策碰壁后，积极运用南进的大陆政策——征服满蒙。田中义一奏折曰："欲征服支那，必须征服满蒙，如欲征服世界，必须征服支那。倘支那完全被我征服，其他如中小亚细亚及印度、南洋等异服之民族，必畏我，敬我，而降于我，使世界知东亚为我国之东亚，永不敢向我侵犯。""我对于满蒙之权利，如何真实的到手，则以满蒙为根据，以贸易之假面具，而风靡支那四百余州，再以蒙满之权利为司令塔，而攫取全支那之利源，以支那之富源，而作征服印度及南洋各岛以及中小亚细亚及欧罗巴之用，我大和民族之欲步武于亚细亚大陆者，执握满蒙利权，乃其第一关键也。"盖征服满蒙是日本大陆政策中第一炮也，盖满蒙如被征服，在资源上，既可利用其煤、铁、粮食，使满蒙为日本军需工业之重要地带，在地理上，则南下可征服中国及南洋，北上可攫取西伯里〔利〕亚，西进更可侵略中小亚细亚及印度，所谓司令塔者，甚为恰当。满洲在国际〈绥靖空气〉弥漫中占领矣，更亟亟取得蒙古。外蒙古早为苏俄利诱、威胁、同化于赤色旗帜之下，更亟亟以征服内蒙为急务，而内蒙之自治运动，亦随着侵华狂涛所激起。

民八年蒙人以保护政治上、土地〈上〉之权利为辞，曾有达乌金全蒙临时政府组织之运动。然而具体的自治运动，乃系民十七年察哈尔蒙旗代表尼玛鄂特索尔、纪伦等赴京作自治请愿活动，并上呈文十条，说明自治之必要，是为内蒙自治运动之产生发轫时期。至二十二年，内蒙自治运动，急转直下，掀起轩然波澜，所以内蒙运动之急剧展开者，固然有内在之原因，亦有外来之影响也。

促进内蒙自治之原因，如建设省县，蒙人以为侵蚀盟旗权益，辟地开垦，以为损害蒙人游牧生活，同时中央因多事于反动势力之叛变无常，东征西讨于军事工作，未遑顾及蒙古政治上之改进与王公间之联系，及青年之羁縻，遂引起蒙人之不满与失望，给予蒙人以自由联合运动之动机。而最大原因，则为日本在东三省、热河间制造满洲伪国后，即对于内蒙王公多方煽惑，巧用利诱威胁之手段，同时挑拨汉蒙民族间情感之嫉视，并鼓簧好大喜功之青年王公，才引起政治运动之内蒙自治运动。

此次运动之中心人物为德木楚克栋普鲁（德王），为人精明狡黠，通汉文、汉语、英文，擅骑射，尝以成吉思汗自居，以云王年高望重，以资号召，二十二年五月间，在百灵庙集会，讨论自治问题，七月二十六日复在百灵庙召集全蒙长官会议，到伊、乌、锡三盟盟长及札萨克多人，均主张高度自治，组织自治政府。并于八月十四日，通电向中央请求给予自治政权。十月九日自治会议到会者盟长及代表不期云集者六十九人，推云王主席。综计前后开会凡五次，费时十六日，通过《内蒙自治政府组织法》、《内蒙自治政府设立地点案》、《政府警卫队编制案》、《政府开办经费筹措案》、《政府房屋建筑案》，公推云王为内蒙自治政府委员长，锡盟索诺木喇布坦、伊盟沙克都尔札布两盟长为副委员长，乌盟副盟长巴王为法制委员会委员长，锡盟副盟长德王为政务厅长，伊盟副盟长阿王为参议厅厅长，于是内蒙自治政府之组织及政府人选大体均告决定。中央政府接得自治政府之呈报，九月二十六日汪前院长在行政院召见旅京蒙人白瑞等，面询情形，十月十七日、十八日，先后通过行政院会议及中央政治会议处理蒙事原则三案，同时国民政府明令特派内政部长黄绍雄、蒙藏委员会副委员长赵丕廉，前往蒙古巡视各旗盟。十一月十日午后五时半，黄绍雄、赵丕廉二氏，率领随员、卫兵抵百灵庙，德王等列队欢迎，经更翻商谈，黄绍雄氏当以甲种办法，与中央所定原则尚无不合，允转呈中央核准施行。黄绍雄氏于十二月十六日返抵南京，中央政治会议于三月七日第三九八次会议，任命通过蒙古地方自治政务委员会长官，是日由国民政府明令发表，并特派何应钦氏为蒙古地方自治指导长官，赵戴文为蒙古地方自治指导副长官。蒙政会委员长云王于廿三年四月二十三日下午五时在百灵庙举行成立典礼，中央代表何竞武监誓之下，宣誓就职，数年来蒙古自治运动之波澜，至此暂告一段落。嗣以蒙政会派系之纷歧，德王之专恣，屡起纠纷，西公旗石王之被蒙政会之免职，引起各盟旗札萨克惴惴自危与全体之反感，而分治之势，日益开展。最近绥境各盟旗长官，纷电中央请求在绥境另设蒙古自治委员会，以统理伊、乌两盟旗政务，原设之蒙政会，则专理察哈尔省盟旗自治工作。中央为适应绥境人士之主张，及蒙政会年来之措施，即准予所请，并于廿五年一月二十五日指定沙克都尔扎布为委员长，巴宝多尔济、阿拉坦鄂齐尔、潘第恭察布为副委员长，阎锡山为指导长官，是日公布《绥远省境内蒙古各盟旗地方自治政务委员会暂行组织大纲》十五条。至百灵庙之蒙政会，自德王离庙后，政务即无形停顿。本年（二十五年）二月十五日，蒙政会职员云继先亦离出〔开〕百灵庙，并致电中央，略云："继先等服务百灵庙蒙政会，二年来矢勤供职，深愿蒙古在中央领导之下，服从德王，增民福利，乃自去冬德王东去不返，庙方环境日非，或谓西苏尼特旗已组织军政府，或谓德王委李守信为军政部长，或谓察北六县改年建号，谣诼繁多，莫衷一是。尤以消息隔绝，既无面晤申白之机会，又无从转达下情，而会中负责者，一切讳莫如深，甚至有危害生命。继先等不得已，遂率同官兵千余人，并联合职员百余人，于廿五年二月二十一日离开百灵庙，在庙南觅地集合，听候中央及地方当局之援助云云。"综观一月八日蒙政会委员长云端旺楚克呈请辞职，中央以副委员长索王升任，递遗之副委员长缺由该委员会秘书德王补授，两氏已于三月五日十二时通电就职。刻晋军王靖国部实行屯垦内蒙，地方异常安谧，绥境蒙委会各王公均竭诚拥护中央，意见亦甚融洽。至德王前虽态度不明，而现亦声明服从中央。但谣诼繁兴，据一般消息，德王将在滂江组织独立政府，陆军、财政、教育、交通各部悉归日人掌握等消息。最近日军事当局，刻在内蒙甚形活跃，已在张北设立军事学校，招年在十五岁与二十五岁以内蒙古青年五百人，授以军事训练，而李守信之蒙兵有百余人常驻于百灵庙，敌人大陆政策之雄图，正方兴未艾，边陲之危机有如水深火热。

七　终论

　　蒙古为中国北部的前卫，蒙古亡，中国危，蒙古与中国有安危相系、存亡相关之势。一览中国之版图，即了然满蒙之重要，与帝国主义者无厌的侵蚀，日帝国南进的一贯大陆政策，苏俄赤色帝国之东向政策，多以我生命线之蒙古，为其侵夺之唯一对象。内蒙民族，尚在十世纪游牧的生活，政治的松懈，经济、文化的落后，无自立自强自存之精神，在不生不死之局面，内不能团结力量、统一意志与外来势力支撑。但环境是这样呢？在客观的事实，已经在喧宾夺主的赤白帝国主义者，双重压迫分化之下，制成了外蒙人民共和国，内蒙自治运动尤其所谓东蒙自治政府的傀儡活剧，已进入于死亡之路，我们的创伤、耻辱，赓续不已的增加，我们在这时机迫切的华北局面严重之下的蒙古问题，实在是当前整个中国的存亡问题，所以特别地拿蒙古民族之史的回溯，做一个简单的分析，为爱好研究边疆问题者，一一商榷之。

《边疆》（半月刊）

南京边疆半月刊社

1936 年创刊号

（丁冉　整理）

《苏蒙协定》和南京的勇敢

朱实　撰

　　德国三月七日进军莱因的事件，引起帝国主义反苏联的战争的新酝酿。德国明白的志在威胁法国抛弃对苏联的和平的友好，英国以种种姿态在外交上给了德国的企图以支持。德国更号召了他最好的同盟者日本，进行对苏联的新挑战。

　　一月末以来，日本不断在苏联反〔及〕蒙古边境制造纠纷，中间因二二六政变而暂时放松，但到了三月下旬遂以加倍的阴谋响应德国在西方的行动。自三月廿四日到四月初旬，几无日不发生日"满"军队侵入苏联及外蒙并冲突的事件。

　　苏联和外蒙以巩固军备和强硬的抵抗回答帝国主义的挑战。两国并于德国进军莱因后五日签订《互助协定书》，为世界和平树立了在东方的新堡垒。协定书的要点是：（一）两国"遇有立约者任何一方受军事攻击时，应互相给与一切帮助，包括军事帮助"；（二）两国因互助而驻扎于另一方之领土上的军队，应有此种驻扎之需要停止时，立即自关系者之境退出。苏联于四月二日将此事通知中国南京政府。

　　自然，这一协定给了帝国主义的气焰以有力的打击，〈所以它要〉来攻击苏联侵害中国的主权。但是我们知道的，侵占东北广大领土，掠夺中东路商业利益，制造中东路纠纷的是日本和日本的"满洲国"政府。用着同样的勇敢，蒋介石政府又为苏蒙协定而发言了。南京于四月七日及十一日对苏联提出两次抗议，谓该协定侵害中国之主权。苏联对第一抗议已提出覆文，声明苏联无侵犯中国及外蒙领土的野心，并《中苏协定》继续有效。

蒋介石政府持为理由的一点是外蒙为中国领土之一部，无权与别国订立任何条约。然而我们认为，外蒙民族完全有权建立独立自主的国家，完全有权从和平的友邦获得各种帮助，为着本国经济的文化的发达，也完全有权与和平的友邦为反对侵略者而联盟，为着民族的安全。一九二五年苏联曾助蒙古人民共和国驱走白俄，事后苏联军队即行撤走。现在蒙古境内，绝无帝国主义侵略存在。

汉、满、蒙、回、藏五族应该成立最好的团结，共求民族的独立自由与发展。动摇了帝国主义的内部（在日本资产阶级里便存在着反对军事冒险的一派），更给了一切被侵略者以自卫的号召。可是，这一协定也不可免的要引起更多的攻击。苏蒙协定宣布，日本得了更大的"借口"了。他"联合"他的傀儡"满洲国"大声狂吠，诬赖协定意在侵"满"。他更加增厚在"满"的驻军。他制造更多的边境纠纷。他更积极去完成日德强盗协定。他还要俊〔唆〕使中国的蒋介石政府也出来攻击苏联。

那是非常明显的。电通社东京四月七日电："苏联及外蒙已于日前宣布苏蒙协定而使从来秘密之苏蒙关系表面化。因是，各方颇注意于视外蒙为其领土之国民政府态度。日外务当局拟即依危及中国领土保全，甚至扰乱东亚和平之赤化的东渐，足使中国自趋灭亡途径之意义，已促华方当局之猛省。"

电通社东京八日又电："关于苏联正式公布《苏蒙互助议定书》事，日方特于昨日命驻南京总领事须磨探询国民政府态度。其结果华方已作刻正在研究应否诉诸国联中之言明。"

日本的警告是马上生效的。替日本帝国主义张目，蒋介石政府是最勇敢的。我们记得，当苏联提议出售中东路以避免日苏战争的时候，蒋介石政府曾用最大的声音。然而，现在西藏是英国殖民地，东北为日本所占领，全中国陷于论〔沦〕亡之危险，只有外蒙因人民革命的成功，已树立自由的旗帜和充分的国防，得免外国的蹂躏。外蒙的独立自由，不是破坏中国的统一，而是五族光荣的榜样。

　　蒋介石政府断送东北，断送内蒙，断送华北，然而这还不够。日本帝国主义的目的是灭亡中国，为着自己的利益，蒋介石政府采用〔取〕完全投降的政策。日本每日都在重复广田的先决条件，蒋介石派了最好的使臣去欢迎再进一层的侵略。蒋政府对苏外交的勇敢也不表示别的，那只是蒋政府完全服从日本的意志，承认"满洲国"，实行"中日满提携"，共同反赤，并且准备完成卖国任务，贡献全中国领土给日本帝国主义以为进攻苏联的军事根据地，陷中国民族于完全的奴役以至毁灭的最明白的宣告。我们没有看见苏蒙协定有一毫侵略的意味，我们看见的是日本外务当局为苏蒙协定而"促华方当局猛省"的俨然宗主国的威风。

　　中国人民只有和苏联与外蒙站在一条战线，用勇敢的民族斗争，来回答日本帝国主义反历史反文明的侵略行为，回答蒋介石政府为日本张目和卖国的勇敢。

《解放》（刊期不详）
北平解放社
1936 年创刊号
（朱宪　整理）

绥东问题的严重

尚志 撰

当国人眼光正在注视广西问题的时候，我们的敌人驱使着其所豢养的伪军和土匪进攻绥东。这样形势非常严重含有重大意义的边境恶耗，在政府舆论的笼罩下，竟很少有人能够注意这个问题。以后，由于伪匪军的两次进攻失败，在表面上似乎又暂时缓和一下。其实伪匪军的进攻绥东和晋绥军的保土抗战，正是标明了华北的危急已经临到一个新危机，而由晋绥军的抗战已经引起了地方当局的抵抗，从此推动全国各地来爆发整个的中华民族解放战争是可能的，所以我们必须赶快纠正过低估计绥东事件的严重性的错误意见，而要周密的分析这一事件并指出他发展的前途。

现在的绥东形势，可以说正是在箭拔弩张短兵相接的时候，也就是伪匪军的大举进攻绥东的前夜。因为任何人都知道绥东事件是有国际背景的，我们的敌人进攻绥东是经过一番周密的布置，现在正逐步逐步的实行着。从七月三十日以前，绥东便时刻在危急中，三十日那天有数百所谓防共自卫军由察北窜来，攻扰绥远陶林县属的土木耳台，被该地的民团击退。八月二日匪军再来攻扰陶林，人数由数百增到二千，但是经过晋绥军赵承绥部的英勇抵抗，终于击退。伪匪军两次被击退后，便准备再度来犯，绥东匪首王英和察北匪首颜东立，招军买马，大加扩充。我们的敌人派大批特务人员往来于张北、百灵庙之间，非常忙碌，并且供给匪军大批军火，敌人的大批军队和飞机也开到多伦、张北一带，热河张海鹏的伪军也开到察北增援，而德王所招募的蒙兵已开赴张北受某方的训练。于是在八月十五日匪军便进攻绥东集沟〔宁〕，与傅作义部发生激烈的冲突，直到现在双方仍在对峙中，表面上是平静，骨子里匪部却正在准备酝酿企图大举进攻。据最近统计，察、绥边境的伪匪军和德王的蒙兵合起来已在四万人以上，都有新式军器，商都的飞机场已经完成，日军两联队早已开到张北，殷汝耕也将战区保安队一律改编成八个游击队，并且要开赴察北协助匪军。要知道我们敌人的计划是先占绥东，再进取绥远省城，夺取晋北，更进而夺取西北，而冀、察当然是瓮中的鳖了。并且敌人进犯部队是以土匪为前锋，伪蒙军居中，敌人军队则在最后，这种不费一兵一卒夺人土地，是敌人的一贯政策，我们是要认清的。可是我们曾经为保卫疆土和敌人抗战过的晋绥军，也绝不示弱，他们最近更坚决的表示，如敌人来犯，决定要与敌拼一死战，尤其下级军官，抗敌的情绪更为激烈。

　　上面已经说过，这次绥东事件显然是由我们的最大敌人一手制造出来的。而在伪匪军进扰当中，敌人在华北的活动更可注意。特别值得注意的是八月二十二日在津举行的华北日领会议和日武官会议，讨论的中心问题是：（一）经济提携；（二）华北政权的明朗化；（三）津领馆机构的扩大和（四）扩大华北警权。这两个会议的主要内容当然还不止此，我们相信绥东问题一定也是其中最重要的一个议题。

　　敌人的进攻绥东是她吞并整个华北，以至全中国的一个重要的步骤。因为第一侵占绥东，山西便从此不保，而冀、察二省自然落在敌人的掌握。在地形上讲，从此西起甘肃东至平、津，整个的便完全成了敌人的势力范围，而敌人的"理想区域"从此便树立起来了。第二敌人此次侵扰绥东，除企图进攻西北外，更含有破坏世界和平阵线包围苏联的作用。我们看敌人从热河、察哈尔北部起，把侵略阵线向西南伸展，经过绥远、宁夏、甘肃、青海的北境，将外蒙和新疆包围起来，这样可以控制中俄的联络线，使中国陷于孤立的地方，从此在东亚建立起反苏的侵略阵线，这是敌人进攻绥东最重要的目的。第三中国红军的势力向北发展甚速，对于敌人的侵华政策，形成一种致命的严重的威胁，她要在红军未和外蒙、苏联取得联络以前赶快的建立她的华北傀儡组织，实现她的理想区域，使她的侵略政策可以加快的进行，这自然也是敌人进攻绥东的重大意图了。

至于冀、察的现局，据板垣对日本记者的谈话，夸赞冀、察一切设施，已在日"满"提携主义下改进许多，将来希望无穷，对于冀、察政权，则谓宋哲元态度犹豫不定，且有倾向中央的意思，一切不能使人满意，尤其王克敏的北来。由这些谈话中，可以看出日方所需要的"华北明朗化"是怎么一回事。川樾〔越〕在津亦曾谈到，"冀东政府可以取消，惟现在尚非其时，设冀察政权能做到同样的境地，则其时矣"。由这几句话里，可以证明敌人最近对于华北冀、察的企图，已走入新的阶段，这也正是目前华北新危机的所在。最显明的事实是日方一方面由华北驻屯军部直向宋哲元要求，彻底严厉制止冀、察境内抗日反"满"的学生运动，并根绝二十九军抗日做战的思想，因为这些都是对皇军有侮辱的行为，而不彻底合作亲善的表现。一方面是川越大使携军部意见，到济南访韩复渠〔榘〕，做同样的要求，施行挑拨威逼，劝诱与冀、察合流。本月初川樾〔越〕晋京访外交部长张群，当面提出"中央应立即停止国民党在山东境内的活动，孙连仲军队应立即退出山东境界，××社不得再到华北，去年五月三十日《何梅协定》应确实奉行，倘有违反，责任应归中国来负"。这些沉痛悲惨的事实告诉我们，华北现在实质上已经不是中国的领土，而是敌人既得权利下的准殖民地了！

　　绥东事件日趋严重，华北危机益加逼紧的当中，掉转头再看看华南，福建、台湾敌人的势力嚣张，"成都"、"北海"事件的连续爆发，这种声东击西双管齐下的毒辣手段，正是敌人惯用的伎俩。值得称赞的是此次晋绥军英勇的自卫守土战争，证明了中国的大部分军队，仍旧有抗敌守土的决心和能力。就是说绥东的抗战，是整个华北甚至是全中华民族爆发抗敌战争的一个关键，它的特征：（一）晋、绥、蒙军抗敌的决心的表现；（二）华北、西北各部队有联合抗日极大的可能和（三）由绥东的局部抗战可以结成全国联合一致抗日战线。相反的，我们第一要认清楚那种以"不签订丧权辱国的条约"聊以自慰的懦弱心理和政治方法是要不得的，因为当敌人不求表面胜利只求实惠的今日，我们不去立即抵抗，保卫国土，而却以并未签定条约来解嘲，这是十足的汉奸心理。试问察北六县的占领和冀东伪组织的成立是根据着什么条约？第二我们对于那种"局部抗战必败论"者要给坚决的打击。全国团结一致抗战，是我们殷切的盼望，但在政府只顾安内不肯攘外的局势之下，如果敌人来侵害我们国家的主权和领土时候，地方政府都抱"弃甲曳兵"而逃的态度，我们却是不敢赞同的。事实上此次绥东抗战已经使敌人不能马上占领绥东，而敌人进攻绥东的野心，的确也受了很大的打击，这些足可证明主张"局部抗战必败论"的人，不管是头脑太不清楚，还是别有企图，总之他们为敌人张目则是无疑。

　　在敌人的凶势布满国内南北各地的今日，尤其是伪匪军的准备大举进攻绥东的时候，不愿意做亡国奴的晋绥军早爆发了神圣的自卫战，并且已经引起全国四万万同胞的热烈拥护，十九路军的抗战呼声已经变成抗敌行动了，北海事件便是一个明证，"我们牺牲已经到最后关头了"。

在这国家民族存亡最后关头之下，我们应当立刻执行下边的重要任务：

（一）我们要使绥东的局部抗战迅速的开展扩大，要求继续抗日的二十九军和"打回老家去"的东北军，应当赶快抓紧这个新的形势先来发动整个华北抗敌战争，同时还要赶快联合全国各地愿意抗敌的部队，缔结全国的"抗日协定"。至于爱国的晋绥当局更应该立刻动员全力（军队和民众的力量），不要有一丝一刻的松懈，准备继续和敌人拼死疆场，保卫国土。

（二）中央政府要在无限大的宽容下，把目光和精力从西南、西北移转在华北。因为现在"国土主权"一天天的沦丧着，而国家的危急已经到了最后关头，政府应该在"保卫国家主权土地完整"的使命下，联合并领导全国抗日部队和民众势力一致抗敌，不要再让晋绥军"局部抗战"结果成了"孤军抗战"。

（三）全国同胞，应当立即成立绥东抗敌后援会，一方面应该速派代表去慰劳英勇抗敌保卫边土的晋绥将领、兵士，同时要赶快发动广大的全国募捐，资助抗敌的军队，民众抗敌志愿义勇军也应当自动的迅速的组织起来，以加强抗敌部队的势力。

（四）全国各界的救国团体应该把握住这个新的时机，运用联合战线，邀请全国各地的抗敌部队，无分党派不计恩怨的站在"抗敌第一"的原则之下联合起来，爆发举国一致的伟大民族解放战争。

《竞生》（半月刊）

天津竞生半月刊社

1936 年创刊号

（朱宪　整理）

日本大陆政策与苏、伪及内蒙关系

[日] 土肥原贤二 讲　　西蒂 译

一

　　伪国建设的精神，自日本退出国联后，就在日皇的圣旨上宣明了。即尊重伪国的独立，用尽一切手段，加以支援，并保育它的发达，指导它走到健全国家之途，依此确定东亚和平的安固，进而树立世界和平，就是日本千古不变的国策。而且，如一般所周知，向来都是一贯遵守着的。现今，伪国日渐健全起来，并进入建设的轨道。像这样的事，已在事实上获得相当的成果，不过，伪国的建设事业，纵使有如是顺利的进展，而在它方面，却有很大的障碍存在着：（一）即所谓共产主义之东渐的势力；（二）即所谓英美文化之对远东的进取。这二大势力的侵入远东，结果对日本帝国，是有很大的障碍，尤其是共产主义的东渐势力，对前途确堪担心，而且，在最近的将来，日本终难有乐观的形势。

　　但苏俄对远东的侵略，是怎样表现着呢？这问题，是如在报纸所详载的一样。自去年在莫斯科决议组织"国际共产党"以来，共产主义的东渐势力，忽呈突飞猛进的活跃。它的战术和战略，已与从前大相径庭，在白俄时代，因为采取直线的向远东进攻政策，所以很容易加以对付，但赤俄的进攻方针，是以强大的武力为后援，即以"国际共产主义"为执行其国策的武器。换句话说，即企图用共产主义的思想，搅乱远东各国的内部组织，用主义的手段，压制敌国，次第的用武力完成其东方计略。

如此说来，苏俄是用着极其巧妙的手段和方法，在远东作攻势的进取，所以我们（土肥原自称）必须加以深切的考虑。先纵〔从〕武力方面来说吧，苏俄在远东的兵力，已概算为二十五师团内外。而且各师团皆有最新的装备，例如飞机约有八百架内外，坦克车约有六百辆以上，装甲汽车亦有相当的部队驻屯着，即其显例。

二

苏、伪的国境，已如上述，外蒙方面的关系，亦颇强大。蒙古军在外蒙古的势力，虽不得而知，但大体终不下六万——十万。它的装备也具备近代陆军的所有条件，在库伦附近，存有飞机约三四百架。其它装甲汽车、轻坦克队等，都有相当数的部队。又在国境方面及其它向国境去的道路，最近都加整备，无线电信及其它交通、通讯机关，据云也都要渐次完备起来。

在他们的兵备完整时，就抛弃了最初之消极的态度，而采取积极的行动。尤其自去年以来，无论苏、伪的国境或蒙、伪国境，在各地都有越境的暴举，而且在各地都惹起不少的事故。如最近在报纸上所记载那样，用坦克或飞机结成有力的部队，在外蒙作旁若无人的行为，因此而惹起相当大的战斗行为，亦不在少数。

这些事件，是含有什么意义呢？这实在是潜有不大容易解决的问题。据国内多数有识者说，苏俄所以整备远东的军备，就是因为日本帝国对它采取挑战行为的结果。所以，如果日本对这方面不取积极的军事行动，苏俄自然会弛缓其远东军备。甚至于有的说，依这行为能够保持和平，而高唱"北守南进"说。

但据我（土肥原自称）观察这是根本错误的论调。苏俄的远东计略，无论以前或现今，都是没有变更的。在革命时代，虽一度忽视远东问题，但这仅为一时的伪装。换句话说，列宁晚年说"世界革命是在远东决定"这话，决不是偶然的，即为其一贯政策的表现。所以，一时的缔结不侵略条约，或设立国境的行动，结果终难维持和平的，即单纯的依外交手段，是不能阻止东渐势力的。

三

苏俄的实力准备，即如前述，但以这准备为根据的进攻策略是如何呢？这问题实值得注意的。即苏俄在北方以外蒙，在西方以新疆为前锋，企图从外蒙方面向东南方伪国国境进攻，或向南方内蒙古方面进攻。总而言之，随着外蒙方面设施的渐次完整，而必把它的前锋向着内蒙或华北方面推移。又企图由新疆方面冲出，并且已亘过甘肃、四川、宁夏等方面，向着华北和内蒙方面进攻。担当这第一线的，就是中国共产党。

这些表现是含有什么意义呢？一言以蔽之，即不外企图随着包围伪国，同时根本推翻日本的大陆政策——即苏俄企图用前述的远东兵备，随着外蒙整备的完备，使中国共产党作先驱的进攻。先向内蒙古及华北方面作扶植势力的工作，与其在外蒙的基本势力相提携起来，形成包围伪国的形势。换句话说，根本推翻日本帝国的大陆政策，又根本颠覆依伪国建国精神的大陆跃进，建立他们所谓世界革命成功的基础，就是苏俄的企图。而且，在这样企图下，作大规模的移动，所以依前述的外交手段，是不得有所抑压的。

四

以上所述，是关于内蒙和华北的问题。其次试观内蒙与伪国的问题如何？如一般人所周知，内蒙古人口稀少，住民文化低下，所以无可举而加以叙述的。但从另一方来看，若在外蒙古的准备完整时，就可想像到这几近于无抵抗的内蒙的运命如何；在这场合，内蒙古的重要性，如其说是在其国力乃至住民如何之点，勿宁说是在其地理的诸关系。即内蒙虽拥有二十万乃至五十万的低级而且稀小的人口，但若把它置于外蒙的势力下，隶属于苏俄的势力，那么伪国的国防就要逢着非常的危险。如一旦日俄发生开战的事态时，依内蒙一带的地域属于彼我，而对作战上有很大的关系。如果内蒙团结在日本的势力下，那应〔么〕苏俄的远东作战就要陷于非常的困难中。这一点，从其地理的关系，便能看察而知的。

如此以来，内蒙资源贫乏，住民亦无大望，但依前述，我们（土肥原自称）决不可忽视的。所以为着限止苏俄的远东进攻，必须早先取得内蒙。日本当局者对此问题都极注意，而且在讨究各种的手段。只对此点没有具体的陈述的自由，是感到十二分遗憾的事。

最近又产生了冀东、冀察两政权。察哈尔问题，从去夏以来，也有过数度的交涉，长城以北的察哈尔，是不许察哈尔当局配置兵力了。而且，它的政治、行政及其他，渐次本质的移到德王的蒙政会方面。即察哈尔方面被编入蒙政会中了。

伪国的治安日趋安善（？），尤其热河的治安完全改变旧态了，这是什么理由呢？即本来反伪抗日的根据，多在平、津间及察哈尔间，现因这种新情势的产生，反伪抗日的根据，完全没有了，今所以可以说，伪国的治安工作，有相当的进展，同时又可以窥知伪国国防与冀东、察哈尔方面。有如何的关系。

　　此文系土肥原贤二在东京东日社讲堂东亚经济讲会的一篇讲演，正可作为目前中日、日苏间关系紧促的绝好的参考资料。泽〔译〕者——西蒂君，是一位富有日本经验的人，以后本刊每期，都有他的系统专论。

编者

《自力旬刊》

上海自力旬刊社

1936 年创刊号

（李红权　整理）

绥远问题的透视

黎颉天　撰

一　绥远的地理形势

沿昆仑山的北支，穿过新、甘、宁诸省而至绥远，更横贯绥、察两省的中央，而分别到达冀、热两省的一部，这便是形势险恶的阴山脉。我们常常听说的大青山，便是阴山主干的俗称。

古人守阴山以阻外族的侵略，因为是一件极重要的事情，所以非贤能之才不足以负这伟大的使命。唐人所谓"但使龙城飞将在，莫教肤〔胡〕马渡阴山"，所以守阴山的必系"飞将"之选不可。大青山的脊名蜈蚣坝，是绥南和绥北唯一的交通孔道。"蜈蚣"本为讹名，按照讹名加以解释，便有"有毒的山梁"的意思。

阴山北面，即所谓"后山"地方，地广人稀。再北便是纯然未曾开辟的蒙古草原了。

绥省的南面接壤于宁夏，以及矿质丰藏的山、陕。

地理学者依据阴山自西而东级级下降的形势，将它分占了三个阶段。第一级阴山；第二级张家口；第三级居庸关，最后抵达平地原。这险恶的形势形成了中国西北边的天险门户。

察、绥的交通和物产：

一、交通：这里的交通是以平绥路为主干，没有铁路的地方，多是用牛、马在〔和〕骆驼队等以代作交通工具。近年来因公路的积极建设，故对交通上〔出〕有莫大的贡献。

1. 公路线　绥白路、包乌路、陶卓线，再自集宁到加安①的公路，完成之后，与张库路衔接，缩短了张库路的三分之一，并且一路平夷，不似韩努坝的崎岖，故实为蒙、俄交通之第二孔道。平绥沿线的大同，又有公路可直达太原。

2. 陆路　陆路交通可分为两大中心：

A、归绥　为绥远省会，位于大黑河右岸，大青山之阳，为西北大商埠之一。由此有至北疆奇台，外蒙之乌里亚苏台、科布多的商道。

B、包头　位绥省中央，黄河之右岸，为平绥铁路的终点，所以平、津、甘、陕、内外蒙古货物之往来，均以此为转卸的中枢。因其为水陆交通之总会，故为西北交通之一大中心。其商路南行，渡过黄河，经崎岖的山径，可至陕北之榆林，北行至赛尔乌苏可与张库路会合，由此而西，可至乌里雅苏台转科布多，由包西行至新疆的哈密、奇台等商道。

二、物产：察、绥这个区域，因有阴山横贯省之中央，所以将他分为南北二路。阴山之北，称为后山，地势〔的〕层峦叠嶂，且接近沙漠，气候寒冷，雨量缺乏，时而狂飙怒号，飞沙摸〔扑〕面，所以它〈不〉适于耕种，是谓之草原。更因地广人稀，诚天然之牧场，所以牲畜是这里的主要产品，同时也是土住〔著〕的主要交通工具，世界最驰名的马种，便是此地的特产。其他如骡、驴、牛、驼、羊、山羊等，全是此地的主要出产。因之毛、皮、革等，也是此地出口的大宗。

阴山之阳，即所谓前山，南临河套一带，气候比较温和，雨量

————————

① 原文如此。——整理者注

也相当的多，农民多借黄河或山麓的水灌溉田禾，土地肥沃，所以适于耕种。近年以来，虽有人去开恳〔垦〕，但为数甚少，如果国家奖励殖民或直接投资开发，诚中国绝美的大富源。农作物以小麦、胡麻为主。查胡麻一物，不但是农作物，并且是经济作物，取所得的油，除供食用外，又为工业的必需品，盖取其性易干，可作油、漆、墨胶等物，为用最广，故其价亦最高。其他如药材之类亦多出产，如甘草、红花、黄耆——等亦为出口之大宗。再如膳食中的珍味——口蘑，亦为该地之特产。

其他更有盐池，著名者：一、乌珠穆沁池，地属察境，周围五十余里，凝结成块，随采髓〔随〕结，出产颇丰，谓之"蒙盐"。二、吉兰泰盐池，在贺兰山之西，周围百余里，池畔凝盐自二尺至六尺，远望之，白如积雪，当易采取，无晒煮之劳，盐质洁白坚好，称之曰"吉盐"。

〈三〉矿产：宣化东北烟台山，以及龙关县境的铁矿区，据地质家调查，占全国总产量百分之九·一，在华北诸省，可手〔首〕屈一指。虽曾有人组织"龙烟铁矿公司"，并在本部建筑熔炼厂，预备开采，惜资〈本〉、金融缺乏，因而停顿。今"友邦"强迫冀警〔察〕当局，订立条约，拟开采此矿，一旦成功，则华北唯一之伟大铁矿将为敌有矣。

再从绥省的萨拉齐到张北，沿阴山山矿〔脉〕产有许多煤层，再如固阳、东胜产纬炭，据即〔脉〕师研究，为世界所罕见之物。以火柴燃之脉〔即〕着，火力强于木炭，毋庸开采，俯拾即是。

由上面简略的叙述，观于察、绥情形，可以得出一个结论：一、察、绥在地理形势上的险要，尤其是屋脊顶上的绥远；二、广大肥沃的旷野，最适于耕种，惜多未开发；三、煤、铁等矿产储量之多，为中国罕有；四、工业原料品出产丰多，如羊毛、皮革、胡麻等。这样大的富源，惜尚为荒野，苟政府不奖励殖民，投资开发，一旦为敌占有，对我国家民族之损失、威胁，其重大不堪设想。

二 敌人的迷梦

田中首相在他那有名的奏折里，充分的说明了"要征服支那，必须先征服满蒙"的理由。"九一八"之后，"满洲政策"实现了，"蒙古政策"由部分的进而企图整个的完成，所以遣派匪伪大举进扰绥远，黩武主义者是为了完成田中奏折中所指示的计划。

自河北问题解决以后，未几察北六县突以蒙古保安队入驻，而主权尽丧，因交通的断绝——当然只限中国人，内部情形，所以不能十分了然。伦敦《泰晤士报》驻平记者，于不久之前，旅行察绥后，曾发表谈话："张家口的日本商店，已有五百多家，那里有日人领导下的蒙古军官学校，有无数公开和秘密的特务人员，有医院、无线电台等。"关于察、绥伪匪的内幕，由日本大使馆武官喜多诚一答《太晤士报》访员声称：日本对内蒙现局确已参加，对日本军官协助伪蒙匪军亦直认不讳，拟将此一万七千万方里的中国领土，置诸日本统治之下。日本军官部后备军官，已在察北设立大规模军事学校，专训练蒙军……至于日本曾以飞机售于内蒙之事实有之……内蒙有购置坦克车、铁甲车及军需品之力……自从这个惊人听闻的消息发表之后，有关的各方面均未否认。直至本月二十四日，记者以喜多之谈话，询诸日本驻京武官雨田，据称："据彼想象，喜多不至于作如此露骨之表示"，继又郑重声明两点："一、不敢保证蒙伪匪军中无日籍之指挥人，即有亦不外日本浪人之流。二、蒙伪匪所用之大部锐利之器械，即使出自日本方面之供给，亦必为一部分贪利商人之私运。"这不是喜多说明日本以实力帮助蒙伪匪军，进扰察、绥在前，雨田继则更有力的承认此事之不讳于后吗？这还不是伪匪背景的铁证吗？还有什么调查的必要呢！

自从绥远感受到危急之后，幸我绥省当局能实现地方官吏的神圣，给以敌人一个有力的回击。但敌人这有计划的无餍的侵略，单以忍耐让步，不抵抗的"应付外交"，是不能缓和或制止敌人侵略的野心，反更使敌人无所顾及［忌］了，更助长了它们侵略的野心。现在伪匪在飞机、大炮、坦克车掩护之下侵犯绥远，这还不是喜多驱使伪匪更有力的一个明证。

西北部的察、绥、晋、陕，在地理形势的险要上说，是中国的门户，在国民生计上说，是中华民族唯一的生命线。在察、绥地带含煤、铁之丰，据地质家考察后的估计，山西省所藏之煤，约占全国百分之五一·三，不但储量丰富，而其质亦颇优良，陕西方面所藏煤量，约占百分之二十九，该两省所藏之储量之总数，应占全国总量的五分之四，其煤量之丰富，诚举世罕见。其次为石油。铁在陕川、安塞、同官、延长一带，均有多量的藏蓄。

西北是中国的门户，绥远是华北、西北的屏障，如果绥远为敌骑践踏，则华北、西北亦必难保。所以如果绥远不保，不但是华北、西北领土主权的丧尽，平绥、平汉、同蒲、正太、北宁、津浦、陇海诸路，亦必为敌所控制，是则经济主权，亦完全入敌掌握。这在大半领土丧失净尽，所余的领土，亦受着莫大的威胁，中华民族的生命线将为敌人所控制，再言蓄精养锐，再言抵抗，收复失地，那才真是无耻的欺骗愚者的滑稽剧。

在平等互惠的条件之下，惠通公司成立了，彼此的来往也方便了，因为交通的便利，也许将来的隔阂从此要减少。而更据闻最近将要辟几条军事线，这个范围是更加扩大起来了。再看从前曾经筹备开采的龙烟铁矿，因为资本的缺乏而停辨［办］，"友邦"又强迫与她合资开采，可是，龙烟的铁矿区，陕、晋的煤矿区，这个都是中国最丰富的出产。在所谓"经济提携底下"，中国将要损失自己最良好的出产，特别是华北人民，他们将要被夺取，变成敌人的光棍的奴隶。

绥远的侵吞战，"友邦"的目的是无疑的，他是准备把全中国夺取，变成她的完全殖民地。绥远的战争，就是全国的战争，绥远的失落，就是华北的失落，华北的失落，就是全中国的失落。

三　我们应有的任务

中国海岸线虽有那样长，但为不平等条约的束缚、限制，沿海要塞的防御工程，均被捣毁，倘如整个民族抗战爆发之后，我们的沿岸，马上有被敌人封锁的可能。所以战斗的领域是大陆，参加战斗的实力是陆空军，现在绥远的战略，便是整个战争的缩影。

冰天雪地的绥远，义勇卫国的战士们，在敌人炮火连天的进攻下，开始了抵抗。这个壮裂〔烈〕伟〈大〉的抗战，是承继淞沪、长城之役光荣的教训，今更将她的本身发扬光大。这一历史的教训，打击了高唱"统一而后救亡"、"备而后战"的人们，证明她只是无耻的、出卖的、投降的一贯政策的铁证。由历史事实的教训，没有统一的力量，固不足以谈救亡，同时不执行救亡的政策，更不足以谈到国家的统一，所以只有从救亡的政策中去求统一。同时，就是以救亡的方针去求统一，以统一的力量救亡，统一救亡只是一个政策的两面观，而不能将他分别先后，隔离对立起来的。

绥远的抗战，虽然有百灵庙收复的喜讯，但敌人肯干〔甘〕心吗，示弱吗？惨酷的侵略、屠杀与血肉的杆〔捍〕卫战的开始，就在目前了。所以在这国土完整，民族生存的最后挣扎的关头，凡不愿作汉奸、亡国奴的有血性的人们，应当怎样的了解，推动这一发千钧的难关？

一、国内的联合 "友邦"的积极政策，是针对着我们整个中华民国的领土，现在我们不是部落时代的民族，所以受损失、受污辱的，是我们全中华民族，而不是某一个党，或某一个派，所以抵抗暴力，也不是某一个党，或某一个派所有的任务，所能包辨〔办〕的，而是我们热血沸腾着的四万万人民大众的其〔共〕同任务。所以在这个全民族解放的条件下、号召下，不论你是什么党、什么派，过去或现在有任何政见和利害关系的不同，都应该觉悟，抛弃成见，真诚的团结合作，集中国力（物力、财力、武力），从事救亡的神圣事业。我们中华民族有血性的人们，如果真能执行这个伟大的任务，那么我们民族的危篁，或尚有挽救的余地。

凡不是实瞎实耷〔聋〕的人们，全听说或看到绥远局部抗战之后，全国各公私团体总动员了，募捐、慰劳、援助的声浪，震荡着全土。被囚在狱牢的犯人（漂〔溧〕阳、镇江、建宁……）也都绝食，将所省的资金，所〔用〕做慰劳之品。前线的战士们要求捐饷助夺〔战〕，青、沪的工人们也为响应抗战而罢工。弃俗净修的和尚，他也目睹国是紧张，不能袖手，以身许国，从戎杀敌的请求。看呀，这是多么可歌可泣动人听闻的壮举呀！抗敌的怒潮，不但震荡了中国全土，而切〔且〕也波及到外人了，开封外侨慨解义囊不是绝好的明证吗？

捐款、请愿、罢工联系了起来，不过是人民大众怒潮中的一种表现。这个表现，就是代表他们的要求，也就是因为这个，所以抗战应当是全面的，不应当重演一面交涉，一面抵抗的滑稽丑剧。这个任务的成败，由我们全体民众推动力量的大小而决定了。

二、国际的联合 孙中山先生告诉我们：中华民族斗争，必须从国际方面找得友军，方能达到最后的胜利。因此在遗嘱上特别提出"联合世界上以平等待我之民族，共同奋斗"的主张，实践了遗嘱，造成了北伐成功的伟大事业。现在各个弱小及殖民地的民族，要求解放与独立的声浪怒吼着，住〔处〕在半殖民地的中华民族，与他们共同联系起来，这不是一个绝好的时机吗！

"友邦"固定的大陆政策，他的幻想不只是我们东北、华北、西北连长江流域，华南诸地，早已划入他的版土〔图〕了。整个民族抗战爆发之后，我们的海岸被封锁的时候，敌人必须取得菲律滨、暹罗、玛来、印度支那、荷属印度诸地，以作军事根据地，断绝中国与英、法、美等国的联系，而独霸太平洋。所以战争的范围，无疑意的要扩大而为太平洋战争了。苏联的外交政策，一贯的执行和平政策，而且敌人侵吞中国，含有进攻苏联的军事意义，以所〔所以〕苏联为贯彻他的和平政策，抵御侵略者的进犯，与中国携手是很有可能的。所以在这个时候，不但应以〔与〕平等待我之民族联合起来，同时又可利用各帝国间的利害的冲突矛盾，与他们继〔结〕成反×阵线，在这广大的反×阵线中，争取我们国土的完整，中华民族的生存，只有这样运用国际情势，胜利的曙光才有展望。

《报导》（半月刊）
北平报导社
1936 年 1 卷 1 期
（朱宪　整理）

察哈尔省法院监所之沿革及现况

作者不详

第一　法院之沿革及现况

自民元以迄最近，察省法院之组织，约可分为两期：

一、为民国肇建时期：

甲、直隶张北地方审判暨检查厅：初，清宣统三年二月，设立张家口地方审判分厅暨张家口地方检查分厅，地址在下堡马道底。民国元年，改名张北地方审判厅暨张北地方检查厅，管辖万全县民刑地方案件第一审，暨万全、宜化、赤城、怀来、龙关、阳原、延庆、蔚县、涿鹿、怀安各县民刑事初级案件第二审。审判厅设民事、刑事各一庭，置厅长一，推四事，均荐任，执行审判权。厅长兼一庭长，余一庭长由资深推事充之，指挥监督各该庭事务，厅长并承直隶高等审判厅长之监督，综理本厅行政事务。书记官长一，书记官三，均委任，分掌各项职务，并置录事、承发吏、庭丁等。检察厅置检查长一，检察官三，均荐任，执行检察职务，检察长并承直隶高等检察厅检察长之监督，总理本厅行政事务，监督所属看守所。书记官长一，书记官二，均委任，分掌各项职，并置录事、检验吏、司法警察等，民国三年六月均裁撤。

乙、直隶张北初级审判暨检察厅：初设立时，原名张家口初级审判厅暨张家口初级检察厅。民国元年，始易张家口三字，而冠以张北，与张北地方审判厅暨检察厅同置一院之内，管辖区域与万全县行政区域同，管辖事件，为初级第一审。审判厅置推事一，书记官一，及录事、庭丁等。检察厅置检察官一，书记官一，及录事、司法警察等。推事、检察官，除执行审判、检察职务外，并综理各该厅行政事务。其监督长官及设立、裁撤年月，均与张北地方审判暨检察厅相同。

丙、察哈尔都统署审判处暨附设地方庭：自民国二年察哈尔成立特别行政区域后，旋于三年七月二十六日，行经司法部呈准援照热河、绥远两特别行政区域，设立都统署审判处之成例，设立察哈尔都统署审判处。所有一切事宜，以及管辖事件，一并按照《热河都统署绥远都统署审判处暂行条例》之规定办理。遂于同年九月一日成立，设于张家口下堡棋盘街，嗣于民国七年六月，移入张北县旧署，即今察哈尔高等法院之地址焉。

审判处管辖区域与都统署之管辖区域同，司法行政权，除受司法部监督外，并受都统之监督。其管辖之诉讼案件，一为不服县知事及满蒙理刑官之判决而控告者；二为前项事件，按照《民刑诉讼律草案》，关于管辖之规定，以高等厅为终审者。是其审判权限于第二、三两审而已。置处长一人，总理本处一切事务，并监督指挥各职员及所属各审判处，各县局各监所，由司法总长呈请大总统简任，但得以道尹兼任。设民事、刑事各一庭，每庭各置审理员一人，执行审判权，并得置学习审理员二人至四人。审理员由都统于具有法定资格人员中遴选，经由司法总长呈请大总统任命之。置书记官三人至五人，分掌纪录、会计、文牍及庶务；置承发吏四人至六人，检验吏一人至二人，录事三人至七人，暨司法警察若干人。书记官、承发吏、检验吏、录事等由审判处长委任之。

　　察哈尔都统署审判处，仅管辖地方案件第二审，及初级案件第三审，其初级案件第二审，为权宜之计，暂归邻县或首县受理。民国五年七月十二日，由审判处长呈准设立察哈尔都统署审判处，附设地方庭，地址在张家口下堡草城隍庙内，所管辖之诉讼事件为：（一）为察属初级管辖第二审案件；（二）察哈尔都统署积案，或都统特交，以及官吏犯赃等案件。

　　二、为国府统治时期：

　　甲、察哈尔高等法院：民国十七年十月十三日，察哈尔都统署审判处奉令改组为察哈尔高等法院，地址为张北县旧署，管辖区域为全省。其管辖案件，为违犯《危害民国紧急治罪法》，及内乱、外患与妨害国交各罪第一审，地方案件第二审，暨初级案件第三审。置院长一人，简任，承司法行政部之间监督，综理本院行政事务，并监督所属各法院监所、各旗群审判处，及兼理诉讼各县长之行政事务。本院设民事、刑事各一庭，各置庭长一人，共置推事三人，均荐任，执行审判权；庭长并指挥监督各该庭事务；置书记官长一人，荐任，承院长命令指挥监督各书记官；书记官四人，候补书记官六人，学习书记官一人，均委任，分掌文牍、纪录、监狱、统计、会计各项职务；并置录事五人，执达员一人，庭丁四人，此外配置首席检察官、检察官各一人，均荐任，独立执行检查职务，首席检察官并指挥监督所属检察官，或行使检察官职权之县长，及办理检查事务之书记官，除受司法行政部长之监督外，并受最高法院检察署检察长之指挥；置主任书记官、书记官、候补书记官、学习书记官各一人，均委任，分掌总务、纪录各项职务。检察官原系配置于法院，嗣至民国二十年九月九日，于呈准之《处务规则》内添设检察处，于是始有察哈尔高等法院检察处之名称，此为办事便利计，初非官制上之所规定也。全院月支经费二千七百二十七元，冬季煤炭费六百零八元，在民国二十一年度共结民事案件九十七起，刑事案件三百六十九起。

乙、察哈尔省地方公务员惩戒委员会：地方公务员惩戒委员会，由高等院院长王淮琛奉国民政府司法院令，于民国二十一年十月二十二日，依据《公务员惩戒委员会组织法》第五条之规定组织成立，附设于察哈尔高等法院内。该会掌管察哈尔省委任公务员惩戒事宜，置委员长一人，委员七人，委员长由高等法院院长兼任，各委员由高等法院院长就高等法院庭长、推事，及省政府各处、厅现任荐任职公务员中遴选，呈请司法院长填充。委员长综理会务。委员长及委员之任期均为二年，但兼任者，如于任期届满前，解除本职，其兼职同时解除。此外并置主任事务员及事务员各一人，均由高等法院书记官长、书记官分别兼任。经常费，每月额定一百八十八元，内计办公费一百零五元，杂费八十三元。

丙、察哈尔万全地方法院：自民国三年六月，将张北地方初级各审判、检察裁撤后，除各县初级案件之上诉，皆分别划归各邻县管辖外，所有万全县属民刑事、地方及初级各案件，尽由万全县知事监理，嗣至民国九年一月，复行恢复，名曰直隶万全地方审判厅暨检察厅，仍设在前张北地方审判暨检察厅之旧廨内。其两厅组织与管辖区域及案件等，均与前张北地方审判暨检察厅大抵相同；惟前张北初级审判暨检察厅所辖事务，分别归并于各厅，在审判厅，并特设简易庭，以专司其事，以符四级三审之制。嗣民国十七年直隶改名河北，而司法制度，亦略有变更，遂改组为河北万全地方法院，未几，察哈尔改设行省，万全各县，划归察省管辖，于是又更名为察哈尔万全地方法院。

察哈尔万全地方法院管辖万全县属民刑、地方及初级案件第一审，暨察哈尔全省初级案件第二审。置院长一，承察哈尔高等法院院长之监督，综理本院行政事务及所属看守所。院设民事、刑事各一庭，除院长兼一庭长外，置庭长一，推事二，候补推事四。院长、庭长、推事均荐任，执行审判权；庭长并指挥监督各该庭事务。书记官长一，书记官五，候补书记官八，学习书记官二，均委任。书记官长承院长之命，指挥监督各书记官；书记官分掌纪录、文牍、统计、会计各项事务。执达员五，庭丁四。此外配置首席检察官、检察官各一，候补检察官二。首席检察官、检察官均荐任，独立执行检察职务。首席检察官并承察哈尔高等法院首席检察官之监督，而指挥监督所属检察官。主任书记官一，书记官、候补书记官各二，均委任。主任书记官承首席检察官之命，指挥监督各书记官；书记官分掌纪录、文牍各项职务。检验吏一，司法警九，嗣后为办事便利计，而于处务归则内，设立检察处以别之，于是，始有察哈尔万全地方法院检察处之名称焉。全院预算月支二千七百二十八元。在民国二十二年度内，共结民事案件四百二十八起，刑事案件一百九十三起，检察事件五百零七起。

附设不动产登记处：初，民国十一年，前直隶万全审判厅创设不动产登记处，办理不动产登记事宜，十四年十一月复在万全县旧城设立不动产登记分处。凡位于张家口之不动产，专归本厅登记，其散在万全县旧城及其四乡之不动产，改由分处登记。十六年一月分处裁撤，仍由本厅总司其事。同年五月，察哈尔都统署审判处附设地方庭亦成立登记处，以察省全境为管辖区域。嗣因万全地方法院划归察哈尔管辖，于是该附设地方庭之登记事务，并由万全地方法院不动产登记处接收办理。计民国二十二年度，共登记件数为一百五十一起，共收登记费四百三十三元四角六分。

丁、张北县法院：初，张家口理事厅于民国二年二月，改为张北县，同年五月，设立张北县审检所，以专司诉讼，三年五月，将审检所裁撤，其诉讼仍归县知事兼理，同年七月，张北县划归察哈尔特别行政区域，六年十月，迁治于兴和城，即今之张北县

治也。十一年十月，设立张北县司法公署，二十二年七月，始改
为张北县法院。县法院管辖区域，与行政区域同，受理民刑事初
级及地方第一审案件。置院长兼推事及推事各一人，均荐任，执
行审判权。院长并综理本院行政事务，置书记官长一人，书记官
二人，学习书记官一人，及录事、执达员、庭丁等。此外配置检
察官一人，荐任，独立执行检察官职务。置主任书记官、书记官
各一人，及录事、检验吏、司法警察等。经费月支八百七十九元，
并另由地方年筹检察官薪俸千元。在民国二十一年度，共结民事
案件二十八起，刑事案件八十四起。

戊、多伦县司法公署：多伦县自民国三年七月划归察哈尔特别
行政区域后，仍由县知事兼理诉讼，嗣至十一年十月，始设立多
伦县司法公署，地址在喇嘛庙马市街。司法公署由审判官及县知
事组织之，管辖区域与多伦县行政区域同，受理民刑事初级及地
方第一审案件。置监督审判、审判官各一人，均荐任，执行审判
权。监督审判官，并综理本署行政事务。关于检举、缉捕、勘验、
递解、刑事执行并其他检察事务，概由县知事兼理。置书记监一
人，书记官二人或四人，分掌记录、统计、文牍、会计各项职务。
此外并置承发吏、检验吏、司法警察及录事等。经费，月支七百
一十八元。在民国二十一年度，共结民事案件十二起，刑事案件
十八起。

己、兼理司法各县政府：宣化、蔚县、延庆、怀来、涿鹿、怀
安、阳原、赤城、龙关、沽源、宝昌、康保、商都各县政府县长，
均兼理司法事务，司法区域与县行政区域同。管辖民刑事初级及
地方第一审案件。置承审员一人，由察哈尔高等法院院长委任之，
受县长之总督。属于初级管辖案件，归承审员独自审判，以县政
府名义行之；地方管辖案件，得由县长交由承审员审理，但县长
应与承审员同负其责任。并置书记员、录事、承发吏及检验吏等。

司法警察，以县政府巡警兼充之。经常费用，宣化、蔚县月支四百五十八元，延庆、怀来月支三百八十八元，涿鹿、怀安、阳原、赤城、龙关、沽源、宝昌、康保、商都月支三百零八元。在民国二十一年度，各县政府共结民刑事案件，在宣化：民事四十七起，刑事一百四十二起，蔚县：民事一百三十一起，刑事二百二十一起，延庆：民事二十九起，刑事七十八起，怀来：民事三十九起，刑事一百一十一起，涿鹿：民事三十二起，刑事二十七起，怀安：民事五十三起，刑事七十三起，阳原：民事三十四起，刑事四十九起，赤城：民事四起，刑事二十八起，龙关：民事二十九起，刑事七起，沽源：民事七起，刑事十五起，宝昌：民事二起，刑事三十九起，康保：民事六起，刑事二十八起，商都：民事二十九起，刑事一百四十起。

庚、察哈尔各旗群审判处：察哈尔蒙古八旗，每旗原皆设有理刑官署，置满洲、蒙古理刑官各一人。嗣至民国三年十二月十六日，由都统署审判处长周树标召集各旗群总管、协领等会商变通改革，当经议定，并设阿桂图、贡果罗、塔拉、巴音察汉四审判处，并于牛羊群增设明安审判处，管辖蒙人间之初级及地方第一审案件。理刑官改称审理员，每处置监督审理员一人，审理员二人，监督审理员须用本旗以外之人，而审理员则限于本旗，均援照都统署审判处审理员之定例，为荐任职，嗣经呈由都统转咨司法部呈请大总统批准，于是各审判处遂先后成立。其制行之至今，犹未改也。兹将其管辖区域、设置时期，以及地址、经费等分述于左：

1. 阿桂图审判处：由镶黄、正白两旗理刑官署合并组成，以镶黄、正白两旗为管辖区域，民国五年六月十六日成立，设置于镶黄旗境内阿桂图地方。经常费用，年支三百五十一元，历年所结民刑事案件，在民事最多为二十起，刑事最多为八起。

2. 贡果罗审判处：由正蓝、镶白两旗理刑官署合并组成，以正蓝、镶白两旗为管辖区域。民国五年七月十三日成立，设置于正蓝旗境内贡果罗地方。经常费用，年支三百五十一元。历年所结民刑事案件，在民事最多为八起，刑事最多为十二起。

3. 塔拉审判处：由正黄、正红两旗理刑官署合并组成，以正黄、正红两旗为管辖区域。民国五年五月二十三日成立，设置于正黄旗境内阿古塔拉地方。经常费用，年支三百五十一元。历年所结民刑事案件，在民事最多为六十九起，刑事最多为五十起。

4. 巴音察汉审判处：由镶红、镶蓝旗理刑官署合并组成，以镶红、镶蓝旗两旗为管辖区域。民国五年六月十八日成立，设置于镶蓝旗境内巴音察汉地方。经常费用，年支三百五十一元。历年所结民刑事案件，在民事最多为七起，刑最多为十一起。

5. 明安审判处：以牛羊群为管辖区。民国五年五月二十七日成立，设置于牛羊群境内明安牧场地方。经常费用，年支三百五十一元。历年所结民刑事案件，在民事最多为九起，刑事最多为二十一起。

各旗群审判处成立后，旋因经费不敷，经由都统署审判处长呈请都统核准，先后于应丈放荒地内，拨给阿桂图审判处二十五项，贡果罗审判处五十项，塔拉审判处五十项，巴音察汉审判处五十项，明安审判处五十项，使各自招租，以为补助经费之用。塔拉审判处并沿承前正黄旗刑理〔理刑〕官随缺地五项，正红旗理刑官随缺地二项五十亩，共有随缺地七项五十亩。巴音察汉审判处，并沿承前镶红旗理刑官随缺地七项五十亩，巴音察汉审判处，并沿承前镶红旗理刑官随缺地五十项，镶蓝旗理刑官随缺地五项，共有随缺地十项①。

<hr>

① 原文如此。——整理者注

塔拉、巴音察汉两审判处，所辖区域，为察哈尔八旗之右翼四旗。丰镇、兴和、陶林、凉城、集宁等五县，均由该四旗牧场开辟以成，故徇蒙人之请，丰镇等县，虽划归绥远，而塔拉、巴音察汉两审判处，仍准由察哈尔高等法院管辖，亦所以保持旗制统一也。

第二　监所之沿革及现况

甲、监所沿革概略：察省监所，在未设治以前，其所在地属于直隶省者，各隶于府厅州县，属于蒙古者，隶于各旗总管。民国元年倡议收回各国领事裁判权，厉行司法独立，于是，歆慕先进各国之狱政而仿效之，首为京师，遂渐及于各省会、通商大埠。直隶邻于辇毂，而口北十县，又其所隶，重以张家口控制西北交易总会，杂汉、蒙、外商而居，因于十一年，置直隶第二监狱于教场坡，即今之张家口察哈尔第一监狱也。越年，都统张锡元募金购西沙河西岸民地，建造察哈尔第一监狱，即今之张家口察哈尔第二监狱，规制优于直隶第二监，而容额亦倍之。察哈尔改设行省，遂并隶入焉。各县及旗群，或附设监所，或仅设看守所，多因旧制而易新名。大较如此，其详分述于后。

乙、监所现状概述：

1. 张家口察哈尔第一监狱：察哈尔第一监狱建自民国十一年，位于张家口下堡南关道教场坡，原属直隶省，名直隶第二监狱。民国十七年七月，改称河北第四监狱。翌年四月划归察哈尔省管辖，改组为察哈尔万全地方法院看守所。同年经国务会议议决，仍组监狱，附设看守所，遂于十九年三月组织成立。先是司法部于民国二年，通令各省区于省会及商务繁盛地方，筹设新监，期以五年，次第成立。直隶拟建设新监三处，张家口即其一，卒以他故未克举办。九年春选购教场坡民地二十五亩四分八厘，十年九月兴工，部派专员监修，翌年九月告竣，共成房屋百七十余间，费洋三万七千八百七十元有奇。监房成十字形，分甲、乙、丙、丁四院，走廊四道，亦十字形，与监房之十字形相间，中央有亭，成八面形，出入胥经焉。计杂居监四十二间，独居监二十八间，暗室二，炊所四，理发、洗濯、浴室各一，女监房五间，女看守宿室一间，病监五间，诊察室三间，工场共二十四间，库房三间，男女待见室、接见室、收发室、门卫室、医务所、教务所各一间，教诲室四间，典狱长室及各科办公室共十六间，职员暨看守宿室共十八间，看守厨房三间，停尸室二间。原定可容人犯三百五十名，现时监、所两方约计人犯二百余名，若俟预算规定，仅收已决犯六十名耳。十二年三月一日正式开办，自是宣化等九县监狱，一律撤废，改为看守所，所有三等以上有期徒刑男把〔犯〕悉移新监执行，其裁撤管狱员、看守薪饷暨监犯口粮，随同人犯，一并解交新监。其组织：于典狱长下，分第一、第二、第三三科，医务、教务二所，依法分掌其职务。经常费年为二万八千余元，开办费一万元，作业基金三千元，而经常费内，月由宣化等九县共拨解五百七十四元，余均系直隶高等检察厅拨发。十年以来，屡经变更，经费数额随之以减。现时除宣化等九县月拨四百五十九元外，月仅向察哈尔高等法院请领一千一十余元。至作业基金，逐年虽有收益，但于十八年改组时，已随河北第四监狱结束，仅于十九年四月二次开办时，由察哈尔财政厅拨给晋钞一千元，截至现时，得纯利银三千七百七十余元。其作业种别，计分缝纫、印刷、鞋工、木工、制面、农牧、洗濯、纺织、烹饪、营缮、理发、杂役等十二科。其成品则以鞋工、纺织、印刷为最优。至教诲教育，设有专员教诲，分集合、类别、个人三种教育，分初级补习数班，依监犯知识程度，予以训育，其科目，则以国语、算数、常识、格言、唱歌等为主。

2. 张家口察哈尔第二监狱：民国十一年冬，都统张公锡元募金建造察哈尔第一监狱，以收容特别区囚犯，命审判处长董玉墀董其事，集购西沙河西岸民地三十三亩四分，开基兴筑，经始于十二年二月，讫工于十月。全监仅占地基之半，费金四万二千有奇，共成监房一百十有八间，工场五处。其男监为六翼光线形，女监为二翼丁字形，病监一翼。男监独居者二十八间，五人杂居者六十四间，七人者十四间，女监五人杂居者六间，病监杂居者三间，分房三间，容额可五百人，工场男四处，女一处，可容二百人，理发室、浴舍、运动场具备。设三科二所，一科：文书、会计、统计、指纹、名籍等事项属之；二科：戒护、训练、赏罚等事项属之；三科：作业、粮服、售品等事项属之。所曰教务、医务。囚额四百人。全年经费万九千六百八十元，囚人服食占一万六千四百四十元。十三年六月开办，库拨作业基金七千零五十五元。工作十有三种：毛绒、印刷、鞋工、缝纫、木工、毛衣、织袜、营缮、农工、制米、炊工、洗濯、杂役。其成品以毛绒、地毯、毛衣、织袜为最，缝纫、鞋工等次之，规格于工场狭小，无以容全体工作，然其盈余逐年增加，初获息年不过三数百元，近则已达三千有奇矣。工余依部定课程，量材分班。教授以感化为主科，出狱时，给与积存赏与金，尤考其平素性行成绩，而酌给慈惠费。自十七年划归本省管辖，始改易今名。

第二监狱容额可五百人，定额四百人，而工场只容二百人，以故坐食者，率百有余人。民国二十二年秋，张公吉墉长高等法院，思有以扩充之，而经费无从出，典长徐崇文启请，以年内济费节余，就监之北隅隙地，添造工场、教诲、图书等室，咨呈省部报可，二十三年夏组织监修委员会，采购材料，土木石工，咸由囚人自任，其不足者外雇，计自经始至讫工凡三阅月，计成教诲室一，可容四百人，教育室一，可容百人，工场五，可容三百人，图书室，其宽窄与教育室等。经费，木石瓦砖等费，计七千有奇，而雇仅三数百元，于是工场、教室、监舍所容，成〔咸〕相称矣。

　　3. 张北旧监所：张北旧监原位于本口埠内小营坊。民国六年张北县迁治于兴和城，因建新监所，而将原房舍划作审判处看守所。今省立第九小学校操场，即其旧址，乃教育厅向高等法院借用者也。新监所成于七年十月，费金七千有奇，可容二百人，工场、教室均备。常年经费一千九百八十元，囚人衣粮占九百五十七元。作业成器，以棉织棉带条为最，毛织椅垫、围巾等次之。

　　4. 多伦监所：多伦监所，随厅治而划改县属。民国四年略事扩充，十一年又改隶于司法公署。房舍可容百人，常年经费七千九百四十六元，囚粮、衣被占二千八百八十元，作业有织带、织毯、缝纫、泥土四种。

　　5. 各县暨旗群审判处附设监所概略：

　　口北九县旧监，自民国十二年三月裁并新监后，仍其房舍，改为看守所，收容未决犯及轻刑之已决者。其囚粮按县之等第而区分焉：蔚县、宣化列为一等，全年一千七百七十六元，怀来、延庆为二等，一千五百三十六元；涿鹿、怀安、阳原、赤城、龙关为三等，一千一百七十六元；沽源、商都、康保、宝昌四县，因沿旧制而监所并设，囚粮依三等县例，惟年增衣被费八十四元。旗群五审判处，亦监所并设，有囚粮而无衣被，塔拉、巴音察汉、贡果罗、阿桂图四处，年各支一百四十四元；明安差减二十元。其设备，以蔚县较优，而作业成品，亦有可视耳。

　　总观察哈尔全省已决囚犯，就最近统计年率，千名左右，入第一、二两监执行者，不及半数，余皆系于各县监所。入新监者，受新法训练，服习技艺，及其出狱，类能获得职业。入于旧所者，有类似报复主义，间有一二旧监，设备较优，终格于经费，并无所谓教诲、习业，殊于刑事政策有背，而于人道亦有所亏损。且同一囚犯，待遇悬殊，政教尤失其平，实宜统一筹画，俾全省囚人，尽纳于新监，受同等之感化也。

第三　律师公会

察哈尔万全律师公会：初，民国九年一月，前直隶万全地方审、检两厅成立，由各律师议定会则，依法组设万全律师公会。嗣至民国十七年七月，前察哈尔都统署审判处，暨附设地方庭，采用律师制度，所有万全律师公会会员，因便于执行职务，又组设察哈尔律师公会，即议定会则，呈由察哈尔都统署审判处转呈司法部备案，并准以万全律师公会会员，得兼在察哈尔都统署审判处暨附设地方庭执行律师职务。旋因察哈尔改立行省，万全地方法院划归察哈尔高等法院管辖，两律师公会，势须合作，遂于民国二十二年九月，复改定会则，经由察哈尔高等法院转呈司法行政部核准，始更名曰察哈尔万全律师公会。

第四　其他

一、察哈尔区立蒙古法官养成所：蒙古法官养成所，由都统署审判处长周松标，呈经都统转咨司法部核准后，于民国五年三月二十日成立，设于张家口下堡草城隍庙内。其宗旨为造就蒙古各旗群等处之审理员。额定学员四十名，由蒙古各旗群总管按照法定资格保送，授以现行各种法令，所长为都统署审判长周树标，教职各员，以都统署审判处职员兼充，除学监、翻译、录事给薪外，其余自所长以下，均为名誉职，一年期满，毕业后分别任用，该所即裁撤。

二、察哈尔蒙文法律编译会：蒙文法律编译会，由审判处长周树标呈经司法部核准，于民国七年八月十三日组织成立，附设于都统署审判处内，以蒙文编译关于司法之一切法令，以期促进蒙人法律知识。设［设］会长一人，以都统署审判处长兼充，编译主任一人，以审判处翻译官兼充，编译员一人，审定员三人，均以审判处审理员、书记官长、书记官等兼充，自会长以下概不支薪，至民国八年五月，始将暂行新刑律编译完竣，并呈请审定，自此渐归停顿，随致无形废止矣。

三、察哈尔民商事习惯调查会：民商事习惯调查会，由审判处长周树标，奉司法都令，于民国七年三月二日组织成立。附设于［于］都统署审判处内，以审判处长为会长，并函聘都统署审判处暨附设地方庭审理员、书记官，各县知事、承审员，各旗群总管，商会会长，以及各旗群审判处监督审理员等，均为该会会员。并未编制预算，所有费用，呈准司法收入项下开支。嗣将《民商事习惯第一期报告书》编成，呈送司法部审判后，遂亦渐归废止。

《冀察调查统计丛刊》（月刊）

北平冀察政务委员会秘书处

1936 年 1 卷 1 期

（李红权　整理）

蒙古政治概述

张书麟　撰

一　绪论

蒙古原为种族之名称，起源于外蒙车臣汗之克鲁伦河一带，自成部落游牧生活。自成吉斯汗崛起以后，大拓疆土，始合其游牧各地，概称之曰蒙古。于是汉之朔方，唐之定襄、云中等郡，悉划其范围以内。计分为四大部：一、漠南内蒙古；二、漠北外蒙古；三、漠西厄鲁特蒙古；四、青海蒙古。

迨至清初，就其种族牧地之便，仿照满洲八旗之制而疆理之，分为若干盟或部，每一盟部各辖若干旗，亦有不属于盟部之旗，今则称之曰特别旗，统计全蒙古共有二十盟部，连牛羊群与牧场合为二百四十旗。今则外蒙喀尔喀四部八十六旗及一牧场，科布多十九旗，唐努乌梁海五旗，因环境关系已成一特殊组织，另为一单位。其在内蒙、东北四省境内之呼伦贝尔部八旗、哲里木盟十旗、卓索图盟七旗、昭乌达盟十三旗、伊克明安一旗，九一八后，已被邻邦强行占据。所余者仅散在察、绥、宁、新、青五省内之九十旗而已。

我国自秦始皇完成中央集权之统一大帝国后，历代在蒙疆皆特设专官，以理边务，然所设之官，多不问政治，专司款待之仪。

清季始于六部之外，设置理藩院，专司外藩之治理，制其爵禄，定其朝会，正其刑罚。理藩院之尚书、侍郎皆旗人，彼此议定，大事禀陈，小事直行，是为我国注意治理边政机关之起始。民国肇造，以理藩院之旧称，不适于五族共和之旨，改称蒙藏事务局。三年，复改称蒙藏院，以正副总裁领之，其地位与各部平行。国民政府成立，废蒙藏院，改设蒙藏委员会，采行合议制度，其掌理事务，一为关于蒙古、西藏之行政事项，二为关于蒙藏之各种应兴应革事项。设正副委员长各一人，此外参谋本部，复有边务组之设立，专事研究边疆问题，现已裁撤。教育部设有蒙藏教育司，专司关于蒙藏教育事项，二者在表面上，虽各有专司，然实际凡关于蒙藏事项仍多会商进行。二十三年，中央应蒙民之要求，设立蒙古各盟旗地方自治政务委员会于百灵庙，二十五年复因环境之需要，设立绥境蒙政会，并改旧百灵庙蒙政会为察境蒙政会，分掌察、绥两省境内各盟旗政务，直隶于中央，蒙古地方政治制度为之一变。

蒙地除外蒙外，各盟旗均在省县区域之内，唇齿相接，界限混合。在习惯上，其管辖治理之权，凡属垦地垦民，皆归省县管辖，凡属草地蒙人，皆归蒙旗管辖。蒙旗无租税制度，财政不足，临时向全旗人民摊派，足则不取，对汉人在旗内经商或少数游牧者，则有水草之捐，差役之供，以示限制，而增财源。

蒙民素业牧畜，不善耕种，然近亦渐知经营农业较牧畜利益为大，故年来亦有将牧地自动开垦享受农垦实益者。年来蒙古青年之来内地者日多，对于汉人帮助蒙古开发建设之事，渐感兴趣，昔日闭塞之风气，为之改变不少。

二 元明时期蒙古政治概况

（一）元代蒙古政治概要及其领域

元自成吉斯汗，以统一环球为职志，东征西讨，几无宁日。当时幅员之辽阔，旷古未有，东渐于海，西至欧洲，北负西伯利亚，南经缅甸、交趾而伸足于南洋群岛，有鞭笞六合，囊括九州之概。以此庞大广阔之领土，其统治控驭之术，设非有如元太祖之伟大沉毅曷能臣服万国以治理之。兹略述元时之军政概要及其领域如次。

蒙古原系部落民族，无政治设施之足述。其人民剽悍尚武，凡能持戈之男子，悉令从军入伍，不啻以行军之制，为其政治之组织。其初期军队之组织，以十人为一小队，队有长；十户以上为百户，有百户长；百户以上为千户，有千户长；千户以上为万户，有万户长；万户以上则直隶于大汗。及至世祖，内立五卫，总领宿卫诸军，外则于万户之下，置有总把，百户之下，置有弹压，设枢密院以统之。斯时也，其军队之编制称谓曰蒙古军、曰探马赤军（诸部族人）、曰汉军新附军。其以技艺名者，曰炮军、曰弩军、曰水手军，其编制可谓备矣。

世祖入主中原，征服欧亚，将斯时所辖之领土划分如下述二部：

（甲）中国本部：以中原为中枢，辽东、内外蒙古、青海、西藏、中央亚细亚及东南亚细亚（高丽、南洋群岛）均属之。

（乙）西域支部：支部之中，又划分如下述之四汗国：

（一）窝阔台汗国——即叶密河流域及乃蛮故地。

（二）伊儿汗国——即今阿富汗斯坦、波斯、土耳其诸地。

（三）钦察汗国——即今俄属。

（四）察哈台汗国——即辽西故地。

世祖十二年，命刘秉忠、许衡订官制，以中书省管政事，枢密院掌军务，御史台司纠察。中枢省辖吏、户、礼、兵、刑、工六部，分掌政务爵秩、赋税府藏、礼乐朝会、军务邮传、刑名法律、百工营造等事务。又设行省行台，宣慰司，廉访司及路、府、州、县等地方组织，使内外均其轻重，以相维系，立法之善，实唐宋所未及。

元时统治疆域之法，除中部由君主直辖，至于控御边境，东置辽东行省，统辖高丽、满洲；北置岭北行省，统辖杭海山北；西北置阿力麻里元帅府及别失八里元帅府，统辖天山南北两路；西置阿母河行省，统辖葱岭以西；南置安南行省，统辖南海诸地。

根据右述之元代官制及其统治疆域之法，可知元代行政区划，一为普通组织，于本部行政，采中央集权主义；一为特别组织，于支部行政，采地方分权主义。盖以领土过于广袤，集权之外，不得不参与分权制度，势使然也，其立法之本意，亦可谓尽美尽善矣。惜以专恃武功征拓疆土，仅以武力控制领域，未能力图国家民族整个之充实与建树，致领内各民族间感情隔阂，隐忧巨患，潜伏甚深，故朱元璋一起，而天下叛乱，蒙古强族，亦不得不退居塞外也。

（二）明代蒙古状况

蒙古自成吉斯汗起自斡难河畔，二十年间，灭国数十，统一诸酋，迨至世祖入主中原，广拓疆土，威服欧亚，版图之大，亘古未有。然而领土过于广大，控驭之术，诚非易易，益以其统治各部，仅为霸道之武力征服，未行王道之政治建树，即其于蒙古肇端之部落民族发源地，亦复本其行国之游牧生活状态，不思有以改进之，以促其发展。故朱元璋一起，指戈北向，元族分崩瓦裂，迅即灭亡。其间虽有帖木儿之中兴，欲统一世界，继成吉斯汗之伟业，但以势孤力弱，元室广大领域，终无复有光荣恢复之日，而仍回复其旧有之部落游牧状态矣。兹略志明代鞑靼、瓦剌两强盛蒙古部落概况如次。

鞑靼，原系元之后裔。明太祖定鼎中原，元顺帝退居和林，以洪武三年崩于应昌。五传至坤帖木儿，为郭勒齐所弑，去蒙古国号，自称鞑靼可汗，是为鞑靼之起源。旋郭勒齐为元太祖弟术赤哈撒儿裔孙阿鲁台所弑，而迎坤帖木儿之弟本雅失里于别失八里，立为可汗。成祖永乐八年，为明军败于斡难河畔，本雅失里奔瓦剌，瓦剌部长马哈木困杀之，立其子答里巴而自柄大政。

瓦剌，亦蒙古之部落也。瓦剌部长马哈木者，元臣猛可帖木儿之子也。马哈木因与阿鲁台有隙，故乘阿鲁台之危，困杀本雅失里而柄鞑靼之政。永乐十二年，马哈木子脱欢，遣其子也先降明，是时塞外各蒙古部落，除阿鲁台部，东徙兴安岭，建科尔沁部外，余众悉降于脱欢。时脱欢欲自立为汗，众不可，乃立元顺帝六世孙脱脱不花，而自柄鞑靼政务。脱欢卒，也先嗣立，凶悍异常，西制哈密，东降兀良哈，常伺隙寇明边，会明臣王振挟帝亲征，致有土木之变。也先拥帝北行，迨至景帝景泰元年始奉帝归，与明通好，而自立为大元特绅大可汗。旋也先以恃强骄奢，耽于酒色，为鞑靼知院阿剌所弑，自是部属分散，瓦剌政权渐转归于鞑靼人之手。

明宪宗成化六年，元顺帝七世孙达延自立为可汗，旋统一诸部，号大元可汗，乘明室之衰，南下入河套，掠固原、宁夏、延安诸地，驰骋数千里，关中震动。达延并裂其土地分诸王子，其幼子格埒森扎扎赉尔领漠北蒙古，称喀尔喀部；嫡孙卜赤领漠南蒙古东部，即今察哈尔部；次子巴尔色博罗特，领漠南蒙古西部，称吉囊；巴尔色博罗特之子究弼里克居河套，为今鄂尔多斯七旗之祖。究弼里克卒，其后裔散处河西，以俺答势最甚，频年入寇明边，并率兵破瓦剌，击吐鲁番，取青海，兵力西渐。惟俺答晚年佞佛，厌杀戒，遂与明构和通好，明封为顺义王。自是鞑靼之患稍息。

三　清代对于蒙古之治理机关

（一）理藩院

清室入主中原，对于蒙古各部之率众来归者，极其优待，颁以爵禄，封以汗、王、贝勒、贝子、公……等名号，与清之皇族无殊。并于绥服西藏、平定回疆之后，特于六部之外，设理藩院，掌外藩之政令，以制其爵禄，定其朝会，正其刑罚。理藩院设尚书满洲一人，左侍郎满洲一人，右侍郎满洲一人，额外侍郎蒙古一人，郎中满洲三人，蒙古八人。员外郎宗室一人，满洲十一人，蒙古二十五人。主事满洲二人，蒙古八人。堂主事满洲二人，蒙古三人，汉军一人。司务满洲一人，蒙古一人，司库满洲一人。库使满洲二人。笔帖式满洲三十二人，蒙古五十五人，汉军六人。内馆监督由六部保送司官一人。外馆监督由都察院保送科道一人。尚书、侍郎，率其属以定议，大事禀陈，小事则行，以布国之威德。尚书、侍郎以下，分设旗籍、王会、典属、柔远、徕远、理刑六清吏司，暨满汉档事房、司务厅、当月处、蒙古房、内外馆、银库。旗籍清吏司，掌考内扎萨克之疆理，叙其封爵与其谱系，凡官署、部众、会盟、军旅、邮传之事皆掌之，并掌游牧之内属者。王会清吏司，掌颁禄于内扎萨克，而治事其朝贡、燕飨、赉与之事。典属清吏司，掌核外扎萨克部旗之事，治其邮驿，互市，则颁其禁令，凡内外之喇嘛皆掌之，并掌游牧之内属者。柔远清吏司，掌外扎萨克喇嘛禄廪、朝贡之事。徕远清吏司，掌回部扎萨克之政令，凡回番之年班皆掌之，并掌外裔之朝贡。理刑清吏司，掌外藩各部刑罚之事。满档房掌本衙门题缺出差之政令。汉档房掌缮题本，译其档案而藏之。司务厅掌治役吏，收外衙门之文书。当月处掌监堂印，钞事于内阁，收在京衙门之文书。蒙古房掌蒙古之翻译。银库掌库藏出纳。内外馆监督掌监察内外馆之事。笔帖式掌缮写或翻译。其组织系统如下表：

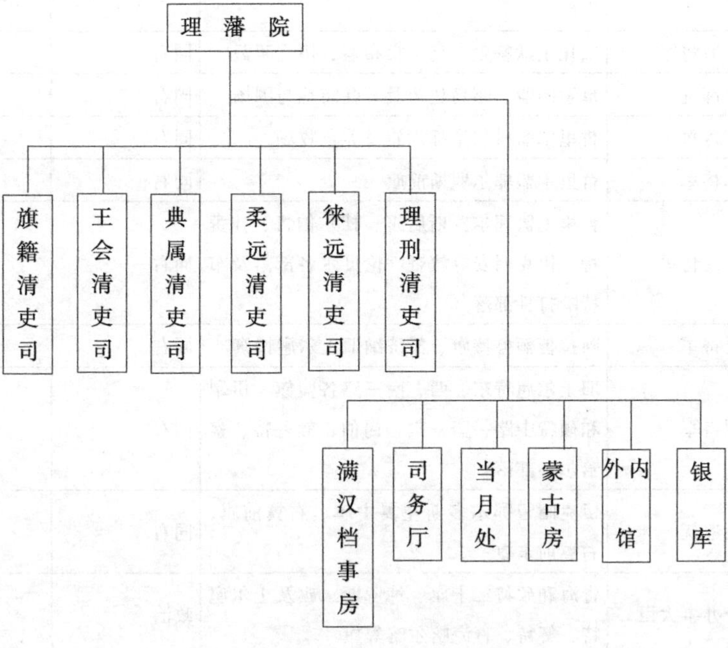

（二）将军、都统、办事大臣等

清季，除设理藩院掌外藩之政令，仿满洲八旗之制，定蒙旗为蒙古政治组织之单位外，并因政治上、军事上、外交上以及其他种种特殊关系，特于中央执掌外藩政令之理藩院，及蒙旗地方政治组织之盟旗外，择蒙旗之枢要区域，设置办事大臣、将军、都统、理事员等官署，以为监督统治蒙旗地方之政治、军事、外交……等事务，其权能，亦视其官署之性质而异。兹将清季于各盟旗枢要区域，所设监督统治蒙旗政治、军事……之官署及其管辖区域暨掌理事务列表于左：

清代特设将军、都统、办事大臣等管辖区域掌理事务简明表

官署名称	管辖区域	掌理事务	备考
察哈尔都统	察哈尔八旗四牧群及锡林果勒盟[①]五部十旗	军事、政治	
绥远城将军	归化土默特旗、乌兰察布盟、伊克昭盟	同右	
热河都统	卓索图盟、昭乌达盟及其驻防地与围场	同右	
盛京将军	哲里木盟科尔沁部六旗及养息牧场	同右	
吉林将军	哲里木盟郭尔罗斯前旗	同右	
黑龙江将军	哲里木盟郭尔罗斯后旗、杜尔伯特、扎赉特、伊克明安等旗暨呼伦贝尔各部落及布特哈打牲部落	同右	
宁夏将军	阿拉善额鲁特旗、额济纳旧土尔扈特旗	同右	
伊犁将军	旧土尔扈特东、西、南三路各盟旗、伊犁和硕特中路一盟三旗、锡伯、额鲁特、察哈尔各部落	同右	
山西巡抚	伊克昭盟鄂尔多斯左翼中旗、右翼前旗、右翼前末旗	同右	
西宁办事大臣	青海和硕特二十旗、绰罗斯二旗及土尔扈特、辉特、青海喀尔喀等旗	政治	
塔尔巴哈台参赞大臣	旧土尔扈特北部一盟三旗、察哈尔额鲁特及哈萨克各旗	政治、军事	
库伦办事大臣	喀尔喀车臣汗、图什业图汗两部	政治	

---

　①　后文又作"锡林郭勒盟"。——整理者注

续表

官署名称	管辖区域	掌理事务	备考
乌里雅苏台将军	扎萨克图汗、三音诺颜二部及乌梁海所属各旗	军事、政治	即定边左副将军
科布多参赞大臣	科布多所属各旗	政治	
恰克图理事		外交、通商事务	

（三）盟、部、旗之组织及其系统

清初，绥服蒙古，除对于蒙古各部之来归附者，先后赐以秩爵或封以汗、王、贝勒、贝子、公……等名号外，对于其政治之组织，系采分部辨族，以顺其情，裂土颁俸，以酬其功，一切办法，悉仿满清八旗之制。考蒙古地方组织之单位为旗，不啻以行军之制度，为政治之组织。旗长曰扎萨克，总理旗内行政、司法等事务，其职世袭罔替（察哈尔部及归化土默特旗……等，内属部落采总管制者，概不世袭）。扎萨克之下，设协理、管旗章京、梅伦章京、参领、佐领等佐治人员数名。每旗分为若干佐领，每佐领辖百五十户，为蒙旗最小之基本组织单位，旗之大小，亦视佐领之多少而判之，故细察蒙旗佐领之数，即可知其人口之大概。合数旗而为盟，设正副盟长各一人，清时由理藩院（今则蒙藏委员会）遴选，盟内之扎萨克及王公之有德望者，呈请任命之。盟长之职非世袭，每三年各旗会盟一次，借以检阅各旗之军备、边防、刑名、户籍等事务，解决盟内各种重要问题。此外，尚有若干旗务，由各盟盟长直接办理，土默特、阿拉善、额济纳……等特别旗，不受盟长之指挥监督。又有若干部落，因种族或历史关系，不另设盟，即以其部落统辖各旗，其部落之长曰汗，其地位、职权，与盟长无异。至于盟旗之组织系统，则如下列表所载：

蒙古盟旗组织系统表

```
                    盟  副
                    长  盟
                       长

        帮办盟务        扎萨克旗
                      （或总管）

        佐理人员        协理台吉

                      管旗章京
                      京章骑都尉

        带兵梅伦    印务梅伦    堂官梅伦

        带兵参领    参领

                   佐领

        军          政治          司
        事                        法
```

　　蒙旗之组织系统，概如上述。至于盟之分布概况，计全蒙古各盟、部、旗共有二十盟部，连牛羊群与牧场，合为二百四十旗，计：

　　（一）内蒙古

　　（1）呼伦贝尔部　　　　　　　八旗

　　（2）哲里木盟　　　　　　　　十旗

　　（3）卓索图盟　　　　　　　　七旗

　　（4）昭乌达盟　　　　　　　　十三旗

（5）依克明安旗　　　　　　一旗

以上在东北四省境内

（6）锡林果勒盟　　　　　　十旗

（7）察哈尔部　　　　　　　十二旗群

（8）乌兰察布盟　　　　　　六旗

（9）伊克昭盟　　　　　　　七旗

（10）土默特旗　　　　　　一旗

以上在察、绥两省境内

（11）阿拉善霍硕特旗　　　一旗

（12）额济纳旧土尔扈特旗　一旗

以上在宁夏省境内

（二）青海蒙古

（1）青海右翼盟　　　　　　十六旗

（2）青海左翼盟　　　　　　十三旗

以上在青海省境内

（三）新疆额鲁特蒙古

（1）巴图塞特奇勒图部　　　三旗

（2）乌纳恩素珠克图部　　　十旗

（3）青塞特奇勒图部　　　　十旗

以上在新疆省境内

（四）外蒙古

（1）扎萨克图汗部　　　　　十九旗

（2）三音诺颜部　　　　　　二十四旗

（3）土谢图汗部　　　　　　二十旗

（4）车臣汗部　　　　　　　二十三旗

附达里岗崖牧场

以上在外蒙喀尔喀境内

（5）三音济雅图右翼部　　　　　七旗

（6）三音济雅图左翼部　　　　　十二旗

以上在外蒙科布多境内

（7）唐努乌梁海部　　　　　　　五旗

以上在唐努乌梁海境内

右述之二十盟、部、旗，为全部蒙旗之分布状况，至其系统，则如下表所载：

蒙古盟旗系统表

内蒙古	哲里木盟	科尔沁左翼前旗	辽宁省
		科尔沁左翼中旗	
		科尔沁左翼后旗	
		科尔沁右翼前旗	
		科尔沁右翼中旗	
		科尔沁右翼后旗	
		郭尔罗斯前旗	吉林省
		郭尔罗斯后旗	黑龙江省
		扎赉特旗	
		杜尔伯特旗	
	伊克明安旗		
	呼伦贝尔部	索伦左翼旗	
		素〔索〕伦右翼旗	
		新巴尔虎右翼旗	
		新巴尔虎左翼旗	
		陈巴尔虎旗	
		额鲁特旗	
		布里雅特旗	
		鄂伦春旗	

	卓索图盟	喀喇沁右翼旗	
		喀喇沁中旗	
		喀喇沁左翼旗	
		土默特右翼旗	
		土默特左翼旗	
		唐古特喀尔喀旗	
		锡埒图库伦旗	
	昭乌达盟	巴林右翼旗	热河省
		巴林左翼旗	
		克什克腾旗	
		翁牛特右翼旗	
		翁牛特左翼旗	
		敖汗右翼旗	
		敖汗左翼旗	
		敖汗南旗	
		奈曼旗	
		喀尔喀左翼旗	
		扎鲁特左翼旗	
		扎鲁特右翼旗	
		阿鲁科尔沁旗	
	锡林郭勒盟	乌珠穆沁右翼旗	察哈尔省
		乌珠穆沁左翼旗	
		浩济特左翼旗	
		浩济特右翼旗	
		阿巴噶左翼旗	
		阿巴噶右翼旗	
		阿巴哈那尔右翼旗	
		阿巴哈那尔左翼旗	

续表

		苏呢特左翼旗	
		苏呢特右翼旗	
	察哈尔部	商都牧场	
		明安牧场	
		左翼牧场	
		右翼牧场	
		察哈尔左翼正蓝旗	
		察哈尔左翼镶白旗	
		察哈尔左翼正白旗	
		察哈尔左翼镶黄旗	
		察哈尔右翼正黄旗	绥远省
		察哈尔右翼正红旗	
		察哈尔右翼镶红旗	
		察哈尔右翼镶蓝旗	
	乌兰察布盟	四子部落旗	
		喀尔喀右翼旗	
		茂明安旗	
		乌喇特后旗	
		乌喇特中旗	
		乌喇特前旗	
		归化土默特旗	
	伊克昭盟	鄂尔多斯左翼前旗	
		鄂尔多斯左翼中旗	
		鄂尔多斯左翼后旗	
		鄂尔多斯右翼后旗	
		鄂尔多斯右翼中旗	
		鄂尔多斯右翼前旗	
		鄂尔多斯右翼前末旗	

续表

		阿拉善霍硕特旗	宁夏省
		额济纳旧土尔扈特旗	
外蒙古	车臣汗部	东路车臣汗旗	
		东路左翼中旗	
		东路中右旗	
		东路右翼中旗	
		东路中左旗	
		东路中末旗	
		东路左翼前旗	
		东路中后旗	
		东路右翼中右旗	
		东路中前旗	
		东路左翼后末旗	
		东路中左前旗	
		东路中右后旗	
		东路中末次旗	
		东路左翼左旗	
		东路左翼后旗	
		东路左翼右旗	
		东路右翼中左旗	
		东路右翼中前旗	
		东路右翼左旗	
		东路右翼前旗	
		东路右翼后旗	
		达里冈厓牧场	
	图什业图汗部	后路图什业图汗旗	
		后路右翼左旗	

		后路中右旗
		后路左翼中旗
		后路中旗
		后路左翼左后旗
		后路中右末旗
		后路左翼前旗
		后路左翼中末旗
		后路右翼右旗
		后路右翼右末旗
		后路中左旗
		后路中次旗
		后路中左翼末旗
		后路左翼中左旗
		后路左翼右末旗
		后路左翼末旗
		后路右翼后旗
		后路右翼左末旗
		后路右翼右末次旗
		西路扎萨克图汗旗
		西路左翼后末旗
		西路中左翼左旗
		西路左翼中旗
	扎萨克图汗部	西路左翼右旗
		西路中左翼右旗
		西路中左翼末旗
		西路左翼前旗
		西路左翼后旗
		西路右翼右旗

		西路右翼右末旗
		西路左翼左旗
		西路中右翼末旗
		西路中右翼左旗
		西路中右翼末次旗
		西路右翼前旗
		西路右翼后旗
		西路右翼后末旗
		西路辉特旗
		中路三音诺彦汗旗
		中路中左末旗
		中路中右旗
		中路右翼右后旗
		中路中左旗
		中路中前旗
		中路额鲁特前旗
		中路额鲁特旗
		中路中末旗
	三音诺彦汗部	中路中后旗
		中路左翼左旗
		中路左翼中左旗
		中路右翼末旗
		中路右翼前旗
		中路左翼中旗
		中路中右翼末旗
		中路中后末旗
		中路左翼左末旗
		中路左翼右旗

续表

		中路右翼中右旗
		中路右翼中末旗
		中路右翼左末旗
		中路右翼后旗
		中路右末旗
	科布多 （即赛音济雅克图部）	左翼杜尔伯特旗
		左翼杜尔伯特中旗
		左翼杜尔伯特中左旗
		左翼杜尔伯特中上旗
		左翼杜尔伯特中前右旗
		左翼杜尔伯特中前旗
		左翼杜尔伯特中后旗
		左翼杜尔伯特中下旗
		左翼杜尔伯特中后左旗
		左翼杜尔伯特中前左旗
		左翼杜尔伯特中后右旗
		左翼辉特下后旗
		右翼杜尔伯特前旗
		右翼杜尔伯特中右旗
		右翼杜尔伯特右旗
		右翼辉特下前旗
		扎哈沁旗
		额鲁特旗
		明阿特旗
	唐努乌梁海部	唐努旗
		萨尔吉克旗
		陶吉旗
		克木齐克旗
		库苏古尔旗

新疆蒙古漠西额鲁特蒙古	青赛特奇勒图部	阿尔泰乌梁海左翼一旗	新疆省
		阿尔泰乌梁海左翼一旗	
		阿尔泰乌梁海左翼一旗	
		阿尔泰乌梁海左翼一旗	
		阿尔泰乌梁海右翼一旗	
		阿尔泰乌梁海右翼一旗	
		阿尔泰乌梁海右翼一旗	
		新土尔扈特右旗	
		新土尔扈特左旗	
		哈弼察克新霍硕特旗	
	乌纳思〔恩〕素珠克图部	南路旧土尔扈特旗	
		南路旧土尔扈特中旗	
		南路旧土尔扈特右旗	
		南路旧土尔扈特左旗	
		东路旧土尔扈特右旗	
		东路旧土尔扈特左旗	
		西路旧土尔扈特旗	
		北路旧土尔扈特旗	
		北路旧土尔扈特右旗	
		北路旧土尔扈特左旗	
	巴图塞奇勒图部	中路霍硕特中旗	
		中路霍硕特右旗	
		中路霍硕特左旗	
青海蒙古	青海左翼盟	霍硕特北左翼旗	青海省
		霍硕特北前旗	
		霍硕特西前旗	
		霍硕特前首旗	
		霍硕特北后旗	

续表

		霍硕特南左翼后旗	
		霍硕特北左末旗	
		霍硕特南左翼中旗	
		霍硕特南左翼末旗	
		霍硕特西左翼后旗	
		霍硕特西右翼中旗	
		辉特南旗	
		土尔扈特南前旗	
	青海右翼盟	绰罗斯南右翼首旗	
		绰罗斯北中旗	
		霍硕特北右翼旗	
		霍硕特前左翼首旗	
		霍硕特南右翼后旗	
		霍硕特东上旗	
		霍硕特南右翼中旗	
		霍硕特南右翼次旗	
		霍硕特南右翼末旗	
		霍硕特西右翼前旗	
		霍硕特西右翼后旗	
		喀尔喀南右翼旗	
		土尔扈特西旗	
		土尔扈特南中旗	
		土尔扈特南后旗	
		察汗诺们汗旗	

　　右表之各蒙旗，内蒙古各盟、部、旗，除锡林果勒盟外，濡染汉化，渐变游牧为农作，文化亦高于其他各蒙古，尤以开垦之地方，教育、工商，逐渐发达，蒙汉杂居，俨如内地，虽青海、新疆各蒙旗，亦不如远甚，外蒙古现在特殊状态之下，改变颇多，

未知其详，故略而不述。

四　清代对于蒙古之分爵赏赐

（一）分爵

　　清初，蒙古内属，对于蒙人之率众来归，有功国事之元勋，概如其皇族，而赐以爵秩之封号。其爵位分为汗、亲王、郡王、贝勒、贝子、镇国公、辅国公等，世袭罔替。台吉、塔布囊，均原为蒙古之称号（台吉译义为太子，元太祖成吉斯汗之子孙，元代均封台吉，今之姓"博尔吉格特"姓氏者，均系台吉，且必元之后裔。塔布囊为汗婿，即驸马也。元时封功臣吉拉吗为驸马（塔布囊），今卓盟喀喇沁各旗塔布囊，皆其后裔）。清采用之，以为爵位，并分为四等。此外，有世袭官员、世袭名号之制，世袭官员为一、二、三等子爵与男爵，惟轻车都尉，非永久世袭者，如云骑都尉世袭三世；骑都尉世袭二世；云骑尉世袭一世。世袭名号曰"达尔汗"。迨至辛亥革命民国成立，仍沿清代所封之爵秩焉。

　　民国二十年，据蒙藏委员会调查统计所得，全蒙古计有汗爵五；亲王四十二，郡王三十，贝勒二十七[1]，贝子三十四，镇国公四十八，辅国公九十九，台吉五十六，其散各盟旗概况如下表：

盟别	汗	亲王	郡王	贝勒	贝子	镇国公	辅国公	台吉
哲里木盟		一一	三	三	一〇	二	七	三
卓索图盟		二	四		三	六	一三	四
昭乌达盟		七	四		五	三	四	

---

[1] 应为三十。——整理者注

续表

盟别	汗	亲王	郡王	贝勒	贝子	镇国公	辅国公	台吉
锡林果勒盟		四	四	三	二	四	五	
乌兰察布盟		一	一	二	四	一	二	
伊克昭盟			三	三		二	三	
归化土默特旗				一				
阿拉善、额济纳旗		二			一	四	五	
青海左、右翼盟		三	四	三		四	一八	二
乌纳恩素珠克图部	一	二	三	三		一	七	
青赛特奇勒图部					二	六	五	
图什业图汗部	一	三		一		五	五	一〇
车臣汗部	一	三		三			四	一二
扎萨克图汗部						二	八	九
三音诺颜部		二	二	三	五	五	九	一一
赛音济勒图部	一			三	二	二	四	五
合计	五	四二〔四四〕	三〇	三〇	三四〔三五〕	四八	九九	五六

　　右表所载，大都为清所封之爵秩，民初一律照旧或晋封其爵秩。此外，在蒙古另有亲王三，郡王二，贝勒二，贝子四，辅国公四，因其所隶盟旗籍贯，未知其详，故未列入。

（二）俸禄、燕赉

　　清初既封赐爵秩，如汗、王、贝勒、贝子、公等，以酬蒙人辅助清室竭诚内属之元勋外，并制定汗、王、贝勒、贝子、公等之年俸如下：

爵秩	俸银	俸缎
1. 汗	二千五百两	四十匹
2. 科尔沁三亲王	二千五百两	四十匹

3. 亲王　　　　　　　　　　二千两　　　　二十五匹

4. 科尔沁扎〈萨〉克〈图〉郡王　一千五百两　　二十匹

5. 郡王　　　　　　　　　　一千二百两　　　十五匹

6. 贝勒　　　　　　　　　　八百两　　　　十三匹

7. 贝子　　　　　　　　　　五百两　　　　十匹

8. 镇国公　　　　　　　　　三百两　　　　九匹

9. 辅国公　　　　　　　　　二百两　　　　七匹

10. 扎萨克台吉　　　　　　　一百两　　　　四匹

至于年节入京朝觐之蒙古王公等，除均于除岁赐燕一次，新正赐燕二次，越日，五旗王府各设燕一次外，并各按其爵秩，分别赏赐珍贵之物品如下表：

爵秩	甲胄	雕鞍漆鞍	银茶筒	银茶盘	缎匹	茶篓	备考
科尔沁三亲王	一	一	一	一	四二	五	亲王至贝勒为雕鞍
亲王		一	一	一	三六	五	
扎萨克图郡王		一	一	一	三五	四	
郡王		一	一	一	二九	四	
贝勒		一			二二	三	
贝子		一			一四	二	贝子以下为漆鞍
镇国公			一		一〇	二	
辅国公			一		一〇	二	
一、二等台吉		一			七	一	
三、四等台吉		一			五	一	

此外，另有围班燕赉与贡使燕赉两种，凡贡使及随围之蒙古王、公、台吉、塔布囊、章京等，均各赏赐有差。因限于篇幅，不一〈一〉备述。

五　民国初年之蒙古治理机关

（一）　蒙藏院

　　辛亥革命，五族共和。《中华民国临时约法》第五条"中华民国人民一律平等，无种族、阶级、宗教之区别"。复以前清治边机关为理藩部，其名称颇与五族共和之旨不合，乃将该部取消，另设蒙藏事务局，辖于内务部，仍总理前理藩部事务。废旗籍、王会、典属、柔远、徕远、理刑六清吏司及司务厅、银库、领办处等之分课名称。民元七月，以临时大总统令，公布《蒙藏事务局官制》，新设蒙藏事务局而直隶于国务院，举凡关于蒙藏事务之中央政令，概由该局执掌。民国三年，复改蒙藏事务局为蒙藏院，直隶于大总统之下，为中央政府统治内外蒙古、西藏、回疆之最高机关。蒙藏院设总裁一人，总揽院务，副总裁一人，辅助总裁处理院务。总裁：副总裁之下，设参事二人，司长二人，秘书二人，佥事十二人，编纂四人，翻译十人，主事二十四人，雇员若干人。其组织系统如下表：

```
          ┌总务处—统计课—编纂课—文牍课—会计课—
          │出纳课—庶务课
          │秘书厅—机要科—翻译科—承值科
总裁—副总裁┤第一司—民治科—劝业科—边卫
          │第二司—封叙科—宗教科—典礼科
          │参事室
          └佥事
```

　　（注）右表系民国三年蒙藏院成立时之组织系统，后改称秘书厅为室，总务处为厅，总务厅文牍课裁撤，其余各课，改课称科，秘书厅机要科裁撤，翻译、承值两科，均并归总务厅管辖，其他各司、科、室仍旧。

（二）将军、都统、办事大员等

清时，特设将军、大臣于内外蒙古枢要及沿边等地，并使蒙古沿边行省之地方长官，统辖蒙古各盟旗，并兼理与外国通商事务。民国成立，亦沿用此制。其属于奉天、吉林、黑龙江、甘肃、新疆管辖区域内者，以督军、省长或护军使统治蒙旗，仍置办事长官于枢要地，且于热河、察哈尔、绥远专设都统，以其管辖之地方，为特别行政区域。热河都统管辖热河道及卓索图盟、昭乌达盟。绥远都统管辖绥远道及乌兰察布盟、伊克昭盟。察哈尔都统管辖兴和道及察哈尔左翼四旗、察哈尔右翼四旗、达里岗崖牧场、商都牧场地方。规定都统统率所部军队，管理该管区域内之军政、民政事务，并受政府之特别委任，监督财政、司法、行政及其他特别官署之行政事务。至于外蒙，原为定边左副将军、库伦办事大臣及乌里雅苏台将军、科布多参赞大臣所辖。辛亥武昌革命军起，外蒙在俄人乘机诱惑之下，另成一单位。民国三年《中俄蒙条约》，外蒙承认中国宗主权，中俄承认外蒙自治。并就前清库伦办事大臣、乌里雅苏台将军、科布多参赞大臣所辖之区域（即喀尔喀四部及科布多所属之地），设置库伦办事大员公署（都护使）及乌里雅苏台、科布多、恰克图佐理专员公署（副都护使），监视外蒙古自治官府及其属吏之行为，使不违反中国之宗主权，及违害中蒙人民在外蒙所有之利益。民国八年，欧战正殷，俄国革命爆发，无暇顾及外蒙事，政府遣西北筹边使徐树铮前往外蒙，撤消自治，恢复前清旧制。民国十年，徐树铮回师内争，苏俄对蒙，又转而侵略，并援助蒙古国民党，击破库伦，成立组织，以哲布尊丹巴呼图克图为其首领，废王公制度，政体悉仿苏俄。十三年，《中俄协约》成立，苏俄承认外蒙为中华民国领土之一部分，兹将民初中央特设统治监督内外蒙古之特别行政长官，及其所辖区域，列表如下：

民初特设治理监督蒙古地方官署及其所辖区域简明表

官署名称	管辖区域	备考
热河都统署	管辖卓索图盟三部六旗、昭乌达盟八部十二旗、锡埒图库伦喇嘛游牧地，另有热河旧驻防地、围场地方及达什瓦额鲁特部一旗	即今热河所属之绥东开鲁、林西、经棚、赤峰、建平、阜新、朝阳、凌源、平源、围场、承德、滦平、丰宁、隆化、乌丹佐治局
绥远都统署	归化土默特二旗、乌兰察布盟六旗、伊克昭盟附牧成吉思汗陵园看守达尔哈特部一旗	即今绥属之归化、萨拉齐、清水河、托克托、和林格尔、武川、五原、东胜等县，惟伊盟之鄂尔多斯之左翼中旗、右翼前旗、右翼末旗等地设置之神木、安边二县隶于陕西榆林道，未编入绥远都统管下
察哈尔都统署	管辖锡林果勒盟五部十旗、察哈尔八旗及达里岗崖牧场、商都牧场、又达布逊诺尔及牛羊群牧场	即察属之张北、独石、多伦、丰镇、凉城、兴和、陶林等七县
奉天省长公署	管辖哲里木盟科尔沁部六旗及养息[木]牧场	
吉林省长公署	辖哲里木盟郭尔罗斯前旗	
黑龙江省长公署	辖哲里木盟郭尔罗斯后旗、杜尔伯特旗、扎赉特旗、伊克明安特别旗、呼伦贝尔各部落及布特哈打牲部落	
甘肃将军、陇东护军使	辖阿拉善额鲁特旗、额济纳旧土尔扈特旗	
伊犁镇守使	辖旧土尔扈特南路、东路、西路三盟三部七旗，伊犁和硕特中路一盟一部三旗，锡伯、额鲁特、察哈尔各部落	

官署名称	管辖区域	备考
陕西省长公署	辖伊克昭盟鄂尔多斯左翼中旗、右翼前旗、右翼前末旗	
甘边宁海镇守使	辖青海和硕特二十旗、绰罗斯二旗、土尔扈特四旗、辉特一旗、青海喀尔喀一旗、青海喇嘛游牧地、达赖、班禅商上堪布游牧地	旧制为驻西宁办事大臣,辖境另有巴彦襄谦土司三十九部落
塔尔巴哈台办事长官	辖旧土尔扈特北部一盟一部三旗、移牧察哈尔额鲁特及内属哈萨克部落	
阿尔泰办事长官	辖弼察克新和硕特一部一旗、新土尔扈特一盟一部二旗、阿尔泰乌梁海二部七旗、阿尔泰诺尔乌梁海一部二旗	阿尔泰办事长官,民国元年新设
都护使驻扎库伦办事大员	辖库伦及乌里雅苏台、科布多、恰克图各区域	
都护副使乌里雅苏台佐理专员	辖前清乌里雅苏台将军所辖之境域	
都护副使恰〔恰〕克图佐理专员	辖前清恰克图理事员所辖之境域	
都护副使科布多佐理专员	辖前清科布多参赞大臣所辖之境域	
都护副使乌梁海佐理专员	辖乌梁海所属各地	民国七年新设

(三) 省、县、盟、旗行政划分概述

民国既沿用前清旧制,以奉天、吉林、黑龙江、甘肃、新疆……等省之督军、省长,或护军使,统治蒙旗。而蒙旗之组织系统等,一仍旧贯,同时并划热河、绥远、察哈尔为三特别行政区,其在行政上与盟旗有须协办联络之事项,虽无明文之规定,然就其实际,约可作如下之区分。

（一）外交　关于边防事项，由中央政府之各主管官署办理。其关于各盟旗之地方重要事件，临时与该地方长官协议，呈明中央裁可，或由地方长官参酌施行。

（二）行政　对于蒙古人之行政，任各扎萨克自治，由盟长总裁之，各受该地方长官或督军、都统之监督。其各旗内开放地之行政或司法权之行使，委诸当地之地方长官，但得施行于居住开放地蒙古人，对于汉人，则以征收所租土地之规定地租为限。

（三）军事　各盟旗壮丁或军队，一律受陆军部、督军、都统、护军使、镇守使之指挥。

（四）司法　各蒙旗蒙民之司法案件，由各该旗扎萨克自行处理，其重要者送请盟长处理，或送请各主管司法机关处决之。

（五）垦地　各旗扎萨克欲开放旗内之荒地时，必须与该地方长官协议，由政府之官员代为执行其事，若有私行开放者受罚。

六　民国初年待遇蒙古概况

（一）优待蒙古条例

辛亥革命军兴，清帝逊位，汉、满、蒙、回、藏五族共和政府成立。民国政府《临时约法》，规定蒙、藏、青海，为中华民国领土之一部，中华民国人民一律平等，无种族、宗教、阶级之区别。参议院蒙古、西藏各选派议员五人，青海一人。同时改称理藩部为蒙藏事务处（后改称蒙藏事务局，民三复改称蒙藏院），并派员入各盟旗宣慰，阐明五族共和之真意，并公布《蒙古待遇条件》九条如次：

《蒙古待遇条件》（民国元年八月十九日公布）

第一条　尔后对蒙古去藩属之区别，与民国内地同等待遇，中央政府对于蒙古之行政机关，不用理藩、殖民等文字。

第二条　从来蒙古王公等享有之管辖治理权，一律照旧持续。

第三条　内外蒙古汗、王、公、扎萨克、台吉之世爵阶级，照旧承袭，其于各该旗内所有之特权，亦照旧无异。

第四条　唐努乌梁海五旗、阿尔泰乌梁海七旗，系副都统及总管所治理，后年，有接任副都统及总管者时，改其接任者之官职为世袭。

第五条　蒙古各地呼图克图、喇嘛等之封号，概依其旧。

第六条　关于各蒙古对外交涉及边疆事务，自应归中央政府办理，但中央政府认为关于地方之重要事件，应临时使该地方行政机关参议后施行。

第七条　蒙古王公世爵俸饷，优给。

第八条　察哈尔之上都、牛群、羊群地方，除开垦所设之处依旧外，其余充为蒙古王公筹划生计之用。

第九条　蒙古人通汉文，并有法定之资格者，得任用内外文武各〔官〕员。

《蒙古待遇条件》公布后，蒙古各王公无不欣感政府德意，翊赞共和。同时政府详查各蒙古王公中之翊赞共和，功绩显著者，参酌其赞同之时日，前后之情态，晋封爵位。其别有企图或心怀贰意者，削爵，或保留原爵，是政府当时仍有渐举蒙古统治之实。至于外蒙乘中原鼎革无暇远顾之际，酝酿自治独立。民国三年《中俄蒙条约》，外蒙承认中国宗主权，中俄承认外蒙自治，并就前清库伦办事大臣、乌里雅苏台将军、科布多参赞大臣所辖之区域，设置库伦办事大员，乌里雅苏台、科布多、恰克图佐理专员（指导外蒙自治）。八年，外蒙撤消自治，恢复前清旧制。十年，外蒙受苏俄煽惑，成立特殊组织，至是，外蒙俄化日盛，消息渐绝。

（二）蒙古人在国会之选举

《中国华民国临时约法》规定中华民国人民一律平等，无种族、阶级之区别。蒙古人民，自应一律给予选举权、被选举权，故参议院议员定额，规定由蒙古选举会选出者二十四名，其分配如左表：

一　内蒙古

哲里木盟	二名	卓索图盟	二名
昭乌达盟	二名	伊克昭盟	二名
锡林果勒盟	二名	乌兰察布盟	二名

二　外蒙古

土谢图汗部	二名	扎萨克图汗部	二名
三音诺颜部	二名	乌梁海	二名
车臣汗部	二名	科布多旧土尔扈特	二名

共计二十四名

当时（民元），外蒙因别有企图，不能举行普选，改由驻京蒙古联合会选举适当人物以充定额。

民国二年冬，南北以宪法问题之争执，袁世凯解散属于国民党之议员，国会无形消灭。五年，袁世凯卒，黎元洪继任大总统，恢复《临时约法》，组织宪法起草委员会，讨论国会组织法。七年二月公布修正《中华民国国会组织法》，规定众议院蒙古议员为十九名，其名额之分配如左：

哲里木盟	一名	卓索图盟	一名
昭乌达盟	一名	伊克昭盟	一名
锡林果勒盟	一名	乌兰察布盟	一名
土谢图汗部	一名	车臣汗部	一名

三音诺颜部	一名	扎萨克图汗部	一名
乌梁海	一名	科布多	一名
察哈尔	一名	额济纳	一名
归化土默特	一名	哈萨克	一名
阿拉善	一名	旧土尔扈特	一名

共计二十七名

（三）《蒙古人服官内地办法》

依据待遇蒙古条件第九条之规定："蒙古人之通汉文，并有法定之资格者，得任用为内外文武官员。"于是有蒙古人甄试章程七条之公布：举凡各蒙旗得选举本旗内通晓汉文汉语，年在二十岁以上之蒙古人一名，由各该旗扎萨克给予保证状，送请巡按使、都统或办事长官考查属实后，转送北京。其有武职之资格者，由陆军部甄试；非武职之资格者，由内务部、蒙藏院会同甄试后，提请大总统裁可留京试用，其甄试不及格者，遣回蒙旗。其甄试章程如次：

蒙古甄试章程

第一条 依民国四年五月四日内务部、陆军部、蒙藏院协同制定之《蒙古人内地服官办法》，由各巡按使、都统、办事长官护送来京考核之蒙古人，皆依本章程甄试。

第二条 前条之蒙古人，有武职之资格者，由陆军部甄试，非武职之资格者，由内务部、蒙藏院会同甄试。

第三条 甄试顺序如左：

（一）论文

（二）面试

第四条 第一试之科目如左：

（一）法制大意

（二）行政概论

（三）蒙古历史

（四）军事大意

第五条　第二试之科目如左：

（一）蒙古民情

（二）就其经验学业之内容

（三）有军人资格者，行军事技能之试验

第六条　甄试时部、院长官亲行监试校阅。

第七条　甄试合格者，由部、院会同呈请大总统录用，其不合格者，给予川资回旗。

七　国民政府治理蒙古机关

（一）蒙藏委员会

民十七，国府奠都南京，废蒙藏院，改设蒙藏委员会，采行合议制度，冀收广罗人材、集思广益之效。以委员长一人，副委员长一人，委员十五人至二十一人组织之。地位与各部会平行，为中央主管边政之最高机关。其掌理事务，（一）为关于蒙古、西藏之行政事项，（二）为关于蒙古、西藏之各种兴革事项。委员长总理全会会务，并执行委员会会议之决议案件，其下设总务、蒙事、藏事三处，参事、秘书、编译、调查四室。总务处掌理文书、统计、会计、庶务等事务，蒙事处掌理关于蒙古事务，藏事处掌理关于西藏事务，参事室掌理关于撰拟审核法案命令事项，秘书室掌理会议纪录及长官交办事项，编译室掌理编译及审查关于蒙藏各种书籍事项，调查室掌理调查关于蒙藏边情等事项。其附属机关，（一）为驻平办事处，（二）为驻京各蒙藏政教领袖或代表办事处。所负使命甚大，兹将该会组织系统、直辖各机关名称，暨蒙古驻京政教代表办事处名称列表于后：

（甲）蒙藏委员会组织系统表

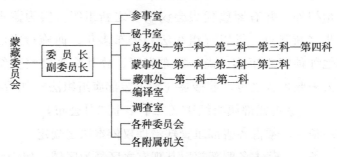

（乙）蒙藏委员会直辖各机关名称、职掌表

机关名称	掌理事项	所在地	设置年月	备考
驻平办事处	秉承蒙藏委员会命令，办理关于蒙藏行政及各种革兴事项。	北平	十八年	

（丙）蒙古政教驻京代表办事处名称、职掌表

机关名称	掌理事项	设置年月	备考
蒙古各盟旗联合驻京办事处	掌理各盟旗驻京通讯及秉承中央德意、宣达中央政令于各盟旗。	十八年	兼办蒙古地方自治政务委员会驻京通讯事宜。
绥境蒙古地方自治政务委员会驻京办事处	秉承绥境蒙政会之命办理关于该会与中央一切商洽事宜。	二十五年	
章嘉呼图克图驻京办事处	秉承章嘉佛之命，办理关于章嘉佛与中央一切商洽事宜。	十八年	

（二）《盟部旗组织法》

　　盟、旗为蒙古地方固有之政治组织，其制定于清初，推行已久，习惯相沿，颇为相宜。然数百年来，毫无改良进步之处，其原因固与蒙古地方整个政治、经济、社会、生活、习俗有关，而前清对于其组织内容，纯采放任主义，不加推动。

现行蒙古政治制度，已将前清旧规，酌加改善。国民政府于二十年十二月十二日制定公布之《蒙古盟部旗组织法》，除保全固有组织之精神外，并有盟旗代表会议制度之新组织，实为蒙古政治组织进步之新起点。惟以《组织法》公布多年，而施行之法令因碍于其他种种特殊事实，尚未宣布实行，故其将来之演变结果若何，吾人未敢预言之也。兹抄录《蒙古盟部旗组织法》如后：

　　　　　蒙古盟部旗组织法（二十年十二月公布）

第一条　　　蒙古各盟部旗管辖治理权依本法之规定。

第二条　　　蒙古各盟部旗以其现有之区域为区域，但于必要时得以法律变更之。

第三条　　　蒙古各盟部旗境内居住之蒙人，即为各该盟旗之人民权利义务一律平等。

第四条　　　等于盟之各部得适用本法关于盟之规定，其总管制之各旗，得适用于本法关于旗之规定。

　　　　　车臣、土谢图、三音诺颜、扎萨克图、塞音济雅哈图、唐努乌梁海、青塞特奇勒图、乌拉恩素珠克图、巴图塞特奇勒图各部，其施行本法日期以命令行之。

第五条　　　蒙古各盟及各特别旗直隶于行政院。

第六条　　　蒙古各盟及各特别旗遇有关涉省之事件，应商承省政府办理。

第七条　　　蒙古各旗直隶于现在所属之盟，遇有关涉县之事件，应与县政府会商办理。

第八条　　　蒙古地方所设之省县遇有关涉盟旗之事件，应与盟旗官府妥商办理。

第九条　　　蒙古地方之军事、外交及其他国家行政，均统一于国民政府。

第十条　　　蒙古各盟盟长综理盟务，监督所属职员及机关，蒙古各盟备兵扎萨克照旧设置。

第十一条　　蒙古各盟副盟长辅佐盟长处理盟务。

　　　　　　盟长因事故不能执行职务时，由副盟长代理之。

第十二条　　蒙古各盟得置帮办盟务，帮同盟长、副盟长办理盟务。

第十三条　　盟长、副盟长、备兵扎萨克、帮办盟务之任用办法，以命令定之。

第十四条　　盟长得用随行秘书一人或二人。

第十五条　　盟长公署设总务、政务二处，各置处长一人，荐任，其佐理人员之额数及处务规程，由蒙藏委员会拟订，呈请行政院核定之。

第十六条　　盟长公署因事务之必要得咨请蒙藏委员会，呈准行政院设专管机关。

第十七条　　蒙古各盟各设盟民代表会议，其代表由本盟所属各旗旗民代表会议推选之，名额大旗三人，中旗二人，小旗一人，任期一年。

第十八条　　盟民代表会议之职权如左：

　　　　　　一　关于盟务之立法事项

　　　　　　二　关于盟务之设计事项

　　　　　　三　关于盟务之审议事项

　　　　　　四　关于盟务之监察事项

　　　　　　五　其他特别规定之事项

第十九条　　盟民代表会议置常任代表五人至九人，由全体代表互选之。

第二十条　　盟民代表会议及常任代表会议之议事规则，由该会议自定之，但应咨请蒙藏委员会转呈行政院备案。

第二一条　盟长对于盟民代表会议之议决案如何执行，由蒙藏
　　　　　委员会呈请行政院定之。

第二二条　蒙古各旗扎萨克总理旗务，监督所属职员及机关。

第二三条　蒙古各旗协理管旗章京、副章京均改为旗务委员，
　　　　　佐理旗务名额大旗六人，中旗四人，小旗二人。

第二四条　旗扎萨克因事故不能执行职务时，应指定旗务委员
　　　　　一人，或由旗务委员互推一人代理之，呈由该管盟
　　　　　长咨请蒙藏委员会转呈行政院备案。

第二五条　旗务委员遇有缺出，由旗民代表会议推选加倍人
　　　　　数，扎萨克保荐加倍人数，呈报该管盟长咨请蒙
　　　　　藏委员会转呈行政院选择荐任之，其特别旗务委
　　　　　员出缺时，由旗民代表会议推选加倍人数，扎萨
　　　　　克保荐加倍人数，呈请蒙藏委员会转呈行政院选
　　　　　择荐任之。

第二六条　各旗重要旗务应由旗务会议决定，旗务会议以扎萨
　　　　　克旗务委员组织之，扎萨克为主席，其会议规则由
　　　　　该会议自定之，但应呈报该管盟长咨请蒙藏委员会
　　　　　备案。

第二七条　各旗公文以扎萨克旗务委员之连署行之。

第二八条　旗扎萨克得用随行秘书一人。

第二九条　旗扎萨克公署设总务、政务二科，各置科长一人，
　　　　　其佐理人员之额数及处务规程，由该旗拟订，呈报
　　　　　该管盟长咨请蒙藏委员会转呈行政院核定之。

第三十条　旗扎萨克公署因事务之必要得酌设各项专管机关，
　　　　　但应呈报该管盟长咨请蒙藏委员会转呈行政院核定
　　　　　之，如属特别旗得径咨请蒙藏委员会转呈行政院核
　　　　　定之。

第三一条　蒙古各旗各设旗民代表会议，由本旗所属各佐各推代表一人组织之，任期一年。

第三二条　旗民代表会议之职权如左：

一　关于旗务之立法事项

二　关于旗务之设计事项

三　关于旗务之审议事项

四　关于旗务之监察事项

五　其他特别规定之事项

第三三条　旗民代表会议置常任代表五人至九人，由全体代表互选之。

第三四条　旗民代表会议及常任代表会议之议事规则，由该会议自定之，但应呈报该管盟长咨请蒙藏委员会备案。

第三五条　旗扎萨克对于旗民代表会议之议决案如何执行，由蒙藏委员会呈请行政院定之。

第三六条　本法施行条例由蒙藏委员会拟订，呈请行政院核定之。

第三七条　本法自公布日施行。

（三）绥远省境内蒙古各盟旗地方自治指导长官公署

绥远省境内蒙古各盟旗地方自治指导长官公署，系绥境蒙政会成立后，中央所设之监督指导机关。其会址设于绥境蒙政会所在地之归绥，其任务除秉承行政院之命，指导扶助绥境蒙古各盟旗地方自治事务以外，并调解省县与盟旗争执。据该指导长官公署暂行条例第四、五、六条之规定，其指导方法有：（一）绥境蒙政会开会时，指导长官应出席指导，或派参赞出席指导。（二）绥境蒙政会呈报行政院或蒙藏委员会之公文，须同时呈报于指导长官公署。（三）绥境蒙政会处理事件或发布命令，指导长官认为不适当时，得纠正或撤消之。中央于二十五年一月任命阎锡山为指导长官，石华岩为参赞。阎锡山氏已于同年二月二十四日宣誓就职，指导长官公署随即正式成立。

（四）绥远省境内蒙古各盟旗地方自治政务委员会

绥远省境内蒙古各盟旗地方自治政务委员会，为绥蒙地方行政之新组织。二十四年秋，伪军侵入察境，同时陕北共党企图"北窜"，当时绥境乌、伊各盟旗人士，咸以蒙古各蒙旗，地域辽阔，居民散漫，毡幕相距，动辄数十百里，且迁徙无定，非加强组织，密切联络，不足以防止敌人之侵略；非使各盟旗团结一致，加强力量，不足以阻遏"共匪"之"侵扰"，特电请中央，划绥境各盟旗为一地方自治之单位，紧密组织，增厚实力，共同向"防共"抗敌之目标，努力迈进。中央俯顺蒙情，复以原设之蒙古〈各盟旗〉地方自治政务委员会（现已裁撤，改组为察境蒙政会，详见下节）统辖全蒙，在自治本义及行政区划上，均嫌过于庞大，难收实益之效，特准设立绥远省境内蒙古〈各盟旗〉地方自治政务委员会，并将原有之蒙古地方自治政务委员会，改组为察境蒙古各盟旗地方自治政务委员会，分工合作，共策进行。其组织设委员九人至二十四人，其中指定一人为委员长，三人为副委员长，掌理关于乌兰察布盟所属各旗、伊克昭盟所属各旗、归化土默特旗及绥东右翼四旗之地方自治事务。委员长总理会务并执行全体委员会议之决议案，副委员长辅助委员长处理会务，并设秘书、参事、民治、实业、教育、卫生、保安等七处，后经呈准中央主管机关，设立财务、建设、"防共训练"三委员会，及另设驻京办事处于首都。其组织系统如下表：

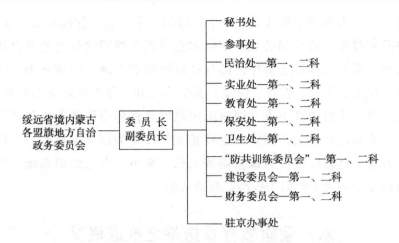

（五）察哈尔省境内蒙古各盟旗地方自治政务委员会

二十二年热河被占，察、绥危急。锡林果勒盟副长（现已升任盟长）德王，暨内蒙青年学生等，以力谋自救主张自治，嗣经中央派内政部黄部长绍雄，蒙藏委员会赵副委员长丕廉入蒙视察后，制定《蒙古自治办法》十一项。二十三年二月二十八日，另颁《蒙古自治原则》八项，并制定《蒙古地方自治政务委员会暂行组织大纲》及《蒙古地方自治指导长官公署暂行条例》，并任命云端旺楚克等为该会委员，何应钦、赵戴文为正副指导长官，但何、赵二氏以政务繁忙，恳辞未就。蒙古地方自治政务委员会成立后，对于蒙旗地方自治事务，因区域广阔，于自治事务之推行，不无困难，绥境蒙政会即在此划区分治之原则下，于焉成立，《蒙古地方自治政务委员会暂行组织大纲》，即经中央废止，另行改组为察哈尔省境内蒙古各盟旗地方自治政务委员会，掌理察境各蒙旗地方自治事宜。

察境蒙政会，依照国民政府二十五年八月二十七日所公布该会之组织大纲，系以委员九人至二十四人组织之。并指定一人为委员长，二人为副委员长，直隶于行政院，受中央主管机关之指导，办理锡林果勒盟所属各旗、察哈尔左翼四旗暨四牧群之地方自治事务，遇有关涉省之事件，仍与省政府会商办理。内设秘书、参事、民治、实业、教育、保安、卫生等七处，分别掌理该会事务，会址经指定设于嘉卜寺。同时国民政府复任命德穆楚克栋鲁普等十七人为该会委员，并指定德穆楚克栋鲁普为该会委员长，卓特巴扎普、林沁旺都特为该会副委员长。至于该会之组织系统，因未经呈奉中央主管机关核准，故暂从略。

八 蒙旗教育及选举之推进概况

蒙古风气闭塞，教育落后，固无可讳，是故教育建设之在蒙疆实为当务之急。国府奠都南京后，特于教育部增设蒙藏教育司，掌理关于蒙藏一切教育设施事宜。中央政治学校，亦附设蒙藏学校一所，包头、西宁、康定各设分校一所，招收蒙、藏、回青年子弟而免费教育之。于中央、北平两所大学，更设蒙藏班，学杂各费，亦予免收，并制定《待遇蒙藏学生章程》八条，以示奖掖扶助。二十五年，并于归绥筹设国立蒙旗师范学校，培养蒙旗师资人材，察、绥两省境内之国立、省立之学校经费，系由国库开支外，其他各蒙旗自办之各级学校，亦受政府相当之补助。其来京入学之蒙籍学生则由蒙藏委员会保送入公私立各学校，按照《待遇蒙藏学生章程》从宽录取，以宏造就，并由蒙藏委员会就蒙藏回教育补助费项下，酌量津贴若干之费用。故年来蒙古青年之来内地求学者甚众，此于蒙汉文化之沟通，人民感情之联络上，其关系亦颇深重矣。

国民政府本三民主义、五权宪法之真义，对于蒙古同胞尽力扶助，平等待遇。例如历届中央委员、国府委员、立法委员、监察委员、蒙藏委员会委员，及其他机关官员，皆有蒙籍同胞被选或委派。民国二十年，国民政府召开国民会议于南京，规定蒙古代表为十二人，以盟旗为选举团体之单位，每一盟或部选举代表三人，各特别旗选举一人。到京后，再互选十二人为代表，其余各代表，作为列席代表，其分配情形，至为允当，兹列举如次：

选举团体名称及应出席代表人数：

哲里木盟	三人
伊克明安旗	一人
卓索图盟	三人
青海左翼盟	三人
昭乌达盟	三人
青海右翼盟	三人
锡林果勒盟	三人
青赛特奇勒图部	三人
乌兰察布盟	三人
乌纳恩素珠克图、巴图塞特奇勒图二部	三人
伊克昭盟	三人
车臣汗部	三人
呼伦贝尔部	三人
图什叶图汗部	三人
察哈尔部	三人
扎萨克图汗部	三人
阿拉善旗	一人
三音诺汗部	三人
额济纳旗	一人
赛音济雅克图部	三人
归化土默特旗	一人

　　唐努乌梁海部　　　三人

　　民国二十五年五月十四日公布之《国民代表大会选举法》，规定蒙古各盟旗代表为廿四名，其分配情形如次：

　　（一）锡林果勒盟及察哈尔部八旗群　　　　二名

　　（二）阿拉善、额济纳两旗　　　　　　　　一名

　　（三）乌伊两盟、土默特及绥东四旗　　　　四名

　　（四）青海左右翼两盟　　　　　　　　　　二名

　　（五）巴图塞特奇勒图中路盟、乌纳恩素珠克图四路盟及青塞特奇勒克图盟　　　　　　　　　　　三名

　　（六）哲里木盟、卓索图盟、昭乌达盟、呼伦贝尔部及伊克明安特别旗　　　　　　　　　　　　　五名

　　（七）其他蒙古各盟、部、旗　　　　　　　七名

九　结论

　　蒙古政治概要，已略如前述。自百灵庙蒙政会及绥境蒙政会成立后，中央对于蒙旗自治之促进，期望尤为殷切。惟蒙旗地方自治之推进工作，百端待举，例如实施教育、整治交通、开发实业三端，尤为目前之急务，非赖中央与地方之通力合作不为功。兹就上述三端之重要性而申论之，以期国人之共同努力，借作斯编之结论。

　　交通为百业之母，举凡文化之沟通，政治、实业、国防等之建设，悉利赖之。我国交通，本极落后，蒙古地方尤甚，值此国难紧急，边疆多事之秋，亟应利用蒙古草原，广辟公路，以为补苴之计。不特国防资其便利，即一切筹边政策之推行，无不获其裨益矣。

　　蒙古语言文字，殊于内地，于文化之沟通，感情之联络上，尤

多扞格，故实施教育，以启发蒙人之知识，实属目前要图。然实施蒙古教育，以实事求是为第一义。蒙人素业畜牧，逐水草以居处，迁徙无定，亟应因时因地，乘势利导，故巡回教育之实施，实为发展蒙古教育之一捷径也。

蒙古皮革产量甚巨，矿产蕴藏亦丰，已垦之草地，能获相当农产品，此人尽皆知之事实。故振兴开发蒙古之实业，因关系蒙人之经济发展，实为刻不容缓。前年传闻有蒙古贸易公司筹设之拟议，及去春张家口、杀虎口两台站局改设牧场，皆为振兴蒙古实业之要端，政府于此项实业之组合，应加以特别维持与保护，俾得内地、边地经济上之连锁，而后福利自增也。

《蒙藏月报》
南京蒙藏委员会
1936 年 1 卷 1、2、3 期，1937 年 4 期
（朱宪　整理）

绥东的危机

八月初间，绥远东部为伪军及土匪骚扰，形势非常严重，但是，国人此时正注视着广西问题，对于这含有重大意义的边境警耗，竟少有人注意。以后，因为伪军与土匪的两度进攻都失败，在表面上又暂时冷静下来，于是这件事更没有人注意了。那时候我们早已料到所谓"暂时冷静"，并不是敌人已停止进攻，一定是变更战略，别有企图。果然，据八月十四日《益世报》所载，西公旗（在内蒙西北，为乌兰察布盟所属六旗之一）内部又起了纠纷。本来大喇嘛（名依锡，因争西公旗王位，和石勒布尔济王不和）与石王在去年曾发生过冲突，后来经政府调解，算暂时解决。现在某国人又怂恿大喇嘛与石王为难，居然由某国人指挥军队进攻石王府。这次纠纷，谁也知道是含有最凶狠的阴谋。据最近报载，大喇嘛被石王军击毙，西公旗纠纷暂告一段落，但绥东的伪军及土匪又大大活动起来了。这更足以证明西旗纠纷与绥东问题是有密切联系的。

这些纠纷，我们不要以为是偶然的边疆小事，这是制造"华北国"的另一姿态呀！我们大概不会忘记多田所发表的《对华基础观念》的小册子吧，他主张"不拘束于中国之态度如何，日本应先由易于实施对华政策之华北着手，使其成为中日共存共荣之乐土，并逐次扩大之，使中国处于不得不转变态度之地位"。这种计划在日本始终没有放弃过，在本月十六日《读卖新闻》乡司治平也说，"我国防上、产业上必要之华北工作，无须顾虑南京的意向，不得不一意孤行地移于实行。这样，不管政权如何，事实上华北应该渐渐地与南京分离"。他们理想中的华北五省本是冀、鲁、晋、察、绥，后来因为时机未熟，只好嗾使殷汝耕先来傀儡登场，造成一个冀东的傀儡政权。其实，他们不会到此止步的。据东京八月十二日中央社电，有田在阁议席上公开说明"日本对于中俄关系之亲密，须严加戒备，而在华北设立'理想区域'以作缓冲地带之目的，无〔务〕须促其实现"。这是何等露骨的表现呵！这次由日本策动的绥东问题，不是"实现理想区域"的此〔一〕步工作吗？我们翻开地图看看，从冀东以至察北、绥东一线，不是已经完成了理想区域的部分吗？假使再把绥远拿到掌握之中，那末，其"理想区域"便快要完成了。

但是，日本还有一种微妙的手法，我们不得不拆穿他的西洋镜。他一方面利用伪军与土匪在绥东制造纠纷，另一方面在天津与中国谈经济提携，这种双管齐下的外交，是日本惯用的手腕。日本大使馆武官今井武夫接见中外记者说："日本对中国，无论绥东以及其他地区，认为均系中国之领土，一切当本中日亲善提携之旨进行，匪扰绥东与日并无关系。"（见八月十七日《申报》北平通信）但是在另一方面，川越又替今井做了反证。川越说，"绥东事件未获情报，据知日本北部有一庞大苏俄，军备优越，使日臣民时时焦虑其国防，虽目前日俄战争说已过去，但日军民为巩固国防，注意苏俄，打通内蒙道路，对绥东纠纷碍难漠视"（见八月十八日《申报》专电）。

不论敌人如何否认，也不必管他用何种巧妙的辞令来掩饰他们的侵略行动，我们已经清清楚楚地认识了绥东问题即是冀东问题的扩大，也就是日本完成华北政权的最后努力。日人心目中所谓中俄缓冲地带的理想区域，在冀东区域便已树立了一个基础，他们知道一口气不能完成，只好待机而动，他们的计划是早已安排好了的。

有许多人以为绥东问题是日本在进行包围苏俄的计划，对于中国似乎没有什么害处。这种观念是十分可耻的。试问日本包围苏联为什么要牺牲我们的领土呢？在历史上我们知道日俄战争和日德战争时，中国曾划过一部分领土给他们作战场，在历史上留下了一个无可洗刷的污点，但是还没有给人家永远占领呀！我们须知道，日本要打通绥东，便是要完成他的理想区域，这个理想区域有什么作用呢？我们须认识清楚，防俄、"剿共"、侵华是日本的三位一体的政策。但是，三者之间虽然有其联系性，而侵华实占着主要成分。本年六月英国"圆桌季刊"载有"东亚之安定"一文，内称："日俄边境冲突，只是一种虚声恫吓，作讨价还价之姿势，并非日本真正有意和苏俄开战。因为苏俄富源在欧洲与西北利亚西部而不在西北利亚东部与外蒙古。是以日本经济目标不在海参崴、库伦而在天津、上海。"这说得何等透彻！日本如果占领绥远，与冀东便联成一气，可以控制中俄的联络线，等到中俄隔断以后，中国便陷于孤立地位，此其一。只要日本的理想区域可以树立起来，在地形上西起甘肃东至平、津，无一处不受着威逼，到此时，他理想中的华北五省自然落在他的掌握之中了，此其二。中国红军势力日益向北发展，对于日本的侵华政策，形成一种严重的威逼。他要在红军未与苏俄、外蒙取得联络以前，赶急建立他的傀儡政权，使他的侵略政策更顺利进行，此其三。

他的理想区域，至少有这三种作用，这三种作用是有联系性的。

最近，日本陆、海、外三省驻华的重要人物纷集天津，川越也亲自北上，据〈说〉在津召集领事会议，侧重于对华的经济提携。

有人看到日本一方面在绥东制造纠纷，另一方面又在天津谈经济提携，便以为又是什么军人派与元老派的意见不一致。其实，并没有什么不一致，日本这种双管齐下的对华政策，并不矛盾。我们须知道，绥东纠纷与经济提携是一件事的两面。这也许是他们所谓以武力为外交后盾的行径吧。

问题已经到了无可转圜的地步。绥东的正面阵线快要接触了，我们将怎样应付呢？又认为是局部问题吧？认为土匪的骚扰吧？我想，无论如何政府应该有一个适当的措置，现在是否已到了最后关头，暂且莫管，但是蒋先生所说的“我们绝对不容忍侵害我们领土主权的事实”的诺言，想不至于忘记吧！

据八月廿二日《大晚报》载：伪匪军现分三线，第一线商都一带，为王英及刘桂堂等匪二千余，第二线德化、张北间，李守信、单〔卓〕什海等部万人，第三线多伦、沽源间，日伪军人数不详。德王现仍驻嘉卜寺，共有蒙兵万余，现又从事征兵，规定为一万人。某方飞机现停张北。八月廿五日《时事新报》北平电称：传闻德王处于重重包围下，与某方订有条件，由某方供给金钱与军火，使德王扩大自治军，现德王派员四出招兵，赴蒙点编。日关东军参谋长坂〔板〕垣与德王约定日内在百灵庙会晤。又据八月廿二日《新闻报》载，德王去百灵庙扩充实力，编为三军，每军四师，号称十万。可见他们进扰绥远的声势，不是什么虚伪的恫吓。关于我方的防御阵线，据八月廿四日《申报》所载，“平地泉驻绥军步、骑、炮各部达万人”。关于应付这次事变的责任，只是由绥境蒙政会主持，我怕力量不很够吧！敌人有充分的预备，有新式兵器，他们是非达目的不止的。我方的军事单靠傅作义部，这是很不够的。我们以为中央应该马上调兵北上，用全力来应付这次事变。

中央目前在川、云、滇以及广东等处的兵力大概不少吧。到此生死关头，我们该以全部的力量对外。固然，中央对于广西似乎处处委曲求全，事事予以容忍。但是，我们以为与其对于李、白的封建式的地盘割据的要求予以容忍，不如容纳他们的抗日主张，使与中央军合成一片北上抗日，这样，既免除了内战，又增强了国防，不是两全其美吗？

总之，察哈尔是在不知不觉之中，差不多全部继东北四省及冀东而沦亡了，现在绥远又到了垂危的地步，假使又让他于不知不觉之中丧失了去，那真正是全国朝野上下爱国志士的莫大耻辱！我希望一切具有拥护领土主权决心的救国力量，立刻联合起来，实行武力保卫华北，首先给伪军、匪军等汉奸部队一个严厉的惩罚。

《新认识》（半月刊）

上海新认识社

1936 年 1 卷 1 期

（丁卉　整理）

绥东形势严重与抗战

作者不详

绥东的严重形势，是关东军完成他的新任务的重要关头。驻承德的日军二千人，已开到察北——张北，张北、康保间开到了日军一混成旅，多伦增加了日军，而热河军队大批的向察、绥开拔，张海鹏的军队已经由热河向察北集中，李守信、王英等匪军已集合了二万人左右，用"反〔友〕邦"供给的新式武器和军火，向绥远进攻。如果绥远失守，日伪军将更向宁、甘、青推进，将我国西北的边防地成为他们进攻外蒙包围苏联的前线，而使我国的大块疆土沦为外寇的属地，和平的人民被驱为战争的前卒。

傅作义、王清〔靖〕国、赵承绶的部队曾一再的给敌军以迎头痛击，竭力的保全国土，如果政府不给以大批的接济和后援，人民不积极的起来拥护和参加这抗敌战，敌军就要深入西北了！

《新认识》（半月刊）

上海新认识社

1936 年 1 卷 1 期

（丁冉　整理）

绥远问题的面面观

友林 撰

　　因为绥远事件，大家都晓得不是地方问题，不是局部问题，乃是中国的存亡问题；那边的战争，不是我们由表面看到的匪患，乃是某帝国主义侵华的积极行动。所以自绥事开演，不论政府、军民，都在深刻的关心着，或进而作有效的精神与物资的援绥工作。为其如此严重，我们很需要个各〔各个〕方面的分析与检讨，然后由政府作通盘的抗敌计画。我们固然十二分的赞助全国同胞的捐助、声援，但这种没有系统、没有计画的义举，在我们以为是尽最大能力了，但在问题的本身，不见得凭此可以圆满解决。敌人既定的一贯政策，绝不会因此而改变的。如果政府名正言顺的去讨伐，当成绥远问题是民族的生死关头，不作一切无聊的顾忌，揭起民族解放战斗的大旗，作精密的抗战计画，号令全国总动员，平定绥乱，收复察北，进而征服伪满，这都是整个民族复兴的前提，单单的取守势，即便暂保绥省，终不是中国全民众的责望，总不免有偷安妥协的嫌疑；若只任地方当局去抗战，只任全国沸腾似的乱呼乱援，政府竟不作精确计画，负责领导，或更强压这种数千年来从未见到的民气，那不但外患较绥远问题更甚的要接踵而至，就是暂保绥远也恐怕做不到。我们所以这么饶舌，是本着良心的驱使，深怕我们全国民众所爱戴的政府，因漠视绥远问题，而失掉民众的信仰，使统一的局面，只成昙花一现，那我们的民族前途，更是不堪设想了。所以在提起绥事讨论之前，盼望政府与国人深切注意的，就是全国必须有计画的去处理绥远问题，也就是必须有计画的发动伟大的民族解放战争。

促成绥事的主动力

在绥事发生不久，我们已确信这种主动力是某国政策的一贯行动，但大家只能说他是个公开的秘密，自十一月二十三日纽约《太晤士报》发表一段惊人的消息以来，这在日本自身，也很坦白的承认参加绥事，使国际方面得到一种确信。我们且看该报的记载："驻华日本大使馆武官喜多诚一在沪对访员声称，日本对内蒙现局确已参加，对于日本军官曾协助现时集中绥东之蒙伪匪军事，该武官亦直认不讳，并披露日本入内蒙之计划，直拟将一万数千万方里之中国领土，置诸日本统治之下。据云现在日本军部后备军官，已在察北设立大规模军事学校，专事训练蒙军……"既然有这么露骨透彻的"声称"，那我们确定绥事的负责者，自不难一口道破。这种有计画的侵略，早在邻邦国策之内规定着。从东北而热河，进至冀东，又延入察北，然后来至绥远，更进一步囊括西北，这是日本对俄防预与进攻的必然步骤。当然实施这种计画，是不便直接去进攻，这并不是怕我们的抵抗，而是要在国际方面顾些面子，又怕果真引起了各国的干涉。所以竭力拉拢德、意，现在《日德防共协定》已在柏林正式签字了，日、意携手亦将告成，这是在国际方面的努力，是要表明侵华为的是防共，使他们不但不反对，而且赞助。另外在对中国政府方面两三月来七次八次的讲什么"调整"，讲什么"折冲"，并申明绥事是与日本无关，乃中国内部之事，用以掩饰世人；一方却拼命的派军官督匪，运军火助匪，或竟调来伪军若干，开赴前线飞机若干架。结果使我们的政府，明知后门起火，还只得在前门向纵火者赔笑脸来周旋；使国际间虽疑是日本策动，但只能说是中国人叛中央政席〔府〕。这是日人一贯的"流氓外交"与"不战而取"的政策，也就是促成绥事的主动力。绥事促成，当然无许〔需〕再掩饰了。

中央对华北的苦衷

中央政府近来努力"剿匪"的成绩，与对内军事、政治的成功，是十足博得民众的拥戴，而且国际方面也有相当的声誉，我们觉得是受之无愧的。只是处境的艰难，使政府对华北的一切，不能彻底的过问，尤其是河北事件发生以后，对冀、察的保障，更无从措手，这固然是因为冀、察的问题复杂，牵涉更多，但政府本身的无计画与多顾虑，也是构成所谓华北特殊的一种因素。另外的汉奸走狗，当然是万恶的罪魁，可是我们只有叹黄帝子孙中竟出了这种败类而已，再不能去望想他们会放下屠刀立地成佛。然而试考究中国所以有这么许多汉奸走狗的道理，那又要怨及平时施教的不彻底，与变时拿办的无力了。记得当殷汝耕组伪冀东政府后，中央是有过明令拿办的，可是那只是一纸空文，殷逆仍然很安稳的在通州坐小天下，谁管得着呢？结果还得和"友邦"去谈判，每次谈判中，尽管你说以消取〔取消〕伪冀东组织为前提，直到现在，谁肯理你那一套？我们的"友邦"不但不理，且进而率李逆守信之匪部，索信〔性〕把察北六县也占去，成立什么"蒙古国"了。中央也只好装聋作哑，干粹〔脆〕连拿李逆守信的命令也不下了；空头命令也不下，那实干的讨伐更是谈不到了。这样一直的拖延下去，匪伪才有修养的良机，加以外力的拼命去资助培植，自然要向西侵略了。政府在事先没有方法去预防，或先发制人，痛剿察北之匪窝，已足表示出政府的对华北之无力保卫了，然而民众是最能谅解，最能信任的。待事已扩大，中央却只任凭地方当局去剿灭，经很长时期内，竟只说几句"深切注重"的话而已，这又是什么苦衷呀！难道没有听见日方"与日无关，中国有权自由处理"的申明吗？这种过虑的态度，最易惹起民众的怀疑，我们诚恳的希望所谓"苦衷"，万不可一直的叫下去。绥事扩大就是受了这"苦衷"的害了。

问题激起的籍〔借〕口

问题初起，限于绥东一带，即绥东五县——兴和、陶林、集宁（平地泉）、丰镇、凉城，我们的敌人很用心的去找籍〔借〕口，来掩护他的恶行。结果找到了，据说这五县是察哈尔右翼四旗——正红、正黄、镶蓝、镶红——的地方，从前是属察哈尔管理的，现在李逆组有所谓"蒙古国"或称"大元国"，所以要"收复失地"，就攻绥东。这真是可笑极了。察哈尔旗组织，原来固系左翼四旗与右翼四旗（按左翼系镶黄、镶白、正白、正蓝四旗，在今张、独、多三县），还有牛羊群及大马群、太朴〔仆〕寺等，都在民国三年时由察哈尔都统指挥，可是绥东五县在民国三年前，原系山西归绥道所管，民国十八年热、察、绥、宁建省时，四旗五县复归绥远。万不能说，中间曾一度归察哈尔所并，就应该归还察哈尔；要〔更〕合理点说，察北六县，还不是中国的地方？谁去承认察北是伪蒙的领土？即以东四省而论，谁能承认是所谓"满洲国"的领土？然而事实上日人就拿这点可怜的口实，作为对蒙匪的号召力量，更作为对中央政府外交的根据！事实是如此，谁能否认？我们且看怎样用这口号去唆使无知好利的匪众。

问题掀起的纪实

察哈尔旗的组织，我们已知是由左右两翼各四旗并各群、寺等组成，隶属察哈尔都统管理，各旗群原各有总管一人，以总其事，相沿已久，倒没有什么问题。在民国二十二年各盟旗要求自治的时候，经吴鹤龄将各旗群改称一盟，在要求自治条件中附带着，后经中央核准该盟，但内部组织仍旧，也还没有什么问题。一直到去年十一月间，百灵庙地方自治政务委员会开第二次大会时，便决议察哈尔正式组织盟政府，委卓什海为盟长，而且在张北日人监视之下就职视事。但其他各总管多不同意，因为原来的各总管是同等阶级，现在突然又添加一个长官，以致均抱不满；可是卓什海本来就是傀儡，当然没有办法。到这时只有听日人来布置了，于是日人就以前段所述的籍〔借〕口来利用这些愚众，叫他们向绥远省去索还绥东右翼四旗，要不还，就去强〔抢〕，强〔抢〕回来安插大家的位置。当然绥省当局不是"不抵抗将军"，也不是"吃耳光赔笑脸"的外交家，于是遂来遂攻，既建功于红格尔图之役，击退绥东之侵扰；又收复百灵庙，肃清绥北之匪巢。傅主席作义一本"不惹事，亦不怕事"之精神而抵御；前线爱国之将士，又披风带雪，忠勇无比，全国上下，没不敬佩惊喜的。

全国援绥普遍热烈

许多援绥的事实，我们可以由报纸看出，这里只提一点说说。除文化界教授、学生的减食停火而外，我们又见各地长官的慨然输将，而最使人感动的是有些监狱里的囚犯都在绝食援绥。还有可怜的苦力像车夫、脚夫都慷慨的捐助，在绥远本省，尤为热烈，据由绥远考查回来的人说，绥远的烧饼铺，都日夜赶工的替前线将士效劳。若谈到前线将士的决心报国，尤其是曾呈请捐饷应战，这样捐财又捐驱〔躯〕的军士，是多使人敬佩，是多使人感激呵！

中央对绥亟应援助

前边我们已提到，中央因对华北的苦衷太多，不能不在援助绥远时，多加顾虑。但我们不惜饶舌，还愿意使当局重读二十四日日本驻京陆军武官雨宫巽又来郑重声明两点：（一）伪匪军中虽有日人，亦系日本浪人，可任凭中国军队自由处分；（二）现在伪蒙军所用锐利武器，即使为日本方面供给，亦为一部贪利商人所私运，中国方面可随意取缔。我们觉得这是中央剿匪的最好机会，"共匪"急需剿平，蒙匪更刻不容缓的要扑灭，不论是假借外力与否，一样的当予以名正言顺的讨伐。这几日中央开到绥远的大军，听说去了不少，飞机也在出动了；但我们只听见绥军的捷报，没见到中央军的战绩，我们只知道某方飞机在百灵庙附近炸死居民无数，概未闻我们的飞机出去防卫应战，这一切充分的表示中央还在无为的犹豫计虑着。

绥远及其附近军事地理形势

先讲一般的形势：绥远一带是由北部蒙古高原和南部归绥平原所构，形成这两种高低的地势之原因，是由于东西走向的大断层（greatfault）。一边高起至两千公尺至两千五百公尺，而一边却只有一千多公尺。这个大断层崖，当然是大青山，在实际大青山也就是北部高原的边沿（Edge of plateau）。这是南北纵的形势。再说东西横的形势。沿平绥路大致是在绥远平原，所之是无险可守的，但因各地的高度有别，所以也可以略述一下。由集宁向西渐次倾斜。但集宁至卓资山间突有十八台高起，集宁高度为一千四百公尺，而十八台高度为一千八百公尺，而至卓资山、归绥一带不过一千零五十公呎〔尺〕，到包头只有一千零二十公呎〔尺〕。由集宁沿平绥路至丰镇（一千二百公尺）、大同（一千零六十公呎〔尺〕）、阳高、天镇、张家口，更是愈来愈低，再东至平津平原，更是历史上进袭的惯道。我们假想敌人是从察边的商都分两路来进扰绥远，一路犯陶林、兴和，谋取集宁而断平绥路由冀、晋的援绥；一路反攻百灵庙，谋居高临下袭取归绥与包头。这时我方既据高原的百灵庙，无论如何要保守到底，然后归、包才至危险；在绥东方面只有陶林还可以凭险守御，因为陶林与商都虽都是高原地带，但商都高度只一千三百公尺，而其间到陶林附近则有二千公尺高的山盘据着。如果陶林不保，那集宁的攻下，易如反掌，加是孤起的地带，四处平坦，最易感受到袭击。至于兴和方面，由屡次被犯的记录看去，也不足为集宁的屏障。这是绥东、绥北的地势概况。讲道〔到〕气候和风向，绥远的气候酷寒，冬天都在零度以下，所以不宜久持，而宜于游击，这也是给予攻方时出时没以便利，而对长期守御颇为不利。至于风向，我们都知道〔是〕塞外寒风是由西北而来，所以绥北的百灵庙再失，顺风南下，竟长驱直入。一般的来说绥远在我方是不宜南北的战线，宜于东西的战线。

绥事的将来

绥远问题的扩大，已是事实。敌方虽一时失利，誓必再起，现在报载正忙调"热军"，又收拾残匪，攻绥东兴和、陶林，又欲反攻百灵庙，对商都一带又赶筑防御工程。这样敌方已下决心作长期之进扰，日方对之，不难由所谓个人参加，而进至明目张胆的直接出动。我想我们的政府，只有尽全力而周旋。这不但是天职，而是全民众的责望。所以政府不但不可再事犹豫，亦不可只发空头的命令，要切实的作周密详确之计划，不但要保未失去的领土，且进而收复察北、冀东，进攻热河，以至颠覆伪满，民族才有复兴之望，这正是政府统一后亟应取的政策。

《中国人》（半月刊）
北平中国人半月刊社
1936 年 1 卷 1 期
（丁冉 整理）

如何保卫绥远

作者不详

自日伪入寇，绥东告急以来，全国同胞，只要不愿意做亡国奴的，哪一个不震惊，自我绥军以不屈辱的忠诚态度，坚决地奋勇抵抗以来，全国同胞，只要不是汉奸，又哪一个不兴奋！

这是什么道理呢？这是说，全国同胞，在近五年来的教训中，已经认识清楚日本帝国主义的加紧进攻，非使整个中国成为日本的殖民地是决不终止的，而同时，在中国方面，由于不抵抗主义的错误，已经将大好的半壁河山，被敌人横拖直抢的夺去，然而却并未解决丝毫的中日问题，反而促成敌人的进攻是更加毒辣了。就在这种形势下，绥东告急的消息，怎能不令人惶恐万分，而当地守土有责的长官士兵，能够一洗过去敌来我退的不抵抗主义的奇耻大辱，结〔给〕敌人以迎头痛击的英勇抗战，又怎能不令人感奋莫名！

过去沉痛的教训实在太多，英勇的抗战不是没有过，上海一二八之役，长城喜峰口之役，十九路军与二十九军，都曾有过光荣的历史，然而结果是失败了。谁都说因"孤军无援"而失败了。

但是，现在的情势却多少有些不同，全国人民，谁也不能再忍受放弃一寸土地，出卖一分权利了。全国人民要求开展救亡运动，要求各党派放弃成见，一致团结，共同抵抗最大的民族敌人——日本帝国主义的进攻。就在这一形势下，政府当局，也曾表示过不再签订任何丧权辱国的条约，决定保持领土主权完整的原则。而我们的绥远甚至华北当局，也都表示过与国土共存亡，抵抗到底的决心。

毫无疑义，这表示中华民族的生机已到了最后的关头，也就是已到了蒋委员长所说的"牺牲到了最后关头"。这也就是说明中华民族唯一的生路，只有抗战。就目前的现势说，我可乐观的是已经看见有全国动员的客观条件，但是所痛惜的还没有全国动员的具体事实。而且敌人的进攻，却变本加厉了。据报载，日方已运到大批化学战品及以坦克车、炮队助匪军作战（见十六日《华美晚报》）。这又是说，如果全国不能马上动员，作"以全国力量守绥远"的抗战准备，则"孤军无援"的口实，又恐将蹈热河、察东的覆辙了。

因此，在这里，我们提出下列几点：

第一，前线将士，应坚决抵抗到底，因为这是整个民族的生死关头，这是军人同胞捍国卫民的最后时期了。

第二，华北各军，应积极联防，应能随时增援绥军，因为敌人的进攻不限于绥远，它还要声东击西，牵制各方，它要并吞整个华北以至全中国，除了将目前的最前线结成铁一般的阵线外，是很容易被敌人各个击破的。

第三，政府应停止一切内争，迅速把军力分配在全国国防的各要塞去，而且应该集中全国的人力物力，在物质上、精神上给前敌抗战将士以最大的满足和安慰。目前应将南方军队向华北调动，以作后援，因为只有这样，才能鼓励抗敌士气，才能实现"准备抵抗"的口号。

第四，无论中央或地方政府，在这紧急关头，应速开放救亡舆论，保障爱国运动，组织并武装民众以为后备军。同时，应赶造防毒用具，组织救护队及前线慰劳队。只有这样，才能保持抗战的持久性，才能与强寇作殊死战，才不致蹈过去的"孤军无援"
的覆辙，才能使全国在抗日的共同目标下统一起来。

　　这是四万五千万同胞一心一德的最低要求，这是中华民族最后
生死的关头，不能做到这些起码条件的，无论是谁，必将成为全
民族最大的罪人了。

《时论》（半月刊）

上海时论出版社

1936 年 1 卷 2 期

（朱宪　整理）

国防线上之绥远

绥远一归客　撰

编者先生:

　　读到《世界文化》创刊号,觉得心里很快活,也很感激。从此我不仅多了一个良友,也多了一位益师。不过,我以为贵刊应该再通俗化一些,少登一些翻译的文字,使知识水准差一点的读者,也能够每篇都看得懂。第二,国际问题的探讨固然重要,但国内的时事论文更其重要,此后贵刊最好能够多登些国内问题的论文。不过,这究竟是我个人吹毛求疵的话;一个刊物能够办到像《世界文化》,其实已经够使人满足了。

　　绥东的国防战的序幕已经揭开,此后敌人更酷更残〔残酷更〕恐怖的军事行动必将随之而至,中华民族的生死存亡,目前已系于一发。我是最近从这国防线上的绥远归来的,想到我离开不久的绥远,目前竟沦于匪军的炮火之下,心里觉得无限的愤怒和悲哀。现在草上这篇《国防线上之绥远》,聊作一个国民在国难期中的呼喊。惟文笔拙劣,不知能在贵刊借一角地发表否?

　　专此,敬视努力!

绥远一归客上(十一月二十日)

　　坐平绥火车,一过了张家口,就是北面沿着山脚下,万里长城也在那儿蜿蜒向西爬行着。火车开足马力向前开行,眼前的景物转换一遍又一遍,不知转换落后掉多少遍了,但是长城依然在北面山脚下蜿蜒着，屹立着，好像比火车爬行得还要快些，始终不曾落后。这昭示着我们祖先给我们留下伟大的防御工事，尤其给我们遗留下伟大的民族精神。

张家口之和清桥

火车划过山西省的一角，将进绥境，长城的踪影没有了，这正象征着数千年来的长城业已肢体破碎不全，早就失去了过去的光辉。但是北面天然的屏障仍在插天地屹立不动，仍在闪耀着中华民族的光耀，上面仍找得出点点的羊群和那一片天真的牧羊人。

车入绥境，第一站是丰镇，那里有孔夫子庙，也有新式的教育，那里造就一批一批的女教师，分发到绥境各处去启发天真的儿童的心灵。

省城归绥，以老话说应该叫作"塞外"，昭君出塞的昭君墓就在绥城不远。但是，夏季里远木成林，小小的公园也花木繁茂，女学生也一样是剪发，也乘脚踏车，所以称这儿为"塞外"虽无不可，不过由"塞外"而想到一片荒凉或黄沙遍野则万万不行的。绥远人说话，你如会国语，一定能够听得懂的，假使你把他们想作满脸风尘的"塞外"人，实在是一种大大的错误！

由归绥往西走，丰镇以北又一大站，便是平地泉。那是绥东的首府，火车站上堆集着等车待发的谷物，与"丰"镇南北遥遥相对。这儿虽然拔海三千五百多尺，夜里寒冷一点，但是绥东主要的出纳口就在这里，出境的皮毛、谷物四季不断的在这儿装车。

从平地泉再西行而到卓资山，平绥路名产之一的熏鸡，就在车站上可以买到，有了副业的农产地，可见不是不富饶的。

现在再简单地说一下包头，那是更往西北去的孔道，不但凡是省城的繁盛这儿都具备，即便是占大都会主要动脉的各大银行也都有分行，并且在业务上占有主要的地位。尤其地近黄河，不但鲤鱼比江南的青菜还更便宜，出产的圈菜（洋白菜）也出奇的肥大，每头重到三四十斤不算稀奇。并且煤产丰富，煤价之低廉只可当作内地的运输费用而已。

再西去的五原，谷产丰足，早已就利用了电气动力设磨面粉的工场了。

所以把绥远当作远哉遥遥的边塞的荒土看，这真是极大的错误。

但是今日的绥远是怎样呢？单看省城归绥就可得一概要的印象了。

从前抗×的字样固然是涂的涂、刷的刷、除的除了，而街头巷尾又无端添了些□蹩脚西装，不谙国语的"客人"满处乱攒〔蹿〕，民众恨得牙痒痒地，可是一时奈何不得他们。同时又出现了些"出借所"以及特别的"公馆"之类。

友邦的飞机，是时常在包头停脚的；载在机上的陌生"客人"，一脚跨下飞机之后，便摇摇摆摆地出发到各处去游历了。为什么要到我们的绥远来游历呢？以及他们在绥境的旅行中带去了什么礼物呢？这是可想而知的。所以今天绥局的大变化，只是一出戏的演出而已。一颗果子是花结的，也就是这个道理。

在包绥的北面不很远，就是早沦为匪军的大本营百灵庙所在地，把百灵庙和绥、包隔绝开的，就是连绵不断的大青山。匪军如把大青山的防线冲开了，那么不但绥南保不下，而且敌人可以沿着四通八达的平绥路及其门户，取陕、甘，取晋、察皆成捷径，那时国土虽不失掉二分之一，至少也就有三分之一了。

现在我军在国防战争中有恃无恐的一点理由，除那一股以热血保卫祖国的英勇的正气外，便是大青山脉的天险，再有就是另一地理上所占的优势，就是山南和山北成两种世界，此时山南的气候虽较内地寒冷，不过比山北却还和暖许多，真正塞北苦寒的风味，大概在山北才可以尝到些。

这次大举来犯的土匪不下四种之多，除去从幕后跑到幕前来的，照例要划"×"号的之外，还有伪匪、蒙匪与当地的土匪。所以声势也就浩大了，步枪、马枪之外，兼之以坦克，甚至还有大队的飞机；匪患而一至于比〔此〕，真是开千古未闻之先例。

让我说句不吉利的话，绥远若万一不幸而沦入匪手，那末我们为争取民族生存的大战线——自粤、闽经过长江、黄河各流域——就丧失了最主要的一翼。所谓游击战最良好的场所一丢失，进或守最良好的地利一丢失，那么绥远变成今日的热河，又不知哪一省变成今日的绥远了。

我们丰美的土地已成国防的最前线了。而且敌人的炮火的毒焰，正在吞食着我们的国土，吞食着我们同胞的生命，吞食着我们最前线的国防。生呢？死呢？目前已到了最后决定的时刻。

用我们自己的血，我们将写成一页新的光荣的历史；用我们自己的力量，我们将完成民族的独立、自由和解放。我们在国防前线的同胞，已在开始这艰巨的工程的第一锄。

《世界文化》（半月刊）

上海世界文化社

1936 年 1 卷 2 期

（朱宪　整理）

《苏蒙互助协定》与中国

鹏南 撰

自从希特勒撕毁《洛迦诺公约》，武装布防莱茵区以后，欧洲列强都感到自身的危机，于是一方面扩充军备，一方面在暂时同一利害原则之下，签订同盟与协约，勾心斗角，以致欧洲空气紧张，大有"山雨欲来风满楼"之势！不久以前，不是迅速地成立了《法苏互助协定》吗？德日在防赤口号之下，也将签订"德日军事同盟"，待第二次世界大战爆发，以作夹击苏联的准备。凡此种种，无不是帝国主义者在利益冲突之下，作暂时战线的联合，可是巨雷一声的《苏蒙互助协定》的成立，更撞响了东亚风云的警钟！

我们看了《苏蒙互助协定》的内容，谁都知道是对付日本帝国主义者的准备！因为日本一向的企图，是希望把美国驱逐到檀香山以东，英国停止向新加坡以北的发展；尤其是想把苏联硬打退到贝加尔湖以西。一手制造的"满洲国"成立以后，于是苏联在北满的势力受其威胁，不能不整个的退出，而在远东军事运输上最有价值的中东路，也就在此时让与日本了。可是日本帝国主义者在胜利之余，并不认为满足，反扩张其野心，作更进一步的侵略蒙古，以酿成近来日苏防军的冲突。苏联因感受日本不断的威胁，为防止日本西侵，也就仿效日本制造"满洲国"为外围与前线的牺牲者一样地手段，以制造"蒙古人民共和国"，并于三月十二日在库伦签订《苏蒙互助协定》，以对付日本，在此种情况下，东亚的火药库在不久便有一触即发之势！

我们再回过头来看一看，不管满洲也好，外蒙也好，哪一块不是中国的领土，将来日苏火并的结果，所牺牲的还不是中国的同胞？所割让的还不是中国的土地？他们究竟失掉了些什么呢？至于《苏蒙互助协定》的全文是："第一条：苏联或'蒙古人民共和国'之领土，如受第三国家或政府之攻击威胁，则苏联及'蒙古人民共和国'，应立即共同考虑其发生情形，并采用防卫及保全两国领土所必需之各种方法。第二条：苏联及'蒙古人民共和国'政府，承认在缔约国之一国受军事攻击时，相互予以各种援助，包括军事在内。第三条：苏联及'蒙古人民共和国'政府，认为缔约国中一国军队根据互助公约，为完成第一条或第二条之义务起见，得屯驻另一缔约国内。但至无此必要时，应立即退出，有如一九二五年苏联军队之退出蒙古人民共和国领土，此乃不言自明。第四条：此项草约共有两份，一用俄文，一用蒙古文，两份具有同等效力。此项草约将于签订后发生效力，于后此十年内，继续有效。"我们略加检讨上列各条，知其内容则纯系军事攻守同盟，尤以第三条内"军队得屯驻另一缔约国内"，更为明显。

外蒙是中国的一部分，而在民国十三年五月三十一日签订之《中俄解决悬案大纲协定》第五条中，苏联政府亦明白承认外蒙为完全中华民国之土地，及尊重在该领土内［基］中国之主权。基此原则，苏联有何种要求，应当与中国中央政府交涉，不应擅与外蒙地方当局签订协定，显系违反民国十三年中苏协定，侵害中国主权。至于李维诺夫答覆中国抗议书内所援引"一九二四年八月二十日《奉俄协定》先例，可与外蒙订立协定，且适合于中国及外蒙人民利益"，尤为荒谬。所谓《奉俄协定》，在民国十三年北京政府曾一再抗议，纯系苏联违反国际惯例，中国并未承认，所以不能作为根据。所说适合于中国及外蒙人民利益，更为可笑！因该协定已经侵害中国主权，违反中国民意，即外蒙地方当局，亦系被迫签字，更何利益之可言？所谓利益，仅苏联片面罢了。尤其一向以领导世界革命不侵占弱小民族的领土与主权者自居的苏联，今竟以掠夺的手段，与外蒙订协立〔立协〕定，谁说他不是十足的帝国主义，不过方式来得比较灵巧罢了。

　　此次《苏蒙互助协定》的成立，在外表视之，固然推动了远东风云的紧张，但我们仔细地加以检讨，虽最近因长岭子事件，而日苏时有冲突，然日苏在准备与时机没有成熟以前，决不会因小冲突而作大规模的牺牲。日本经过"二二六"空前的政变，少壮派军人抬头以后，一方面使"满洲国"与华北驻军强化，一方面根据广田三原则与中国政府周旋，可是所预定的军事计划，还没有完全成熟，欧洲亦没有到极度的凌乱，不免略有顾忌，决不会马上向苏联正式进攻。至于苏联，大家都知道他的第二个五年计划还没有完成，而他的军事计划则分为东、西两个大集团：在欧洲的以莫斯科为中心，由莫洛脱夫指挥；在远东的以赤塔为中心，由加伦将军指挥，以达到军实自给，互不牵制的目的。大概这种准备，在明年下年才可完成，所以在现时准备的过程中，也决不会对日开战的，日本一贯的政策，是以防赤为口实，以转移国际的视线，而达到攫取中国领土的目的，苏联也是以防止日本西侵为凭借，来侵略中国主权与利益。总之，日苏的冲突愈烈，中国的损失愈大！我们决不要梦想日苏开战，中国可以渔利！

《民族先锋》（半月刊）

上海民族先锋社

1936 年 1 卷 3 期

（李红权　整理）

绥东问题与民族自卫

罗涛溪 撰

一、绥东问题之真实性

国防前线之绥东问题，近已发生正面战争矣！据昨日（十四日）报载："绥东战事十一日已开始，李匪守信十二日率领匪伪军由商都西犯。共分二路，一由距商都六十里之红格尔图、高家地两地（均在陶林境）前进，目的在平地泉。另一股由距商都五十里之南壕堑、大青沟（均在兴和境）前进，目的亦在平地泉。十三日晨某方飞机飞赴平地泉上空侦察后，并投掷炸弹多枚，目的在轰炸平绥路。"又称："十三日晨八时有飞机四架，在兴和、陶林暨卓资山一带侦察，该数地居民，逃避一空。九时许又有某方飞机三架，飞至平地泉上空侦察多时，并投下炸弹数枚，嗣即向商都方面飞去。"于此，吾人应该注意者有两点：

第一，过去侵犯绥东之匪伪军，虽已不只一次，但并未使用飞机，且亦无飞机可用。今次公然以飞机多架正式向平地泉投弹，企图炸毁晋绥间之唯一交通线平绥铁路，是显然非"普通侵扰"性质，而为"正式作战"性质，显然非如宋哲元所称"绥东问题系一件小事"（见本月十三日报载宋哲元十二日对记者谈话，中有外传绥东形势如何紧张，多半是虚张声势，蒙伪军人数亦不过万余人……绥东问题据余观察，仍系一小问题等语），而系一有背景、有准备、有长远计划之"大问题"。

第二，过去侵扰绥东之匪，系以王英、金甲三为主，今则以李守信为主。虽李守信、王英、金甲三等同系受某方之指使，但李守信纯为伪军系统，乃由察北而来，与王英等之"在绥扰绥"者，略有不同。据十二日电："南壕堑伪军李逆守信部，数次向兴和、丰镇进犯，某方正式军队万余，正由多伦向商都开拔中，并携坦克多辆。"是当然非日本大使馆松村书记官之所言："察、绥军事，乃中国正式军队与土匪间之事，完全为中国内政问题，与日本无关。"（见十二日各报）吾人认为此正与日本有关，乃外交问题，而非内政问题，乃中国正式军队与日伪之战，而非正式军与土匪间之事也。

由以上二点，可以证明此次绥东问题之真实性与严重性，绝不能认为此乃地方问题、局部问题，致漠然忽视，以为无关于国家民族之根本。

二、绥东在国防上之重要性

所谓绥东系指绥东兴和、丰镇、集宁（即平地泉）、陶林、凉城五县而言。此五县位置，居于张家口之西，商都之南，大同之北，归绥、武川之东。其中最前线为陶林与兴和，距张北、商都皆较近。而张北、商都即为李守信部所占据察北方〔六〕县范围之一，所有李守信、卓什海、张海鹏等匪伪军，凡由热河、察哈尔方面而来者，皆必以兴和、陶林为目的地。但就军事上之重要性言，以位于兴和、陶林间之集宁（即平地泉）、丰镇为最关紧要（丰镇次于平地泉），因集宁、丰镇皆在平绥铁路线上，为军事、交通、经济之咽喉。就军事地理言，绥东一带地势，大多平坦，无险可守，只陶林与集宁一带为高原，集宁且为平绥路之最高地段（平地泉高一千四百公尺，为平绥路最高之地），居高临下，易守难攻。据军事家观察，谓陶林与集宁一段可守，则进可以战，退可自持，否则陶林有失，归绥必趋危殆，集宁有失，则后方接济绝断，绥东、绥东〔北〕，皆非我有也。

再就晋、绥交通言，集宁为晋、绥两省交通上之要隘，由集宁到大同乃晋、绥唯一军事交通线，此路若断，则绥远立即陷于孤立地位，必与外界断绝一切联络与接济。同时敌人占有陶林、集宁、丰镇，则居高临下之势已成，反客为主，可以长驱直入，即晋省亦将无以为闭关自守之计。据昨日报载"察北李守信等部伪军刻又转变目标（因前传由百灵庙进攻归绥、包头，故此处言转变目标也），向平地泉暨大同两地窥伺，同时在绥东陶林、兴和等地则以小股散匪流动扰乱，企图牵制我方兵力"云云，是即以集宁、大同为目标，以先毁平绥路交通为鹄的之必取"战略"。故吾人欲图保障晋省，必须先能保障绥远，欲保绥远，必预先能扼守绥东，欲守绥东，必须先守平地泉之一段。换言之，亦即须能保持平绥路之交通，使晋、绥成唇齿相依之势，夫然后始能措晋、绥两省于安全之境地。

在日方之华北五省"特殊化"、"缓冲区"的计划，原非只于冀、察两省，实欲将冀、察，使之冀东化，将晋、鲁使之冀察化。目前冀、察已在其完全控制之下，日〔目〕的即在多方设法使晋、鲁就范，而着手点即在绥东一隅。因绥东若果不保，则晋省即失其屏障，晋虽自存，鲁亦孤危。华北固从此沦丧，西北亦门户洞开。现在西北与内地交通之线，只有两条，一为经陕西者，一为经绥远者，山西地处腹心，尚为某方势力所不逮，今之积极图绥，盖即欲据以为进攻西北之大本营。其第一步目的，在企图席卷乌、伊两盟及土默特各旗，以控制同蒲、正太诸路，完成对华北各省之包围线。其第二步目的，即乘势侵略宁夏，越贺兰山，经阿拉善旗而至新疆，以包围外蒙。所谓满蒙政策者，即先攫取东北，后攫取西北，然后东北、西北左右夹攻，宰制中原，压迫苏俄之谓。故日方对于绥蒙问题，比对任何问题为犹重。九月三十日东京电，关于对华外交之具体计划中有："外、陆、海三相，以中日形势日紧，除积极布置军事外，并拟扩充外交阵容，俾三位一体，共同合作，以实现既定方针。其具体计划，业经三相议定，最近即可实行：一，增加驻华大使馆特派员；二，充实沪、汉、津、京、川、粤各地总领馆组织，扩张情报部；三，充实张垣领馆，扩充特务组织；四，在并设大使馆办事处；五，在绥设领馆；六，在大同、包头设总馆办事处；七，增设百灵庙德王府、宁夏、兰州各地特派员；八，增派留学生调查蒙古、新疆、西藏、青海各地情形。"八条中即有六条关于西北者，皆着重在张垣、山西、绥远、大同、包头、百灵庙、宁夏、兰州、新、青各地。而绥远则又为西北之门户，国防之前线，故绥远有失，则前途将不堪设想也。

三、攻绥战略与守卫决心

绥东五县之形势，及绥远在国防上之重要性既明，吾人再进而研究敌人之攻绥战略果如何？据十一月八日报载消息，谓："察北军李守信、王英、金甲三及蒙匪包悦卿等部，原拟进扰陶林、兴和等处，因绥省防务巩固，屡受重创，乃退待〔往〕商都待援，各匪首连日会议，闻拟放弃原定计划，由百灵庙方面向绥北进扰。除包部已开抵庙外，其他各匪部亦有向庙移动模样。"是为伪匪军由东移西之兆。故九日电传，即有"王英匪部已到百灵庙，将会同蒙军进犯绥北"，及"绥省武川（查武川在归绥之西北，为由百灵庙至归绥必经之地）形势甚紧张"之说。十二日电，亦称"绥北形势现较绥东更严重"，是乃欲以绥北为对象，以百灵庙为中心，似近于避实就虚，施行以蒙制蒙之诡计。因一面侵入百灵庙，威胁乌盟，一面袭击武川、固阳，沿阴下〔山〕而下，历五原、安北、包头、萨拉齐诸县而达归绥，再与察北匪军互相呼应，夹击绥东、晋北，不难一举而将绥远全境及乌、伊两盟各旗，席卷而得也。

惟据昨日电，谓"察北李守信等部伪军刻又转变目标，向平地泉暨大同两地窥伺"，并已有飞机多架在平地泉投掷炸弹，则似仍以进攻绥东为主要目的，以占领平绥路之最高地！集宁为第一步军事计划，以夺取平绥路为其首要工作。盖事实上，兵家必争之地应为平绥路，无论由绥东进袭，与由绥北攻取，总必以先行破坏平绥路或占领平绥路为"亡绥"、"窥晋"之必由途径，此理也，亦势也。据北平十一日路透社电，亦谓，"众信如主要战争发生，则满蒙军进攻之目的有三：一为平地泉，可使满蒙军截断平绥铁路；二为归化；三为包头镇"。此三地者，皆以平绥路为攻击目标；故平绥路之能否保持，即为绥、晋能否保持之证，亦即为华北能否保持，西北能否保持，以至中华民族能否复兴自立之证也。

敌方之阴谋与战略既明，则只看吾人是否能"决心守土"耳？现在绥东方面军事负责当局，如绥省主席傅作义，一百二十八旅旅长曾延毅，绥东四旗达密凌苏龙总管，以及大同骑兵司令赵承绶等，皆以"成仁"、"守土"自誓，此可转相告慰者。就现势观察，若只系匪伪军之侵袭，抵御可无问题，惟敌人系有整个计划，及以大力为后援，势非以国家为立场（对地方而言），以中央为主体，采取"全面抵抗"之方式不可。尤其关于物质上之接济，精神上之慰藉，必须诚恳确实，事事兑现，勿令边塞将士存怨望之心，生隳颓之气，则守边抗敌，始见功效。要之，绥东乃中国之绥东，乃整个国防之最前线，以拱卫中枢者拱卫边区，以保障西北、东南者保障华北，则绥东问题亦将无何危险之可言也。

《青年公论》（旬刊）

南京青年公论社

1936 年 1 卷 3 期

（丁冉　整理）

西蒙形势危殆

作者不详

在日本帝国主义宰割中国与进攻苏联的进程中，夺取内蒙为其必要的步骤。占领内蒙全部，可以完成其包围外蒙的对苏联阵线，尤可西侵夺取新疆，以完成它的大陆政策。

目前日伪军急图向西北发展，据《字林西报》载：蒙古军司令卓锡海①得伪军李守信之助，正准备侵入绥远。至其侵西北之目的，第一在包围外蒙以进攻苏联，第二在巩固对华北的占据，第三在加强对中国的威胁。

因此，西蒙问题便成了特别严重的问题。前者盛传西蒙德王独立之说，现在虽未完全证实，但锡林格勒盟、乌兰察布盟及伊克照盟等约六万方里的土地面积，有变色的危险，西蒙在中国领土中，与察、绥、晋、陕、甘、宁诸省，有唇齿关系，西蒙变色，则以上六省势必发生动摇，我们展开地图一看，便可了然西蒙形势之重要！

我们知道，日本占领西蒙，是目前宰割中国与进攻苏联的基点，近来日伪军积极向西推进，威胁滂江，遥制大同，更可由此向外蒙边境发展，苏联深惧日伪由外蒙进攻，于是在库伦增兵防范，外蒙亦在哈尔哈庙、乌得等地集中兵力。

---

① 似指卓特巴扎普，又作"卓世海"、"卓什海"。——整理者注

　　此刻，日本竭力策动西蒙独立，在自治政府内驻有大批日本顾问，对德王实施包围，威胁利诱，同时西蒙境内密布日军特务队，已无中国实力，自治即不实现，西蒙亦名存实亡，日本已视之为囊中物了。

《生路》（半月刊）
上海生路半月刊社
1936 年 1 卷 3 期
（李红权　整理）

从内蒙纠纷说到内蒙的命运

齐凡 撰

"如果满蒙的权利可以真实的到手，那末才能以满蒙为根据地，用贸易的假面具吮吸中国四百余州，再以满蒙的权利为司令塔攫取全中国的利源。"

"满蒙领土权确在王公之手……故须待机而动，以得寸进尺的方法侵入内蒙古造成新大陆……如欲将内外蒙做为出入要道，便须和蒙古王公携手……以便扩张国力于内外蒙古。"

首先，要想了解内蒙的纠纷与变动，以及最近外蒙日苏冲突的严重事故，日本帝国主义大陆政策中的满蒙论调实有回顾一下的必要，而且我们必须要站在这一个立足点上才能看出整个事件的首尾始终，才能清楚的看出种种纠纷和事变内幕的因果关系，同时对于前者所传内蒙少数王公和日本常〔帝〕国主义私有勾结的谣言，也可以找着很正确的解释了。

粗粗看来内蒙的纠纷和外蒙冲突似乎是二件事情，但无疑的我们可以断定内外蒙的事变，实是日本帝国主义一贯政策的先后步骤，很明显地那是有着联系性的，而且那联系应该一直要追溯到东三省的沦亡。概括的说来发展的阶段是这样的，满州〔洲〕和热河的陷落，便日渐开始了内蒙的侵略，而外蒙的冲突便是前二个阶段的直接结果，当然我们也绝对不能忘了《塘沽协定》等以及最近的冀察委会，在外交控制和武力威胁下稳握了华北的命运以后，内蒙侵略的猛烈开展自有其很好的理由了。

自侵略者一口吞下了满州〔洲〕，它的军政势力便从长城以南一步步的扩大到了内蒙，热河的轻易占领更加速了侵略者的步伐，伪满开始出现时，傀儡王一篇所谓登极文便是诱骗蒙古的先声，它以旧时的封建关系作基础，吸引内蒙王公和外蒙的保守分子。按照地理上蒙古人民的居住地可以分成三个区域：满州〔洲〕西部、内蒙（一九二〇〔一九二八〕年划分为热河、察哈尔、绥远、宁夏四省）以及外蒙。

一九三三年三月，内蒙爆发自治运动，领导的是德王，当然也还挟有"内蒙民意"逼迫中央政府承认内蒙王公统一自治的要求，这决不是内政上的暂时波折的小问题，而是侵略者煽动政策的表现，同时蒙人对华方官僚没有好感也是一个助长的主因。经过了迁延的几次会议，结果在绥省百灵庙设立了一个内蒙自治政务委员会，那是由二十八个委员组织起来的，云王以盟旗长并兼委会主席，德王便做了秘书，另有二位中国顾问官在旁"顾问"，终算马马虎虎将蒙人自治要求暂时敷衍过去了。但接着察哈尔事变爆发，多伦被占，多伦在察、热边境中间，是进内蒙和外蒙的要道，侵略者又很轻易的获得了一个军事的重要地点。

不多时，纠纷又在内蒙闹将起来，这虽然说是一件偶发的事情，但确实已酝酿了好多年。为明了整个的事实，我们得从远因和近因二方面来探讨，说到蒙古封建盟旗制度，大约已有三百余年的历史，蒙人最初时大部以游牧为生，所以他们相互间的社会关系差不多是分离而独立的，明末蒙人生活渐趋固定，便开始发生了多少的社会关系，到了废清，聪明的他们就将蒙人分为小群，不使他们有任何集团的权力，因此盟旗制度便产生了出来，大约在一六三四年的时候。在整个封建朝代统治之下，盟旗制度当然也形成了世袭和封地的状态了，直到最近那制度仍很坚固的被保持着，但存在于外蒙共和国的一切封建形态已早被革命铲除了。自内蒙西公旗最初的王公死后，因为嗣子年龄太小就以侄儿袭职，便是世称的老王，在老王统治期内，那位幼王又死去了，民国十年石王也以侄儿的身份袭了无子的老王的世职，虽则石王曾得着当时政府和绥远省府的赞同，但云王开始便对此极力反对，差不多反对了十年，从此便种下了黜革石王的念头，果然不到五年终又爆发起来了。石王的能够世袭王公，当初是得了东管旗章京额宝齐〔斋〕帮忙的，其后石王忽又和他发生了意见，额宝齐〔斋〕的儿子便是曼头，去年四月间曼头得云王的暗助掀起了武装的叛乱，包围石王府邸，石王被迫逃到包头，就这样的双方对抗下去，石王一定要杀死曼头，曼头便跑去投依蒙政会，于是绥西护路司令部就出来调停，但石王坚持着缴械和处死曼头的条件，无疑的那调停是一场没有结果。

　　蒙政会黜革石王却是在别一件事爆发出来的，内蒙梅力更召地活佛格格因为石王强夺他的税收，便到蒙会来告状，云王屡次派人到包头传唤石王，偏偏石王抗命不理，于是云王就以盟长名义在八月间将石王革职，然后再交给蒙政会去执行，同时呈报中央而通知绥省府，并且举了一个内定的人物做后继者，问题就这样的扩大起来了。

　　云王和石王的斗争已到了尖锐点，石王哪里愿服他的撤职决议案，而且他并不缺少别的蒙旗王公的帮助，他们当然也全都不甘心将自己的世袭地位居在蒙政会的下面，同时有许多蒙古人不满意蒙政会领袖们，更增加了这个问题的复杂性，石王利用此地位径向中央请求调停，而在蒙政会里面的王公们也感到世袭的权势的动摇，他们就联合起来发表了一个保障利益通电。可是政府正也在苦恼着它的职权已经和云王的职权发生了对抗的形势。原来蒙旗王公没有大逆不道的罪，他的世袭职位是绝对的永久的，即使要革职，而这罢免权还在中央手里。西公旗纠纷勃发后，南京蒙藏委会呈报行政院，批示是请派员查办，但蒙政会已先实行撤职了，于是因为撤消一个旗王公的事件便展开了地方对抗中央职权的冲突，引起了内蒙疏离中国正当关系的危机，但我们不能忘记这对于所谓内蒙自治运动和那运动的幕后，是有极微妙的联系的，而形势的急迫是更足显然了。性质上，蒙政会便是以撤职石王进向对中央挑战，被煽动地或多少自动地企图增进内蒙自治的地位。同时这儿还有一个相等重要的冲突，那就是蒙政会和绥省府间的税收纠纷了，这已不是名义职位的或间接权力的冲突，而是直接的有重要经济利益的对抗了。

　　不管其性质怎样，绥省府正面对着一个严重的危机问题，而且因最近沽源、康保六县的被占更增加了那危迫的形势，蒙、绥税收的冲突，开始于蒙政委会成立的时候，因为内蒙自治政委会担保着蒙古各盟旗畜牧和其他工业的自主和掌握经济上的独立，由于此事绥省府已经被剥夺去了极巨的财政来源，何况形式上绥省的另一半已被蒙自治政〈委〉会统制，其他一半自古便由汉人居住的地方终算尚在绥省府的直接政权之下，所以一旦内蒙如再有什么"蒙古是蒙古人的"的所谓自治运动的爆发，绥远的地位便完了。蒙、绥税收的冲突中间也闹了好久，蒙方要求每年有五十万的税收可得，绥省府只允五万，这十与一之比的问题简直是太尴尬了，而双方利益冲突的尖锐不待说便在这一比率中格外的反映出来了，伴同着石王撤职纠纷的扩大，蒙、绥税收的冲突也更严重的开展起来。西公旗是陕、甘、宁、青四省特产经过绥远东来的一条要道，蒙政会委任在那里设立税收局卡的负责人又就是曼头，双方的形势已闹到军力的对峙。九月二十七日云王曾电中央，请求命令绥军将进驻西公旗双方相距三四里而更增形势严重的军队撤退，后来王靖国便出来通电否认，但问题的主因完全在重要经济利益的冲突，而历史告诉我们经济利害的冲突，决不是请求或否认所能解决的，事件便这样的拖延着。于此我们应特别注意最近三千蒙古保安队侵驻沽源等六县的严重发展，因为康保已逼近绥远边境，绥远的命运谁又能够担保呢？

所以内蒙纠纷的复杂性和严重性是这样的不可忽视，绝对不能视为完全系私人妒忌和仇恨的冲突，妒忌和仇恨只是一个发动点或是一种被人利用的空隙，这一个纠纷是社会地位和经济利益的争夺，自治或分离运动的煽惑，以及侵略者大陆政策蒙古占取之野心的总和。要应付和解决本不容易，何况政府仍只是一贯老套的调解政策，难道是东三省送了还不够呢？还是统治的大人先生们根本已经怎样了呢？现在我们且来看一看政府的处置办法，第一步蒙藏会是派了鄂旗〔奇〕光去劝解，他的劝解办法是我们用来劝小孩子打架或婆媳争闹的，一方面叫石王对蒙政会谢罪，一方面劝蒙政会收回革职的成命，好啦好啦！咱们大家吃杯和气酒吧！但蒙政会坚决要求保持罢免权的一下闷棍，将那位和事老的好意打得粉碎。于是第二步政府仍是简派大员静候调处，你拖拖扯扯的请，他捏捏扭扭的辞，但华北问题、通县事变、察东进兵，已一连串的爆发出来，最后终算来了一个办法，对西公旗纠纷是石王停职八月，对蒙、绥税收是所谓五项原则，内中规定绥省抽二角四，蒙方抽八分的分配方法，于是内蒙纠纷完满解决的呼声又在我们阿斗的耳边嗡嗡的响了起来。可惜煞风景的是蒙政会忽然莫明其妙的全体辞职起来了。接着，先是某方发出的新疆独立消息，不久就有内蒙发生问题的惊人谣言。从此以后，内蒙便在"辟谣"、"勾结"、"绝对服从"、"真相难定"的一连串字眼中变成了一个谜。但到底是谜呢？还是事实？假使我们立脚在侵略者满蒙论的引证和内蒙自治运动的观点上，我们便能很明显的看清一切，暴露一切了。最适当的我们且来引一段日本大官僚喜多的谈话；他说："内蒙独立，好久便是蒙古人民所希望的，因为在华北自治政体的变革，和苏俄政府对外蒙压抑并露骨的自内蒙伸其赤化魔手的今日，这是当然的事情！"啊！这真是一篇何等"露骨的"谈话，他不是已经告诉我们内蒙命运已是"当然的事情了"吗？而我们更可以很清楚的看出，日本帝国主义因为外蒙的不受诱骗不怕威吓，所以更加紧了对内蒙的侵取，在作为进攻苏联的准备上看，他的北进政策是可以获得一切国际主义者同情的，苏联的"赤化"魔手尚未能深入内蒙的"今日"，日本帝国主义宣扬王道的军队已经逼近绥边了。至于所谓蒙古保安队，那是日本帝国主义上月中在热河征集蒙人组织成功的，当初说是作为骑警驻防多伦、沽源，现在无疑的已是日本帝国主义发动内蒙侵略的先锋队了。

《台风》（月刊）

北平台风社

1936 年 1 卷 3、4 期合刊

（李红权　整理）

《苏蒙协定》与"中日满合作"

傅于琛　撰

自三月十二日《苏蒙互助协定》的消息公布以来，南京方面在四月七日向莫斯科提出了抗议，认为"苏联侵害了中国的主权"。继后，苏联的"答覆照会"送达南京时，国民政府又于十一日提出二次抗议。问题似乎有些紧张，一时惹起国内言论界纷纷的议论。据王正廷博士在上海向新闻记者说："假如抗议不生效力，仍然只有诉诸国联。"这种外交上的文章，在中国已成为照例的手续，似乎并不新奇。

不过，我们认为新奇的，是当国民政府向苏联提出抗议时，日本驻京总领事须磨，曾经几次与日本政府往还函电，据说是"外务省饬令须磨注意中国对苏联的态度，希望中国政府坚决地反抗苏联，把苏联变成中国的敌国"。这不能不令人惊奇的，就是中国的外交问题，日本一定要提出意见，依照它的理想做去。这不是藐视中国的外交自主权吗？这不是把干涉满洲伪国的外交和内政的把戏搬到南京来了吗？

其实，日本如此爱管闲事，倒不是偶然的。它始终的要求是"中日满合作，一同对付苏联"，换句话说，日本一定要逼迫中国承认失去了的满洲伪国，而且要整个中国都变成满洲伪国。最近，日本竭力逼迫订立"防共协定"，"目的是要使万余日军合理地驻扎华北各要隘"，"以便保护日资在华北开发农工商业"。廿五、六两日天津召集的华北武官会议，决定了主要的内容是"要派日人顾问到华北各政务、文化机关，并派顾问到宋哲元的军队及各县保安队；宣言要指导宋哲元跟殷汝耕忠顺地一致地强化华北"。这些公开的消息，说明了"中日亲善"吗？说明了"日本［在］尊重中国的领土主权的完整"吗？说明了"日本是善意地帮助中国的内政"吗？这当然只有事实才知道！

如果我们把日本这位善邻对中国的态度，与苏联对于中国的态度，来比较一下，这是用不着解释的；谁在侵略？谁在尊重中国的主权？但是非常之不幸，在半殖民地的中国，岌岌濒于沦亡到殖民地的惨境中，还有许多政论家闭起眼睛，说"苏联与外蒙订立互助协定是和日本一样在侵略中国"，硬要说"外蒙古共和国是傀儡国，跟满洲傀儡国一样"。

其实，我们不应该如此空口说白话，而该从事实上去看外蒙古与满洲的情形。关与这点，可以分为下面的几方面讲：

第一，外蒙古共和国，在一九二四年由外蒙人民推翻了王公的封建制度，及喇嘛教的特权，而建立起来的民主共和国。它的宪法中规定着："一切权利都属于劳动的人民。"那里没有不劳而食者的地位。反转来看，满洲伪国，是一九三一年"九一八"，由日本的飞机大炮轰炸之下，由土肥原等一手制造成功的汉奸傀儡政权。它对于人民的作用，是屠杀、逼迫，使其破产，驱使许多伪军与义勇军厮杀，并且充当日本进攻华北、苏联、外蒙的工具。

第二，外蒙古共和国的经济制度，是在加速地使人民获得进步的幸福生活。据一九三五年调查，自共和国成立以来，在十六万五千农收〔牧〕的户口中，已经有九万二千多户口的中农和贫农组织成了集体的农场。据一九三四年调查，全外蒙的家畜，已由八百万头增加到了二千二百五十万头。在一九三一年时，矿业、电厂、皮革等大工业的总值，已达二百八十七万七千元；照政府的计划，到一九三七年，将可增加到一千二百万元。反转来看，"九一八"以来，满洲伪国的民众因苛捐杂税而破产流亡者成千成万。华人所办的工业、矿业及商业被日人夺劫殆尽了。日伪当局强迫种植鸦片烟，毒化了东北四省之外，又使冀、察各省也弥漫了官办的毒品机关。这都是日伪当局在经济上给予满洲人民的"幸福"。

第三，外蒙古共和国的文化经费，在一九二八年约为二百万卢布；到一九三一年增至七百万卢布。在一九三○年九月开始了扫除文盲，到一九三一年废止了旧的文字，而采用拉丁化的文字。据目前的调查，外蒙古的首都，已经很难找到不识字的朋友了。目前各地方正在努力推进文化工作，前途正蒸蒸日上呢！反转来看，满洲伪国的人民中许多有为的知识分子给日伪军迫杀得差不多绝迹了，各级学校中加紧地宣传亡国奴的教育；所以，满洲伪国俨然是黑暗地狱文化的模型。

第四，外蒙古共和国有十余万精练的军队，他们的任务是保卫人民安居乐业，守卫国土，抵抗帝国主义的侵略。反转来看，满洲伪国的军队专门屠杀老百姓，帮助日军侵入华北及内蒙，并向苏联及外蒙挑战。

就上述政治、经济、文化、军事的实际情形的对照，可知外蒙古是解放胜利中的民主国家，满洲伪国则为帝国主义侵略大陆的傀儡政权。很显然的，前者的人民是国家的主体，而后者的人民则为侵略者玩弄的傀儡"国家"（？）的奴隶！这样铁一般事实的差别摆在眼前，为什么还有许多准亡国奴要混乱事实的真象呢？苏联侵略外蒙的事实在哪里？苏联侵略中国的哪一部分主权？这些都是不用争论的问题——何况《苏蒙协定》中规定有"在蒙古被侵略时苏联才得出兵互助守土"的条文，并不为日本与满洲伪国的傀儡协定，让日本军队做主人那样的丑态外交呢！

　　现在，问题已经很明白了，《苏蒙协定》也不过是和"法苏"、"捷苏"、"土苏"等互助协定一样，是和平自卫的集体安全的保障，这在欧洲和近东已经成为国际公约中及事实上为人赞同的事实。所以我们说，如果从中国民族解放的观点看来，中国倒是应该和一切不侵略国家团结一致，建立自卫的国际安全的集体关系，而把《苏蒙协定》扩大起来，构成与欧洲的集体安全组织相呼应的和平阵线的制度。反之，所谓"中日互助"的运动，这也许是日本所需要的；关于这点，我们以为有一个大前提，即：只要〔有〕日本退还了东北四省后才有可能。要日本不侵略中国及外蒙和苏联，才算是真正的平等亲善的友邦！否则恐怕只是一句骗人的话罢了。至于所谓"中日满合作"，更是诱致我国公开地承认伪满，作敌人进攻苏联的炮灰，而为我们每一个不甘心作亡国奴的中国人所万不能缄默的事。

一九三六、四、二八

《新东方》（半月刊）
上海新东方社
1936 年 1 卷 3 期
（朱宪　整理）

从援绥运动中所感想到的

演道　撰

匪伪侵绥，危害祖国，赖我守土将士，在冰天雪地之中，浴血抗战，凡我国人，莫不感奋！近来各地的援绥运动，风起云涌，有的毁家纾难，有的绝食输将，由此可见我国人民的爱国心，并不像外人所想像的那样薄弱！

不过，我们除庆幸之外，还觉有两点亟应加以注意：

这次各地报纸所公布捐款援绥的人，多半是教员、学生、机关团体职员，以及其他有组织有训练的民众，没有训练没有组织的民众，很少有所表现，这是因为民众没有训练，潜在的爱国心便无由激发，民众没有组织，热烈的爱国情绪便无由表现，所以若想真正达到全国总动员的目的，那就要赶紧训练民众，组织民众，使全体国民的生命与国家民族的生命打成一片，每个民众的力量集合起来，成为国家的总力量，这是第一点。

这次援绥运动，在各城市都是很热烈的，但到了乡村，就毫无所闻，这并不是乡村民众没有民族意识，是因为他们没有受过教育，不知不识，根本无从知道国家的大事，如何能怪其无爱国的表示？所以要想占全人口百分之八十以上的乡村民众，都能热烈的参加爱国运动，一致的努力复兴民族，就须从速普及乡村教育——尤其是成人补习教育，以激发其民族意识，培养其国家观念，这是第二点。

　　总之，现在我们国家民族已经到了生死存亡的非常时期了！要想渡过这个难关，就非普及民众教育，努力民众训练，加紧民众组织，以唤起民众共赴国难不可。由这次援绥运动，就可证明。谋国者其注意及之！

《湖北民教》（月刊）

武昌湖北民教月刊社

1936 年 1 卷 4 期

（朱宪　整理）

再论《苏蒙协定》

李伟　撰

苏蒙军事协定，从历史的观点上来看，既不是新的事实，也不是奇怪的事实。

一九二一年，白俄和日本的联合军队占领了库伦，外蒙的人民和苏联的红军，在打击共同敌人的血战中，缔结了友谊的关系，奠定了"与前此在王公、喇嘛统治下之昏迷蒙昧状态相比，实有隔世之感"（《申报》四月十三日的《新蒙古的基础》）。

一九二五年，蒙古已经脱离了被敌人进攻的危险，苏联的红军，也从那里自动退了出来，那时候，蒙古当局还向苏联表示了诚恳的谢意。

一九三四年，因为边疆的冲突，层出不穷，蒙古当局感觉到自己所受的威胁，就同苏联政府把双方互助的意思，重新表白了一次，成立了口头的契约，所谓《绅士协定》。

一九三五年，日伪军队屡次进攻外蒙边境，苏联曾几次向日本表示意见，说外蒙领土若是受到侵略，它就不能完全不管。

一九三六年一月，外蒙曾派代表团到苏联去，要求苏联把关于互助的口头契约，写成书面文件，作为正式协定。三月十二日所签订的《苏蒙互助协定》，就是这样来的。

《苏蒙协定》不是新的事实，也不是奇怪的事实，只是十五年来举世周知的苏联与外蒙不间断的友好关系所产生的结果。

　　这个《互助协定》，对于中国民众也是十分平常，不足惊奇的。一九二五〔四〕年中国与苏联签订《北京条约》的时候，苏联与外蒙仍然是保持那种友好的关系，一点没有改变。

　　孙中山先生在一九二三年也认为："俄国军队之立即退出外蒙，既非急要，亦非中国之真正福利，尤因现今北京政府不能保障在俄军退出以后，反俄白军不再施其阴谋，造成较现近更严重的形势。"（《申报》四月九日）

　　所以，苏联和外蒙的友好关系，中国民众不是今天才知道的，并且孙中山先生甚至于还认为，要使得形势不更变坏，在当时苏联军队不必从外蒙撤退。

　　《苏蒙协定》最中心的意思，不是抢夺中国领土，破坏远东的政治现状，而是在于保护这些领土，维持这种现状。

　　每个三岁儿童都能懂得，如果苏联想把外蒙变成殖民地，那么它的军队就可以永远在那里驻下去，又何必在一九二五年自动退出呢？

　　"友邦"吞并了满洲，估〔占〕领了内蒙，奴化了华北之后，外蒙就成了它的帝国主义扩展的主要对象。在《田中奏折》中，在大陆政策中，满蒙两个地方，本来到处都是放在一块的，现在"满"的问题"解决"了，决定外蒙的命运，已经到时候了啊！

　　"友邦"的企图，不单是要把满蒙连在一块，实现野心家幻想中的"满蒙帝国"，而且是要把这帝国的边境向北扩展，包含整个西伯利亚，好叫那些贪婪的、凶残的、满身涂满了腥血的将军们去饮马贝加尔湖。

　　《苏蒙协定》就是在这种威胁下签订的，它的目的，就是去防止这种危险，保持外蒙和苏联领土的神圣完整。

　　如果没有这个协定，事情会变成怎么呢？

　　外蒙直到签订这个条约的时候为止，谁也不否认是属于中国的，是中国领土的一部分。如果没有这个协定，外蒙还会仍旧是中国的领土么？

广漠无边的东北那块肥沃的原野，已经无声无嗅的换了主人，中国历史上有名的故都，成为中国民族荣誉的古老的文化城，已在太阳牌飞机控制之下，连中国本部的腹地，都还在苟延残喘中过日子，只有八十六万人口的外蒙，能够不被敌人的铁蹄蹂躏么？

外蒙灭亡了，对于中国是有利，还是有害？这个问题，每个中国民众都能明白。除了把正在建设崭新生活的外蒙人民放在压迫、剥削、饥饿、死亡的枷锁之下，除了给敌人一个新的根据地，更向绥远、宁夏、甘肃、新疆进攻以外，外蒙真的灭亡，还能再给我们什么？

没有《苏蒙协定》，外蒙必然要变成东邻的属地，有了这个协定，就可以保持苏联和蒙古边界上十五年来没有改变过的现状，在这现状之下，谁也不否认外蒙是中国的一部分，那么这个协定对中国是有利或是有害，不要解释，自然明白了。

但这个协定对于东邻，是绝对不利的，是它进行大陆政策中一个最可诅咒的障碍物。它痛恨这个协定，打算用千方百计去破坏这个协定。

敌人的政策是又强横又毒辣的。什么"江苏省政府主席陈果夫到莫斯科去了"，什么"中俄缔结密约"，不单是毫无根据的谣言，而且是一种逼迫和威吓的手段，用这种手段去实现"中日反俄同盟"，把中国人民送到攻苏的前线上去当炮灰。

对于《苏蒙协定》，敌人也是采取同样方法的。假如你不跟他一个鼻孔出气，那就又是"陈果夫到莫斯科去"和"中俄密约"了，没有反抗意志的人，往往是会给人牵着鼻子走路的。

"友邦"的意思是想利用这个事件，来挑起中国人民反苏联的情绪，好将来伏伏帖帖去当攻苏的先头部队。

这理想不能说不是失败的。

中国人民的智识程度已经大大的进步了，他们很能辨别谁是朋友，谁是仇敌。

"完全同一民族，同一行政组织之富庶的东北四省，被割裂而称独立，且其事不告段落，内蒙、华北又以与满州〔洲〕接壤之理由，而主权正受侵迫，纵令内蒙暂作他论，华北则为吾民族数千年发祥之故士〔土〕，文化之中心，而今呈岌岌之势焉，在日本施行此种政策之时，中国国民向不改因苏联与外蒙订约之故，而特对苏联发生敌忾之感情。"（《大公报》社评，四月十二日）

马相伯老先生也说过，苏联"是抱世界和平政策的唯一国家，苏联完全没有帝国主义倾向，不仅对中国如此，对于其他国家也是这样"（《新世界报》四月十二日）。

是的，中国人民却能懂得这点。他们不害怕任何威吓，他们所要的是自由和解放，是跟"平等待我的民族"缔结密切的同盟，去反对共同的敌人。

《新东方》（半月刊）

上海新东方社

1936 年 1 卷 4 期

（朱岩　整理）

东西邻夹攻下之蒙古

［匈国］格纳波斯基　著　　朱伯希　译

满洲地位之重要，到现在已很显明，它已成为军事推动地了，它是侵略东亚的大本营，从满洲的边门经过一条狭径的海岸地而到华北，所属的辽东半岛和丰裕的圣地山东——孔子之故里——相崎角。

满洲之近邻为蒙古，所以满洲问题势必引起蒙古问题。日人几个月来在那区域的活动是很惊人的。同时苏俄也有相当的反应，它视外蒙为其之私产，内蒙为其势力范围。据莫斯科方面之宣称，俄国已有十六万之军队向赤塔途中移动，住扎那里不时的预备向蒙古边境发动，"满洲国"和日本极力想把俄国的势力在外蒙逐出。此项企图使莫斯科的外交界恐惧异常。而与上述势力对抗者，乃为中国。在一九二三年苏联还承认外蒙为中国之领土，但在今日中国实际未能注意及此。

外蒙古和内蒙古有区别是很显然的，此外在我们看来，还有第三部分蒙古，甚至第四部分蒙古。第三部分蒙古是都温斯基（即唐努乌梁海），以苏维埃形式组成的。在一九二一年九月俄国承认都温斯基为一独立国家，然从实际观之，它是苏联领土之一部。它的首都凯无贝得（红城）至多不过有二千住民，而全国人口总数不过六万人，变成独立国远在一九一二年。

俄与外蒙之密切关系，其渊源当远在欧战以前。在由一九○七年，俄英订约之结果，该约自划分欧洲势力范围，竟把蒙古划入它的势力之下，外蒙古及都温斯基（即唐努乌梁海），其地势趋向西北利亚，而都温斯基在"伊利雪"河上流地带，该河流入"排克河"及黑龙江的支流中。

提起了黑龙江，连带的又要讨论满洲问题，当俄国势力侵入满洲，尤其指北满而言，日本若想侵入蒙古，势不可能。但是现在满洲，实际上是属于日本，这种密切的关系，已能〔经〕发生了后果。

内蒙已经受了威胁，而致于戈壁高原——戈壁与内蒙是相似的——两地的坡度是逐渐斜倾于满洲，大兴安岭可视为平地上的障碍物，附近有许多高峰，满洲占踞内蒙是在克复中国以前，当满洲统制中国的时候，满洲政府与内蒙的关系，更为密切，外蒙归属满洲，稍为迟些日期，而该地之地方制度，逐为之改变。

从那时由中国华北，或由北平到库伦，自要经过戈壁之路，这是一个很出名的大道。

而且也是往日运输茶叶到欧洲的唯一要道，现在已有铁路从北平到张家口了，再从张家口那里还有许多汽车路可通，这一带的大批商运队，由中国到欧运丝的途径，亦同样没有了。这种变化可使蒙古地方为人少注意，而蒙古亦慢慢地入于俄人之手，中国的农人经过戈坚〔壁〕沙漠，而侵入蒙境占踞它们的耕地，此事遂使蒙古人很不满意。

在世界大战的时候，蒙古复兴活跃起来，当一九一五年正月十八日，日本日置益公使提出二十一条的条件，它们仅对于外蒙有一种企图，因为在那时日本是同俄国站在一条战线上的，所以它并不敢提及全部蒙古，但是只染指于近满洲一部分的土地，而攫夺全部蒙古的野心，究竟还是不免。

在共产党革命之后，日人大施身手，并且占据西比〔北〕利亚，至于在外蒙古方面，它与白俄谢米诺夫曾经合作而与苏俄及中国人来对敌。然而在一九二一年十月，白俄领袖为共产党人所擒获，处以死刑，因盎格罗苏克森（英人）连合反对，日本逐渐地在西比利亚被迫而退出。在一九二五年十一月廿五日，它复行退出最后的根据地海参威〔崴〕，但是它还想等候第二个机会。

现在赤俄已与中国一部分"赤化"分子的势力相互联合起来，而日本亦具有相当的计划来抵消这种势力，它预备伸入外蒙，进攻西比利亚，使这一带地方和西比利亚铁路受到严重的打击。这好像把俄国身上的动脉，拆分为二。

日本对于外蒙古野心的启蒙，由于苏俄铁路计划及建筑进展迅速，所生刺激而起。

土耳其坦铁路联络土耳其坦和西比利亚二地，在尼尔佛艾到中国边境很容易的造成一个支线，最向前延长可以达到黄河与平汉路相接连。尼尔佛艾，可以立为世界交通中心点的重要区域，此可使横断大陆的旅客，毋须绕道迂回哈尔滨，及沈阳一带的铁路了，现在可以经过阿拉玛图、中亚细亚而达到中国的中部。俄国与中国连系，更容易会发生很严重的结果，这是使属于日本的满洲系统的铁路重要性丧失了。

占踞外蒙古，使苏俄容易控制北疆的门户，这是蒙古的第四部分。苏联计划另造一铁道线，沿旧有的大道通过外蒙的土地，在远在一九二五年九月二十日，它与外蒙成立了协定，给与苏俄有权建筑从赤塔至库伦线，此线当延长至张家口。

现在对于戈壁沙漠错误的观察，我们要特别指明出来，并不像中国名字所称之纯粹沙漠，或沙海，在东部差不多受着季候风雨的影响，戈壁的草原系生长着茂盛的草木中，而形成了优良的牧地。由此看来，外蒙的国家，很容易伸长它的势力到内蒙，在戈壁一带社会的机构，遭遇着很大的变迁。

　　现在全部人口约有百分之四十到五十的未嫁之喇嘛，而共产党把这种地方的王公庙宇所属土地，变为苏维埃的形式了（除了各部王公以外，十个大庙宇的喇嘛，很占势力）。总之，共产主义是要把喇嘛主义肃清了，如此方能使人口增加，过去在蒙古、西藏间推行喇嘛主义，和递减他们人口的原因可以明白了。

　　在这些贫瘠的土地上，过去曾反对人口不断的生殖。喇嘛教复兴者宗喀巴，它主张不婚的本意，亦可以知道了。现在奖励生殖，可使人口生机逐步复兴。我们时常听讲喇嘛主义驯良了野蛮而勇敢的游牧民族，以及成吉思汗与铁木真恐怖的流血主义，并且毁灭了〈蒙〉古民族的光荣，这是喇嘛主义蔓延的主要原因。

　　这个国家有很富裕的蕴藏，前途很有希望，它的军事上及地理上的形势，是无可比拟的，在我们注视之下，他在世界局势中已逐渐改变它的地位了。

《边疆》（半月刊）
南京边疆半月刊社
1936 年 1 卷 5 期
（訾茹　整理）

危机四伏之绥蒙

本文译自本年十月份美国《密勒氏评论报》

乔伊斯 著　　谢德风 译

自察、绥〔绥〕情势日趋紧迫以后，其代表日方的傀儡工具，李守信部下伪军侵入绥东，张海鹏伪部又向同一方向移动，而它的背后操纵主持者，复恐不足以遂其阴谋，更使大批日军开到察北与张家口，这种事实是日本占领华北与内蒙的新表演和敏捷步骤。

这种侵略的目标，不仅是进一步的蚕食中国领土，而且是制造反苏"大战"的危险道路。所有日方侵略的要务，是想包围蒙古人民共和国。此项任务，现在已委托李守信与张海鹏去积极实行了。

蒙古人民共和国的东南地带，通常系根据人种上所谓内蒙的领土相接壤。在这领土之内，民族非常复杂。其中有游牧的蒙古部落，同时有久住的业农的汉人。日本军阀对于这部分地方所用的一贯底政策，是挑拨蒙汉间的相互仇视。在"大蒙古主义"的掩护之下，来取得蒙古王公的拥护；在"华北自治区域"的欺骗之下，来收买中国半封建的军阀——这些，事实上是建树日本的统治权威。

自从"满洲国"成立以后，这种政策业已坚决地、有计划的残忍而实行了。

在这一政策的完成过程中，是在一九三三年三月间的划封土地形成它底一个重要的实际步骤。日本于"满洲国"底东部，从新兴安省划出三十万平方公里的土地，分为四区，由蒙古重要的封建王公来统治。日本在此区域中用王公首领，来扶植蒙古的政治制度而恢复了，并且"在'满洲国'领土以内规定蒙古民族底自治"。

这四个区域中，面积最大的那一区以内的几个王公，愤然反对强迫蒙人补充"满"军，反对日本土地商侵蚀蒙人底草原以自肥。这些"蒙古政府"底领袖，随即为日本军阀所逮捕，而于本年四月间执行枪决了。这些事实说明所谓"自治"者，完全是骗人的鬼话。关东军参谋部曾发表官报，宣布"在北兴安省蒙古政府的高级官吏中曾发现许多阴谋"，它们底目的为分裂"满洲"参加蒙古人民共和国。

日本对于"满洲国"及内蒙所采取的"民族政策"，结果使它底势力不能侵入于内蒙。日本底傀儡已经积极活动，以期内蒙脱离中国归并伪满或组织"蒙古独立国"。由于这种"活动"的效果，察、绥的王公曾于一九三三年举行会议，要求南京政府赋予"最高度的自治"，后来就在百灵庙成立政府，其领袖者为日本底傀儡——德王。

南京政府的各部长都曾极力劝阻德王，结果是劳而无益。当一九三四——三五年之中，日本在德王底赞助之下，加紧对于内蒙"亲善"的活动；日本底军事顾问与教官业已出现于所有王府之中；同时飞机场、燃料库、火药库也都一起筑成。因之，蒙古王公底防军与中国军队之间曾发生许多次数的冲突。内蒙脱离中国内部的问题，自从日本军部于一九三五年控制天津、北平及张家口之间的地方以后，是更加明显了。德王曾受命召集一次蒙古王公大会于百灵庙，同时便正式宣布"内蒙独立"，因此包围蒙古人民共和国的问题,〈是〉在最近的将来就可解决的事情。

但是,严重的障碍忽而产生了,这种障碍是日本人自己造出来的。在日人"活动"于察、绥的两年之中,曾以极大的压力加于蒙古王公,使他们同意于宣布"独立",承认完全听命于日本军官。然而,有一部分王公态度表示"沉静"。首先,由于日人枪决蒙古"自治"的领袖;其次,由于蒙古人民共和国底人民革命军,曾击退侵犯其边境的日本侵略者。

然而,击退日本侵略者,此项事实对于多数蒙古王公证明,他们认为日军是无敌的,这一观念是完全错误的。在这种情形之下,德王虽用尽心力,仍不能劝诱王公聚会于百灵庙来宣布"独立",德王后来感觉孤立无援,便逃往嘉卜寺托庇于日人。

百灵庙政府,实际业已瓦解了。其军队有半数叛变,并向西移动。这里距离日军非常遥远,蒙古王公便在归化组织他们自己政治中心而与德王对抗。这两个对立的蒙政团体业已成立了,一个在嘉卜寺,与日人保持紧密的关系,对于蒙民丝毫不发生影响;一个在归化,保持与南京政府以及绥主席傅作义合作的方针。后者底态度系以坚决的精神反抗日本,因此,它在民众中的〔反〕影响是日深一日了。日本军阀已经明白地见到这种政策的错误,所以他们在取得德王的相助时,便又建立一个政权,作为侵略内蒙的工具。这个政权,就是日本傀儡李守信。这一位土匪军官在很久以前非于热河以及华北武装地带扮演出"伟大的功绩",即是在日本资助之下专门从事骚扰的家伙。所以他的声名便坏得不堪。在一九三五年中间,他的军队,由日本供给武器,窜入察北,而卓什海指挥的"蒙古军"随后亦与他连合,同时李守信的"蒙古政府"仓卒之间,便成立于察北,并宣布它底宗旨是在于统治察省及绥东五省〔县〕的一切蒙古部落。

当日军官希望与绥境王公协商的时候,李守信则在暗中活动,不过当时他底活动，是很缓慢审慎的。可是，百灵庙政府的瓦解以及蒙兵的叛变，便是〔使〕这幕傀儡剧迅速的收场。在这时候，日本军阀便揭开了假面具，公开派遣李守信，以张海鹏伪军及大批日军为辅，大举侵犯绥远。更派遣日军驻防张家口以加强日本对于平张间铁道之军事、政治的控制，并借以断绝傅作义及归化蒙政会的联络。他们目前是抵抗日本侵略，捍卫绥远国土的。

察哈尔业已被某方走狗"鲸吞"之后，目前战争的演变，必然会影响到绥省底命运。

《边疆》（半月刊）

南京边疆半月刊社

1936 年 1 卷 5 期

（丁冉　整理）

伪蒙冲突和日苏关系的严重化

作者不详

华北自从殷逆小丑卖国求荣宣布"自治",变相的分割形态的冀察政委会相继成立之后,事实上已成为百分之百的帝国主义者铁蹄下的附庸。帝国主义者对华北事件,在汉奸的出卖之下已告一段落,今后更致力于进攻蒙古。

连日消息传来,帝国主义者制造第三号傀儡,促使德王独立之外,复指使伪满进攻外蒙。帝国主义者为制造进攻外蒙的借口,其御用的电信机关竟宣称蒙兵越境逮捕伪警,而莫斯科电文则明白的告诉我们,日伪兵混成支队以机关枪进攻外蒙兵哨前营。日方谓伪蒙兵冲突案系由苏联煽动,但同时苏联境内却捕获大批某国间谍。由此吾人不难观察蒙伪冲突究竟是怎么一回事。

伪兵进攻外蒙是帝国主义者以中国人杀中国人的狠毒政策,帝国主义者亦知道它的生命已经将要宣告终结,在它的总崩溃的过程中,还得要最后挣扎一下,他们更知道帝国主义世界外社会主义大本营苏联的存在是它的致命伤,进攻苏联是他们迫切的要图。

苏联近年来社会主义的建设,已经完成了它的强固的国防,使帝国主义者心寒胆裂,而不敢轻举妄进。帝国主义者支配中国,在进攻苏联的意义上说,既可切断后顾之忧,更可以中国天然资源作军需的供给,复可驱使人〔中〕国劳苦大众供反苏联战争的炮灰。侵略外蒙是进一步对中国的宰割,是进攻苏联战线的延长,是和法西斯蒂希特拉包围夹击苏联的先声。

同时帝国主义者御用电讯机关又谓苏联自从东北事件爆发以来，向取消极态度，最近因充实远东军备的结果，态度已日趋强硬化，可见帝国主义者进攻苏联的事机已日益迫近了。

据三十一日塔斯社莫斯科电，日伪军侵入苏联格洛德科伏区，且继续增援至一连以上，卒赖边防军的猛烈抵抗，将其击退。帝国主义者进攻苏联决无中止之理，红军兵士亦深知他们所负使命的重大，决不干无耻的不抵抗勾当。所有这些边疆的冲突，无非是帝国主义者进攻苏联的前哨战吧〔罢〕了。

《第一线》（月刊）

上海枫社出版部

1936 年 1 卷 5、6 期合刊

（丁冉　整理）

蒙古妇女与蒙古民族复兴的责任

秀　撰

我们知道现在世界上凡是一种民族的复兴和衰落，与其妇女界的文化智识是很有关系的，换句话说，妇女们在其本民族发展的地位上和男子是占着同等重要的地位。但是谈到我们蒙古民族，尤其是我们妇女的情形，那简直是使你难以形容难以下笔了！大家谁都不能否认今日的蒙古，不但在东方亚洲，就是在全世界上说也算是最落后不开化的、最弱小无力量的一种民族！而我们妇女所处的地位，那更不堪言状了！除了百分之一二有钱人家贵族妇女们念过几天书认得几个之乎者也外，普通乡村的妇女可以说百分之百不知道什么叫作读书，什么叫作妇女应有的智识，唉！说起来真是万分可怜！每日里除了担任家中的一切劳种〔动〕工作外，只知道向无知无觉的死泥像佛去烧香叩头，求他的保佑，或者这也许是她们受尽了千辛万苦种种压迫，没有地方去消灭，没有智识和方法去奋斗，来作这种无聊祷告工作，去安慰自己吧？由这点可以看出我们蒙古民族今日的这样衰落，也可以说是固〔因〕为我们蒙古一般的文化，尤其是妇女的文化程度太底所致吧？

在今日科学文明一日千里，国际风云日紧一日，民族存亡朝不保夕的时期，要复兴我蒙古民族，必须先注意我蒙古妇女的一般工作，如何使她们受教育，如何〈使〉她们脱离宗教的迷信，如何使她们知道本身应有的责任，才能达到真正民族解放的目的！所以我们希望无论中央政府及蒙古地方长官，和蒙古有志青年，不要忽略了唤起蒙古妇女及启发她们的工作，尤其是我蒙古妇女们，受过教育有高尚智识的，和正在受教育求智的女同胞们，不要放弃了自己的责任，不要忘掉了自己在本民族复兴上所占的地位。

《蒙古知行月刊》

归绥蒙古知行月刊社

1936 年 1 卷 5 期

（丁冉　整理）

绥远事变感言

罗统三　撰

"事急矣！事急矣！"自绥远事变发生后，全国上下咸以此愤慨相告。慷慨解囊捐款助战者有之，毁家纾难者有之，奋不顾身请缨疆场者亦有之。此种积极热烈之援绥运动，实以我国上下爱国情绪之浓厚有以致之，决非偶然。现在前方将士，虽甚苦楚，而态度均极紧张，皆以为捍卫国土而杀敌，此适其时，绝不惜任何牺牲。吾人甚愿将此爱国情绪，极端延长，牺牲精神，坚持到底，勿贻五分钟热度之讥，则国家幸甚，民族幸甚！

绥远危机潜伏，并非自近日始，内幕复杂，无不知之。去岁察北六县扰动时，绥远已受较大之威胁，本年春季，晋境"共匪"渡河，绥军调晋协助"剿匪"，绥远顿形空虚，当时匪伪受唆有意乘虚而入，幸赖傅主席维持得方，卒告无虞。此次匪伪之倾巢进犯，已有数月之准备，况背后人既决心为冒险之尝试，则绥远问题之扩大，已可预断。大规模之战争，恐所难免，我应集全力以抵抗之。

绥远事件，关系国家民族存亡者甚巨。交涉之结果，更须对绥远局势推演下制断。倘能作长期之抗战，不难操胜利之券。希我军政当局，特别注意及之。

尚有欲言者，吾人就事实说明，敌人侵略绝无止境，得陇望蜀，贪而不餍，愿我政府及民众，下最大之决心，沉着应战，幸勿操之过急，更不可失之太缓，乘此机会，将全国之力量表现于绥远，竭力援助绥远抗战将士，歼彼凶残，杀伐用张，方能使敌人畏威而不敢犯。

现在就绥远前方之情〈形〉观察，吾人以为除捐款助战外，更应组织救护队，赴前方工作，盖以现在前方虽需要财力，而人力更为急需，尤其救护人员更为缺乏。据来人谈，前方受伤将士，每以救护人员不敷分派，往往坐视其毙，呻吟号呼，为状厥惨。加以苦于无药治疗，更需要我后方民众踊跃供给。其他如交通器具、御寒品均所急需，因该地交通既不便，气候亦严寒，倘能供应所求，则进可以攻，退可以守，措施始不至于束手。

最后，望我全国上下，力持镇静，临事而惧，好谋而成，幸勿以事急而自扰，此时须作更大之准备，以应付将展开之局面。现在我方转守为攻，本月（十一月）二十四日晨已攻下百灵庙，陷匪伪扰绥之根据地，今后我方之节节胜利已可预期，此深足庆幸者，国人盍共勉之！

二十五年十一月二十五日

《木铎》（半月刊）

天津木铎杂志社

1936 年 1 卷 5 期

（朱宪　整理）

从援绥运动说到青年的救国工作

蒋静一　撰

一　前言

"故国吾宗庙，群胡我寇雠，但应坚此念，宁暇〔假〕用他谋？望驾遗民老，忘兵志士忧！何时闻遣将，往护北平秋。"——陆放翁《纵笔》诗

"忍令上国衣冠，沦于夷狄！相率中原豪杰，还我河山。"——石达开《檄文》

"号令风霆迅，天声动北隅。长驱渡河洛，直捣向燕幽。马蹀阏氏血，旗枭可汗头！归来报明主，恢复旧神州。"——岳武穆《送紫岩张先生北伐》诗

闻中央军恢复百灵庙，鸡鸣起舞，拔剑击柱，引吭高歌《纵笔》诗、《北伐》诗及石达开《檄文》，大有"相率中原豪杰，还我河山"、"归来报明主，恢复旧神州"之概！

以上所引诗文，有三点值得注意。第一，"何时闻遣将，往护北平秋"。北平危急，应当"护"及即须"护"，是毫无问题，何以必须"闻遣将"，而后往护呢？此中道理，当非庸人所知。盖对外有整个计划，非凭一二人意气用事，妄开衅端！譬如前次西南抗日运动，是否出于至诚，固置不论，然在中央未"遣将"以前，

悍然兴师效〔动〕众，衡以整个国策，实所不许！故放翁纵笔诗
津津以此为前提。第二，"相率中原豪杰，还我河山"。这一句诗
的意义，就是说此种战争并非局部的战争，必须相率全国同胞，
相与周旋，然后力量集中，方可克敌致果。第三，就是"归来报
明主"。"明主"为发纵指示之人，深谋远虑，初则熟审"遣将"
之时机，继则能统御中原豪杰，分配工作，俾各尽所能。换言之，
就是始终要拥戴一个聪明睿智的领袖，居中策划，论功饮至，厥
惟明主之命自听。这三点精意，甚盼读者深刻体验而明辨之。

二　援绥运动

自绥远问题发生以来，全国同胞，投袂奋发，风起云涌，尤以
青年学生为最热烈。此种工作，约分两类：一是募捐，一是战区
服务。旬日以来，各地激于忠愤，纷纷组织团体，有似雨后春笋。
其可得而述者，为数已不在少，兹列表于次：

一、绥远慰劳救护委员会——沪市商会及地方协会领导组
织之。

二、绥远剿匪后援会——沪市文化界领导组织之。

三、护国息灾法会——王一亭、朱子桥、屈映光等领导组
织之。

四、各界国民供献一日所得运动推进委员会——沪市各界组
织之。

五、基督教战区救济会——上海基督教组织之。

六、上海慈善团体联合救灾会——上海红十字会、世界红十字
会、中国佛教会、孤儿院及麻疯救济会等廿八团体组织之。

七、全国青年会服务委员会绥远前方服务部——青年会全国协
会组织之。

八、战区服务团——北平学生界组织之。

九、抗敌义勇队——东北籍学生组织之。

十、妇女援绥剿匪慰劳会——京、沪各地妇女均有此等组织。

十一、援助绥远剿匪将士委员会——内地各县均有此种组织。

十二、非常时期互助会——组织不明。

十三、滨海中学师学绝食节款慰劳会。

十四、战地救济训练班——组织不明。

以上仅就京、沪两市而列举其荦荦大者。其救国狂潮，大有继涨增高之势，诚为复兴中华民国之生力军！但是，就工作效率方面立论，觉此种组织，缺点有三：

（一）组织太不统一。同一救国援绥工作，同一区域，甚至同一机关，而其组织却不一致；五花八门，争妍斗丽！譬如上海市商会有这样的组织，文化界有这样的组织，慈善团体也有这样的组织；学生亦一样画葫芦；下至个人也出头互相号召。满纸宣传，皆异趋同归；而所谓决议也者，条例也者，救济也者，何一非千篇一律！其结果也，减煞工作效率，耗费宝贵晨光，浪掷有用金钱；有时且因种种关系，引起了社会的厌恶心（如捐募一事，甲向某劝捐，乙也向某劝捐）。这样，实充分地表示民族的涣散性，招致敌人的轻视！

（二）此种工作，就实际言之，如何神圣！如何伟大！乃有一部分人士，竟想入非非！如护国息灾法会同人主张启放焰口，超度阵亡将士，大有激励死亡同胞作厉鬼杀贼之概！这样，为值得报纸大宣传，引得起社会同情心，不如干脆提唱"金刚法会"以救国！

（三）在"九一八"及"一二八"之役，国内救国团体，亦风起云涌，"援马团"，"铁血救国团"，"锄奸团"，"跪拜团"以及义勇队等等，花样翻新，并争先恐后地来京请愿，当时社会秩序为之大乱！此次绥远战事，国人虽较前镇静，但战区服务团为一般青年学生所组织，若无相当训练，未达服务目的，先予阵地将士以不易支配之艰难。此种组织，一旦逸出于当地军政指导之外，实有害而无利。统此以上三点，此次绥远运动，国民热血腾沸，共纾国难，诚属可佩，但在方式方面，似尚有研究之处，谨为国人言之。

三 今后青年的救国工作

青年为国家柱石，救国工作有待青年来担任，毫无疑义；惟先须有正确之理论为之指导。其理论维何？在拙著《政制改革刍议》一文，提出三大原则，第一是"中"，第二是"正"，第三是"一"。何谓"中"？"中"者，不偏不倚无过不及之谓。"中"者天下之大道也，"允执厥中"，这是中国一句古训。青年人最大的毛病，就是不中。不中则失之偏激，而感情用事。民国十五六年时，共产党"篡夺"本党，一般青年之士，多相率以从。认有土皆豪，无绅不劣，非一致铲除不可，故酿成当时之恐怖局势。"九一八"及"一二八"之役，青年人之来京请愿者，大家〔有〕头可断，身可辱，而此愿不可不请之慨，不惜破坏秩序，违犯纪律，扰乱社会安宁！似此情形，未能救国，实足以促成国家之危亡！

何谓"正"？正者正也，"子率以正，孰敢不正"，"一家仁，一国兴仁，一家让，一国兴让，一人贪戾，一国作乱"。救国工作必须从救己起；未有身不修，而家齐，家不齐而国治，国不治而天下平者。往者救国工作，多有为人所利用，而领导者又每放弃初衷，受人支配，洎〔训〕至个人行为不检，而失群众之信仰及社会之同情，此皆由于不能自率以正所致。

何谓"一"？老子有云："天得一以清，地得一以宁，神得一以灵……万物得一以生。""一"者，就是统一之谓。"天下恶乎定？定于一。"此次各界援绥运动，甲组织一慰劳委员会，乙组织一战区服务团，丙亦组织一挨户征募队；五花八门，各行其是。是皆犯了不统一的毛病。军队而不统一则其军必败；政治而不统一则其政必乱；国家而不统一则其国必亡；青年运动不统一，则其运动必无良好结果！此事所必至，亦理有固然。

以上三点，常互相为用。"中"、"正"为我中华民族之固有精神，至大至刚；"放之则弥六合，卷之则退藏于密"。"一"，为此纷乱局势之清血剂！冶万物于一炉，而一以贯之！救国工作，庶几有豸！

以上仅就理论方面而立论，次请受〔在〕行动及实际方面，再加研讨。

苏俄十月革命纪念日，为苏俄人民最荣光、最欣庆的一天，照例应举行庆祝。有如我国双十节，全国各机关均放假一日，并悬灯结彩，欢呼庆祝。苏俄人民，却免除了这些形式上有损无益的庆祝，他们举行一个生产竞争。例如煤炉的工人，平均某人某日仅出煤三吨，在这一天相约特别努力，增加生产，以示庆祝的热情。其余各机关亦然。此种"生产竞争"，有增至一倍以上者，亦有增至二三倍以上者。总之，全国生产界在这一天，真是蓬蓬勃勃，使敌人闻之胆寒。以此一天增加生产的价值，再筑一条西北利亚铁路，实非难事。似此化消费为生产，由消极的欢乐，而为积极的建设，诚开千古未有之奇局！

其次，在苏俄政府方面，亦有足述者。苏俄将于明年一月六日举行一次人口调查，预备在一日之中将全联邦人口调查完竣。上次的调查在一九二六年，费了一年的功夫，方办理完竣。这次拟动员十二万的教师，养成一百二十万人的调查员，在一天之中完成一年的工作。此种集体力量的运用，虽属政府指导有方，然在国民方面，若无彻底的认识，必不能收此浩大无边的效果！

其他如德国国社党也定于十二月七日为供献德国节日。在这一天每人都要为德国工作。最有趣味的，就是在这一天，全国的官吏都穿上极破烂的衣服，手执食盆沿街乞讨。大将军着破碎军服站在十字路口，部长等文官到工人家庭中去讨钱。许多电影公司在这一天出动摄制新闻影片。乞讨所得的钱作为冬赈之用。这种办法，未免太矫揉造作，然迹其用心，欲以全力供给于国家，诚为复兴民族之要图！

俄、德两国给了我们不少的教训，尤其是苏俄人民，使我们钦佩不已。由此我们知道，救国工作，要从实际作起，尤须从本身方面着手。譬如一个农民，感着到国家军用品的缺乏，想离开了他的农业，自动地从事军需品的制造，是办不到的。一个工人感着到粮食的不充裕，想离开他的工业，自动从事开垦，亦势所难能。一个商人，感着国家的危急，想抛弃他的商业，单独跑到战区去服务，也是没有多大功效！此种离弃本分的动作，在国家未上轨道的时候，倒可以鼓动鼓动民气！若在国家已经统一，上有主持的领袖，下有负责的各机关，越俎代庖，扰乱秩序有余，援助国家只托空言而已。所以，对于今后青年工作，我胆大的提出几点：

一、应由消极的声援，走入积极的工作。譬如供献一日所得，与其绝食节款，不如从事某项工作，增加生产；与其在战时仅供战士的慰劳，不如在平时实际推进全国的建设。实业部曾拟定四年计划，因经费困难，仅属纸上空谈。国民果有心救国，应即促进此种计划之实现，每年确定双十节为全国供献节，生产者，增加生产；消费者，供献其一日所得。换言之，就是有力者卖力，有钱者捐钱。夫如是，工业何愁不振兴！交通何愁不发达！经济何愁不复兴！而所谓寒衣也者，皮帽、皮套、医药也者，一时固需捐募，然为长久充分供给计，应由消极的声援，转为积极的工作，庶免临渴掘井之弊。

二、现时的中国，已非"九一八"、"一二八"以前的中国。"九一八"、"一二八"以前的中国，系尚未统一的中国。当时的政府，多注重于安内，未暇攘外。士别三日，当刮目相看。现在政府已树有抗敌的决心，上有独一无二的领袖蒋先生发纵指示，下有分负各部责任的主管长官，机构井然，不容曲纷。且现代的国际战争，以久经训练的军人去担负，尚虑有弓拨矢勾之时，何况毫无军事常识的青年学生呢！因此，诸如"义勇队"、"服务团"，固可增强民族意识，但究不能获得长期抗拒的效果。青年果具爱国热情，应在政府领导的军训之下，日日磨练其心身，在未动员以前，枕戈以待旦；一旦命令征发，即荷戈前驱，杀敌致果。

三、后方与前方有一样的重要；武力抗敌与经济抗敌，等于半斤八两。热血青年，不一定要跑到前方，才算护国；有志男儿，岂必荷戈前驱，才算杀敌！现在中国后方可作的事多呢！敌人的走私，敌人的商品倾销，尤值得我们拔刀相见！少买一文仇货，无异摧毁敌人几层壁垒；捉住一个汉奸，相当出了十万雄兵；截留一批私漏，胜于千百人捐募。有为而亲爱的青年，曷集中力量，谋后方的安全，而以经济绝交，制敌人之死命呢？

以上三点，敬盼今后爱国青年，切实行之！

四　尾语

在国难严重的时候，敌人侵略的方式，不外三种：一、武力侵略，二、经济侵略，三、思想侵略；其中尤以思想侵略为最利害。自"九一八"后，国人颇能统一意志，共赴国难。惟近日以来，在抗敌的口号之下，国民激于忠愤，邪说即乘虚而入；什么"人民阵线"，"国民阵线"，"统一阵线"，"联合阵线"等等，翩然惠临。青年学生，阅历不深，稍一不慎，即为其所欺。此不可不坚壁清野，预为之防者。据十一月十二日《大公报》社评有云：

　　　华北各学校师生，近旬以来，屡作沉痛真挚之表示。……
　　默察华北文化界之近状，其一般心理实超越于一切政治理论或
　　党派问题，即一切不论，专论国，万千智识青年，莫不掬其一
　　片纯诚，以求贡献于祖国。观北平学生界最近之言论、行动，
　　可知爱国青年之心理，视去夏去冬又进一步矣。

　　果如《大公报》所言，最近中国青年的言论、行动，已有进步，北方青年处境更苦，认识较切，所以格外明显；而所谓某某阵线也者，将被拒绝于千里之外，必不能再为国民崇。此作者所窃喜，又愿以此互相告诫者！

　　　　　　　　　　　　　　　　　二五·一二·四日于南京

　　　　　　　　　　　　　　　　《青年公论》（旬刊）
　　　　　　　　　　　　　　　　南京青年公论社
　　　　　　　　　　　　　　　　1936 年 1 卷 5 期
　　　　　　　　　　　　　　　　（李红菊　整理）

两蒙政会权限问题

二十五年三月二十七日绥远《西北日报》的社论

作者不详

百灵庙蒙政会和绥境蒙政会，先后成立。本来各有领导，在分工合作之下，提高蒙民生活，发展蒙旗文化。可是两会的组织大纲上，发生了权限问题，起了争执，诚属遗憾！这个争执——权限问题，在中央确有迅速解决之必要。三月二十七日绥远《西北日报》的社论，言之有理；提供的三项办法，更有独到的见地。特录全文于后：

编者

百灵庙蒙政会和绥境蒙政会权限问题，不是包悦卿最近在北平提出来后才发生的。当中央明令组设绥境蒙政会之始，而对百灵庙蒙政会没有进一步的表示，仅只明令改组，我们就知道是不够的。所以两蒙政会权限问题，那时候已经潜伏下，从那时候起便已发生了。

百灵庙蒙政会成立之初，名义上是统辖整个内蒙的，事实上竟把这样一个组织放到少数人身上，进一步说，只是一二人来负这么重大的责任，终究不是一回事。此所以有绥境蒙政会之产生。既然有了绥境蒙政会之并立，百灵庙蒙政会最低限度在形质上已有了很大的变化。于法于理，都应如此。但中央对庙蒙会却无进一步的表示，不能说不是失着，无怪乎两蒙政会发生权限问题的争执，这实在是题内应有的文章。

　　绥境蒙政会委员长沙王，最初对牵涉庙蒙会的表示，是在二月十二日甫由札萨克旗抵包头后发表的谈话。他说："（绥境蒙政会）与百灵庙蒙政会作地方自治基础，并保全国家领土，不问外事。"包悦卿提出两蒙政会权限问题后，绥境蒙政会负责者加以纠正，并进一步表示"分区自治无全蒙与地方之别"。最近沙王复称："绥蒙会之不属于庙蒙会，正如同庙蒙会不属于绥蒙会。"可见绥蒙会只求自立，界限分明得很，和包悦卿宣称庙蒙会统辖全蒙的态度，截然不同。这里绥蒙会之顾全大体，固然值得称许，可是这个问题，如果不从速解决，无疑的以后会引起严重的纠纷来。

　　绥蒙会组织大纲第二条明白规定："本会办理左列各盟旗地方自治事务：乌兰察布盟所属各旗、伊克昭盟所属各旗、归化土默特旗、绥东五县、右翼四旗。"自然没有别的问题。但庙蒙会成立之初，中央颁布之组织大纲，第二条规定"本会……办理各盟旗地方自治政务……"则甚含混，八项原则也是如此。这本来是有时间限制的事，绥蒙会成立的时候，中央就应当一一改正。为免除将来的纠纷，中央实在不应当再事姑息。我们现在愿提供下列意见：

　　一、中央对旧蒙会八项原则及组织大纲，亟须修改。这是最根本的办法。

　　二、旧蒙会的委员有现任绥蒙会委员者，中央应重新下任免的命令。这是人的问题。至于旧蒙会在地域方面究竟统辖着哪些地方，也应当列举出来。

　　三、旧蒙会组织大纲第三条规定"本会会址，设于贝勒庙"。贝勒庙即百灵庙，百灵庙属乌盟达尔罕旗，达旗已明令规定，在绥境蒙政会统辖范围内，中央应明令使旧蒙会会址迁移，不要使绥境盟旗之内，竟有两个蒙政会并立，纠纷自然也会解除的。

　　以上所举，我们认为是刻不容缓的事，也可以说是解决两蒙会权限问题唯一的途径，同时也是平息蒙古纠纷的根本办法。至于旧蒙会指导长官公署之应当成立，阿拉善及青海各旗之是否需要另行组织蒙会等事，也是早为确定的好。想中央必成竹在胸，早有打算，那么，我们的话倒嫌辞费了。

《西北导报》（半月刊）

南京西北导报社

1936 年 1 卷 5 期

（张煜珩　整理）

内蒙问题的隐忧

记者 撰

自从"九一八"以来，我们的"友邦"强把内蒙古的哲里木盟、照乌达盟和卓索图盟改制，析为四"兴安省"以后，自察、绥到甘、宁的锡林果勒盟、乌兰察布盟和伊克照盟就〔就〕陷于风雨飘摇之中。今春伪军李逆守信的部属又进占察北的沽源、宝昌、康保、张北、商都和德化六县，把口北的大粮库和察蒙的大牧场收将过去，供奉给大陆政策者，让它营养一回，再行前进。果然，商都陷落未及一周，伪军又浩浩荡荡的杀奔绥东去了。幸亏那时晋绥军队，早已布置就绪，防御周密，严阵对敌，他们的企图没有实现。

可是大陆政策者，决心要进占整个的内蒙，以实现其组织"大元帝国"的企图。故半年以来，察蒙方面，发生中委兼蒙委尼玛鄂〈特〉索尔被刺和蒙政会保安处科长云继先等的离庙等不辛〔幸〕事件。不宁唯是，德化的伪政府业已成立，商都的飞机场也建筑完成，而甘、宁各旗更有日本特务机关的设置。人家的进行，如此加紧，而我们除因察蒙环境恶劣，特另设绥远蒙政会以资应付外，还有甚么准备呢？

最近，伪方又驱使察蒙大批匪军，进袭绥蒙，而绥蒙乌兰察布盟西公旗叛军又阻止石王复职，伊克照盟又酝酿着民变。这些事情都不先不后的同时发动起来，谁能说和大陆政策者没有关系呢？

现在进袭绥蒙的匪军虽已为绥军击退，石王已得绥军的援助而由包头返旗，但内蒙的隐忧，决不会就此根除的。因为自东北四省不守后，华北和内蒙早已在唇亡齿寒的环境下动荡着。万一内蒙失去，则不独冀、察更加危险，即整个黄河流域亦都岌岌可危。故我们必须加以严密的注视，并望中央和地方早筹有效的对策。

《众力》（半月刊）

上海众力半月刊社

1936 年 1 卷 5 期

（朱岩　整理）

日侵内蒙计划

作者不详

（外论社伦敦记）《泰晤士报》驻平记〈者〉，不久以前，曾旅行察哈尔、绥远两省。

关于日人在内蒙所行之军事秘密计划一节，言之极为详尽，该记者云，日人欲以此种计划，从高丽北境起新疆省境止，沿苏联及外蒙边界，造成"防线"，日本并为此目的而向内蒙推进，察哈尔之一部分，已为日人侵占，绥远省之西部，现正岌岌可危，用以攻袭绥远之非正规军匪股，乃为试探绥远防务之坚强性者也。该记者复称，冬季以前有发生更严重事件之可能。

日人于内蒙已造成若干根据地，该记者言，张家口已变成日人经济活动之根据地。数年以前，张家口之日本商店不上二十家，而现时其数目已达五百余家矣。设张家口之日本特务机构，其服务军官计十二人之多，日本领事馆，亦有空前大批职员。日人曾尤〔允〕若干察哈尔之外籍传教师离开该处，然不许其归去，据由察哈尔抵平之传教师言，彰〔张〕北已创设一蒙古军官学校，其教官为日人，蒙古青年皆被征入日人所组织之军队中。

归化亦设有日本特务机构，除此以外，尚有中国当局所不承认之日本领事馆，归化之工商业，已告停顿，盖由内蒙之紧张状态所致也。

昔为蒙古德王立足地之百灵庙，现亦在伪国及日人统制之下，该处有一部分便衣日人，然若辈显系日本军官。内蒙事实上已变成一切人之禁地，而关东军之部属及日人，则属例外，日人于该区装设新电线并建筑飞机场，该处随时随地均可发现日本铁甲车及飞机。

该记者举出内蒙都会由百灵庙迁往嘉卜寺一事，作为日本控制内蒙之例证。此外，该记者复称，德王已领到日人军火，并被禁止与外人接见。平绥铁路之终点包头，现时亦设有日本特务机关，其中由日本军官六人主持，该特务机关有无线电台，用无线电与长春（伪国首都）建立来往联络。

七月中旬，有一外籍旅行家曾于绥远省西部遇见日本特务机关人员一队，兵车往宁夏方面进行，此事证明日人之侵略甚且入于内蒙西部矣。另有特务机关人员一队，已向接近新疆之省境之区域移动。据该记者云，日本军事布置之路线，正由高丽北境起沿伪国及外蒙边境而伸张新疆省境东部，该路属于伪国，已由具备军事建筑及飞机场等之驻防军，加以巩固，日人于内蒙之若干处，已建防御工事，该记者称，于是日人行将造成由高丽北部起沿苏联及外蒙边境而抵新疆省界之一大军事布置路线矣。

《边疆》（半月刊）
南京边疆半月刊社
1936 年 1 卷 6 期
（朱宪 整理）

绥东事件之严重性

袁著 撰

自今春察北六县陷落后，伪军领袖李守信，踌躇满志，盖不费时日，不劳一将，坐得口北之大粮库，察蒙之大牧场。近更得陇望蜀，兴师西侵，以为天下莫敌，无敢试其锋镝者。惟七月三十日袭击绥东陶林县境土木尔台，经当地民团，奋力抗战，退归商都，八月二日复攻陶林，亦为当地骑兵击退。伪军虽未得逞，但攻绥之念益急，倾巢西进，集中商都，积极扩编，以图大举。热河伪军王静信〔修〕部，迅〔进〕驻沽源、宝昌，协力侵绥，并有飞机坦车等新式武器之补助。我方晋、绥、察、蒙各军，亦分段扼守，绥东形势，顿形紧张。平地泉附近且已接战，连日警报频传，为之心颤不已。此举世瞩目之绥东事件，吾人试研讨其动向与意义，实不可等闲视之。盖发纵指使、运筹帷幄者，另有其人，伪军之侵绥，乃实现日方一贯政策所必经之步骤而已。

按此次绥东之被压迫区域，为绥东四旗五县，及乌兰察布盟六旗。其绥东四旗，原属察哈尔十二旗群范围以内，其旧有牧地，即今之集宁、丰镇、陶林、凉城、兴和等五县，民十七年绥远建省后，绥东五县移归绥远管辖，而绥东四旗，仍由察哈尔蒙旗处理。惟百灵庙蒙政会德王受某方牵制后，已失其机能，行动不能自由，故于去年底，绥东四旗，自愿受绥省保护。而本年一月二十五日，复应时势需要，成立绥境蒙政会，借保乌兰察布盟与伊

克昭盟之主权，防其卷入漩涡。凡此皆出诸人民自动之要求，足
征绥境蒙民文化之高，而能与汉人合作。大青山以北、黄河流域
一带之垦殖，汉蒙杂居，感情融洽，民族之界已泯，民族团结之
力极强，观夫达密凌苏龙之协助绥军抗敌，益可置信。故伪军李
守信窃用"自治"名号，骚扰绥境，实可谓无的放矢之论。惟蒙
政会德王，受某方之威胁利诱，态度暧昧，行踪诡秘，虽于绥境
百灵庙有蒙政会之组织，而于察境嘉卜寺（即化德县）另立政府，
思有以囊括察、绥蒙旗之政权。最近如绥东西公旗叛军之袭逐石
王，以及伊盟各旗酝酿中之民变，均与伪方息息相关，此吾人不
得不思警惕而有以谋预防之道也。

　　日方之一贯政策，质言之，即为大陆政策。溯自东北沦陷，傀
儡登场，列国间所受影响最巨者，厥维苏联。双方整军经武，充
分准备，远东风云，忽紧忽弛，苏联之于外蒙，更实施武装政策，
意在包围伪国，而某方乃有内蒙政策以挟制之。日本土肥原中将
本年二月在东京讲演日本大陆政策与"满"、苏及内蒙之关系时，
已明白宣示苏联之武装外蒙，意在推翻日本之大陆政策，故主张
根本应使内蒙古团结坚固，包含于日本势力，以使俄国远东作战
大感困难。日本苟能控制察、绥之政权，则无异包围苏联势下之
外蒙，军事上可占极优越之地位，此其一。我国与苏联，比邻而
处，而日本大陆政策之目的在中国，不在西伯利亚，特为实现其
目的便利起见，必须在我国与苏联间取得一块土地，使中俄分开，
并在蒙古树起军事之边界，以防苏联。本年六月英国《圆桌季刊》
载有《东亚之安定》一文，曾详论及之，此其二。故绥东事件之
严重性，实非寻常可比。试观宁夏、甘肃，某方均设有特务机关，
勾结羽党，培植势力，以为他日侵略时之张本，处心积虑，匪朝
伊夕，绥东问题，特其过程耳。然伪方此次之入犯，有适当之准
备，有充分之接应，我绥境一隅之力，或尚不足以抵之，当竭全

国之力，为绥省声援，庶几可以鼓舞军民，通力合作，以固边圉。否则绥省军民，虽有抗敌之心，而无应付之术，其结果虽不将国土拱手让人，然亦戛乎难保。设绥省而再陷，则深入堂奥，长驱西进，边陲之地，恐不复有宁日矣。况就华北各省而论，亦有赖于塞外各省之为屏障，今一旦失所凭依，当亦有唇亡齿寒之感。缘塞北地形较高，平均高度，恒在二千英尺至三千英尺之间，俯瞰华北，大有高屋建瓴之势。其都市分布，或在何〔河〕谷原野，或在山间盆地，其与南部相连者，尤多阶级断层，是以南下易而北上难。夷考史乘，我国自古为本部之患者，则为胡人南下牧马，地势使然也。今倘关塞要隘，弃而不守，则敌人南窥，如探囊取物，尚得高枕无忧乎？则伪军之西侵绥东，盖具有深长之意义矣。

吾人既明其侵绥之动向及意义，当全力谋自存之道，奋勇抗御，盖非独有关局部之得失，且系乎全国之存亡。七月中二中全会时，蒋委〈员〉长曾谓"中央所抱最低限度，就是保持领土主权的完整"，倘不幸绥东而被占，岂能再事容忍？深愿国人，闻鸡起舞，惕励自期，重视此绥东事件也可。

《地理教育》（月刊）
南京中国地理教育研究会
1936 年 1 卷 6 期
（朱宪　整理）

对蒙古民族应有之认识

乐景涛　撰

论蒙族者，往往以畴昔世局，代嬗事迹作考鉴，而以现代之散漫衰弱为变态，初未尝根究其性质所在，希望何属，无怪隔离闭膜，统摄之弗获要道也！上中古蒙族邈远，考察綦难，即近古数百年前后，事亦成过去陈迹，概不必论。第就最近二十余年来，国体变更，五族共和，蒙古一族，递传在满清二百余年专制之后，人尚浑噩。崇信佛教，旗民牧畜，喇嘛诵经，王公坐享尊荣，盟旗一本旧制，民不出旗，事无外交，无防无备，积弱极矣。迨至民元初创，外蒙变生，东、北两邻，垂涎辽、库。于是外蒙、满洲两屏藩，日益多事，卒至鞭长莫及，外蒙不保，东北三省，赖张撑持。而内蒙东西各盟旗，悚然震惊，无暇瞻顾，始终抱定倾诚内向决心，知与祖国形势毗连，关系密切，可倚而不可离，冀获一充实保障，借安生息，均沾德化，休戚死生，期附于祖国之领导庇护焉。此内蒙上下，初入民国所有之大欲奢望，毫无疑义。试观蒙古民族之特性，生当民初十余年，内乱迭乘，操戈同室，初无暇顾及各盟旗之生死存亡，而蒙众深明大义，艰苦自持，一致输诚，相安无事，各盟旗则自出实力以捍卫国土。蒙众游牧，则认出苦力以养其身家，无怨无羡，不忮不求，生活于冰天雪地，劳作于大漠黄沙，息以毳幕，饱以乳浆，其一种忠国爱群忍劳耐苦之特别性习，实非他种民族所能企及。至如骑猎之善技，体力之雄伟,尤属所见皆是。而其态度坦白,心性最良,苟与稍通款洽,无不善意以接应。所有草莽中飘忽悍匪,多属关内流氓,而蒙族败类不恒见。昔乎风气未开,诸多隔阂,交通、建设、经济、文化等等,无一可言。坐使良善民族,无力发展,迫至今日,一听受外人之煽诱威胁,殊堪痛心。更再言蒙古民族之希望,且五族共和初倡也,而蒙族鼓舞,均抱有极大之观〔欢〕心,以为汉、满、蒙、回、藏五种民族,联成一体,其声势魄力,何等伟大,凡属同胞,胥跻于平等自由之列。而蒙族上下,日夕所企望者,必得到国力之真实保障,工业之特种技能,教育之优越智识,以及经济建设种种进步,与他族共享同等权利耳。乃日处风雨飘摇中,不避危艰,力疾守土,绝对拱卫祖国,十余年精诚意志不少渝,卒之企望自企望。而蒙族风化,依然锢蔽未开,权利丝毫未从获到,其失望情形,至堪哀悯。且自倡导大中华民族以来,则所谓汉族、满族、蒙族、回族、藏族,似悉不必以种族区别,竟是同纳归于一族称道,此又是何等密切亲昵。然既成一族,尤应同仁一视,不致使任何一族,有向隔之憾,斯始臻大公、大同、大民族,融洽团结,希望满足之境。惟各族尚有不同之点,即以蒙、藏而论,且藏族系统,历来以达赖、班禅为领袖,悉尊黄教,举族皆僧徒,自不得不以政治、宗教尽属之达赖、班禅也。若蒙族则异是,信教自由,奉佛者究居最少数,而官民上下,各有事事,政治、教育与汉族同,决不能以少数信仰关系,即假政教于活佛喇嘛之手。并且王公旧制,皆专制遗物,封建色重,似应早当废止,另裁新旗制,以副共和政体,示与民族更始,建设新蒙古,俾易于指导民风向上,接近三民。如此,则旧污革除,新机畅发,因势利导,从而振刷其精神,发扬其事业,始克慰蒙族嗷嗷希望之殷。倘不此之察,以为佛教足以坚其信,旧制足以安其心,俯顺舆情,迁就之,维系之,解放无期,进化绝望。纵令优遇王公，崇信活佛，是无异以少数高级，压迫众多数之善良弱小，而不使有更生图强之机会，是弃之而复害之也。乌呼可，以蒙古之特性既如彼，而使之失望更如此。外侮日强，屏藩宜固，主国政者，应知所改进欤。

《边疆》（半月刊）

南京边疆半月刊社

1936 年 1 卷 7、8 期合刊

（朱宪　整理）

百灵庙攻陷后法人舆论之一斑（转载）

　　绥远战事之第一阶段，已于十一月二十四日，因百灵庙——蒙人自治政府所在地——为傅作义军队所占领，而告一段落矣。

　　同时，中央之第十三军，由陈诚统率之下，已在绥远发现，而依日方同盟社所传之消息，则南京嫡系军队之在绥者，已有六万人之多矣。胜败之数早在意中，如以傅作义之省防军及阎锡山之晋军合计之，则绥境中国之军队当不下十万人，而武器尤为精良也。

　　至于德王所部之蒙军及"满洲国"之土匪，其数殆不及三万五千人之众，而其武器尤为腐败，是则傅作义之胜利，固早已在吾人预料之中矣。

　　蒙军之失败，对于日人之阴谋，不免大加打击，盖最近以来，日本之牒〔谍〕报机关，几于公开的布满于内蒙古各地也。

　　然则，日本此次所以突使蒙军侵华，殊有令人莫名其妙之感；盖以其明知蒙人之实力，断不足以负其所付托之责任也。如绥事即因此了结，则殊为德王、顾问等之大失败，此则彼等不能知彼知己之过也。

　　在德王左右日顾问等之意或则狃于一九三五年一月"满洲国"在察东之胜利，而乃竟谋在绥东重演其故智耶？然而中日情势，即〔既〕已两样，且察东固邻近"满洲国"，而关东军在当时更曾直接参加战事也。

至于绥远，则离伪国境界既已辽远，而东京政府对于此次绥事，且数次宣言，此乃中国之内战事件也。

因此之故，中国政府军今日之在长城北出现，日本自难加以抗议，盖以其有言在先，可准中国自行解决此次内乱也。

关于日本对于绥远事件之态度，依一般人之推测，似可解释如次：盖即东京政府所以不愿亲自出面以干涉绥事者，良以其当冀中国政府将终于接受广田之三原则，以与日共订防俄阵线之同盟也。伪匪之励志在威胁，如果所测不虚，则德王蒙军之内犯，殆仅为日本用以压迫南京谈判之一种手段；且其如能成功，则绥远一省，将成为内蒙自治之中心，而受日方之统制也。

今则华人因胜蒙之役，而鼓起其勇气，大有必守绥远之概〔慨〕；且中国亦深知一旦绥远失守，则宁夏与青海，均非南京政府所有也。

至于关东军方面，前虽静守缄默，现已开始表示，而认时局如足以危及“满洲国”者，则将毅然出面干涉绥远战事也。

迫于将来关东军果有直接行动之意者，则尽可托辞于保护“满洲国”之边界矣。

惟日人之利，尚在待机之姿势，续遣伪匪出发，以扰绥远，而一面则设法则〔在〕南京方面觅得外交上之妥协耳。

但如中国军队狃于对蒙之胜利，而追逐德王败军竟至侵入察哈尔者，则将与日本关东军成对峙之势，而危机莫测矣。

然此皆为未来之预测了，究竟实在日人之真意若何，尤非吾人今日所能窥知之也。

《边疆》（半月刊）
南京边疆半月刊社
1936 年 1 卷 7 期
（陈静　整理）

内忧外患交迫下的内蒙问题

若存　撰

一　所谓内蒙问题

内蒙是蒙古之一部。讲到蒙古，据历史家的考据，在夏商以前，就与中国发生关系，周秦以后，更为密切，历史上有名的万里长城，就是当时中国内部的人用以防止蒙古人的侵略，及至宋末，蒙古人曾一度入主中原，写成了一部所谓元朝的历史。其后明太祖崛兴，元人统治崩溃，蒙古亦曾一度臣服于明。逮乎满清蹶起东北，于未入中原之先，首即征服内蒙，其后统一中国，复并外蒙而有之，整个蒙古，遂与中国合而为一个国家，终清之世，未尝叛离。民国成立以后，外蒙受帝俄之煽惑，宣布独立，当时政府，无法应付，遂许其自治。后此自治于民国八年，曾一度取消，但旋又自组政府，受第三国际之指挥，而形成今日之外蒙局面，与中国名义上、事实上均脱离关系，虽然民国十三年的《中俄协定》，苏联还承认外蒙是中国的领土，中国地图上，还有外蒙这一块地方。

现在这与中国有四千余年历史的渊源，而为中国领土之一部的蒙古，不但是其中一部的外蒙，久已脱离中国而独立，所剩下的一部内蒙，在"九一八"事变中，又失去了一部。自热河战事失败，《塘沽协定》签字以后，所谓内蒙之一部东蒙，遂又脱离了中国的版图，归到日本帝国主义者的手中了。但日本帝国主义者并不以此为满足，而中止她对于内蒙的侵略，并且更积极加紧的在向内蒙进攻，因为日本"大陆政策"的现阶段，是在实行"满蒙政策"的时期，而现在她的"满蒙政策"，差不多已经是功至垂成，所剩有的一点问题，就是整个蒙古还仅留在中国手中的一部西蒙，没有到手，自然她绝不能放松一步，对于西蒙的侵略。现在她侵略的结果，据最近报纸的消息：察北宝昌、沽源等六县，已入伪军之手，并嗾使德王将此六县恢复盟制，中央虽屡次明令制止，均无效果，现德王已委卓什海为盟长。同时已经占据察北六县的伪军李守信部，现正〈在〉准备［在］向绥东进攻，而德王宣布内蒙独立之传说，更是一而再，再而三，虽经德王通电否认，但至少是"空穴来风，不为无因"。根据这些情形，我们可以知道，内蒙的问题，现在是到了如何严重的程度！

　　讲到内蒙问题，本不自今日始，但因国人一向都很少注意到边疆问题，于是这个问题，遂被忽略了。及至民国二十二年六月，内蒙在德王领导之下，要求自治，内蒙的问题，始为国人所重视。中央亦于此时，始积极加紧对于内蒙的工作，但两三年来"临时抱佛脚"的结果，内蒙的问题，不但没有得到相当的解决，且日趋严重，而致于岌岌不可终日。但我们要注意，当前我们所谓的内蒙问题，已经不是整个内蒙的问题，而是仅留在我们中国人手中的内蒙之一部的西蒙问题了。

　　在这里我们简单的来谈一下，怎么是内蒙外蒙、东蒙西蒙？我们知道，蒙古是在新疆以东，长城以北，辽、黑两省以西，俄属西伯利亚以南，它是一个广大的高原。在这个高原的中央，有个大沙漠横亘其间，在这个沙漠以北的，就是我所们〔们所〕谓的外蒙古，在这个沙漠以南的，就是我们所谓的内蒙古。至于东蒙西蒙，在中国历史上，是没有这个名辞，是日本人喊出的，她将内蒙分为两部，而名之曰东蒙西蒙。但所谓东蒙、西蒙的界限，亦向无明确的规定，据一般人的考察，所谓东蒙，是指辽宁的一部及热河全境，所谓西蒙，是察哈尔及绥远两省。日本人之所以要将内蒙分为东蒙西蒙，大概是为便于她的侵略起见。

由上所述，我们知道了什么是外蒙内蒙、东蒙西蒙。同时我们更知道了，这些地方现在还在中国人手中的，仅是一个西蒙，而此硕果仅存的西蒙，现在不但是发生问题，并且十分严重，而此十分严重的问题，不只是单纯的西蒙问题，而是整个的中国问题。因此这个问题更显得它的重要，而为每一个中国人所不可忽略的问题。

二　赤白夹攻下的内蒙与内蒙本身的危机

蒙古因为地广人稀，又有个大沙漠，于是一般人遂有蒙古多系不毛之地的误会观念。其实蒙古除沙漠而外，可耕之地极多，矿产亦极富厚，而所谓西蒙之察哈尔、绥远两省，尤复如此，不过因从来没有详细调查，无确实之记载而已。但据内政部十九年度调查，察省耕地约有一千六百余万亩，而可垦荒地尚有二百六十余万顷，绥远可耕之地，据推算，约有三百零二万四千顷，仅是这些处女地，已是一个极大的宝藏。其余如察省北部之锡盟，中部之多伦诺尔与张北之安固林诺尔，以及绥远之包头、归绥、河套各地，盐池甚多，产盐极富，据蒙盐局统计，十九年口北区行销食盐计二千九百余万担。其次察、绥两省蒙民，是以畜牧为主业，故牲畜及皮毛产量，更极可观，据民国六年农商部统计，察、绥两省牲畜数量，马、牛三十五万余匹，羊一百四十二万余匹。虽然这个统计的年代，是比较久远，但亦从此可知察、绥畜牧业之大概情形。此外药材生产，随地皆是，而龙关、宣化之铁矿，以及沽源之石棉均已在开采，至其他宝藏未被发现者，更不知凡几。

正因为察、绥两省是有这样广大的耕地，天然的富源，于是乃为资源缺乏的日本帝国主义者所重视，而急欲攫取之以为己有。同时日本如果真能占领西蒙——察、绥两省，则不独可以供给她许多工业原料品，同时还可以替她开辟一个广大的市场，来销纳她过剩的商品。因为察、绥两省现在是有四百多万人口，每年销行的洋货，仅察哈尔一省，即有四五百万元，这在世界市场已经分割净尽，商品销路停滞，经济恐慌的今日，从日帝国主义的眼中看来，是一个如何有力的诱惑？而况现在的所谓西蒙，正是一个未开发的处女地，其前途的发展，更是不可限量！

同时我们知道：日帝国主义之要进占西蒙，其用意还不仅在夺取原料与销纳商品，还有一个更大的目的，就是她为要贯彻其"大陆政策"，非先完成"满蒙政策"不可，要完成"满蒙政策"，非并吞西蒙不可，并且还要在最短期间来完成这个计划。因为她要想完成她的"大陆政策"，绝不可避免的要来一次对外的战争，这个战争的对象，自然不用说，就是苏联与英美，但日本决不能也不愿意同时与英、美、苏联作战，而是要采取各个击破的方法。据最近情形来看，日本是在准备着向苏联进攻，俄、伪、蒙边境之不断的发生冲突，与日德同盟之由传说而渐成为事实，都是很好的证明。因为日本如果真能捎起反苏先锋的大旗，则英美对日本向中国之侵略，必能谅解，甚至予以援助，至少是英国如此。加以英美虽然也是日本的敌人，但大家总还都是资本主义体系内的国家，而苏联则是属于另一个体系，在整个资本主义体系看来，她是大家〈的〉敌人，这样日本进攻的目标，第一个就不能不找到苏联了。日本为着进攻苏联，占领西蒙而完成其"满蒙政策"，更觉是迫切的需要，因为占领了西蒙，更可扩展其势力至于新疆，一方面可以完全遮断中国与苏联的关系，另方面可以形成对苏联一个大包围线，则将来进攻的胜利，便比较有把握（自然问题不是这样的简单）。同时日本如果占领了西蒙，则不独有利于进攻苏联，并可从此而进占华北之冀、鲁、晋等省，与向中国之西北及长江流域发展。这样我们很可以明白，日本对西蒙侵略之急进，正是当然而必然的事了。

日本既要占据西蒙以进攻苏联，苏联既不是不抵抗主义者，更不能熟视无睹，不想方法来应付，所以当前她除一面加紧她的国防计划外，并命令中国共产党向西蒙进展，做她与日本冲突的缓冲，也可以说是前哨，阻止日本势力的西进。这次共产党"窜扰"山西、绥远，至少是与苏联这个企图有关。日本看到这种情形，图蒙之心，更益积极，所以最近正式向晋阎要求出兵协助"剿共"，虽经晋阎坚决反对，但日本她是会毫不客气，马上开兵来的，如果共产党的势力再前进的话。总之当前的内蒙已成为苏联与日本角逐之场，在这赤白夹攻下的内蒙，其危机如何？正所谓不待智者而后知。

讲到现在内蒙的情形，除上述的种种以外，还有它本身亦包含了不少的危机。这种内在的危机，可以说是由来已久，至于今日，因为外力的压迫，而完全暴露出来了。

我们知道，当前的内蒙，除去一部分汉人是从事垦殖外，其余的蒙人，还在过着它那原始的游牧生活。现在不管是经营农业的汉人，或从事畜牧的蒙民，都因为资本主义狂潮的袭击，世界经济危机的影响，与国内年年不断的天灾人祸，以及苛捐杂税的名目繁多，比地内〔内地〕更重的高利贷的压迫，与军队的肆意征发，土匪的到处劫掠，致使他们原来仅足维持的最简单生活，不能不日趋恶化，据说一部分人民，已是数日而不得一饱，以致年来的耕地面积，与牲畜的数量，反比从前减少。由此可知，他们经济的崩溃，是达到如何程度，他们的生活，是如何痛苦。而蒙人之所受剥削则尤甚，因为蒙人在政治上的负担，除去县局的苛征，还有旗署的榨取，再加上喇嘛寺院的供奉，商人的剥削，与一班王公因受都市物质的诱惑，不惜举债以享乐，而其所举之债，又均设法转嫁之于蒙民，因是蒙民之负担特重，生活较汉人尤苦。整个内蒙人民的经济情形如此，则祸患之来，已所难免了。

同时内蒙现在还有一个更重要的问题，就是蒙人与汉人的感情不能融洽，这不能融洽的原因，最大的可以说是垦殖问题。因为蒙人一向是过的游牧生活，所谓逐水草而居，这种水草的地方，因垦殖的结果，逐渐减少，与蒙人游牧的生活，自然要发生很大的影响。而从事垦殖之汉人，租放蒙地，又常发生霸占或延缴地价及短租情事，于是益引起蒙人对汉人之反感。民国二十二年内蒙请求中央准许自治原文中，就有这样的一段话："始而开荒屯垦，继而设县置省，每念执政者之所谓富强之术，直吾蒙古致命之伤。"又杨君励等视察锡林果勒盟有云："德王对民族观念清醒而偏激，认开垦为汉人对于蒙人之侵略。"从此可知蒙人对开垦之意见及对汉人之感情如何了。这个汉蒙两个民族不能融洽的问题，就予敌人以可乘之机，因之而增了内蒙的危机。试看德王等之屡思自治，不正是日帝国主义者之"挑拨离间，威迫利诱"的结果吗？内蒙在这种情形之下，究竟还能维持到几天，那真是只有"天晓得"了。

三　中央几年来的对蒙政策

清人对于蒙古之统治，始终利用其原有之封建制度，实行所谓"羁縻政策"。民国成立以后，虽将清朝的理藩部改为蒙藏院，但

对于蒙藏政策，仍丝毫未变，也可以说根本没有政策，因为自袁
世凯以至北洋军阀，均以最大的努力从事内战，更何暇及于边疆
问题。逮国府建都南京，乃将蒙藏院取销，改设蒙藏委员会。该
会之成立，是在"本孙中山先生扶植国内弱小民族之遗教，承中
央开发蒙藏之政策，以蒙藏人福利为前提，谋蒙藏民族之彻底解
放"（见《蒙古概况与内蒙自治运动》一书）。自成立以后，对于
蒙藏之工作，是有很多极详尽而适当之规定，但能实在做到的，
可以说是微乎其微。本来，内地各省之情形，尚复如此，自然更
谈不上边疆各省的建设了。

　　但是自热河战事失败，东蒙丧失以后，内蒙的问题，乃更形紧
张，虽欲苟安，已不可能了。加以德王又于民国二十二年联合内
蒙王公，要求内蒙自治，这样内蒙问题，遂如箭在弦上，不能有
个适当的办法，则必致于不可收拾之境。于是中央乃派当时的内
政部长前往内蒙巡视，结果是中央承认内蒙自治，并设立一个蒙
古地方自治政务委员会，不过这个委员会，还是直隶行政院，并
受中央主管机关之指导。同时并允许"各盟旗现有牧地，停止放
垦"，"盟旗原有租税，及蒙民原有私租，一律予以保障"，"盟旗
地方以后不再增设县治或设治局"。当时内蒙的自治问题，就在这
些条件之下，算是解决了。可是这种解决的方法，显然的是不正
确，因为停止放垦，就是还要维持内蒙的游牧经济，阻碍了它向
较高度的农业经济发展，并且这样遂足以满足蒙人一时的要求，
但不能解决蒙人之所以要求停止放垦的根本问题，因为蒙人之所
以要求停垦，是因为他们现在生活日趋恶化。他们把问题看错了，
以为恶化的原因，是在开垦，实在问题不在这里，在帝国主义与
封建势力的双重压迫之下，即使不再开垦，甚至把已垦之地再变
成牧场，蒙人还是逃不了生活日趋恶化的命运。那末停止放垦，
既不足以解决蒙人生活问题，则根本就无意义。同时蒙人更不能

因此而停止了他的生活要求，减少内蒙的危机。

至于保障盟旗原有租税，与蒙民原有私租，以及以后盟旗地方不在增设县治及局，这是保障原有的封建组织，加重了下层人民的剥削，而埋伏了更大的危机。虽然说这是事实上的问题，但这样内蒙问题，不见得就能解决，反更增加它的严重性。

此外承认内蒙自治，在民族自决的原则上来讲，似乎是应该的，但我们知道，这次内蒙的要求自治，不过是日本人利用一部分王公所演的傀儡戏，并不足以代表全体蒙人的意志。这样承认它的自治，不但不能因为答应了它的要求，而使其知恩内附，并更增加了它轻视中国的心理，而日益走到日帝〈国〉主义者的怀抱中。最近蒙古地方自治政务委员会负实际责任的德王，与日伪关系，更加密切，就是这个事实的证明。

这样中央过去的对蒙政策，显然是失败了，而其失败据我们上面的分析正是必然的事。最近中央又明令设立绥远省境内蒙古各盟旗地方自治政务委员会，这大概是想用分化的办法，来牵制德王的操纵把持而从此来解决对蒙的问题。但这种企图，其结果一定又是失败的，因为当前的内蒙问题，是如何脱去帝国主义的羁绊，扫除封建势力，改善人民的生活，消弥民族的恶感，舍此以外，是谈不到内蒙的解除危机。

总之，中央几年来的对蒙政策，始则是有很好的规定，而未能切实的执行，继则无根本的对策，只是"头痛医头，脚痛医脚"，内蒙就在这样的对策之下，而到了今日朝不保夕的地步。

四　内蒙的前途

从上面所述各点，我们知道：赤白夹攻下的内蒙，已是到达了最后的存亡关头，再加上它本身的因经济破产，而引起的民族问题，就更加重了它的危亡的程度，而中央又不能提出具体而适当的对策，内蒙之灭亡，真是可计日而待，如果还是这样下去的话。

同时我们知道：内蒙是中国北部的屏藩，与中国内地各省，有唇齿相依的关系，如果内蒙亡了，则中国之危难，就更加重了一层。加以现在的西蒙是中国的两省，如果再这样两省两省的送，试问中国一共有几个两省？故我们觉得内蒙不是单纯的内蒙问题，而是整个的中国问题。

内蒙问题之所以形成今日的严重，最主要的原因，还是因为不抵抗的结果。因为这样，就一面加增了敌人侵略无已的野心，一面使蒙人起了离异的念头。故我们觉得要解决当前的内蒙问题，不能仅就内蒙本身去设法，而是要在整个中华民族的出路上，反帝的战争中，去解决内蒙的问题，内蒙问题，亦必这样，才能得到解决。

或者有些人以为内蒙的问题，是比较复杂，因为他们觉得内蒙的问题，是包含一个举世难于解决的民族问题。但我们以为这是不成问题的问题，苏联这个国家，就包含了许多个不同的民族，但民族在苏联并不成为问题，加以当前所谓内蒙的民族问题，乃是由于生活问题而起的，只要我们真能实行对内民族平等，真能解决他们的生活问题，则这个所谓民族问题，就根本不会成立，更谈不上什么解决的困难。

我们相信当前的内蒙人民，他们所受的痛苦，是和中国其他各地的人民一样，其他各地中国人民的要求，也就是他们的要求。因此我们只要能在举国一致要求反帝反封建的旗帜之下，发动起民族解放斗争，则内蒙的人民，不管是蒙人汉人，均必英勇的参加，以求中华民族之解放，与其自身之生存。到这时候，则所谓内蒙问题就不成问题了。

二五，三，十七写于南宁

《创进月刊》

南宁第四集团军总政训处

1936 年 1 卷 7 期

（朱宪　整理）

绥远省形势论

蒋君章　撰

一　引言

　　近顷，我国局势最感应付困难者，莫如冀、察两省，而前途最觉岌岌可危者，则莫过于绥远省。绥远一省，日人早已列为五省自治之一，居心叵测，显然若揭。自李守信部伪军袭据察省西部之商都、康保以来，结纳匪徒，交好蒙人，无非作侵略绥远之张本，果于最近绥东之集宁、陶林突被攻击矣。虽乌合之众，已为驻军所击败，然而日军出动于张北，伪军调集于多伦，德王招军买马，已纠众至八师之多，则日人之于绥远已抱得而甘心之慨矣。夫绥远为我通西北之孔道，亦山西省之屏障也。证诸历史，为我夏族与突厥族生存竞争之场所，充满民族御侮之遗迹；验诸地理，又为我国防之门户，边地交通之核心。谚云："黄河百害，惟利一套。"套即河套，即黄河自宁入绥，由绥入晋之大湾曲处，故绥远实又为移民上最有价值之地也。我夏族之开辟绥远，实占历史上最光荣之一页。自汉唐以来，屡入中国，清末入关前，亦已收归版图（太宗时并察哈尔，遂并绥远）。惟清人之治边以愚民为政策，禁汉人前往垦殖，内外蒙诸地皆然，致蒙人生活，与我仍大异，浸浸而要求自治，而受人利用，遂成今日之大患。民国二十二年，漠南蒙人作自治运动时，鄙人尝著《内蒙自治论》一文，发表于《大道月刊》（一卷二期），主张准许自治，以爵禄、位置与王公，使安于其位，另组强有力之拓殖公司，专负实际经营一切之责任。自治问题解决，前者固如所议，而后者迄未实现。二三年来，我则少加注意，日人则处心积虑，得寸进尺，致本在我旗帜下之同胞，反为人用以噬我。南风不竞，异族嚣张，国家多难，已至其极，而此国防重镇之绥远，亡省之痛，已迫眉睫，兴念及此，感喟无已，缀述其形势之重要，以为国人告。

二　绥远省的地理环境

绥远省南邻山西、陕西，北接蒙古，东界察哈尔，西连宁夏，盖与察省同居内蒙古的中心地位。就地形言之，全省概属高原，但略可分为三部，黄河与阴山，殆为此三部之天然分野乎（李勃以阴山、横山间之地域为整个一区，亦有理由）。按阴山以北为一片沙漠，所谓山北或山后是，阴山与黄河之间为一内陆平原，略可分为归绥平原与后套平原两部，大部为冲积层，是即河套平原之一部也。黄河以南，三面为河所绕之地称为套中。山后之地，为戈壁之一部。套中亦为沙碛之地，多为不毛之区，沙深三四尺、一二尺不等，水草甚少，现仍为蒙人游牧之地。全省土壤多为黄土。据李希霍芬之研究，都系风成土，大抵为西北风中携带而来。至黄河及其支流之两岸，即内陆平原一带，每则杂有砂壤及粘土等，则又侵蚀作用、冲积作用之故矣。大抵全省地势在一千公尺及二千公尺之间，内陆平原，东部归绥、萨拉齐、托克托三县之间三角平原（东西约四百余里，南北约二百余里），较为低洼，约在一千公尺及一千零五十公尺之间，较之山西大同低二百公尺，较之北缘之大青山低三百公尺至六百公尺，成陡峻之阶级形状

（注一）。

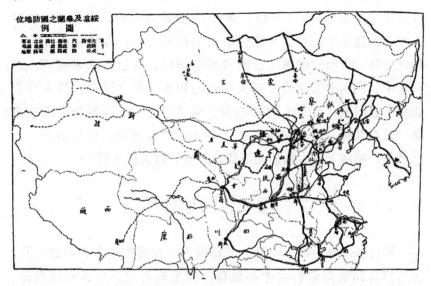

　　归绥平原与山后高原，何以陡峻而成显著之阶级地形，亦自有故。盖所谓阴山山脉者，起自甘肃之祁连山，经平番而至宁夏，改称贺兰山。贺兰山为蒙语骏马之意，言山势起伏，雄如骏马也。贺兰山亦称阿拉善山，由西南斜趋东北，经三河口之西北折入绥远改作东西趋向，截绥远为南北两部，直趋察哈尔省，以接于内兴安岭。察、绥之阴山，又名大青山、狼山，本属一线相承，惟归绥至包头迤西一段，突然陷落，此即前所称归绥平原之成因也。翁文灏先生曾与曹树声先生调查过绥远省土默特旗的地质，谓大青山为蒙古高原之边缘，特以归绥至包头一带，因地势突然陷落，成为内陆平原。自陷落之平原北望高原，自觉山势峻削，界限截然，惟巨沟急涧，破山而出，为北通蒙古之孔道。此等沟道，其近在山口者，大抵悬崖壁立，不可攀援，惟北行六十余公里后，即见山势渐平，无复峻岭。盖沟底愈近，上流愈高，而大青山顶则大致齐平，以地质学者言之，大青山不过为高原之峻坂，初无所谓山脉也（注二）。此为绥远地形之特点，其实察哈尔阴山之坂度，北缓南紧，与绥远无甚差异。自地形上言之，盖为北方内陆河与外流河之分水岭，自民族上言之，即蒙古民族与汉民族之天然分野也（注三）。

山脉之位置与方向，于气候之关系，亦异常密切。竺可桢先生划分全中国为九个气候区域，绥远省是不属于一个气候区域，而分属于蒙古类与草原类的。草原类包括中国西北隅，热河、察哈尔之南部及满洲之西部，全年平均雨量自二十至四十糎（公分），而蒙古类则包括蒙古及新疆等地。据竺先生所制之气候区域图观之，蒙古类与草原类在绥远省之分界，大抵与阴山之趋势相合（注四），阴山与本省气候之关系，从可知矣。前已言之，大青山北倾斜甚缓，山南则甚为紧急，此则由于西北风挟沙而来，风为山阻，其力骤减，沙亦停止其上之所致也。山北受风之烈，远较山南为甚，寒冷之程度亦然。山南植物生长期，可得一百八十日，若在山北，则仅得一百五十六日而已。由是知绥远全省春来迟而秋至早，山南一带清明时下种，至白露时，则悉行收获，盖岁仅一熟也。

绥远气候测候，为时不久，且统计数字，言人人殊，即雨量站究有若干，亦一疑问（《申报二十五年年鉴》谓绥远有雨量站一，但李勃《察绥之农业》一文，除归绥之雨量外，尚列有集宁、丰镇之雨量，则绥远之雨量站，至少当有三所以上）。兹将李勃所录归绥自民国四年至民国十九年间之各月平均气温及雨量数字列于左方：

	一月	二月	三月	四月	五月	六月	七月	八月	九月	十月	十一月	十二月	年平均
气温（摄氏）	负一二·二三	负七·〇六	〇·〇一	八·三五	一五·五六	二〇·八五	二四·三五	二一·八九	一五·七八	八·八〇	一·五〇	负一〇·〇四	七·一八〔七·三二〕

续表

	一月	二月	三月	四月	五月	六月	七月	八月	九月	十月	十一月	十二月	年平均
雨量（公分）	〇·四九	一·一二	〇·七四	〇·六八	二·三六	六·〇〇	九·七六	七·五一	七·五七	一·五五	〇·三九	〇·六五	四〇·二三（三·二四）

　　归绥平均雨量每年四十公分又零，正合竺先生草原类气候区之条件。其全年平均温度（注五）摄氏七度又一八，盖葛绥成先生据以推论河套全年平均温度者。归绥之气温、雨量，有下列诸特点：

　　1. 温度之较差甚大。一月平均温度与七月平〈均温〉度，相差达三十六度以上，较之北平之寒暑较差，尚多六度以上。寒暑之激变如此，可谓大陆气候之典型矣。

　　2. 春迟秋早之证实。归绥三月，尚在冰点以下，至四月始渐温暖，但十月以后，突然降至一度左右，寒温交替时，亦现骤变现象，与东三省颇相类如。

　　3. 降雨时节之集中。归绥全年平均雨量四十公分，其中大部降于五月至九月，七、八、九三月尤多，计其所降雨量，超过年平均雨量之半数。此种情形与北平颇相类如，盖亦受东南季风之影响也。

　　我国气候，全受季风之支配。观于上述绥远省之气温及雨量等记录，知绥远亦不能例外。且受其支配亦异常剧烈，山北较寒于山南，山南雨量较多于山北，盖山北受西北季风之吹袭较烈，山南受东南季风之吹袭较烈所致，而阴山山脉横亘其间，使西北风之南下，以及东南风之北上，均生阻碍，此则地形影响于气候之显著例证也。

　　气候与地形，对于人类之活动，影响亦甚大，此在绥远，亦能得显然之例证。绥远现时居民，分两大类，一为随水草以迁徙之蒙古游牧民族，一则从事于农业之定居民族汉人。此两种民族之分布，亦有截然之界限，盖汉民族居于中部之内陆平原，而蒙古民族则居于套中沙碛及山后沙漠。绥远一省兹共有县十七（见后），余为乌兰察布盟、伊克昭盟等蒙古旗地。试一按地图，则黄河、阴山间均为郡邑所在，计共占县十四县，就全省言之，占百分之八十以上矣。盖绥远虽为寒冷干燥之高原，然其内陆平原之高温时间继续至四五个月之久。全省雨量虽少，但其下雨较多之时间，适与农业上需要之时间相合，益以黄河流经其地，水源益无问题，故能成为农业区域，汉人之麇集于此者，亦惟此故，今日赖以为抗敌，亦惟此内陆平原若干汉人耳。

　　绥远为一干燥区域，故灌溉问题甚为严重，而供给灌溉之水源，要以黄河为最要。黄河为我国第二大河，经流九省之多，其流域之广，不下于长江，然而灾患百出，下游河口屡易，如河北、山东、河南、江苏等省，岁受其害，生命财产之损失，不可以数计，黄河诚为中国之大患。然在上游，情形完全不同。上游地势高，非至非常大水时不至漫溢，而沿河地亩，早有灌溉之资，潦无泛滥之灾，河所挟泥沙肥沃异常，居民且作为粪田之用，故皋兰以下之黄河两岸，畎亩相望，与江南农村无异，宁夏、绥远受益更大，尤以绥远之河套为甚。黄河自甘肃入宁夏，经绥远折向南行，在河曲入长城、行于秦、晋之间，成一大弯曲。其由宁入绥之始，分为二道，《清一统志》谓："黄河北流，经朔方之西，分为二支东注，是为南北二河。北河西北溢为腾格里泊，屈而东流，经古高阙行数百里与南河合。"即指今绥远西部之黄河新旧两河也。北河即故道，今北河河道不能直接与南河相会而注入于

〈乌〉梁素海子，新旧河道间赖有多数沟渠以相沟通耳。绥远河流除山后及套中一部为内陆灌域外，其余大小川渠均入黄河，如归绥一带之清水河、黄水河、黑河，东胜一带之乌兰木伦河等，皆为黄河之支流，于农业灌溉上均有相当价值。观绥省各县大多数均在黄河或其支流之旁，可知黄河与其支流，对于绥省之关系，固异常重大也。

三　绥远在移民上之地位

移民为直接解决人口问题之一种方法。我国移民向分水、陆两路：水路以赴南洋为主，以闽、粤人为多；陆路以东三省为主，以冀、鲁人为多。自东北被日本所占后，陆路移民，全无希望，于是冀、鲁两省之人口问题，日趋严重，提倡移民西北之声浪以起。西北移民之范围当指甘、青、新、宁、绥远诸省，而诸省中移民之可能最大者，当推绥远省，因绥远距人口稠密部分较近，交通较为发达，所需川资较省故也。

移民一地，首先应注意者，即为该地人口密度，已否至无可增加之程度，其可耕地面积若何，以及该地之水利建设若何，农业生产若何等条件。兹就上述各要素作如下之分析：

人口密度　绥远全省面积据曾世英之计算，为三〇四，〇五八方公里，其全省人口据胡焕庸先生之统计，为二百零三万三千三百零四（注六），则全省人口平均每方公里不足七人。我国沿海诸省，人口较密，如河北省、浙江省，每方公里平均二百人以上，山东省平均二四十人以上，江苏省平均三百三十人以上，与绥远相较皆超过三四十倍，则绥远之地旷人稀，固可知矣。但地旷人稀，不尽适于移民，前已言之。绥远之山后高原与套中平原，多沙碛不毛之地，于移民上自无何等价值。兹再就已设县治各县之人口分布，约略计之：

县名	人口	面积约计（方市里）
归绥	二六一，三五〇	四〇,〇〇〇
丰镇	二三九，六四六	三五,〇〇〇
兴和	九八，一七五	四五,〇〇〇
凉城	一二九，五三〇	一〇〇,〇〇〇
陶林	四三，四八七	六〇,〇〇〇
集宁	六二，五二九	一五,〇〇〇
武川	一九〇，五三一	一〇〇,〇〇〇
萨拉齐	二五八，七六一	八〇,〇〇〇
包头	一七八，七六一	一三,〇〇〇
五原	五三，八六六	一〇〇,〇〇〇
临河	五〇，九三八	四〇,〇〇〇
固阳	四三，〇七〇	五〇,〇〇〇
和林	九九，二一四	四〇,〇〇〇
清水	五九，八二四	三〇,〇〇〇
托克托	九二，四一七	一五,〇〇〇
东胜	一九，六四一	一〇〇,〇〇〇
安北	一二，七九九	四五,〇〇〇
沃野	一，三三一	

　　由此可知，各县人口最多者为归绥，其数为二十六万人，平均每方里亦仅六人。大多数县份之人口，不到十万人，普通均在五万左右。若以归绥之每方里六人为准，其余各县如亦使达每方里六人之密度，则全省当可容纳五百四十万人以上，而沃野之面积究有若干方里，兹尚不知也。执是以言，则绥远一省当能增加三百五十万移民。关系〔于〕绥远移民之可能容量，翁文灏先生曾加以估计，谓绥远平原可以利用民生渠引黄河之水灌溉的面积不到六百方哩，约合二百四十万亩，河套平原黄河以北，包头以西，

五原至定口一带，面积约四千方哩，合一千六百万亩，能用渠水灌溉者约七百三十余万〈亩〉，连宁夏平原在内，合计可容二百万移民（注七），与我人估计，颇有出入，则以翁先生但就绥远可垦地一部言之耳。

绥远可垦地究有若干，已垦地究有几何，亦值得注意之问题。因为从这一方面的研究，亦可帮助决定移民之可能量。绥远可耕未耕诸地面积，据陈长蘅先生之研究，为五千四百二十一万华亩，现在已经耕种之面积为二千三百九十六万华亩（注八），约言之，绥省可耕未耕之土地较已耕土地多至二倍又半，较翁先生所估计之数字，相差尤大。现时绥省人口二百余万，能增之量亦以二倍半计，则当可移入五百万人，我人前所估计之三百五十万，尚仅此数之七成耳（民国二十年绥远省农田面积，国府主计处《统计月报》为十八万六千顷，绥远通志馆为十八万八千顷，绥远民众教育馆所编之《分县调查研究》所载之下种面积为十三万七千顷，而绥远省政府之升科耕地，则为二十二万五千顷，相差之大有如此者。陈氏之说比较为新，但亦非正确之统计，于实际情形或相近耳）。

水利建设　绥远为内陆干燥区域，雨量之不敷应用，已于上节言之，故水利问题，关系最大。绥远省之所谓水利建设，建渠引水之工程而已。绥远水利工程，滥觞于唐代，贞元七年（西历七九一），开延化渠上灌四千二百顷者是也。唐后直至清代末年始有长足进展。光绪时派贻谷为大臣，督办绥远垦务。贻谷就任后，整顿河道，筑永济、刚济、丰济、长济、通济、沙河、义和、塔布等八大干渠（沙河为民渠，余均官渠），每渠延长一百二十里。并修理黄河故道，如此包头大佘太（今称安北）、临河、五原等，灌溉之田达五六万顷。而官渠之外，民渠之修筑亦大盛，著名民渠如杨家河、德成渠等支干，合计约灌田三十余万顷，可谓盛矣。

民国以还，渠道淤塞，冯玉祥治绥时，尝加整理，然已较前为逊。此绥西水利工程之大概情形也。至绥东方面，据民国十八年之调查，仅归绥一县，有渠五十有四，其长自一里至十五六里不等，总长约三百六十里，灌溉之面积在一千九百三十顷以上，而近年建筑之民生渠，工程尤为伟大。民生渠位于萨拉齐与托克托两县之间，长一百四十五里。民国十七年，绥远旱灾甚重，设工程处以经营之，其后由华洋义赈会拨款继续进行，绥省当局并派兵五千名助之，二十年六月告成，得灌田二万五千顷。同时并议建支渠多条，得灌田亦数千顷，按民国十八年绥远共议在萨拉齐、包头、托克托、和林格尔等邑，筑渠数十条，需款百余万元（实际需款当倍之），灌田五千余顷，除民生支干渠外，今不知已进行者若干条。此等渠道之修筑皆与绥远农业发展，至有关系，易言之，皆直接可以增加移民之可能量者。又有民丰渠者，乃利用大黑河之水。大黑河源出陶林县西南，经归绥、萨拉齐至托克托之河口镇而入黄河。大黑河全长三百里，流区面积二万五千顷，利用大黑河水可资耕种者一万三千四百顷。惟大黑河自得胜营子以下分南北两道，南道较直，泄水尚无问题，北道湾曲淤浅，无蓄泄之利，民丰渠即挑挖北道而成，河上置有闸门多处，以节制水量，如此则潦不为患，旱有所备，水能不为害而为利矣，是亦绥远水利工程上之大建筑也，业于民国二十年完工。总之，绥远农垦，全恃灌溉，建设沟渠，最为重要，已成者延长之，已拟未成者完成之，其他黄河沿岸地带及其较大支流，如乌兰木伦河、黄水河等，以及山后高原之巴哈林河等流经区域，亦宜计划沟渠定期完成。并宜提倡凿井，以为灌溉之资，盖绥远潜水离地面甚近，凿井数尺，即可得水，农民往往凿一浅井，由人工提水，每日约可灌田数十亩，方法简单，费用甚少，最宜提倡（注九）。自民生渠成，沿渠土地每亩本值一元者，即腾涨至五元，又包头一县，本属萨拉齐之一镇，民国十二年始独立成县，为其地人口已近十八万，渠工价值之大，以及绥远农垦进展之速，复何疑义。

　　复次，所应注意者，即为绥远之农业生产力及生产量。据张心一氏之研究，绥远全省农作物产量以小米为最多，高粱次之，小麦、大麦又次之。小米种植面积四百余万亩，总产量五百余万担，每亩产量为一百三十八斤。高粱种植面积约二百万亩，总产量约二百八十万担，每亩能产一百四十二斤。小麦种植面积约二百七十万亩，产量为二百三十万担，每亩亦能产八十九斤。大麦种植面积约一百万亩，产量为七十七万担，每亩产量为八十一斤（注十）。则其生产能力，与江南下等地相差不远，将来种植面积增加，并能讲究种植，增用肥料，则生产量与生产力必大可增加，在我国食粮供给上，当可占相当之地位也。

四　绥远省在国防上之地位

　　绥远在移民上究占何等重要，就上述之情形观之，我人已有相当了解，兹更就国防的观点，以论其地位之重要。

　　前已言之，绥远为山西省之门户，此非空论，乃系确切不移之事实。绥远与山西，一北一南，壤土相接，唇齿之势，实为天成。现今山西省与绥远省界上大部有长城为之界限，此即晋、绥两省相互抗争之遗物也。绥远自昔为突厥族所据，突厥族之匈奴强盛于战国及秦汉之际，此等游牧民族，惯以南下牧马之口号，为侵略北方边陲之举，而山西省往往首当其冲，雁门一带烽火相望，以秦始皇之雄才大略，亦无如之何，惟有发兵十万筑长城以御之，即今察、绥土人所称之二道边也（注十一）。至前汉武帝，始以兵力驱走之，然汉以后复为胡人所据，黄河流域且为其所攻陷，我汉民之居住于北方者，惟有南迁以避之。至五胡之末，突厥复兴于绥远，席卷山西之地，幸其时唐太宗出，遣名将李靖等讨平之，然唐代以后，中国亦不能终有其地，辽金相继占据，复为北方之大患，明成祖定都燕京，亦不能据有绥省，惟筑长城以备之，今之长城，皆明之遗物也。由已往之历史事实言之，山西之安危，惟恃绥远之得失以为断，山西危乱，则整个黄河流域，亦受其害。至于今日，晋、绥之关系，较前尤为密切，盖平绥铁路，经察省之西南部而至山西之东北部，折北而入绥远，大同与归绥、包头往来之便，已非昔日可比。况察北自多伦迤西至商都一带之土地，早被日伪军占领，张北、万全势成累卵，绥远如有不幸，则大同一地东制于张家口，北胁于平地泉，两面受敌，攻曷〔易〕守难，其能不为所陷者几希矣。大同有失，则大同至阳曲已有公路可达，其间虽有内长城及雁门关之天险，然近代战术进步，空中轰炸，使要塞几等于无用，前车之鉴不远，在古北口石匣镇之役。更自山西东邻之河北言之。河北日人势力之大，无异于察省，山西门户之石家庄，日人军用汽车时常巡视之，平绥、平汉、北宁三路交点之丰台，日人早已派兵驻守之，汉奸汉贼，充斥郊野，日人固随时可以席卷河北以为攻击山西之根据地，以与进扑大同之军互为犄角。我人如能保有绥远，则其形势适成相反，盖可利用平绥路以扺日人之背，与出自娘子关之晋军以及平汉南段北开之豫、鄂军相呼应，则驱除河北之敌，有何困难哉。此绥远省与冀、察、晋三省之军事关系也。

　　绥远不特为山西之门户，且为宁夏、新疆之屏蔽。宁夏在绥远之西，两省往来，陆路有包宁汽车路，自包头经五原、磴口、宁夏直达甘肃之兰州，亦冯玉祥氏治军西北时所筑者，水路则有黄河，自包头南十五里之南海子（黄河上游第一码头）起，至宁夏之石嘴子，可通汽船，自此上溯，民船直达近于甘肃之中卫县，故宁、绥之间，交通甚便。宁夏货物大多以包头为集散之地。宁夏居民则较绥远为庞杂：贺兰山以西，为阿拉善与额济纳两旗地，亦为蒙人之游牧场所，贺兰山以东，沿河之狭长平原，则为汉人与回教徒之世界，此三种民族在感情上似欠融洽。当兹绥远问题正在严重之时，日人突有在阿拉善蒙旗设置特务机关之消息，可知日人之于宁夏，正以第二绥远目之，绥远万一不幸为敌所逞，则宁夏之形势顿急，此固不待繁言者。至于新疆，虽不与绥远直接为邻，然绥、新之间，往来频繁，新疆与平、津之贸易，大多经由包头，以骆驼运载之，谓之队商路，以其路须经戈壁，需时二月以上，沿途不见人烟，一切应用物件均须携带以行，而骆驼载重能力有限，非结队成群不办。故日队商惟自绥新汽车路通车后，绥远、新疆间之距离已大为缩短，平均二十六日可以往返一次（至新十二日，返绥十四日），绥新汽车路，起自归绥，至于迪化，经宁夏之沙漠及新疆之哈密、七角井、古城子（奇台）而至迪化，全长二千三百六十公里，为新疆与内地惟一往来孔道，故绥远与新疆虽非邻省，而其关系非常密切。日人对于新疆早具野心，东京方面早已注意回教徒之联络与煽惑（如办理回文杂志等）。曩年新疆事变，驻防甘肃之马仲英突然入新，日人既无以自免于瓜李之嫌，而回教僧徒之奉派入新者复屡有所闻。假使绥远为日人所据，则新疆情势，必趋危急，亦可断言者，故绥远亦为新疆之屏蔽。

日人之急图绥远，兼欲扰我新疆，亦自有其深刻之用意。日人侵略我国，以满蒙政策为号召，然今日之蒙古，"赤化"日深，几已成为苏联之附庸。日、苏在远东方面，又以种种关系，成不两立之势，日人欲制苏联之死命，非由蒙古以截西伯利亚，使赤塔以东陷于孤立之地位不为功，但自《蒙苏协定》订结以后，日人和平取得蒙古之希望，已成梦想，而武力进取蒙古，则察、绥两省实为最好之根据地。由察哈尔至蒙古之库伦，有张库汽车路可通，对于驾驶之人费三日二夜即可到达，惟张库路须经绥远之滂江（滂江几成为德王办事之中心，殆亦出于日人之唆使），滂江另有汽车路可通平绥路上之集宁，如由集宁出发至库伦，其路线较张家口缩短三分之一。且绥远省之归绥、包头并有队商路通蒙古之乌里雅苏台、科布多等地，是则在攻取蒙古之观点上言之，绥远较察省处于更有利的地位。至其图谋新疆，其用意与攻取蒙古同，因新疆处于攻击中央亚细亚，横截西伯利亚后方之最有利的地位故也。

由上述之情形，可〈知〉日人攻击绥远之目标有三：

1. 取得钳制山西之优越的地位。

2. 取得攻击蒙古之优越的地位。

3. 取得更向西方发展之机会。

其处心积虑，盖有如此者。夫蒙古与新疆皆为我国之藩篱，历代口外安宁之久长，未有若清代者，以清代能绥服新疆、蒙古故也（注十二）。绥远一省，实为通新、蒙之核心，保障北方之藩篱，国防上实居最重要之地位也〈（注十三）〉。

五　挽救西北国防之建设方针

国防建设，应有整个的方针、适当的步骤，此种建设方针，国民政府自有其通盘之计划。绥〔绥〕远形势与前途之危险，以及对于整个西北之关系，既如上述，政府对此，已否有适当之办法，兹尚不可得知。我人观感所及，但就交通一项，殊不足以适应需要。日伪之进攻绥远也，集结于辽宁、平、津一带者，有北宁路与平绥路为之输送，集结于热河省者，则赤峰、承德之多伦皆有汽车路可通，自多伦至张家口及集宁，亦皆有汽车路可通，飙轮疾转，一日千里。而我绥远后方应援之区域，南为山西、陕西，西为宁夏、甘肃，山西自永济经太原至大同，虽亦有公路可达，但冀、并相邻，防务不能空虚，山西与河南、陕西，以黄河为界，联络尚未臻便利，陕西与绥远，现时尚仅恃大路以为往来之工具，宁夏、甘肃皆贫瘠省份，其能为绥远之助，究有几何？故绥于今日严重被压迫之时，谓其仍处于孤立之地位，亦不为过。故今日西北之国防建设，以援绥保晋、维护宁、甘、新为第一要义，以发展交通、建设陆空军大本营为第一要着。

交通建设之方针若何，为我人此际所当讨论者，我意下列三铁路当于最短期内完成之：

一、陇海路　陇海路为横贯中部之最大干线，起自连云港，终于皋兰，凡经苏、豫、秦、陇四省，此路一成，则我东西两部之人力、物力、财力，得调剂之工具，且陇海路与津浦路交于铜山，与平汉路交于郑州，津浦、平汉为两大纵线，故东西与南北之调剂，亦可借陇海以实现，国防上、经济上均甚重要。该路现筑至陕西省之大〈荔〉县，距目的地皋兰尚有三百六十哩之谱，沿路须凿山洞二十六座、桥梁三座，为全路工程最艰难之一段。陇海路近年建筑尚速，但为国防需要起见，当以最短期内完成为是。

二、同成路　本路起自大同，迄于成都，凡经太原、潼关、西安、汉中诸名邑，内〔全〕长一千六百公里，为长江、黄河两流域之主要联络路线之一。山西为矿业奥区，四川为农业奥区，经济上亦异常重要。在援绥保晋之观点上，尤居重要地位，因大同为同成、平绥两路之交点，太原为正太、同成两路之交点，自潼关至凤翔一段，且与陇海路合轨，故同成路成，则我豫、秦、陇、蜀之资源，均可为晋、绥之后盾，故本路在国防上之价值甚大。现山西境内自永济（蒲州）至大同之一段正在建筑，号称同蒲路，尚未完成，惟系轻磅狭轨铁路，应加改良。至凤翔至成都一段，须经秦岭与大巴山，旧时惟以栈道为往来工具，工程最为艰险，亦宜赶速筹筑，限期完成。

　　三、延长道清路　道清路起于卫河沿岸之道口镇，而以博爱县为终点，全长一百五十公里，与山西之泽州（晋城）距离仅数十里，晋城至太原已有公路，兹宜急将该路延长至晋城（最好直至太原），盖同成路之完成既须时日，而时局之变化无定，万一急剧变化，则我平汉南段、陇海东段之实力，皆可由新转道清路以入晋。为应急计，道清路之延长入晋，实有必要（在时局紧张时，正太路之是否可以利用，殊成问题）。

　　铁路建筑费时多而需费大，故公路建设尤应重视，北方水道较少，需要桥梁远不如南方之多，故建筑公路亦较南方为便捷。为应付绥远现局计，应急将察、绥交界要地筑成堡垒，而以汽车路与集宁、归绥等地联络之。陶林、武川、固阳住居山北，距百灵庙又甚近，自滂江东犯之敌，必以此等地方为目的，以便进扑山南，扰乱绥西，除〔阴〕山山坡，北缓南紧，对于归绥诸地，有高屋建瓴之势，利于敌人之进攻，亦我人之天然防御线，故必须固守武川、固阳，以保障之。归绥与大同之间，旧有大道，经左云、右至〔玉〕、和林格尔诸地，兹宜勘筑成为公路。包宁路、宁兰路等，尤宜修理完善，畅行无阻。陕西榆林、长安间本有公路之计划，宜急实现，并延长达于归绥。甘肃本有自兰州经天水、武都以与川北广元衔接之公路，兹亦宜速予完成。诸省财力不充，中央宜有以助成之。未来抗敌之根据地，非沿海地带而为长江、黄河两流域之中部地方。其惟一通海港口，必为南部地方，故其间往来联络，必求便利，是亦我国防建设上应注意之点也。

　　建设西北陆空军之大本营，以兰州为最适当，我国领土几何上之中心为凉州，兰州尚在凉州东南，近人往往以陕西等省指为西北，实为不妥。惟陕、甘一带已有地广人疏之慨，西北尤甚，故我人言开发西北，当必以建设兰州为始。兰州之陆空军不特可以巩固宁夏及绥远之后方，且可兼顾康、藏，自皋兰西南经青海草地以至西康、西藏，亦甚利便，清代早已成为京藏间之往来孔道，张其昀先生于七八年著《首都在国防上之价值》一文，即主张建设兰州为国防大三角点之一，以为西北边防之保障。兹绥远告急，援助缓〔绥〕远，保障宁夏、新疆，舍此而外，固别无良法也。时机迫切，建设兰州西北陆空军根据地之计划，应于最短期内实现之（陆空军根据地之意义，不仅指集结军队而已，一应军需工业等均包括在内）。

六　结论

绥远之形势已如上述，兹阅报又知蒙政会正开会讨论绥东问题，可知内蒙王公等甘受利用者，尚为少数利欲熏心、数典忘祖之徒，而宋哲元一再宣称犯绥蒙匪，系乌合之众，绥军实力充足，防御周密，可无意外，亦不致扩大，是皆可喜之消息也。惟曰伪军不断集中于多伦，驻平日武官又一再言曰无土地野心，是又掩耳盗铃之举，令人焦虑耳。苦〔若〕李靖之攻突厥也，定襄、并州诸道兵俱出，因能一战胜贼，颉利受擒，河山无恙，形势尚未全非。安得李牧复出，使匈奴不敢寇赵边；安得卫青、霍去病复出，使匈奴远遁漠北，不复敢南下牧马。疾风劲草，世乱英雄，宏谋硕画，纾解国难，是所深明〔盼〕于今日之守边将士及中央政治家者。

　　　　　　　　　　　　　　　　　廿五年八月十八日，于杭州愉园

附注：

注一　参看崔济群、梁仁南合著《理想之新绥远》。

注二　见翁文灏、曹树声合著《绥远土默特调查报告》，载于

《地质汇报》第一号。

注三　参观〔见〕张其昀先生《中国山岳之分类》，载于《史学与地学》第四期。

注四　见竺可桢先生《中国气候区域论》，载于《地理杂志》三卷二期。

注五　见李勃《察绥之农业》一文，载于《开发西北》三卷一、二合期。

注六　胡先生之数字载于《地理学报》二卷二期，曾先生之数字载于《申报年鉴》。

注七　人口数字录自胡先生《中国人口之分布》，载于《地理学报》二卷二期，面积数字录自二十五年《申报年鉴》。

注八　参看翁先生《中国之土地利用及人口分布》，原文发表于《独立评论》三卷四号，转录于《方志月刊》六卷三期。

注九　见陈著《我国土地人口问题之初步比较研究》及《国民经济之政策商榷》一文，载《地理学报》二卷四期。

注十　见《绥远概况》。

注十一　见张心一《中国农业概况》。

注十二　见张相文《塞北游记》。

注十三　参观〔见〕《清史列传·左宗棠》。

《读书青年》（半月刊）

上海读书青年社

1936 年 1 卷 7-9 期

（李红权　整理）

从俄蒙协定说起

陈豪楚　撰

一　苏俄决意援助外蒙

美国报纸托辣斯社长霍华特氏最近于游苏俄时曾和斯太林氏谈过一次话（三月一日），其中有一点据莫斯科各报的登载是这样的：

霍问："如果日本人竟对蒙古人民共和国作严重之军事攻击，苏联态度如何？"

斯答："如果日本竟冒险进攻蒙古人民共和国，企图破坏其独立，余等将不得不援助蒙古民族共和国，李维诺夫之襄助斯托蒙耶科夫最近已将此意通知莫斯科之日本大使，指出自一九二一年来，苏联与蒙古人民共和国不变之友好关系，余等将援助蒙古人民共和国一如一九二一年时所为。"

同时青年蒙古官吏也曾向莫斯科究问，假如蒙古受日方侵略时，苏俄对蒙古的援助，究将达何种程度？

苏俄为求在事实上表白他那坚决的态度，对于外蒙给予肯定的答覆，同时给予日本以威胁的表示起见，终于缔结了《俄蒙互助公约》——蔑视我国主权而偏面缔结的一种军事协定。《公约》的内容是：第一条，苏联或蒙古人民共和国之领土，如受第三国家或政府之攻击威胁，则苏联及蒙古人民共和国应立即共同考虑发生情形，并采用防卫及保全两国领土所必需之各种方法。第二条，苏联及蒙古人民共和国政府承认在缔约国之一国受军事攻击时，相互予以各种援助，包括军事在内。第三条，苏联及蒙古人民共和国政府，认为缔约国中一国军队根据《互助公约》，为完成第一条或第二条之义务起见，屯驻另一缔约国内，至无此必要时，应立即退出。第四条，此约于十年内继续有效。

二　外蒙依然属中国

"外蒙共和国"底产生，是受苏联的支配，由表面观察，外蒙早已成为苏维埃联邦的一部了。当民国元年的时候，外蒙各汗王公喇嘛已密谋独立，驱逐满清官吏，自立为蒙古帝国。至一九一五年，中、俄、蒙在恰克图举行会议，中国政府因外蒙自治在事实上已势成骑虎，索性答应下来，于是外蒙就设立自治政府为统治机关，中国政府对于内政部分，差不多已不复过问，其后虽因徐树铮之充任西北筹边使，将外蒙自治权一度取消，但一九二一年即有白俄之侵入，占据库伦，意欲造成一独立的蒙古国家，结果因苏俄的乘机而入，驱逐白俄，组织外蒙国民政府，并于一九二四年宣布宪法，于是外蒙大权遂落在苏俄之手，而造成今日之有俄蒙协定的局面。

但是外蒙虽已独立，并且受苏俄的统制，然而这不过是偏面的把戏而已，至于外蒙领土以及外蒙主权，无疑地是依然属于中华民国，决不因这些纠纷而有所变更。我们姑不论民国二十年五月国民会议曾有"通告国内外特许外蒙自治以期早日完成统一"之决议，很明显地昭示世界以中国和外蒙的宗主关系，并且当民国十三年三月，中俄会议草就之《中俄协定》第五条，也明白规定

"苏联政府承认外蒙为完全中华民国之一部分及尊重该领土内中国之主权"。然则苏俄之不顾一切，贸然和外蒙订立军事协定，这不是违背中俄条约吗？何况在事实上，外蒙行政，虽因被迫独立，然外蒙人民，却尚有不少愿意归附中国的。如民国二十一年，一部分蒙人因感政治压迫之痛苦，曾向外蒙政府提出要求允许华货进口，并允许汉人在蒙地经营商业，不得歧视等。而近年来外蒙人民之移居内蒙及甘肃一带者，数以万计，是可知外蒙在名义上虽属独立，然就法理方面和人民心理方面观之，如果中国稍有办法，是不难恢复外蒙之主权的。

三 日本的横截西伯利亚政策

俄蒙协定之缔结，在苏俄何尝不知是违反国际条约之事，然而终于缔结者，其意盖在积极抗御日本向蒙古之侵占。所以我们又不得不约略说一说日本对于蒙古的侵略。

日本少壮派军人以为日本政府之仅仅乎占据满州〔洲〕，实属轻重倒持。他们以为，俄国在远东之有滨海省，不啻为一刺入日"满"胸膛之利刃。在这里，敌人之渔业、航业均集中于此，而以海参威〔崴〕为中心之强大海陆空军，亦以此为根据地。这里有遮天蔽日数百年来未经采伐之森林，有日本所最感缺乏之绵亘百里之铁矿矿苗；那里离太平洋又近，转运甚便。苏俄握有滨海省和外蒙共和国之二螯〔鳌〕，有联贯东西之西伯利亚大铁道，足使日本之经营满州〔洲〕，未可旦夕安枕。这，在日本少壮派军人的心目中，如何看得过去？"截断苏俄之东西交通"，因此就成为日本最近大陆政策的出发点。

九一八事变后，日本既以武力占据我东三省各地，建立满州〔洲〕伪国，并将热河划入伪国版图之内，而于二十二年三月加以进占，同时更占领察哈尔之多伦，以为向西向南发展之根据地。为贯激〔彻〕其一贯的满蒙政策，自侵占热河以后，即以兴安岭为中心，将东四省中蒙旗所在之地，另行划为四省，这就是所谓"兴安四分省"了。四分省者，一为兴安东分省，以黑龙江西部之布哈特地方为中心；二为兴安南分省，包括辽宁之一部分及黑龙江之南部，以哲里木盟为中心；三为兴安西分省，包括热河北部及昭乌达盟之地；四为兴安北分省，则为黑龙江之呼伦贝尔地方。四省以上设有兴安总署以统治之，隶属在伪满之下，这就无异在伪满州〔洲〕国之内又设立一伪蒙古国了。

日本人为什么要这样做呢？他的主要原因，盖在借蒙人治蒙之美名，予以省长等虚荣职衔，以为诱惑其他蒙人之工具，而为抵制苏俄经营外蒙之准备，故如最近因通俄嫌疑而被关东军枪毙之兴安北分省省长凌陞，即是原来呼伦贝尔都统贵福之子。其次则将东蒙分割成为数省以后，国小力薄，较易统治，并且可以使受治之人，忘其过去之历史，而不存恢复的心理。其用心狡狠，实无逾于此。

自东蒙沦亡，日本之满蒙政策，遂大半告成，而包围外蒙之阵线，亦着着实现。最主要者，则有从西伯利亚、满洲之边境上 Barga 地方开始，沿克鲁伦河直逼库伦之道路之修筑，于是俄国在西伯利亚与太平洋间之交通，遂有为日本所截断势之〔之势〕。

"设俄国之前线，在这里发生裂痕，则苏俄驻扎远东之二十万红军与六百架飞机，即将无用武之地。"纽约《泰晤士杂志》如此说。苏俄之急于和外蒙成立协定，我们可在这里发现其原因。

四　蒙古在日俄战争时

日俄两国在蒙古之侵略，勾心斗角，各极其能事，既如上述。

我们如更进求其所以必欲置蒙古于各自势力范围之下者，则以蒙古地位冲要，在日俄未来战争上，实有重要关系之故。

今试打开地图一看，蒙古之东界为黑龙江省，南为察哈尔、绥远等省，北为俄属西伯利亚，西伯利亚之东为阿穆尔州，阿穆尔州之南为沿海州，阿、沿二州则与黑、吉二省及朝鲜东北部相接。这样长的路线，都是未来日俄战争接触之地。此种形势于双方各有利弊，盖日人可以我东北地方为根据，作放射式的向外攻击，很占优势；但是俄人早已看到这一点，所以西伯利亚大铁路东部的双轨路线，早日完成，黑龙江沿岸的电网，亦已积极装设，更以伯力为根据，发展江防舰队，以为进攻退守的准备。这种事业的着着进占〔行〕，予日军进攻以重大之打击；而大包围之势已成，更予日军以重大之不利。不特此也，海参威〔崴〕为苏联远东唯一海空军根据地，海参威〔崴〕的海军设备，着重于潜水艇；空军设备则着重于巨型飞艇，其能力足以扰乱日本海方面之交通和威胁本州岛上的繁盛都市。假使日本军队在陆路方面不得胜利，则海参威〔崴〕之威力，便觉无法消灭，于战事的前途，实在大有妨碍的。还有一点，也值得我们注意的，苏联远东红军是具有独立性的作战能力的，苏联当局，因鉴于欧俄与远东方面的距离辽远，而西方的局势又非常紧张，假使东西两面同时受迫，则远东军队的接济，将成为大问题；因此，在西伯利亚东部的富源、交通和工厂等建设都用非常的手段进行着，最近又有四大军用公路的计划。所谓四大军用公路，即：（一）安加尔河与勒那河间之公路；（二）桦太州阿勒凯撒特尔与德罗宾斯可间之公路；（三）哈帕察茨克矿山与已拉旬车站间之公路；（四）勘察加波里沙勒斯特斯克海岸至西海岸之伯德罗巴甫斯克之半岛横断公路是。此四大公路之成功，不特西伯利亚东北部资源得大量的运用，即极东北部沿海防务，亦已顾到。闻苏联与美国曾有在沿海州辟亚美二洲航空根据地之议，苏联并拟在库页岛附近建筑新军港，这些都是苏联巩固其远东地位之大建设，也是使日军在未来日俄战争更感棘手之大原因。

日本要想在未来日俄战事上有必胜之把握，因此觉得有延长阵线之必要，他延长阵线的方法，就是把蒙古卷入漩涡，于日本是大有利益的；因为蒙古以库伦为中心的交通路线，北可以出恰克图袭上乌丁斯克以断东部西伯利亚与苏联本部之交通，而使远东红军陷于孤立无援之地位，且足以拊赤塔之背；由库伦向东北之路线，可经克鲁伦以胁赤塔之腰。所以蒙古若被日军占领，则赤塔便有三面受敌之险。赤塔是远东红军的大本营，赤塔之安危，关远系〔系远〕东红军之生命者极大；换句话说，蒙古是否被日军利用，即是日俄胜负关键的所在。

更进一步说，蒙古不特为苏俄东部西伯利亚的屏障，并且也是苏联进攻日本军队的捷径。由蒙古的东部，可以横袭黑省呼伦贝尔盆地，中东路北段因此必将感受威胁；克鲁伦与库伦，为蒙古南下察省的两大"瓯脱"，如察热交界之巴音远〔达〕赖布都克为俄军所下，则多伦危，多伦为俄军所下，则热河北、南、中三部均有发生战争的危险。倘赤峰、林西二者下其一，则辽西大为震动，而日军后顾之隐忧，将莫大于此。此路战争，在俄方之希望，初不过借以牵制而已，而其影响所及，将使我东北失地之义勇军，更为活跃，使日军有剿抚难施、疲于奔命之苦；而中国军因利害关系，甚易与俄军联络，并力以扰日军之后方。这样，战事范围，日益扩大，日本的胜利，不是毫无把握了吗？

然而日人对于此种弱点，自早已洞鉴烛照，而预谋对抗之方。其对抗方法，一方面鼓其"九一八"余威，先将热河省收归掌握，继将察北势力，加以控制，如此中俄可联络之机会已失，东北四省之地位较稳。同时威胁蒙古的犄角之势，亦告成功，真可谓一举而三筹备。这种形势造成之后，日俄"满"蒙边界冲突之事乃益烈，盖欲蒙古人知苏联势力之不足恃，而自投于日"满"之怀也。但这种企图，在日或以为意料不到之失败，因为反而促成了俄蒙协定之故；实际上亦为当然之结果。盖蒙古青年党，久受俄人羽翼，蒙古伪政府久受俄人豢养，当此所谓"人民共和国"危急存亡之际，岂有舍苏俄而投日本之理？又中东路问题紧张之时，俄人忽而让步，终于不顾中国主权，将该路售予日本，俄人之毅然出此者，盖已有退出北满保全蒙古之决心，其出售中东路所得之款，即以建造赤塔至库伦之铁路，苏联政治家目光之敏锐，于此可见。故其牺牲我国之权利，以成就其国防事业，中东路之出售与《蒙俄协定》之成立，先后如出一辙，赤白帝国主义之估价，我们于此应知其无所轩轾。

于此更有一事使我们不能不注意者，日俄两国，各为其国防，在蒙古如此痛下工夫，其成功与失败，今已判然，逆料日人为求在未来战争中获胜计，当在漠南地方向西推进，以达于新疆，因新疆为进攻西伯利亚与中亚细亚的最好根据地。前年新疆政变，日人既难免于瓜李之嫌，而苏俄在新疆的势力，近已激进，日俄在新，又有勾心斗角之势，这种发展，于我国主权当然大有妨碍。则今后日人在漠南的举动，日俄在新疆的对峙，以及苏俄在新疆的发展，我政府当严密予以注意，并早为之备。《蒙俄协定》之措手不及，便是漠南与新疆问题的重大教训，愿此一教训于今后中国外交、军事有重大的供献！

《图书展望》（月刊）

杭州浙江省立图书馆

1936 年 1 卷 7 期

（李红权　整理）

《苏蒙互助协定》及其反响

作者不详

在本年三月一日史太林和霍华德的谈话中，史氏说："假如日本进攻蒙古人民共和国，破坏它的独立，苏联不得不加以援助。"他的理由是从一九二一年以来，苏联和蒙古人民共和国一直维持着不变的友谊。这句坚决的话发表在日伪军积极向苏蒙边境挑衅的时候，自然引起了举世的注意。不久以后，在三月十二日，苏蒙便进一步的签订了《互助协定》，规定任何一方受到了第三国的侵略，其他一方有实行军事上援助的义务。这《互助协定》签订后，最先受到日本的顾忌，它认为这《协定》的日〔目〕标是对目〔日〕的；它责怪中国政府无表示，说中国一定和苏联订有密约，所以对《苏蒙协定》加以默认；这样反面文章做了好久，于是，在四月七日，南京外交当局就向苏联提出抗议，指《苏蒙协定》为破坏中国主权。隔了二天，苏联答覆这个抗议，说明这个《协定》没有违反一九二四年的《中俄协定》，也没有侵犯中国的主权，因为"苏联并没有向中国或蒙古人民共和国作何种土地的要求"。到了十一日，中国外交部又提第二次抗议，重申第一次抗议中所表明的态度。这以后的发展，截至记者执笔时，还没有下文。但这个问题是相当重要的，尤其因为某帝国主义要把这问题故意张大，掩蔽它自己对于我们所进行的广大侵略。所以我们应把各方面的反响作一检视，使国内大众对这问题获得一个正确的认识。

显然的，对于《苏蒙互助协定》最表示反对态度的，是日本；为了无法发泄它的忌恨，它甚至造作谣言，说中国政府已派陈某往苏联签订密约。四月八日同盟社东京电，居然说："日政府认《苏蒙互助协定》的订立，为蹂躏国际条约之行为。"这似乎是仗义执言，打抱不平的态度了。然而，试问《九国公约》、《华盛顿条约》以至《国联盟约》，是谁破坏的呢？试问我们的东北四省，以至内蒙、华北，是受到谁的蹂躏呢？讲到"蹂躏国际条约"，只有侵略的帝国主义才是罪魁祸首；事实摆得昭然，不用说大家就会知道。若要学"猫哭老鼠"，假装说公道话，我们已经有着血腥的教训，实在不敢领情了。

中国报纸对于《苏蒙互助协定》的批评，大半是站在法理方面说话的。一般的意见和前年反对中东路买卖时的理由差不多。但在这里面，法理和事实已经分辨不清楚。就事实讲，某帝国主义挟着大陆政策的野心，向满蒙推进，甚至已囊括了华北五省的实权；满蒙、华北是我国的领土，但我们的军队应该抵抗而没有抵抗，结果是大块河山变色，无数同胞成为侵略者的奴隶。这时候，我们见到我们外蒙同胞的军队奋勇抗敌，使侵略者不敢越雷池一步，我们只有惭愧的份儿，再无说话的勇气。是的，我们的勇气应该向当前的帝国主义侵略者发挥的。东北四省不被侵夺，内蒙、华北不受威胁，则中东路的买卖和苏、蒙的《互助协定》都不会发生；推源祸始，我们当认识真正的敌人是谁！不打倒真正侵略我们的敌人，在枝枝节节的问题上作法理的争执，结果还是无效的。

而且，在当前的危局中，我们应该把眼光放大，认清在目前东亚以至整个世界的政局中，只有侵略者和被侵略者两个阵营：实行侵略和挑动战争的属于前者，反对侵略和主张和平的属于后者；

侵略者的阵营已有了种种的勾结，如过去的英日同盟，最近的日德同盟，都是；但是被侵略者或反侵路〔略〕者的阵营，现在也已觉悟了有互助合作的必要，如西欧的《法苏协定》，近东的伊兰、土耳其、伊拉克、阿富汗的《四国协定》，以至远东的《苏蒙协定》，都是。在被侵略的弱小民族的立场，我们应该认识这种反侵略的互助协定的重要。我们不要费力于无效的争执，忘却了本身真正的危机；却应以最大的勇气，联络弱小民族和一切以平等待我的民族，协力互助，走上共同求生的道路。

《永生周刊》（周刊）

上海永生周刊社

1936 年 1 卷 7 期

（朱宪　整理）

集中一切力量到绥远

作者不详

绥远将士的英勇抗战决不是中国人打中国人的战争，而是我们的抗敌英雄歼灭敌人及其走狗的神圣战争，是毁灭中华民族一切奇耻大辱的自卫战争，同时又是收复我已失领土，恢复我已失主权，更进一步争取全民族独立的民族解放战争。

这是跟平时各种各式的内战相差十万八千里的战争。

这用什么来证明？

这首先要用我们民族敌人的态度来证明。敌人不仅用他狠毒的大陆政策指挥这次侵绥的战争，不仅用他的飞机和大炮和他自己的士兵屠杀我绥远的同胞，而且更凶辣地在我们后方削弱我们的抗战力量，直接间接消灭我全国民众的援绥运动。换句话说，敌人正用一切力量来反对我们的抗战。可是我们的敌人对于我们的内战却尽其所能，百般鼓动。这是因为敌人对于我们从任何方而爆发出来的内战都欢迎之唯恐不暇，而对于我们举国一致的抗战，则最所畏忌。现在敌人又想用劝诱我国签订"防共协定"的诡计，来削弱我们绥远抗战的力量了。

第二，我们从全国民众的态度看，这次绥远抗战发动，不论军界、政界、工商业界、教育界、工人、农民甚至平时绝不关心国事的舞女，都以空前的热情，踊跃输将，一二八时民众悲壮鼓舞的情境，又得重见于今日。可是他们对于政府今天还在进行的西北"剿共"军事又怎样呢？

这为的是什么？简单得很，这是因为前者是为国家为民族争取独立生存的光荣的抗战，而后者却是消耗国力的内战。再不能有第二个答案。

第三，我们还可以用政府所处的地位来说明绥远的抗战不同于一切的内战。这次政府能够一反前此对抗敌运动冷淡的态度，而也领导着募捐援绥运动，更进而调动军队开往绥省助战。最可喜的，报载此次购机祝寿时所得的飞机已有七架飞到百灵庙的高空去侦察敌情，进行空战。政府这种措施自然会加强人民对政府的信仰和拥戴。这种宝贵的信仰与拥戴在任何内战中是见不到的。

我们希望这次绥远的抗战将是全国抗战的起点；更具体点说，此次抗战不应当只是晋、绥部队的局部抗战，而应当是全国二百多万武装队伍的一致作战；不应当只要晋、绥两省的实际援助作战，而应当是全国四万万同胞总动员的对敌抗战。

这首先是因为绥远如果失守，那末不单是内蒙全部沦亡，整个中国也就会给敌人占领。据南京方面军事专家的估计，假如敌人占领绥远——实际上只有占领平地泉（集宁），那末，敌人即沿平绥、同蒲路南下以取太原，易如反掌。太原一经失守，敌人只要用四五万兵力就可以控制整个中国。他用一万兵力渡黄河，扰陕西，这样陕西、宁、青都受其牵制；他再以一万兵力出潼关，取洛阳，这样两湖乃至两广都会受其牵制；他再以一万兵力取陇海，攻皖、豫，这样苏、浙、豫、皖四省都会受其牵制；同时他再以一万兵力，扰河北、山东，这样所谓华北，一下子就得完全落到敌人手里（见十一月廿一日南京《新民报》）。所以我们认为防卫绥远，就是防卫整个中国。

为要进行有效的自卫，我们在战术上就应当很快地从消极的防御战变为积极的攻击战。单纯的防御战术，在一二八抗战中，在南天门抗战中，都已给了我们惨痛的教训。今天在绥远抗敌的将士已经部分的采用攻击战术，敌人及其走狗的军事根据地百灵庙已给我们收复了。我们希望绥省将士立刻将抗战的阵线扩展到察哈尔去更进而向热河乘胜推进，收复我们已失的锦绣河山。

我们希望中央能够立刻确定全国抗战的计划，遣派大兵到绥境领导作战。希望宋哲元、刘汝明诸将军不要只以"如有匪人进犯，决予痛击"为已足，而要积极接受西北问题研究会和全国人民的请求，立刻出兵协同傅将军部队消灭丑敌。我们还希望西北张学良、杨虎城诸将军的部队以及一切别的武装队伍都立刻向绥境、察南移动，以中央军为主力，分头向敌军攻击。

自然，这需要全国各界民众的团结一致，动员一切人力、物力和智力，配合着全国抗战的军事力量，向民族敌人作最后的搏斗。

我们为了民族的独立，为了解脱我们一切的锁链，我们要动员一切力量到绥远去。

《现世界》（半月刊）

上海现世界社

1936 年 1 卷 8 期

（朱宪　整理）

《苏蒙协定》之因果及其观感

张蕴刚　撰

东邻帝国主义者自九一八事变以还，竟获得远出其意料外之巨大利益，骄狂之态，愈不可一世，致令西方各先进帝国主义者为之侧目，积愤所不能平。于是群情惶然，奔走相告，必谋有所以压制之，使不致过度侵犯各先进帝国主义者在华之利益。而狡猾之东邻帝国主义者奸狡多端，初则以退出国际联明〔盟〕相要挟恐吓；继则时向苏联挑衅，冀以移转各先进帝国主义者之耳目——盖苏联者，各帝国主义者之共同敌人也。此时之苏联方继续努力于国内之建设，对外一以和平为依归，遇事忍让，中东路之出售与伪满，其明征也。乃包藏巨大野心之东邻帝国主义者，竟以苏联为软弱可欺一如中国者，于是不时借题发挥，不断的向苏联行挑战之举动，殊不知苏联非真如中国可欺也，故亦随时以理直气壮之抵抗作回敬，于是日苏冲突之消息濒〔频〕传播于世界，而两国之关系遂亦愈趋愈紧张矣。

东邻帝国主义者，既有心于向苏联进攻，然非敢即行对苏联作战而暂缓其对华之侵略也。且正为进攻苏联，更不得不加紧对华之侵略，满蒙政策本为其侵华之初步路线，自九一八事变以迄于今，计其满蒙政策之成就，除一手造成之伪满洲国外，其在内蒙方面之活动，目前可谓已将达到其目的之成熟地步。惟外蒙方面则处处给与迎头之打击，使其感受极大之困难。盖外蒙与中国之

宗祖〔主〕国关系，不过名义上之连系耳。溯自一九○四年日俄
战后，外蒙即早为帝俄南下政策之目标，一九一二年中国革命事
起，清政府倒而民国成立，帝俄即乘中国之内乱，嗾使外蒙离中
国而独立。后中俄虽缔约明认中国对外蒙之宗祖〔主〕权，但帝
俄并未因之而少止觊觎之念。迨一九一七年俄国革命事起，帝俄
倒而苏维埃政府成功，外蒙亦受其影响及援助，于一九二四年成
立蒙古人民共和国。自是外蒙除与苏联保持相当关系外，与任何
国家概行断绝往来，即与中国实际上亦毫无关系可言焉。外蒙政
府既与苏联有如此密切之关系，断无接近东邻帝国主义者之可能，
与反向苏联敌对之理。于是东邻帝国主义者于情急之余，无论就
加紧对华侵略言，抑就向苏联进攻言，皆不得不对外蒙极力加以
压迫，压力愈大而反抗亦愈甚，遂反促成蒙古与苏联进一步之关
系，而有三月二十七日蒙古中央执行委员会第二十届会议拥护蒙
古政府之外交政策，赞同与苏联缔结互助公约之决议，及二十八
日苏联政府对苏蒙互助公约之正式公布。

　　三月十二日苏联与外蒙两方面在库伦签定《苏蒙协定书》。协
定内容共计四条，其要如下：

　　　　第一条　苏联与蒙古人民共和国之领土如受有第三国家或
　　政府之攻击威胁时，则苏联及蒙古人民共和国应立即共同考虑
　　发生之情形，并采用防卫及保全两国领土所必要之种种方法。

　　　　第二条　苏联政府及蒙古人民共和国政府承认在缔约国之
　　一方受敌人之军事攻击时，互相尽力予以种种有力之援助，军
　　事当然亦在应行援助之列。

　　　　第三条　苏联政府及蒙古人民共和国政府承认为缔约国中
　　一方之军队为根据互助公约，完成第一条或第二条之义务起
　　见，得屯驻他一国内。但至无此种必要时，必须立即撤退，如
　　一九二五年苏联军队之退出蒙古人民共和国领土之例。

　　第四条　此种草约共两份，俄文蒙文各一。两份均具有同等效力。此种草约于签字后即行发生效力。签字之日起，十年内继续有效。

　　就上所列《苏蒙协定》之内容而观，其意义极为明显，一言以蔽之，苏蒙双方共同防御第三国家或政府之侵略而已。至于第三国家或政府何所指，此盖心照不宣，人人皆不待言而自明者也。

　　自《苏蒙协定》公布后，立即引起巨大反响，东邻帝国主义者，自以为关系自己之切身利害，愤懑〔懑〕达于极点，呶呶不能自已。中国政府亦以法律上之主权问题，及外交上之不得已苦衷，不得不有所表示，故于四月七日向苏联方面提出抗议，抗议之根据点为一九二四年之《中俄解决悬案大纲协定》。该协定第五条规定："苏联政府承认外蒙为完全中华民国之一部分，及尊重在该领土内中国之主权。"外蒙为中华民国领土之一部分，此至明显之事，任何国家皆不能与之直接有任何交涉及缔结任何条约或协定。今苏联政府忽与之直接有所协定，其非违反中俄协定而何，非侵害中国之主权而何？故中国政府对此《苏蒙协定》断无承认之可能。自中国之抗议发出后，八日即得到苏联方面温和文词之答覆，坚持否认《苏蒙协定》侵犯中国之主权，及违反《中俄协定》。并谓《苏蒙协定》不但只于外蒙有利，即于中国亦有莫大之利益。且引征一九二四年苏联与东三省政府所签订之《奉俄协定》，当时中国政府并未加以抗议，并承认其与《中俄协定》有同等之效力，则《苏蒙协定》亦当与《奉俄协定》作等量齐观也，《苏蒙协定》并无违反第三国之利益之规定，只于苏联与外蒙人民共和国受第三国之侵略，及对于自己领土不得不有所防卫时，始能应用及发生效力。故苏联政府并不能因中国政府之抗议即放弃《苏蒙协定》。据此答覆，亦见其能持之有故，言之成理也。厥后中国政府复作第二次之抗议，苏联政府亦作同样之第二次答覆。

就现在情形而论，则《苏蒙协定》未必能因中国政府之抗议而有所动摇，其势盖彰彰明甚矣。

　　然则吾人对于《苏蒙协定》究作如何感想乎？《苏蒙协定》之真正关系切身利害者，当为中国而非东邻帝国主义者。今东邻帝国主义者呶呶不已，一似热忱可感，予中国以助力，不忍见中国领土之消失者，此则司马昭之心，路人皆知，不必论也。但中国对之，则似乎无反对之必要。何则？以吾人观之，《苏蒙协定》不过欧洲集团和平之原则在远东之运用而已；亦即奠太平洋集团和平之基也。与所谓《日满议定书》之《日满共同国防》相比较何如？以目前之中国，其国力微弱极矣，其处境困难极矣，其领土亦因之而为敌人所予取予求矣。辽、吉、黑三省之不足，继之以热河，又不足；继之以绥、察及整个华北。中国之国界已寝寝〔浸浸〕退至黄河流域，长此下去，整个中国领土将有全为敌人所囊括之一日。今乃斤斤于外蒙一隅与人为有利之合作，无乃重其所小而轻其所大乎！况《苏蒙协定》正所以谋戢止敌人之野心乎！或曰："就上所论，岂不惧苏联之亦包藏祸心以攫取外蒙乎？"曰："是则杞人忧天，不必有之顾虑也，观乎《苏蒙协定》第三条之规定，则苏联之对外蒙必无不可测之心，盖甚显然。"苏联对中国抗议之答覆书中谓："《苏蒙协定》不但对外蒙为有利，即对中国亦有利。"于此亦可得一明征。

　　至于《苏蒙协定》后，将引起事态如何之变动乎？此处试一略言之。

　　《苏蒙协定》系为对东邻帝国主义者而发，无异对之示威。此为任何人皆知之事实。故东邻帝国主义者对之愤慨，呶呶不已，有由然也。以向苏联进攻而言，则此后苏联对敌人之防线，已移至外蒙东境。此时之东邻帝国主义者若有稍具理智之头脑，必不敢冒巨大之危险，以图不可必得之功，而知难以退。则日苏之冲突得以和缓，战祸之惨，或可避免。其静自修省，知难而退，以保持自己之元气乎？抑一任兽性不加抑制，以自取覆亡乎？是则在于东邻帝国主义者之善自选择也。

再返而视中国。设东邻帝国主义者能忍其小愤，知难而退，则今后必更专心于加紧对华侵略，积极进行灭亡中国之计划，给中国于朝鲜之地位，此必然之事也。如果东邻帝国主义者竟小不忍以乱大谋，举其国作孤注之一掷，则战祸之惨，即在目前，此时之中国助东邻帝国主义者乎，祖苏乎，抑保持其中立之态度乎？此则殊堪深加考虑者也。

以言助东邻帝国主义者，此则为万不可能之事也。即令置过去不共戴天之仇不论，愿放弃广大之土地，但求今后敌人停止其进一步之贪念，而与之立于一条战线上，如此亦为绝不能办到之事。倘使中国而助东邻帝国主义者，是何异引敌作友，认贼作父，徒自更取大辱而已。以言保持中立，此亦为事实所不许。何则？盖日苏战事发动后，必然的以中国土地作战场，东邻帝国主义必利用中国人民作枪弹炮弹之标的。惟苏联向以扶助弱小为求与国之号召，故中国与之为有亲近之可能。或曰："苏联对世界宣传社会主义，向有赤化世界之嫌。共产思想不适合于国情，岂能令其复流毒于神州？"曰："是不必虑，但在中国外交上之善于利用耳。不观乎世界大战后之土耳其乎？其复兴多得力于苏联之助，然未闻土耳其变为共产主义国家也，是可大引以为鉴者。"近舆论多有主张扩《苏蒙协定》而为《中苏协定》，是深值得加以讨论者也。

总之，中国之出路，根本在于中国自己之努力。国际间之矛盾应极力善加利用，而不可因循坐失时机。民族复兴之关健〔键〕，全在于此。

孙中山先生遗言："联合世界上以平等待我之民族共同奋斗。"

愿国人勿或忘之!

《亚洲文化》(月刊)
南京亚洲文化月刊社
1936 年 1 卷 9 期
(李红权　整理)

绥蒙告急与中国前途

齐物 撰

中国主权被人侵略，年复一年，有加无已。客岁察北六县，相继沦亡，敌人即在此招兵秣马，准备经年，作为进攻察、绥的根据地。虽有某国人在背后策动，一时羽翼未丰，力量未固，始得相安无事。

德王一再被人胁迫，早已失掉自由，于是第二个"满洲国"傀偏国的头衔，恐怕加诸其身了。所以最近积极的动作，已现〔显〕明地在那里表示态度了。因之，蒙古军政府的成立，一时甚嚣尘上，现虽未明白颁布独立，亦不过是时间问题罢了！据我们在报纸所得，内中组织，共分八部，即外交、财政、内政、教育、建设、司法、实业、交通。由德王自任总裁。

在军政府未成立前，德王第一声大炮，便是夺取绥东五县，集宁、兴和、陶林、凉城、丰镇，遂有上月三十日及本月二日进袭陶林的事，虽被当地官军民团奋勇击退，敌人总未得逞，不过前途的演变，殊难乐观，为中国存亡问题所系，吾人确不可漠然视之。

年来国防丧失，中央无通盘的计划，只是头痛医痛〔头〕，足痛医痛〔足〕罢了！事前无相当准备，事后手忙脚乱，总至丧权失地。

最近几日，察北六县，敌伪大军云集，其紧涨〔张〕状态，丝毫没有缓和。地方当局扬言抵抗到底，无奈个别的力量恐无法制裁。举国朝野士人，虽竭力重视，然无具体的明确的表示。吾人试观去年察、绥因冬雪成灾，请求政府救济，只拨款八万元，各得四万，真是杯水车薪，无济于事了。察省经费困难，更不待言，即以稍为富裕的绥省而言，省府支出，政费每月八万，军费二十余万，其可怜状态，亦可见矣！以如此的财力、军力身当国防第一线而欲捍卫边方〔防〕，其困难实非吾人逆料所及。

去年察北问题发生时，土肥原妙舌如簧，居中调停，亦谓为对俄的准备。中国的人误于机会论主义，以为日俄冲突，我好乘此时机，收复失地。岂不知这是一种梦想，世上哪有这样便宜的事。

当此创巨痛深之日，我们清算过去，看看某方国策怎样？田中义一奏折谓："（一）征服台湾；（二）征服朝鲜；（三）征服满蒙；（四）征服支那全土；（五）征服世界。"现在日本的国策，就是向着这条路迈进，这是他的一贯方针。

现在我门〔们〕只有两条路可走：（一）投降；（二）抵抗。亡国奴是人所不欲做的，那么只有抵抗了。希望中央政府指日挥戈北上，作军事的援助，拨发大批款项，作战时的费用。这是刻不容缓的惟一任务了。国家前途，也就有一线光明了，否则，那就只好准备作亡国奴吧！

《人人周报》

北平人人周报社

1936 年 1 卷 10 期

（朱宪　整理）

日帝积极侵略下的外蒙古

——弱小民族情报

马学之　撰

当我们的东北为强敌占领时，我们曾听到许多大人先生唱出〈开〉发西北的调子，来转移我们收复失地的目标，更有许多人攻击外蒙"叛离"，并夸耀中国对外蒙的宗主权。可是在××帝国主义和伪国积极侵略外蒙的时候，我们却听不到丝毫要求保护我们领土外蒙的呼声了，并且把敌人的进攻外蒙，当做单纯的日苏冲突。

××帝国主义终于在一月廿三日开始进攻外蒙了。日满军侵入蒙境，向外蒙哨兵轰击，但因蒙军英勇的抵抗，日伪军乃不逞而退。

在殖民地解放战展开的今日，我们对于自己国内一个最重要的弱小民族实有细心研究的必要。

外蒙古横亘在大戈坚〔壁〕的北方，东临满洲，北接苏联，西、南部和中国本部相连。据一九二六年的调查，外蒙人口约六十八万二千五百人，其中百分之八十五为游牧人民。

外蒙古直到现在犹停留在游牧经济的阶段。苏联外蒙研究的权威马依斯基说："现在外蒙的产业，可称为原始的或旷野的牧蓄，它的特征是自然的、历史的进展，少加人工。"所以外蒙的生产组织是建立在原始的牧蓄和土地公有上的，全国人口均直接或间接依牧蓄为生。外蒙的牧场分夏季牧场和冬季牧场，从五月到十一月在夏季农〔牧〕场工作，十一月又移到冬季农〔牧〕场，至第二年五月再迁回。

外蒙古有无尽的天然富源，因此便成为强邻侵略的目标。

早在一七二七年，帝俄已开始向外蒙侵进，不过那时外蒙尚在清朝的强大势力据有之下，中俄除缔定《恰克图条约》划定中俄疆界外，仅根据《尼布楚条约》，许两国人民往来贸易而已。但自咸丰二年（一八五一）的条约后，俄人的势力便一天天澎涨，随后经一八五八、一八六〇、一八六二、一八八一四次条约，外蒙已逐渐卷入帝俄的势力范围中去了。尤其是最后一次的《伊犁条约》，给予俄人经商以最大的利益，益使帝俄在外蒙的势力日加强固。

宣统三年，帝俄趁中国革命爆发的机会，指使外蒙王公宣布独立。民国元年，俄蒙订立的协约，可说是外蒙的卖身契。同年又订立开矿协约，民国三年，又订立电线协约，把外蒙境内一切采矿、建筑铁路、架设电线等权利统统让给帝俄了。

直到一九一七〈年〉俄国革命爆发，外蒙人民才得到翻身的机会。但不久又白党〔白党又〕从西伯利亚退入外蒙，于是蒙人又陷入白俄的蹂躏之下。不过，那时外蒙人民在外民〔力〕侵略之下已渐觉悟，便在外蒙古国民党的领导下，组织起来，向白俄抵抗，那时苏联军队也达到外蒙，便联合起来，消灭了白党的势力。

从此，外蒙与苏联开始了和平的友好关系。苏联政府把过去帝俄在外蒙的种种特权完全废除，并在各方面积极援助外蒙人民共和国的设建〔建设〕。

十九年来，外蒙在各方面建设成绩，着实可惊。我们知道外蒙古的经济基础完全建筑在牧畜业上，而牧畜的缺点又很大（粮秣的缺乏，天气的袭击和野兽的破坏等），因此外蒙政府就极力改善畜业，一面改善饲养的方法，如建筑畜棚，防止传染病，和储积饲料等，一面并注重畜种的改善，从苏联输入良好的马、羊种，所以近年来，外蒙的牧畜事业已达到健全的发展。

同时，外蒙政府对于教育事实〔业〕也十分努力，因为要促成一个文化落后的地方建设，提倡教育是十分重要的。十几年来，外蒙在苏联的积极帮助下，已经建立起一种在形式是民族的，在内容是很合于新兴思潮的文化的规模。俄文和汉文在外蒙并不强迫人民学习，但用汉文和俄文出版的出藉〔书籍〕、报纸却大有增加，自然，外蒙人民自己的蒙文更有充分的发展了。各级学校也是普遍的建立，在首都乌拉巴尔（即库伦）大、中、小各学校、士官学校都有很完善的设备，其他各大小地带的文化殖设都踏上壮健的路上。

外蒙政府对于近代工业的建设，也很注意。一面扶助既有之手工业工场（制粉，肥皂，烂〔砖〕瓦等），一面更以鸟〔乌〕拉巴尔为中心，建设大规模的现代工业。在那里，各种工厂都以〔已〕建立，尤以羊毛制造的工〈业〉特别发达。无线电、公路和其他的交通建设也都在迅速的发展，因一般工业〔业〕建〈设〉的时〔顺〕利，外蒙的国防军备也达到极健全的发展，所以日"满"到现在还不敢去动它。

有一班人常有意无意地宣传，外蒙人民共和国是"赤化"的组织。其实，外蒙直到现在还没有共产党的组织存在。在一九二七年，外蒙国民大会上，蒙古青年党曾要求成立无产政党，但第三国际的代表却反对这个意见，因为外蒙古尚无无产政党的基碍〔础〕，只能组织代表广大游牧人民的利益的政党，去消灭王公和嗽〔喇〕嘛的残余势力，帮助贫苦的牧人，和提高他们在这个党中的成分。从这点就可看到，外蒙古的青年党和共产党并不是一个东西。

×× 帝国主义常利用"防共"之名，来遂行它侵略外蒙的计划。这里就暴露了它的欺骗，×× 帝国主义侵略外蒙的野心早在帝俄时代日俄战争后就开始了。那时，新兴的 × 帝国主义和帝俄暗中斗争很烈。它派遗〔遣〕了许多考察团，在外蒙活动，到俄国革命时，它又帮助白俄谢米诺夫在西伯利亚与苏联军队作战，接着又支持白党攻入外蒙。到外蒙人民驱逐了白党，才把它的侵略计划打破。

但是它的野心并没有因此停止。在田中奏折中，拟定的进攻外蒙的详细计划，把外蒙当作进攻苏联和吞没全中国的要冲，现在这个计划已在迅速实行了。

现在外蒙古所受到的威胁，是和全中国的严重情形一样，不过外蒙政府已表示了决心抵抗的态度，而我们政府呢，现在却又承认内蒙的"自治"了。

外蒙是我们中国的一部，这是谁也不能否认的，在展开民族自卫战的今日，我们不能把现在外蒙所受的压迫，看作不相关的事，我们应该和外蒙的广大的群众紧紧地连在一起，向解放道上冲去！

《客观》（半月刊）

上海客观社

1936 年 1 卷 12 期

（刘殊林　整理）

苏蒙议定书

季 撰

苏联和外蒙于三月十二日在库伦签订了一种"援助议定书"，内容四条，和一般的"军事同盟"相似。

这个议定书主要的目的，当然是为防止日本的侵略，同时更是说明日本要侵占外蒙攻击苏联之如何之急。

外蒙从一九二一年起，事实上已成了苏联的势力范围，军事、治政〔政治〕、经济无一不是操在苏联手里，然而他为什么还故意装这套假模假样？自然他还是怕给人以口实。这议定书使他可以明目张胆地有军事行动，使侵略者无所借口。这在苏联方面是一种妥善的办法。

但是消息发表了以后，激起了两个反响。一个是日本的严重注意，日本政府认为是蹂躏国联条约之行为，因为中国提出严重抗议，故决定暂时静观情形。再就是我国根据民十三签订的北京《中俄协定》，认为是侵害中国主权，提出严重抗议。日本纵然说静观情形，其实他认为严重的比中国的"严重抗议"还要严重。我们的抗议当然是应该的一种举动，但是我们倒是应该想一想：我们怕人家侵害主权是对的，不过我们如何能保守那块认为有主权的国土，才是不白白提出严重抗议呢。否则，光是讲主权，到时候不能尽"主人"的义务，也是有点说不下去。

《一般》（周刊）

汉口一般周刊社

1936 年 1 卷 14 期

（朱宪　整理）

外部抗议苏蒙签订议定书

作者不详

"九一八"事变以后，日本和伪满继续不断地予外蒙以军事上的压迫，苏联政府曾屡次予以技术上的援助，最近形势更趋紧张，迫使苏联和外蒙于三月十二日在库伦签订议定书，规定从此以后，双方将共同防御第三国的侵略。议定书共有四条，据四月八日塔斯社所发表的，内容大要如次：

第一条　苏联或"蒙古人民共和国"之领土如受第三国家或政府之攻击威胁，则苏联及"蒙古人民共和国"应立即共同考虑发生情形并采用防卫及保全两国领土所必需之各种方法。

第二条　苏联及"蒙古人民共和国政府"承认在缔约国之一国受军事攻击时，相互予以各种援助，包括军事在内。

第三条　苏联及"蒙古人民共和国政府"认为缔约国中一国军队根据互助公约，为完成第一条或第二条之义务起见，屯驻另一缔约国内，至无此必要时，应立即退出，有如一九二五年苏联军队之退出"蒙古人民共和国"领土，此乃不言自明。

第四条　此项草约共有两份，一用俄文，一用蒙古文，两份俱有同等效力。

此项草约将于签字后发生效力，于此后十年内继续有效。

　　我中央当局以苏联这种举动，不但蔑视我国主权，且违反民国十三年《中俄解决悬案大纲协定》的诺言，特于四月七日向苏联提出抗议，略谓：《中俄解决悬案大纲协定》第五条规定"苏联政府承认外蒙为完全中华民国之一部分，及尊重在该领土内之中国主权"。外蒙既是中华民国的一部分，则任何国家都不能和它缔结任何条约或协定，乃苏联政府擅自和它缔结议定书，自属侵害中国主权，违反民国十三年的中俄协定，故中国政府对于这议定书，断难承认。四月八日，苏联答覆我国抗议，否认侵犯我主权，和违反中俄协定，且说该议定书不但有利于蒙古，而且有利于中国。略谓：议定书的签订和议定书内各条款，不但没有损害中国的主权并且也没有违反中俄协定，苏联政府仍愿维持中俄协定的效力。至于在形式上苏联是否有权和中国自治部分签订协定，则可引《奉俄协定》为证。民国十三年八月，苏联和东三省政府签订协定，并未引起中华民国政府的抗议，且经它承认，和中俄协定有同样的效力。《苏蒙议定书》并不反对第三国的利益，因它须在苏联或"蒙古人民共和国"成为被侵略者和不得不防卫自己领土的时候始发生效力。十一日我政府又提出第二次抗议，郑重声明，仍维持第一次抗议的态度，坚决否认《苏蒙议定书》为有效。

　　外蒙在日俄战争以后，就成了旧俄南进的重要对象。民国元年，旧俄怂恿它脱离中国而独立，后来中□虽于民国三年、五年和旧俄缔结条约，使它在法律上承认我对外蒙的宗主权，但它觊觎外蒙，却未稍息。后来俄国革命，外蒙于一九二四年组织"人民共和国"，自是以后，外蒙就采取锁国政策，除和苏联保持密切关系之外，对于其他国家，都不相往来。而所谓"蒙古人民共和国"是在苏联援助之下建设起来的。先是蒙古急进青年，受俄国革命的强烈刺激，都秘密赴俄组织蒙古革命国民党，于一九二一年二月在买卖城召集第一次大会，三月又组织临时政府，受苏联红军的援助，攻入库伦，当时因不欲和喇嘛发生冲突，故仍拥哲布〈尊〉丹巴活佛做元首，而实权则操于国民党。一九二四年活佛死后，始正式组织"外蒙人民共和国"，改首都库伦做乌兰伯特尔荷特，宣布反对喇嘛，摧毁封建王公制度，一切政治、军事的组织，都以苏联为模型。一九三五年又正式加入第三国际。苏联之所以如此积极援助外蒙，原想把外蒙做它抗日战争的要塞，而日本为贯彻其大陆政策起见，自也不得不在大兴安岭方面，先有所布置，因此便和外蒙发生了多次的冲突。外蒙在这苏日两国争霸东亚的场合，恐将成为它们的角逐之场了。

至于外蒙最近的情形，据华联社所传，大致如下：

（一）经济方面　据一九三五年调查：在十六万五千的农牧户中，已有九万二千户的贫农与中农已实行集体耕作制。又据一九三四年的调查：全外蒙的家畜，已由八百万头增至二千二百五十万头了。工业情形，据一九三一年的调查：如矿业、电厂、皮革等大工业，其总值已达二百八十七万七千元。依照计划到一九三七年止，可增至一千二百万元。至对外贸易，以苏联为主要，占苏联对外贸易之第三位（仅在英、法之下）。其输出品主要为畜产及狩猎品。据统计一九三四年一月—十月两国之贸易情形如下：入口四〇，〇二〇（千卢布），出口一五，〇八六（千卢布）。一九三四年末两国又缔订通商条约，此后两国间之通商关系，将更为紧密，自不待言。

（二）文化方面　外蒙政府对于提高文化工作，亦极为注意。文化事业之经费年有增加，如一九二八年之预算，不过二，八二〇（千卢布），但到一九三一年便增加至七，四九八（千卢布）了。一九三〇年九月，由青年同盟实行扫除文盲运动，三一年又废止复杂之旧阿拉比亚型文化，采用拉丁文字，故现在首都文盲已完全绝迹，至其他各地因社会教育的发达，也正日趋减少。据统计现在全国计有流动电影馆二十一所，小学校五十一所，中学校六所，大学校一所。

（三）军事方面　外蒙古之军事实力，亦甚充实，其分布情形，系以保持库伦、罗甫斯克、莫斯科三地之联络为目的。其总兵力共有十余万人，大部均驻在库伦、贝尔湖及哈尔哈河一带。凡飞机、大炮、装甲自动车等优秀设备，均应有尽有。全国男子年在十八岁以上，四十五岁以下，均有当兵之义务，军器均自苏联运来，极为精锐。军队中之重要官长及顾问均系俄人。军队组织之种类，分为国境联队、骑兵、机关铳队、炮兵、航空队、工兵等。并仿效苏联办法，设置政治部，以实施士兵之政治训练。此外在外蒙境内尚驻有多数之苏联红军云。

《申报每周增刊》

上海申报周刊社

1936 年 1 卷 15 期

（李红权　整理）

严重的绥东事件

叔棣　撰

一　意义和企图

　　这次绥东事件，绝不是单纯的地方事件，而有着国际的背景，已是举世皆知的事了。从"九·一八"事变后，这五年以来，日俄对立，沿着一条很长阵线，在积极配置着，东由海参威〔崴〕起，北沿乌苏里江，西向沿黑龙江而达漠河，复折而南向沿额尔古纳河，直达到热河与外蒙之间的内兴安岭，而至于察哈尔与外蒙的边境。在西部阵线上，一旦有事时，日本参谋本部所计划着的军事重心共有四个：（一）张家口，（二）多伦，（三）索伦，以及中东路上的呼伦。目标呢，却是外蒙古的库伦。企图于日俄战争一旦爆发时，能够迅速攫取库伦后，北上直捣贝加尔湖，将西伯利亚东部与西部截为两段。看清了这种用意以后，就可明白：苏俄所以要与外蒙协力，在外蒙南境沿宁夏、绥远、察哈尔等省之北，积极配置防御工程，确有其不得已的苦衷。今年三月十二日，苏俄、外蒙互助公约的正式签定，就是向外表示这种配置已经完成。在这形势下，万一有事，则不独日"满"进攻库伦为不可能；而且，如果苏蒙联军一举而下察、绥的话，则立刻可使日"满"几年来的配置，成为粉碎，给伪满以莫大的威胁！这形势，日方也看出了。她底答覆是什么呢？这就是企图从热河、察哈尔北部起，再把阵线向西南伸展，经过绥远、宁夏甚至甘肃、青海等省的北境，再予外蒙以及新疆以更大的包围。这回，匪军由某方在背后指使，进攻绥省，即其开端。其近〔进〕攻的策略，分为三路：李守信、王英等匪军，七月三十、八月二日及八月十五，三次由商都进袭平地泉等绥东五县是中路；王道一匪部，于八月七日，由延庆进扰阳高是南路；由伊大喇嘛驱逐石王，并由绥西王英招集旧羽，企图窜过武川，而侵入绥远之西北，这是北路。这三路进袭的同一目的，不过是企图通过绥远，以达宁夏、甘肃、青海等省境内。这就是照着他们包围外蒙、新疆等地的预定好的计划阵线走的。这种推测，我们可由两种事实去证明：第一，由察北向西南去的各地，在富庶上，远不及向东南来的一带，如果仅是匪军纷扰，仅是为了劫掠，那么，他们应当向东南来的，为什么反而出了死力，分三路向西南去呢？其次，在这种紧张的时候，某方的特务机关，已经纷纷在青海境内的西宁，甘肃境内的平凉，以及宁夏境内的阿拉善、额鲁特旗等处先后成立了；不用说，这全是有着特殊意义的。而伪军及土匪这次进扰绥东，也就是达到同一目的的另一手段。

　　不过，这次绥东事件中，还有另一个意义，也不可忽视；这就是伪组织庇护下的各种土匪、汉奸、失意军阀，以及他国浪人等等复杂分子的皆思袍笏登场。他们底企图，是在扩大伪组织；不独想把绥远与察北六县联结起来，而且，还想把热河以及冀东二十二县等伪组织，均打成一片。自事变发生以来，原属热河伪第五军区驻在围场、经棚等地的张海鹏旧部，已由李静修率领，向西开入察北；而冀东之赵大中，以及收编之土匪，亦均赶往参加。最近殷汝耕、白坚武等，又为这事活跃起来了。如果把这些事实再与某方屡次把冀东、察北相提并论的事实对照起来，那么绥东事件在这方面的意义，是很明了的。

二　经过及现势

几个月前，就有了传说。这传说，果然在七月底八月初之交实现了。这就是这回的绥东事件。中路方面，七月卅日、八月二日两次，王英、李守信、王道一等部匪军向绥东之陶林、集宁（平地泉）一带进袭，被驻军击退，死百人，伤二百余人。八月十五〈日〉又有第三度侵扰，亦未得逞。这一带匪军的目标，是绥东的陶林、集宁（平地泉）、兴和、丰镇及凉城等五县。在南路，八月三日及七日，在平绥路上，山西省内之阳高北面，先后有二次发现王道一匪部侵扰，一次为百余人，一次约三百余人。他们底企图，是占领阳高，截断平绥路交通，阻止由北平至绥东之军事供应，更进而由独石口一带，窜入绥东之丰镇、凉城一带。但前后均因驻军势力雄厚，被击而退。在北路方面，伊大喇嘛得某国人四名之指挥，于八月七日，进攻石王府，以七十余人对五十余人之优厚势力，将石王部下战败，并将石王驱走，逃至包头。旋由傅作义派兵两营，前往调解；调解不成，复以武力解决。现石王已回到原地。另外，积匪王英自领得某方之枪千余枝后，亦在积极招收旧羽，企图突过绥军防线，由武川（可镇）窜回其绥西一带之旧巢。王道一在嘉卜寺遇害后，其部下，亦有归王英统率之传说，北路这一方面，到现在没有什么大的举动。

现在的绥东形势，自匪军几次进扰被击溃后，已入于一种表面沉寂而实际紧张的状态，双方俱在积极准备中。对方系以伪军、土匪以及临时招收的乌合之众等为主力，而以某方的军队督战。据可靠消息，其作战方策，系以土匪及杂牌伪军作先锋，正式伪军居中，而以某方军队殿后。统计对方势力有数可稽者有：（一）

李守信伪骑军约三千人，有大炮十三门，机关枪八挺，并有装甲汽车、坦克车及飞机等类新式武器，现分驻德化、张北、商都、康保、宝昌、多伦、沽源等地。（二）德王之蒙古卫队千余人，驻德化、滂江等地。（三）察盟总管卓什海之蒙古保安队千余人，原驻内蒙，现已抵商都一带。（四）包悦卿部下新编之二千人，在百灵庙一带。（五）宝得勒额部下一千八百人，现驻张北一带。（六）王道一匪部约二千余人，驻察北、绥东一带，最近王被害后，据闻已归王英统率。（七）王英新招部下，人数未详，大约亦在千人左右，分驻绥东、察西边境及察北等处；又其在绥西之潜势力，亦未可轻视。（八）由热河开来之张海鹏旧部，约千余名。（九）此外，如伪独立师，及其他乌合之众等，亦约有数千名左右。总共计之，约在二万左右，号称十余万，其实不足甚多，枪枝亦不甚齐全。除此以外，张北、康保之间，已由承德开到某方正式军队一混成旅团，据闻，即将增至一师团。

我方在绥边之力量，系以傅作义、王靖国、赵承绶等部为主体，再加以绥东正黄旗总管达密凌苏龙等部，实力亦尚不弱；惟敌为攻势，我为防守，敌方有国际背景，正在继续补充，加紧训练，一朝再举，则战事可随时发生，所以形势仍是很危急的。目前，敌方重心在商都、张北二处；我方则以集宁为重心，遥相对峙。

三　前途的展望

将来究将演成什么局面，现在还不敢说。不过，这次绥东事件，是计划很久，蓄谋很早，而绝非一朝一夕的事，在对方种种企图未完满达到目的前，他们底计划，是绝不会放弃的，这是我们敢断定的第一点。

　　其次，我们可以就这事件各方面的重要因素作一个大略的推断。首先，就是某方的态度。这一次，她自始至终，表面诿称不知底里，回避责任，而实则却与以实力的扶助，完全耍着表里两样的一种两重手法，故实际上，这就是表示：某方对于这方面的企图，是抱着一种非贯彻不可的决意，而不愿多费唇舌。天津会议席上，驻绥武官羽山，驻张垣武官大本，均有详细的报告，报告后，立即飞返驻在地，其紧急之状可见。最近，一方面多伦之日军，忽然大为增加，而关东军参谋长、与土肥原齐名的坂〔板〕垣征四郎中将，于这局势紧张的时候，忽然又飞到当地视察了一次，这全是有着特殊意义的事。其次，是苏俄方面的态度。目前，苏俄正因为内政上闹着严重的纠纷（参阅上期本刊《时事一周》内的《苏联的党狱》），对于这一次绥东事件，还没有表明什么态度。不过，外蒙边境与察哈尔、热河交界处，近已发现苏俄军队。为了自身生存安全计，在内政纠纷过去后，苏俄将会表示出露骨的警戒态度，这是可以断言的。我国方面呢，这次也已予以严密的注意。最显著的例，就是外交部已派段茂澜赴当地视察，并闻外部将向日方提出抗议。在这时候，当局能想到外交，能想到主权，可见得对于绥东颇为重视。我们由这三方面看起来，可以得到第二点的断定：即这回事件，如果发展下去的话，恐怕是不会以地方事件了之的。

　　最后，值得注意的，就是风云中双方人物底态度。汉奸、土匪以及一切杂牌军的首脑们，不必说了。就以德王而论，有说他是行动不能自由的，有说他是甘心为虎作伥的。不过，无论如何，他是在听着某方的指挥，已不自主地做了犯绥的主要中心了。就事论事，他既招收了许多杂色人物，在其周围，他或已有"骑虎难下"、"欲罢不能"之感吧！至于我方，傅作义、王靖国、赵承绥、达密凌苏龙、石王等，早已同仇敌忾，表示决心，等待一拼，无待絮说，最近如察主席刘汝明及绥蒙政会指导长官公署参议石华岩亦有相当表示，他们来平见宋后，据云，讨论结果，甚为圆满。闻石返绥后，即已召集绥蒙政会了。由此，我们不妨再作一个第三点的断定：即我地方当局，已抱决心，绝不会轻易让步的，不过"万事预则立，不预则废"，我方目下第一要紧的事，就是切实准备。再则"合则力厚，分则势单"，对于外患之来，局部抗战，究竟危险，非以全力对付，不足以取胜，望全国上下，于此亦加以深切的注意。据传，对方拟于九月中再度大举进犯。时危势亟，望国人赶紧作一致御侮，救亡图存的准备，庶几对方再度来犯之时，予以迎头的痛击，并杜无穷的后患。

《申报每周增刊》
上海申报周刊社
1936 年 1 卷 35 期
（李红权　整理）

绥远的鸦片问题

旅行通信

方大会　撰

　　记者最近在平绥路上作了五个星期的旅行，沿途考察所得，尤以绥远的鸦片情形，使我感觉很大的兴奋，同时也是非常痛心。这里，且就该省鸦片之产、运、销的概况及官方对禁烟的实情与人民受毒的苦状等，与以简略的记述，俾社会对这严重的问题，多一层了解。

状似芍药的罂粟花

　　绥远省是允许人民种植鸦片的，每年七月间，往西北去的人，一入绥境，就可见到铁路两旁盛开着的罂粟花，其形状，很像是春和月里的芍药，烟花开过之后，再过两个星期的光景，就要实行收获了。鸦片的收获工作就是割浆，即以利刃把烟苞割开，将苞里的烟浆取出，然后再晒干，就为成品的烟土了。

　　今年的情形稍有不同，因为省当局的禁烟计划，是先从铁路沿线作起，所以第一步先令沿铁路线附近五里内禁绝种烟，以后再年年的推广下去，直到"绥远无烟"的理想之实现。不过，实际上，在绥东一带，走出铁路一里多地，还是烟花遍地，而在绥西，则一如往昔，火车仍就穿行于鸦片花的花园里！

　　绥远全省每年能产多少鸦片，恕我未能调查其确数，然而由省府发表的公报中，知道上年度"烟亩罚款"项下的收入即有七十三万元。

　　"烟亩罚款"即是烟田的钱粮，普通一亩烟地，须纳"罚款"由十元至十六元之谱，这是按其土地的肥瘠程度为根据的，此项"罚款"还有一条"特惠"办法，即如遇收成不佳的年成，还可酌量递减，这也多少带有奖励的性质。到了烟熟时期，官方就派丈量人员来查核，而丈量人员是否有受贿虚报的事情，自然也很难说了，所以在这七十三万的"罚款"数下，多少还有一部分私吞的尚未计入。

　　以上系"产"税而言，至于"销"的方面，官方所得的税款，自然更加可惊，至少也要四五倍于"产"税收入之上，所以，绥远的财政，全靠鸦片来支持。

　　在民国十三年时，绥远曾经实行过一次严厉的禁烟，然而一方面由于人民嗜烟者太多，一方面因为绥远的烟土，本是该省主要的"出口特产"，所以结果弄得大家还要从甘、宁一带去购烟，以致人民手中的现款都落到别省的"烟亩罚款"项下了，而本省的

到处皆是的小烟馆

财富外流，省库的收入拮据，以致绥远的"元气"大损，从此，历届的执政者，都不敢再去妄试禁烟了！

　　绥远主要的农产物为麻子与油麦，麻子一项还是出口之大宗，在绥东一带——丰镇、平地泉等处，有十几家运输粮栈，专门经营麻子往海外出口。然而，这种麻田，每亩钱粮只不过六七分钱，而收成亦只值三元左右。反之，如种鸦片，每亩平均可收一百五十两烟浆，晒干后，可得五十两烟土，每两地价——即在当地售与烟贩之价，可合到一元左右，虽然种烟的工本及"罚款"都很大，这在农家亦是很合得来，况且烟地从种到收，只要一百天的短时间，资金流转之速，也给与种植者以莫大的利益，所以良田都种了毒品，劣田才去种粮食。

　　鸦片在绥远可以称得起大众化了，富人家之吸食，自不用说，就连苦力们也有很多的瘾君子。我这次的旅途中，每在极穷陋的小店里，也可遇到那些连鞋都穿不起的同胞们，也二三其群的围着烟灯而为"烟亩罚款"尽着义务。绥远的劳动本就很低贱，苦力劳动一日的工资只有两三角钱，幸而他们吃的莜面是很便宜，每天一角多钱的饭食，即已对付，所剩下的微数，则都消耗在鸦片上。

各商店里都有烟灯的备置，除老板大多数是吸烟之外，也可用以招待常交往的主顾，这原是和敬一支香烟一样的平常。

至于烟灯，也是要上捐的，灯捐亦分贫富之别，每月交纳一元至五元不等，普通的劳苦弟兄，连最底的灯捐也上不起，所以都去找小店或者烟馆里去"就灯过瘾"。

烟馆，普遍于境内，比如就集宁县说，单单在城里，即有五十多家这种铺子，它们一方面是零售膏土，一方面还"开灯"。门前都挂着一个淋烟用的竹圈子，作为招牌，并贴着"清水净烟"等类的"标语"！

上面所记是属于绥远省内之一般的情形，现在且单说归绥——绥远省会的情形。

归绥为绥远的商业汇集之地，近来虽是百业凋零，但是唯有烟土业，则仍繁荣如旧。小的零卖商姑且不计，只讲专以运销及批发为主的大"货庄"（烟土庄的表面，均写"货庄"二字），就有十五家。他们所作的生意，除收买本省的烟产之外，并且还由甘肃、宁夏批购大量的"货"，再转卖给内地客商。

来"货"的方法是用骆驼运，每家"货庄"常常是一百驼左右的由甘、宁一带驼来，每驼载"货"一石，等于三百二十斤，合成五千一百二十两，那么一百驼就是五十一万二千两。一个"货庄"一次的来"货"就有这许多，那么十五家合计起来，更加上源源而来，当知道是一个如何可惊的数目了。

专以经营鸦片为业的大货庄

"货庄"业，在归绥商业界还处于领袖的地位，而这里总商会的商〔会〕长，听说即是某"货庄"的经理。

这样大量的"货"，有一半是销于张家口，另一半才轮到"行销全国"！张家口之所以有这样大的销路，是因为那里有某国人在大量的收买，以为制造烈性毒品的原料。此外，以火车装运到山西大同的，每月准有二十吨，这是由公家批购的，用以改制"公记戒烟药饼"。

汇集在归绥的鸦片，有甘、凉、宁、绥四种，原来甘肃、凉州（即甘肃之武威县）、宁夏、绥远四地为西北之主要产烟区。各区所产的烟质均不相同，故一般均以其产地为"货"价之标准，计每两甘土为八角，凉土九角五分，宁土一元一角，绥土一元三角。这是指着当地的市价，在外省当然买不到这样便宜的"货"了。

鸦片的运往外地，大别之有两种方式，内行话则名为"走大路”与“走小路”。前者即以火车装运。兹就运到天津的花费计算，把沿途经过各地之税款缴纳完毕，则每两约合六角左右。这种运法是很安全的，因为是走铁路的关系，所以绝不会有被贼匪抢去的危险。“走小路”的方法，即是私运。全用北方特有的载重大骡车起早运输。然而虽说是私运，实际也等于奉官，这种方式比较省钱，总计脚费及各地的“买路钱”一共只用四角左右。

装箱外运的“货”，都贴着“稽查处”、“绥靖公署”及“绥远垦业商行”的三种封条。稽查处是专门征收鸦片的运销税，绥靖公署多少带点保镖的性质，垦业商行本为半官式的营业机关，系晋绥最高当权者所办，贴上它的封条，亦即是“负责运输”之意。

绥远的鸦片，不只是一省的问题，而是一个全国的甚至是全民族的问题，因为它不但是一个鸦片的产地，而且还是西北烟产的集散地。

禁烟自然是我们全民族所迫切需要的工作，然而根本的关键，并不是一个空洞的良心和严厉的处置就可办得通，要知这是与地方的财政有不可分离的关系，绥远一省如是，近〔进〕一步说，全国各地的禁烟情形，又何尝不是一样？因此，禁烟绝不是一个简单而易行的工作，其中尚埋着许多的复杂问题在等待解决。

《申报每周增刊》
上海申报周刊社
1936 年 1 卷 41 期
（李红权　整理）

青年们起来为保卫绥远而战

希敏 撰

酝酿已久的绥远抗战，终于在这朔风怒号雪花飞舞的时候爆发了。这一次的蒙伪匪军在敌人指挥驱策之下，大举猛扑绥东陶林、集宁、红格尔图一带我防军阵地，恰巧是在南京张群、川越七次谈判终了，两个多月来声势汹汹的日本对华交涉形成搁浅状态的时候。这事实具体的证明了敌人的侵略我国已到图穷匕现的阶段，日本的野心军阀们对"霞关"以外交方式解决中日问题已感到不耐烦，在他们的心目中，要中国接受他们的要求，决不是谈判所能济事，只有发动皇军的实力，来断然处置。所以第一我们就应该觉悟到，这次绥远战事的爆发，是敌人进一步灭亡我国最鲜明的表示。近来中国从"吃耳光赔笑脸"的对付敌人阶段走到"吃耳光不赔笑脸"的阶段，在某种限度上看来，固然是一种进步的现象，不过现在敌人赏给我们的已不是耳光，而是一柄鲜血淋淋的尖刀，那末目前中国迫切地要采取的对付办法也决不是仅仅不赔笑脸就完事的了。因此这一次敌人的进攻绥远，他已胁逼我们必须立即在"降"和"战"两条路中选择一条，换句话说，也就是当尖刀布在我们胸口的时候，若不跪下地去哀求免死，只有拿起拳头拼个你死我活。

临在这民族历史存亡的紧急关头的青年们！已不容许我们有片刻的犹豫了！我们站在民族解放斗争最前线的全国青年，是应该一齐奋起为保卫我们绥远的领土主权完整而战斗！我们应该拿出青年人最恳挚的热情唤起全国大众的注意和奋起：绥远是我们整个华北和西北唯一的屏嶂〔障〕，假若绥远不守，冀、察、晋、宁各省随之就要动摇，敌人的铁骑，将迅速的踏遍我们整个华北和西北的领土。

　　敌人这次进攻绥远的手段，依然是她一贯的"以华制华"的手法，她用种种威胁利诱的方法，驱使德王、李守信、王英等辈统率匪军攻袭绥东，让中国人自相残杀，借以坐收渔人之利，在表面上，敌人的外交官吏，尽可发出与彼毫无干系的论调。同时我们更晓得，敌人这次进攻绥远的方法，也仍然是使出一贯的"各个击破"的阴谋。尽管绥东是那样的炮火喧天，但是在河北方面仍可照旧进行她的经济提携，尽管日军的飞机密集的在向我绥东防军轰炸，但是还可以在南京进行她的亲善谈判。我们必须将敌人的阴谋鬼计，洞触〔烛〕无遗的向全国同胞暴露，并且我们更应该大声的向全国同胞解释五年来的惨痛教训，只有发动举国一致的抗敌战争，才能激发匪伪军队中同胞爱国的天良，认清他们的友和仇，使敌人以华制华的奸计，无法得售。只有发动举国一致的抗战，才能使敌人各个击破的策略变成空想。假如到民族危机间不容发的今天，我们的政府还要因循坐误，抱投鼠忌器、苟且偷安的心理，依然企图以觥筹交错求欢于人的办法来和缓事态，那刚好又是一次中了敌人的奸计。所以我们应该推动全国的民众起来督促政府实践其最后牺牲的诺言。

　　民族解放的伟业的造成，必然要经过最艰苦的战斗过程。今日的绥远抗战，他可以转变为全民抗敌胜利的第一声，但是假若敌人的各个击破计策得到了胜利，我们全国一致的抗战无法实现，那末，这次绥远的抗战，也未始不可以演变为整个华北沦亡的序幕。所以我们处于这样严重的生死关头，民族大搏斗的前夜，首先要发挥青年玩〔顽〕强不屈的战斗精神，具体的把握住目前国内外发动全民族抗敌战争的有利形势，尤其在另一方面要认清斗争过程中一切可能的障碍。

从今日国内的一般形势说来，由于民众救亡运动的日益开展，民众和军队的救亡力量和阵容，在这几个月来，已产生显著的进步。第一件值得我们注意的是全国各界抗敌救国情绪的高涨。在去年一二·九北平学生的救亡运动发动的时候，平、津一带许多学者、教授有一大部分几乎都与学生救亡运动站在不相干甚至对立的地位，但是近来平、津各学校当局与学生间已很密切的携手起来了。最近华北六十七教授的时局宣言，已使全国的大众认识华北人民觉醒的怒吼，跟着不久又有上海教育实业界的响应宣言，山西牺牲救国团的成立，以及其它各地普遍的爱国表示。在目前的援绥运动中，更可看出全国人民同仇敌忾的一班〔斑〕。这些事实告诉我们中国民众的救亡运动是一天天在扩张，在强大。到今日一切"等待"、"退到堪察加去"、"敌乎友乎"等妖言，早已被洪大的抗敌吼声所冲刷以至销声匿迹了。

跟着民众救亡运动的展开，和敌人侵略的深入，华北军事将领与军队弟兄的抗敌意识，是一天天的浓厚，他们抗敌的决心，也是逐日坚强起来，这是我们应该注意的第二点。这几日来傅作义将军的队伍在绥东浴血杀敌的精神，真可以惊天地而泣鬼神。晋、绥两省绥靖主任阎锡山氏以八十七万遗产捐充绥远抗敌经费，抗战不屈的空气已弥漫晋、绥两省，这是一方面。此外驻扎冀、察两省的二十九军，本来是喜峰口有名的抗敌战士，抗敌的意识和情绪在他们中下级干部和弟兄间，是极其浓厚的，至于甘、陕一带数十万亡省的东北军队，早已表示过只等命令一下，立即效命国防第一线。十月二十四日《密勒氏评论》西报，曾经有一篇很详细的通信，将东北军抗战的活动作忠实的介绍。在这迫切需要发动大规模的抗敌战争的时候，华北军队抗敌情绪的高涨，这是救亡运动最宝贵的收获。根据上面二种有利的条件，更使我们感觉到目前最紧要的工作是开展救亡的阵线，支持绥远的抗战，推动大规模抗战的爆发。

在我们全力推动保卫绥远的战斗过程中，我们决不可忽略了敌人的软化作用，和一般亲日派、恐日派官僚的种种破坏全民抗战活动和降日阴谋。日本驻平特务机关长松室孝良所写的秘密情报中，很清楚的说过"尽量避免牺牲皇军实力"的话。我们早已说过，自从民国二十二年上半年长城血战以后，日本统治阶级已不敢再发动军事占领的对华侵略方式，一方面固然由于遭受中国军队的抵抗，损失军队实力，对日本甚不合算而且危险，此外为得全中国半殖民地的原料与消费市场计，也是她避免用军事占领的原因。这次敌人的发动军事侵略，恐怕有大部分原因是由于中日外交谈判的毫无结果。最近日本外、海、陆三省首要会议，决定训令川越举行第八次中日谈判，对中国已同意诸点积极促其实现，对华北、共同防共两问题之建议，努力获得最低限度的接受。从这敌人军事、外交双管齐下的情形看来，我们相信这一次绥远的侵略战，很可能的是敌人软化我们外交立场的一点资本作用，假如我们的当局果真在外交最后的立场再度让步以接受敌人所谓最低限度的要求的话，绥远的抗战或许会在官僚外交欺骗粉饰之下宣告"光荣"的解决，甚至散布一些自我满足的论调，以迷惑大众的认识的。

敌人的想软化我国当局，不仅仅在她的不战而胜的愿望上，并且随着民众救亡运动的高涨，全国大规模抗战的成熟，这更成为她致命的打击，所以她尤有采取"软化"手段的必要。敌人的软化政策的运用，当然一定是要通过我国亲日派、恐日派的官僚政客以破坏全国一致的抗战的实现，所以在目前国际间德日同盟完全证实的时候，我们应该严密的注意亲日派、恐日派官僚的乘机活动，巧妙的运用亲德外交以降日，正式依附到国际侵略阵线的营垒中去，使中国陷入万劫不复的陷阱。

青年们，拿出我们青年人奔波〔放〕的热情，向民族解放斗争的路迈进！我们立即动员起来，保为〔为保〕卫绥远而战！把握住这一民族解放最紧要的关头，认清客观形势对我们的帮助和阻碍，从荆棘满布的环境中杀出一条光明的血路来。

《青年文化》（半月刊）

济南青年文化社

1936 年 1 卷第 2 期

（朱宪　整理）

绥东问题的认识和对策

洛伊　撰

绥东问题的展开

正当着西南异动非常紧张的当儿，绥东问题亦在报纸上不甚引人注意的角落里显现了。在报纸的字里行间，只说是"匪徒骚动"，并看不出其他的事实来。本来在中国历年的事实告诉我们，割据的局面是不大奇特的，于是绥东问题很少被人注意。及至两广解决了一广，国人正在欣喜着全国统一的完成，乃绥东的局势又展开了一个极严重的阶段。某方供给匪军粮秣、军械的事实亦在报纸里显现了。这个事件的发生或是引起了一般人的惊异，其实，这对于我们并没有什么可惊奇或惑乱的。这是×帝国主义者大陆政策发展的必然的一个阶段。本来×帝国主义者的侵略政策，是要把势力伸张到内蒙古，由热而察而绥，循序以进。察、绥取得后，对于华北，取了包围的形式；对于苏联，不啻迎面建筑了一层坚固的堡垒，给×帝国主义"东方计划"建立了一个坚固的基石。

隐患暴发了，七月三十日及八月二日号称"自卫军"的伪满军李守信部，两度在陶林附近进攻绥远，与我方赵承绥部接触，终被我方击退。匪军受了创伤后，便大肆招募匪徒，并联合卓什

海、包悦卿、王英、王道一诸部，增加兵力，我军亦严重戒备，
匪徒未能得逞。八月七日，华北驻军司令田代召开会议，立派特
务机关长羽山飞绥，九日×方派军两联队开抵张北。占领察北六
县之李守信部，立刻在察西距平地泉五十英里之商都集中重兵，
编成若干纵队，陆续向西南六县移动。十一日，包悦卿新编之某
军千余名自浲江进驻商都，与"蒙边自治军"匪部王道一会合。
张海鹏部亦陆续由热河开抵宝昌境，察北各部驻军则继续向商都
附近集中。伪匪王英，亦由察北召集匪徒千余人，盘据商都。德
王则奔走于百灵庙与嘉卜寺之间，称"蒙政会总裁"，命李守信为
"军政部长"，王英为"边防司令"，企图犯绥。一切粮秣、军械率
皆由×方供给，同时在商都设飞机场，由浲江运到某方所馈赠之
飞机四架，实力较前为雄厚，准备九月初大举犯绥。现在嘉卜寺
周围十五里以内被伪军奸淫掳掠，不堪言状。依照以上的事实，
我们可以知道绥远腹地已被波及，势态扩大，如不再加注意，绥
远定成为察北之续了。

绥东问题的意义

绥东问题在今日的中日关系上的展开是必然的，依照日本大陆
政策的侵略步骤：满蒙、华北、中国、世界。绥远在他们自然是
包括在满蒙范围之内的。同时侵占了绥远，是进取华北的先决条
件，绥东问题的展开，使华北尤其是冀、察、鲁、晋感到了严重
的危机。因了这个原因，我们不能把绥东问题看做了单纯的事件，
而是×帝国主义一贯侵略政策的一环，它与冀东、察北诸问题有
着密切的联系性。其他与宁夏、甘肃、新疆的夺取亦是互相关联
的。因着绥远不似平、津那样的引人注意，兵士较比单薄，自然
是较易取得的。这完全是军事上的策略问题，自然取得了内蒙，

华北不取而自得了。

再就日俄的关系来看，此次×帝国主义者，侵扰绥东的最大意义，在准备对俄作战的一种预定计划，日俄在远东的冲突，日趋尖锐化，是朝夕不可避免的事实。苏俄近来在疆充配的军力非常雄厚，日本为将来一旦发生战争的准备，必须把内蒙一带占领。如此则进可以攻，退可以守，是一个运用自如的根据地。同时为要使中国与苏俄分离，使战时彼此不至有接济合作的可能，中国尽可永远不作联俄之想。这样日本在进攻华北和与苏俄作战上，都是占着非常的优势的。

我们的对策

绥东问题可能的影响只有两途，一个是使华北危机的加深，甚至于达到所谓"明朗化"，绥、察继冀东之后而成立苟安的局面；另一个便是中央军急速开入绥东戒备，不可再失一寸土。我们记得在五全大会呈示于国人的外交政策是，"和平未到绝望时期，决不放弃和平；牺牲未到最后关头，决不轻言牺牲"。又说"和平有和平的最低限度，逾此限度，即于牺牲中求生存"。我们是国民的一分子，我们当会相信中央政府今后是把积极御侮守土的责任担负起来的。二中全会后，蒋行政院长曾明确的声明："中央所抱最低限度，就是保全领土的完整。任何国家侵害我们领土主权，我们绝对不能容忍……到这时候，我们一定作最后的牺牲。"又说："我们绝对不订立任何侵害我们领土主权的协定，并绝对不容忍侵害我们领土主权的事实。"以上的这些话，不只说得非常简截明快，并且确实的在民众心中起了很大的作用。我们不希望有侵害我们领土主权的事实，可是如果有了这种事实，我们希望中央能依着原定的外交政策来做最后的牺牲。我们当然一致拥护中央政府统一政权，以集中国家御侮守土的力量。现在绥东问题已益趋严重化了，日关东军参谋长板垣最近到绥远视察，最近当更有新的局面展开，这正是中央政府御侮守土的机会。我们为了保全我国领土的完整，督促中央政府作以下的三件事：

（一）中央军应急速开入绥东戒备；

（二）协助晋绥军队以向〔饷〕械军需；

（三）中央速派军政大员赴绥主持。

绥东问题的严重性固然非常迫急，但是匪军的实力并不十分雄厚，是十足长〔不足虑〕的。匪军大约可分三路：

（一）"满蒙自治军"下辖三军，由王道一任军长（王已于八月十八日被刺身死，所部由李守信率领）。

（二）"蒙满防共军"军长王英。

（三）"蒙军"计编四军，由李守信、卓什海等率领。

以上各部人类〔马〕号称十余万，但根据粗略的统计，其实连一半恐亦不能达到。只要我们有牺牲的决心，一定很容易平服的。傅作义只身抵抗的精神，使我们非常佩服，但如支持下去，恐亦不能长久。中央政府应立即出兵绥东应援，国民一致作政府的后盾，庶几不再失却一寸土，否则绥远变色，则华北不保了。

《长城》（季刊）

绥远长城出版社

1936 年 2 卷 1 期

（李红权　整理）

察蒙危机之际中国应迅速确定外交方针

君平 撰

察哈尔与蒙古，日来甚形危殆，倘此不保，则中国内地亦恐不能高枕矣。际此千钧一发之时，吾人除迅速决定国策外，对于外交方针，尤须迅速确立，始足以挽救危亡。

外交家常谓"外交乃枪炮之发言"，又谓外交所表示者乃"军备之实力"。这种话，证诸已往历史，实非虚言。所以，世界各国为增加国防的力量，皆有确定的外交方针。这种情形，在欧战前，尤为习见之事。例如：一八七一年以后，德国俾斯麦因恐法国不免为报复的战争，足以危害其手造之德意志联邦帝国，故缔结德、奥、俄三国皇帝之联盟，以保持欧洲现状，防止法国或他国之扰害为目标。大战后，罗马尼亚、捷克斯拉夫及巴尔干各小国所形成之协约，即所以防止德、俄各大国之侵略为目的。结果，战前的德国因俾氏之外交得以安定，战后之罗马尼亚等亦因外交而得互为保全。由此看来，一国之外交方针，其关系可谓重大了。

我国自九一八以后，外交方针更是犹豫不定。如此以〔一〕来，国家将何以维持，民族将何以存在！时至今日，当局似亦准备确定外交方针，实为目前不可漠视之急务！

确定外交方针，既属重要，然则今后将如何确定外交方针？以吾人之意见，应以国防方针之最高原则及终极目的，为精密的决定。因此，吾人提出两个原则如左：

　　第一，在积极方面，应与有共同利害关系及以平等待我之民族，作密切的联合，造成反对破坏《非战公约》、《国联盟约》及《九国公约》之坚固阵线，以抵抗对我侵略者之武力进攻及政治阴谋。

　　第二，在消极方面，对于以武力侵略我者所认为之敌国，应设法变换其方向，以减轻其对我无形的或简〔间〕接的妨害。

　　此外，当局应切实从民族本身之利害着想，决定何者可以做去，何者不可以做去，何者是交换利益，何者是片面义务，当不难得到一个适当的进行途径。际此国际关系紧张之时，敬祈当局对于外交方针，再不可犹豫不定了。

《西北刍议》（月刊）

南京西北刍议社

1936 年 2 卷 1 期

（丁冉　整理）

最近二十五年之外蒙问题

李耀南　撰

一　外蒙之第一次独立

帝俄时代为求出海口，在西方屡遭惨败后，遂不得不努力于远东，而远东之侵略，以西伯利亚铁路为唯一之命脉。西伯利亚铁诸〔路〕沿外蒙而行，假如中国设行省于此，给以相当雄厚之军力，则时时可出贝加尔湖，而隔断占领，于是俄国之经营外蒙是必然的手段。所以优礼库伦活佛哲布宗丹巴，时加存问丑〔馈〕赠，俄蒙之情感日密，清蒙之关系日疏，于是蒙古遂逐渐形成俄国之势力范围。

日俄战后，俄既受挫于日本，独霸东亚之素志遂消，而进言妥协，以期分割东亚大陆，故有光绪三十三年（一九○七）之第一次《日俄协定》。是时日本正努力南满之经营，突遭美国务卿洛克斯（Krox）提出满洲铁路中立之建议，于是日俄两国同时感受一种教训，始知两国在满蒙之特殊地位，时有被第三国干涉袭击之可能，所以两国联合以对外，是不可避免的手段，于是宣统二年（一九一○年）第二次《日俄协约》缔定。这次缔约，很明显的是含有最大多数的政治目的，而且给与了俄国侵略外蒙之保障与援助。

武汉革命，讯达库伦，中俄两方，人心汹汹。时兵备处总办唐在礼，委蒲鉴为代理，自行返京。外蒙要求裁撤兵备处，蒲鉴不允，外蒙电京力争，内阁覆电，准如所请办理。在人们理想中，外蒙问题，当可由此结束。不意在十月初十的那天，办事大臣衙门忽接四盟王公、喇嘛公呈云："现闻内地各省，相继独立，革命党已带兵由张来库，希图扰乱蒙疆。我喀尔喀四部蒙众，受大清恩惠二百余年，不忍坐视。我佛哲布宗丹巴，已传檄征调四盟骑兵四千名，进京保护大清皇帝。请即日按照人数，发给粮饷枪械，以便起行南下，可否照准，限于三小时内，明白批示！"接得这项呈文以后，不久，即有哲布宗丹巴派王公、喇嘛数人来办事大臣衙门，声称："本蒙古已定宗旨，将蒙古自行保护，定为大蒙古独立帝国，公推哲布宗丹巴为大皇帝，请办事大臣带领文武官员次日出境。"虽经办事大臣婉言相劝，而各代表竟不辞而去。当晚，又接得哲布宗丹巴的一封信，大意谓：近年来满洲官员，对蒙之欺凌虐待，言之痛心。今内地各省，既已相继独立，脱离满洲，我蒙古为保护土地宗教起见，亦应宣布独立，以期万全。现由四盟公推哲布宗丹巴为大蒙〈古〉独立国大皇帝，不日即当御极。库伦地方，已无需用中国官员之处，自应全数驱逐，以杜后患。合行札饬三多，札到，该三多即便凛遵，限三日内，带同文武官员及马步军队，赶速出境，不准逗留。如敢故违，即以兵力押解回籍。接到这封信后，三多大臣检查所有军队，不但人数很少，而且枪械亦都老朽不能用。十一日晚，俄国领事派人强迫三多大臣及眷属，迁在俄领事署，借口保护，实则监视，至十二日晨三多移往。十五日三多出境，取道西伯利亚铁路回京。十九日哲布宗丹巴行登极礼，至是外蒙独立之形式遂告成功。

二　《俄蒙协约》、《声明文件》、
《另件》、《中俄蒙协约》

外蒙独立事件发生后，正值武汉起义，清政府忙于内部之弹压，无暇及此，俄政府更于同年十一月间，向清外务部提出要求如次：

一、中国政府须承认俄人自库伦至俄边境有建筑铁路权。

二、中国政府须与外蒙定约，声明左列三项：

a、中国不得在外蒙驻军。

b、中国不得在外蒙殖民。

c、蒙人自治，受办事大臣管辖。

三、中国所有治蒙主权，改隶办事大臣，中俄交涉，仍由两政府协商。

四、俄饬领事官协助担保蒙人对中国应尽之义务。

五、中国在蒙古如有改革，须先与俄国商酌。

这时革命军的势力日大，清朝皇位无以自保，所以对俄国提出之条件无心理论。及至民国成立，忙于清廷、民国交替之事务，南北统一之大政，对俄要求未与以解决。俄政府见于中国之如此也，遂径向外蒙伪政府订立《俄蒙协约》。其条件录之如下：

一、俄国政府扶助蒙古保守现已成立之自治秩序，及蒙古编练之国民军。不准中国军队入蒙古边境，与华人移殖蒙地之各权利。

二、蒙古王及蒙古政府，准俄国人民及俄国商务照旧在蒙古境内享用此约所附专条内开各种权利，及特殊权利。其他外国人自然不能在蒙与俄人享同等之权利。

三、蒙政府如果须与中国或其他外国订约时，无论如何，其所订之新约，不经俄政府允许之后，不得违背或改变此协约及专条内各条件。

此约签定后，更有《俄蒙商务专条》之订定，内容所载，皆俄在蒙古经商得享之利权及特权。

俄蒙私定条约，为政府所闻，我外部遂于同年十一月二日以公文致俄使，提出抗议："蒙古为中国领土，现虽地方不靖，万无与外国订立条约之资格，兹特正式声明，无论贵国与蒙古订立何种条款，中国政府，概不承认。"俟后我外长梁如浩与俄使几经折冲，终无结果。梁辞职后，陆征祥继任外长，与俄正式谈判，以取消《俄蒙条约》为目的。自民国元年十一月起至二年七月止，陆外长与俄使会议二十余次，最后缔结中俄草约六款：许外蒙有练兵、设警之权，并许非蒙人不得移殖外蒙之权，以交换俄人承认外蒙为中国领土之空文。此项草约断送中国旧日在蒙之设军、置警、殖民等重要权益，所以卒被参议院所否决。旋孙宝琦代陆为外长，于二年十一月签定《声明文件》及《声明另件》，摘要如下：

甲　《声明文件》

一、俄国承认中国在外蒙之宗主权。

二、中国承认外蒙古之自治权。

三、中国允在外蒙不派官吏，不驻军队，且不办殖民之事；俄亦允不干涉外蒙内政，不驻军队，不殖民。

乙　《声明另件》

一、俄国承认外蒙古为中国领土之一部分。

二、凡关于外蒙政治、土地交涉事宜，中国允与俄政府协商，外蒙亦得参与其事。

三、外蒙自治区，应以前清驻扎库伦办事大臣、乌里雅苏台将军及科不多各参赞大臣所管辖之地为限。

　　此项声明，在表面上虽然有外蒙为中国领土，及中国在外蒙之宗主权，然而实际上，外蒙成为中俄共管了。并规定以后各处因现势发生之各问题，均应另行商酌，由中、俄、蒙三方择定地点接洽。根据此点，于民国三年派毕桂芳与俄蒙代表会议于恰克图，历九阅月，经四十八次会议，乃缔结《中俄蒙条约》，除前此之《声明文件》、《另件》有效外，又约如下：

　　　　一、外蒙古承认中国之宗主权，中俄两国承认外蒙之自治及承认其为中国领土之一部。

　　　　二、自治外蒙古无与各外国缔结关系政治、土地国际条约之权；工商事宜有与外国结约之权。

　　　　三、库伦活佛受中国大总统册封，外蒙公文用中国正朔。

　　　　四、中国驻库伦大员卫队不得过二百名；俄驻库伦领事卫队不得过五十名。

　　此外尚有关于司法、通商等等规定。按此约中国所得者皆为虚文，而实际则与外蒙以缔结工商条约之权。据此而后，外蒙之自治，日渐成熟，而中国之宗主权，日渐减退。

三　俄国革命后之外蒙

　　民国三年，欧战爆发，俄国虽然是东战场中的重要角色，可是一时一刻也不因为战争的缘故，而松懈了侵略外蒙的计划。在民国五年七月十三日，犹与日本订立了一个第三次的《日俄协定》，同时附一攻守同盟之密约：

　　　　一、日本不加入敌对俄国之政治协定或团体，俄国亦不得加入敌对日本之政治协定及团体。

　　　　二、缔约国之一方所有在远东之一切领土权利及特殊利益，为彼方所承认者，如被侵略时，日俄两国应协商防护此等权利利益应取之手段。

此项合作协订，却因为民国六年的俄国革命成功而效力始告消灭。而且苏俄废弃一切帝俄时代带侵略性之条约，所以前此关于外蒙所定之一切不平等条约，一扫而空。外蒙之敢于独立也，皆俄人所指导，而加以援助；而且允于独立后，借以巨款。及政权转移，俄国经济紊乱，自顾不暇，借款无望；外蒙财政大为困窘，甚至活佛及王公亦几乎不能自给。布尔雪维克势力渐及西伯利亚，外蒙受其威胁，活佛始觉蒙古万无自治之能力，仍思内附中国，以求保护。民国八年十一月七日，外蒙以请愿形式要求准于取消自治及关于自治之《中俄蒙协约》，其文如下：

　　……前清末年，行政官吏污秽，众心益怀怒怨，外人乘隙煽动，遂肇独立之举，嗣经订定条约，外蒙自治告成。……近来俄国内乱无秩，不能统一属地，自无保护条约之能力……官府召集王公、喇嘛等，屡开会议，咸谓近来中蒙感情敦笃，嫌怨尽泯，均各情愿取消自治，仍复前清旧制。……至前订中、俄、蒙三方条约，及《俄蒙商务专条》，并《中俄声明文件》，原为外蒙自治所缔结；今既自己情愿取消自治，所有前订各条约，当然概无效力。……

我政府旋于同年同月二十二日颁布照准命令，同日加封活佛为外蒙古翊善辅仁博克多哲布宗丹巴呼图克图汉〔汗〕。于是与中国脱离关系八年之外蒙，又复旧观。

四　外蒙之二次独立

外蒙取消自治之始，库伦都护使陈毅，曾拟对蒙办法，许以优待。无何北京政府派西北筹边使徐树铮率兵入蒙，一反陈毅所定办法，大为蒙人失望。当徐氏召集外蒙会议之时，蒙人已复派人乞援于俄矣。至直皖战争结束，徐树铮之势力一败涂地，此种消息，传至库伦，外蒙对于中国，更无忌惮。缘白俄领袖谢米诺夫，谋以外蒙为根据地，建立大蒙古国。在达乌里地方，组织蒙古全体中央政府，以便号召大举。当时日本予以种种之援助，与订将来让渡旧俄在满蒙之权利于日本之密约。谢氏既得日人之械饷，其部下遂有扰蒙边者；同时日本浪人在蒙招兵二万；日人濑尾荣太郎奉密令助蒙独立。我国政府不得已，遂商诸张作霖派张景惠为援库总司令。及至谢米诺夫为俄赤党所败，其部下巴龙恩琴率残众三千余人，节节前进，殆至九年十月之末，已近库伦，我军尚远在漠北，兵力单薄，天气严寒，转战三月而退，至民国十年二月三日库伦遂陷。巴龙恩琴既入库伦，拥活佛，恢复其君主之地位，并于三月二十一日宣布外蒙第二次独立。

这时一部分青年志士，不甘谢氏之操纵，起而组织蒙古国民党，受赤俄之卵翼，而适值当时赤俄之远东政府，惧白俄之成功，而波及本国之政权，亦愿予以援助，以削除共同之敌人。外蒙青年既得赤俄之助，开始攻取恰克图，继而与布里雅特人联为一体，召集蒙古民族会议于恰克图，组织蒙古国民党，招编蒙古军队，设立蒙古国民临时政府，而与巴龙恩琴所拥之库伦政府，南北对峙，时民国十年春也。

民国十年夏，恰克图政府，乞援于赤俄，进攻库伦而陷之，尽剿除恩琴及其羽党。正式组织蒙古国民政府，仍承认哲布宗丹巴呼图克图为其君主，惟限制其权利耳。外蒙自是复入于独立之状态。

帝俄的势力，由于革命而倾覆。白俄的势力，由于赤俄之援助外蒙青年，而歼灭之。但是此后赤俄却借口防止白俄驻军于外蒙，而同时承认外蒙之独立！

五　赤俄操纵下的外蒙

于民国八年七月二十五日，赤俄对华发生第一次之宣言，痛陈赤俄对华之至诚，如取消蒙古自治，收回中东路，停付庚子赔款等等，均表示恳切之态度，所以在民国九年九月二十三日，中国发出停止旧俄使领待遇之命令。于同月二十七日赤俄又发出第二次对华宣言，一方面派伏林以远东共和国驻京代表之资格，与中国俄事研究会会长刘镜人商议中俄事件。但是因为赤俄政府虐待华侨，其驻华代表宣传共产主义之故，伏林此来毫无结果，及继之而来者，如阿格勒夫及巴开斯，亦毫无成绩。

民国十一年，越飞以劳农俄罗斯及远东共和国全权代表之资格，东来交涉。接洽稍有端绪的时候，忽然有以攫取外蒙权利为目的的《俄蒙密约》缔结，时民国十二年二月二十日也，其大旨如下：

一、外蒙当局须宣告一切森林、矿产及土地，以后均归国有；凡无人占有之土地，均给蒙古贫民及苏俄农民居住耕种。

二、外蒙天然富源禁止私有；一切矿产，许苏俄实业家雇用蒙人开采。

三、全蒙矿业，归苏俄工团及工会承办。

四、外蒙贵族享有之土地权，当即废止，而代以苏维埃自由交易财产制度。

五、外蒙须聘苏联实业家，开发富源，振兴工商业。

六、外蒙须请苏俄工会，参与创设劳工制度事宜，以便得完全保护工人。

七、外蒙政府须聘苏俄之名专家为顾问，以资指导。

八、外蒙政府一切职权，均归人民政府之行政部施行。先设立一革命委员会、军事委员会，再召集会议，以便制宪。

　　九、苏俄军队得驻扎于外蒙，协助蒙人保全领土，以御中国。

　　十、活佛及蒙古王公之头衔，一律废除，而以活佛为革命委员会委员长。

此项《俄蒙密约》之签定，不但使蒙古脱离中国而独立，亦不只以外蒙为俄国之属部，而且把整个的外蒙"赤化"。所以国人惊闻之下，纷纷通电反对，越飞无结果而去。

民国十二年秋，苏俄外交总长加拉罕东来，又有第三次宣言之发出，婉转动听，国内青年，闻而倾心，种下今日共产主义之所以广于传布，青年之甘心为俄奔走之病源。

民国十三年我国中俄交涉督办王正廷氏，于三月十四日与加拉罕订成《解决中俄悬案大纲协定草案》十五条。但是因为外交总长顾维钧与王氏发生纠纷，此约终未签字。自五月二十二日由外交部直接与加氏交涉，至五月三十一日在外交部举行签字典礼，共订《中俄悬案大纲协定》十五条，《暂行管理中东铁路协定》十一条及《声明书》七种。其中关于外蒙的一条颇堪注意："苏联政府承认外蒙为完全中华民国之一部分，及尊重在该领土中国之主权。"而且同时苏俄政府有一个声明："一俟有关撤退苏俄政府外蒙军队之问题，即撤兵期限及彼此边界安宁办法，在本协定第二条所定会议中（第二条是本协约签字后一月内举行会议）商定，即将苏俄政府一切军队由外蒙撤退。"在前项的条款与声明中，苏俄已经正式承认外蒙为中国之领土，而且允于撤退驻扎外蒙之赤军，但是到以后的中俄会议，就显然的可以看出，俄国毫无诚意，不过仍然是一种欺骗与侵略。

民国十四年三月初，北京政府任命王正廷、郑谦为中俄会议之督、会办，着手进行中俄会议。然而在中俄会议前应当有一个先决条件，即是俄国既已承认外蒙为中国领土之一部分，则其驻在外蒙之军队，自应悉数撤退。三月六日俄大使加拉罕照令〔会〕北京外交部云："苏联政府得蒙古当局之同意，开始由外蒙撤兵，业已撤尽，希望蒙境不至再有赤军必须入境情形，及对蒙古为和平的了解。"这项照会，对照四月十日之《新闻报》蒙古新闻，则知纯属欺骗手段。节录如下："……惟近观俄人图蒙野心，尚未稍戢，所有驻防蒙境军队，迄今尚无撤防准备……苏联在外蒙，实力至为雄厚，即库伦一处，驻有俄军亦有三千余人，其余各要地，亦均有重兵防守……一面利用外蒙青年党，反对我国派兵接防，以资牵掣……至于外蒙之青年党，对于苏俄之侵略计划，及四五年来搜括蒙人财产之事实，竟置之不顾；仍一味醉心赤化……因此，苏俄之共产主义，乃至乘隙而入。"这段新闻，不但明白告诉我们苏俄的撤兵是谣传，是诳语，而且指示出来，第二次的外蒙独立，乃是外蒙之一切实权，均送诸赤俄之手矣。

六　中俄绝交期中的外蒙

中俄间的蒙古问题，自从民国十三年的《中俄悬案大纲协定》签字后，大体上就算解决。因为在此项协定上已明文规定：苏联政府承认外蒙为完全中华民国领土之一部分。虽然在十四年中俄会议以前，又为撤兵问题一度争执，但是苏联无论如何的不讲理，对外蒙的宗主权仍属中国。

民国十六年，北京政府因党案搜查苏联大使馆，苏联当即召回其代办，邦交因之中断。同年十二月国民政府因广州共党"变乱"，撤消苏联驻华领馆之承认。

民国十八年五月间，中东路事件发生，七月中苏战事乃起，两国国交至此完全断绝。嗣于十二月间，经列强斡旋，双方停战。

同月二十二日双方代表签订议定书于伯利，我方代表多有越权处，国民政府于翌年二月发表宣言，纠正错误，同时并派莫德惠为全权代表，出席正式会议，协商一切。十月十一日双方会议正式开幕，因意见相左，毫无结果。

迨至民国二十年九月十八日事变后，国人多主张与苏联复交，中经几许波折，终于二十一年十二月十二日，两国代表在日内瓦正式宣布恢复邦交。

在这段绝交期中，外蒙的宗主权，当然还是属于中国；而外蒙实际操纵者，仍然还是苏联，这是不可讳言的事实。不因为条约的规定，苏联放弃了他已竟〔经〕到手的利益；也不因为条约的规定，而把中国实际的权利会提高。

而且在恢复邦交以后，外蒙问题，仍旧如此，一直到今年（民国二十二年）三月间以前，在表面上来看，外蒙除掉是中国的土地以外，没有什么问题。

七 《苏蒙互助条约》

停留在静止状态中的外蒙问题，忽然在中日关系紧张中复活。在本年（二十五年）三月二十八日有塔斯社及同盟社、哈瓦斯等社均泄出苏联与外蒙订立互助条约一事。三月三十一日，日本太田大使，质问苏联外交人民委员会副主席，苏联关心于外蒙之理由，该副主席答称："苏蒙二国从一九二一年以来，关系极友善，本年三月十二日，苏蒙间更正式签字于互助议定书，苏联有援助外蒙之义务。"这是苏联官方正式宣布《苏蒙互助条约》之先声。至于其内容如何，据苏联政府四月八日所公布者如左：

> 苏联政府与蒙古人民共和国，现因两国友谊，自一九二一
> 年蒙古人民共和国得红军之助，得与侵占苏联领土军队互相联

络之白卫队逐出蒙古领土以来，始终不渝，且因两国俱愿维持远东和平，继续巩固两国现存友好关系，故已决定将一九三四年十一月二十七日既已存在之《绅士协定》，正式改订此项草约，规定以全力互相援助，以避免及防止武装攻击威胁，并于任何第三国攻击苏联或蒙古人民共和国时彼此援助，为此目的，余等签定此项草约。

一、苏联或蒙古人民共和国之领土，如受第三国家或政府之攻击威胁，则苏联及蒙古人民共和国，应立即共同考虑发生情形，并采取防卫及保全两国领土所必需之各种方法。

二、苏联及蒙古人民共和国政府，承认在缔约国之一国受军事攻击时，相互与以各种援助，包括军事在内。

三、苏联及蒙古人民共和国政府，认为缔约国中一国军队根据互助公约，为完成第一条或第二条之义务起见，屯驻另一缔约国内，至无此必要时，应立即退出，有如一九二五〈年〉苏联军队之退出蒙古人民共和国领土，此乃不言自明。

四、此项草约，共分两份，一用俄文，一用蒙古文，两份俱有同等效力。

此项草约，将于签定后，发生效力，于此后十年内，继续发生效力。

此项《苏蒙互助条约》，很清楚是对日本而发，所以此项消息传出后，日本密切注视中国当局之态度，其通讯社甚至谎报中国与苏联订有密约，共同抗日，所以对于苏蒙订立互助条约默认云云。中国政府一面电驻苏大使颜惠庆查询，一面辟谣。嗣得报证实苏联确于三月十二日与外蒙订立互助条约，于是四月七日中国外部向苏联政府提出严重抗议，并声明该互助条约无效。苏联接到抗议后，于九日答覆，略谓《苏蒙互助协定》不违反《中俄协定》，且称《奉俄协定》，中国无任何抗议云云。中国外交部以苏联覆文所称各节，多事实上之错误，于四月十一日提出第二次抗议。除逐层驳斥苏方覆文外，并郑重申明中国方面仍维持第一次照会内所表明之态度。

　　外蒙问题，就这样拖延下去。

《长城》（季刊）

绥远长城出版社

1936 年 2 卷 2 期

（李红权　整理）

绥蒙政务期望

作者不详

近者，绥远境内各王公以事变之危急，要求分治，中央为顾全事实起见，已明令设立绥远境内蒙古各盟旗地方自治政务委员会，直隶行政院；此乃全为蒙古同胞保全自由与平等之地位，免召沦亡而着想。是以吾人所望于蒙政会诸人者，实至重且大。第一，绥远处于国防前线，以军事地理言，实为华北之屏障。当此国难日深、风云暗淡之际，尤宜力谋团结，共济时艰。第二，欲巩固国防，当先整理边政，目前之绥境蒙政会，委员人数甚多，人才得以集中，吾人甚望其加强互信，惨淡经营，凡对于经济之开发，文化教育之推扩，地方治安之维持，均以全力贯注。第三，蒙政会虽为治理藏〔蒙〕旗之机关，实负有沟通藏〔蒙〕汉关系之使命，故蒙政会对于中央三令五申融洽民族感情之意旨，当深自体会，务使中央与地方之关系日臻密切，共谋国是，则自强可期也。

《上海党声》（周刊）
国民党上海特别执市行委员会
1936 年 2 卷 2 期

（丁冉　整理）

内蒙之危机

君平 撰

内蒙的局势，是危幕，也是沸鼎；这个西北的屏障，如果是不幸丧失，内蒙固然是痛苦，而中国内地的危机也就不堪设想了。吁嗟！国家至此，诚有令人不胜危惧之感！

内蒙之组成，包含有哲里木盟、昭乌达盟、卓索图盟、锡林果勒盟、察哈尔十二旗、乌兰察布盟、伊克昭盟以及阿拉善等独立族〔旗〕。这些盟旗，原是分跨于辽宁、吉林、黑龙江、热河、绥远及察哈尔等省区。九一八事变以后，昭、卓两盟族〔旗〕已被消散，阿拉善族〔旗〕则自置省，脱去内蒙整个组织的关系。所以现在的内蒙，仅为察省之锡盟与绥省之乌、伊两盟。更可以说，内蒙的危机，便是察、绥两省的危机。察、绥两省不能保全，陕西、山西、宁夏等省也就失去了门户，试看历史上的亡国之祸，便知察、绥两省在国防上的重要了。

蒙族内部一切社会经济等机构，有其特殊性，所以中央为应事实的需求，曾明令设置内蒙自治政务委员会；为防"共患"，又令组织绥省境内各盟旗政务委员会。就国家整个的政治组织而言，盟旗制的确立，是不应该的，然而为适应蒙族的特殊性，未实〔实未〕可轻易变更。

自闻德王独立后，内蒙问题的暗云益见浓厚。在当时，察省全土，几乎尽入敌手。伪军李守信部队联合蒙古保安队，由察哈尔西趋，绕道滂江，威胁蒙王公，共犯集宁。第一步打算压迫绥远、山西两省当局，使对华北分离运动，表示就范，而陷华北于完全独立的地步。其次，采用渐进步骤，并吞内蒙，使成满洲伪国第二。这种手段的毒辣，进取的急遽，实足使我们惊异！

中央委员兼蒙政会委员尼玛鄂特索尔，因内蒙问题赴张北与德王会商，于猴儿山地方，突遭匪徒狙击而亡，这是内蒙的不幸，也是中国的大不幸，因为尼氏在蒙籍中是个杰出的！最近察北六县邮电权为伪组织接收，更足以证内蒙的危机，越发深刻化了。

前面说过，内蒙问题，关系中国的安危，极为密切。所以我们对于内蒙问题，不要单纯视作内蒙问题的问题，应该看清这是中国整个的问题。内蒙的危机，便是中国整个的危机。现在敌人正利用伪军扰乱其间，以达其并吞内蒙之野心，吾人希望中央当局为国家存亡着想，应运决定防御的工作！

《西北刍议》（月刊）

南京西北刍议社

1936 年 2 卷 2、3 期合刊

（计麟　整理）

陕变与绥远

惊平　撰

一　前言

当绥远战事节节胜利，全国民众正积极于抗敌救国的伟大工作的时候，看，为民族而争生存的前方将士，够多么悲壮光荣！他们竟能在敌人底科学的杀人利器之下，克复了百灵庙！收复了大庙子！杀死了多少匪军！获得了多少战利品！后方的民众，更是个个称快！人人鼓舞！看他们输捐的踊跃，投军的义举，以及全国上下的言论，全体努力合作的精神，在在证实了中华民族已有了绝大的醒悟，与抗敌的决心，民族复兴，方庆开始；厮杀时机，恰好到临，这是一个如何重要而能够引人兴奋的时期啊！不想霹雳一声，陕变的消息传来！这又是多么一个够使人震惊的奇闻啊！这次张学良在西安的叛变，用迅雷不及掩耳的手段，竟敢劫持统帅，率兵作乱，通电反对中央，甘冒天下的大不韪，并提种种无理的要求。张氏身为中委，有何救国妙策，不妨以合法的手续，呈请中央采纳实行。而此种举动，无疑地是叛国称乱的行为，世人皆知，又何待详论呢？但是我们为了更深一步的了解，愿意用极冷静的头脑，以及客观的分析，以观察张学良到底为什么叛变？对于绥远又有什么影响？事关重要，又不得不剀切说明的必要，今更请分述如下。

二 陕变的原因及其展望

A. 陕变的原因——此次事变的原因，报纸上虽有零碎的登载及片断的揣想，至于其根本的原因，尚未有一确切地综合地说明，依事实的分析，陕变的由来，总不外以下的数因吧：

1. 由于张氏的意志不坚——张氏在态度上一向是表示拥护中央，结果在行动上竟有这样的离奇现象，就此一点，很足以窥测他的意志是怎么样了，溯自九一八沈阳事变以来，张氏手握兵权，竟持不抵抗主义，将东北四省中国的宝库，轻轻地断送给敌人了，嗣后中央以宽大为怀，不咎既往，更令其在中央历充要职，实在是希望张氏能够戴罪立功的意思，张氏在此情形之下，应该充分谅解中央的用意，本军人的天职，以尽其保国卫民，为民族而争生存的最大任务，何况中国在外患压迫如此严重情形之下，哪堪再有异动呢？

2. 由于张氏的认识不清——张氏叛变后，对于政府的通电中，曾有下列数点的要求："1. 停止一切内战；2. 立即召集救国会议；3. 改组南京国民政府，容纳各党各派共同负责救国……6. 确遵总理的遗嘱联俄容共……"据此可知张氏此次的叛乱，显然是受了共党的威胁和利诱，而自己才不自主地暴露了背叛国家与推翻政府的阴谋，我们知道要想挽救中华民族的危亡，惟有靠自力开辟一条生路，自己不努力，联合任何战线以御外侮，终是引狼拒虎之策，失败必至，张氏未能认清此点，意在将中国四千年来的历史文明，毁灭净尽，岂不可恨？

3. 由于环境的恶劣——陕甘为贫瘠之地，并且连年荒旱，人民本身的痛苦，已经不堪言状，张氏奉令到此，本想尽量搜括，以满足他贪婪无穷的欲望，但是事实恰与其所期相反，而最紧要的一点，下层民众既感受贫困，遂呈显了一种杌陧不安的现象。

4. 由于部下之骚动——前南京发出的紧急专电称："陕变紧张已久，上月中旬以后，各方均劝蒋委员长勿入陕……蒋本人亦于四日赴陕，即晚到达西安，乃至十一日局势紧张达于极度，蒋乃定次晨八时对驻省军队训话，距十二日晨六时，张即率其部下军官至行辕见蒋谓：'现在他们来了，你自己对他们说罢。'……"于此可见张氏部下紊乱的情形，跃跃欲试的姿态，亦可略窥一斑了。

5. 由于调闽之说——按张氏本为败军之将，中央令其驻陕"剿匪"，目睹其奉令"剿匪"而实际与"匪"联合的行为，就恐怕他日久变乱，所以中央曾有令其部队调闽驻防之说，张氏心虚未往，而对中央遂怀忌恨与待机生变的决心。

B. 陕变的展望——自事变发生以来，全国最关心的，当然〈是〉蒋委员长的安全，就事实的推测，蒋公的安全是不成问题的，因为张氏〈为〉保全个人及其全体军士的生命计，他不敢稍有损害于蒋公的，那么他所以迟迟不护送蒋公出险的原因，是因为他有所要求，但是中央因本既定的国策，绝对不与他谈政治，恐张氏的要求，迟早总归成为画饼的。至于将来陕事解决的途径，总不外武力与和平的两个方法：所谓武力解决者，中央至万不得已时，必不惜一切，用猛烈的炮火，轰炸西安，消灭叛徒，然后迎接蒋公出险；所谓和平解决者，是有待于张氏的觉悟，自觉此举为不对，能够自动地护送蒋公出险。为张氏计，为国家与人民的牺牲计，还是希望张氏从速觉悟，采取后一种的方法，我想张氏的安全亦可无虑的吧？

三　陕变对于绥远战事的影响

自陕事暴发以来，引起了国际间的注视，几乎摇动了中国金融界的稳定，对于万分紧张的战事我们觉得有很大的影响，兹分述于后：

1. 分散抗敌的力量——当绥远的抗敌战士，正在轰轰烈烈与敌人作殊死战的时候，很不幸地在后方起了这样大的一个扰乱，稍有知识的人，必不肯丧心病狂地出此破坏统一的勾当，如此行为，如何不令人切齿呢？假如没有这个事变，倘若我们能够集中军力以抗敌，我们相信现在的察北，不成问题的已经会收复为己有了。曾记得阎先生与张氏的电文中，大概有这样的意思，说张氏通电要求中央停止一切内战，那么由这次事变而引起了内战，这个责任谁负呢？究竟谁负这个责任呢？到底我们不能不归功于张氏吧？如果内战暴发，我们知道张氏的军队，是不难消灭的，但是，我们始终觉得这种牺牲是意外的，浪费的，是分散了抗敌的力量的。

2. 给敌人以准备反攻的机会——西安叛变，与某方以极大的注意，在表面上，某方虽表示了镇静的态度，可是骨子里他们是暗中加紧的呀！不见每日间报纸的登载么？某方由某地运到商都军火多少，某方军官多少，某方兵士多少，处处可以看出某方对于军需的物品，正在充分的供应，对于伪匪，也正在积极地加以训练与调动。他们时时刻刻是在准备着反攻的。本来伪匪自绥北、绥东经我军大挫其锐气后，他们深切地晓得了我军的厉害，故尔他们未敢趁此事变，向我军反攻，也许是他们自揣力量微弱的缘故吧？不然，他们既有机警狡猾的指挥官，哪里能够轻易放松这个机会呢？

3. 减少伪匪预备反正的决心——我们知道，现阶段中的绥远战事，与我军真〔直〕接冲突的，仍是受某方操纵的伪匪，他们同是中国人，因为知识浅薄，生活贫苦，一时不察，才受了某方的引诱，所以他们的听从某方，实在是威力的压迫，盲目的附和，而对于某方并没有绝大的信仰。因此他们既没有一定的信念，唯有附和，结果他们是容易动摇的。如绥北战事方告胜利之后，马上即有金献章、石玉山之流的，纷纷反正。由此可见伪匪之作乱，纯系被动地听人指挥，同时亦可推知他们对于国家的观念虽然淡薄，可是还没有忘得净尽，倘我军能够继续进展的时候，也许他们因了民族义气的感动，良心的刺戟，反正的士兵，也许大有人在哩！但是，陕变传遍全国，领袖遭受困危，在此种情形之下，未尝不与无知反正的匪军以彷徨不前的作用哩！

4. 给前方抗敌战士以伤痛——细思前方抗敌战士，在冰天雪地之中奋勇杀敌，所受的苦痛，实非身历其境者，所能想像得到的。他们究竟为的什么？不是为民族而争生么？为民族而雪积恨么？他们视生命如鸿毛，视民族如泰山，在此次血的抗战中已经充分地表现出来了。在这种伟大的抱负之下——为民族而争生存，他们很希望中华民族能够巩固地团结起来，紧密地组织起来，他们不希望任何中国人与中国人有无为〔谓〕的争执，更不希望有西安的叛变；他们不希望任何中国人遭受不幸的困危，更不希望蒋委员长的行动失去自由，因此我们觉得这次的陕变，实在是给前方将士的心中以莫大的伤痛！

四　尾声

我们知道陕变的发生，开中国历史上一新例，实在是值得注意的一件事迹。事变发生以后，全国人民的心，虽然都填满了愤慨，但是渴望蒋公出险的表示，并不闻咆哮之声，也不见骚动之行，是从镇静中热烈地含蓄着的。这一点，是表示了人民知识的进步，同时也表示了蒋公人格之伟大！政府对于此次事变，马上即有相当的处理，不屈不挠，勇敢果断，毫不见张惶的现象，就此一点，是表示了中国的政府，经蒋公十余年来的计划经营，已奠定了相当的基础，故尔一旦有事，满可应付裕如。所以这次事变的结果，无论就民众说，或政府说，已呈显了上下合一的精神，发挥民族伟大的力量，对于国家前途上来看，的确是值得愉快的一件事情。最后，我希望全国应注意的尚有几点：（一）我们不要因了陕变，就转移了我们对绥远的注视，我们知道陕变不难解决，绥远抗战才是我们的艰苦工作的开始；（二）我们的希望，不仅是收回察北与热河，我们要集中全民族的力量，将敌人赶回老家，恢复中华民国领土的完整，这才是我们的最大的任务哩！

《长城》（季刊）

绥远长城出版社

1936 年 2 卷 3 期

（丁冉　整理）

我所望于新任蒙藏委员会委员长吴忠信氏

记者　撰

语云"天下有道，守在四夷，天下无道，守在四方"，诚以国防前线对于国家之重要，自古已然，于今尤烈。我国自海关洞开，藩篱尽撤，边地丧失，由海而陆，西藏班洪事件，迄未能完满解决，虽在慢性侵略的日刻月削之中，尚未至于扩大，惟最堪殷忧者，自东北四省失陷后，继之以冀东自治，察北沦亡，最近绥东复紧张万分，眼见国人所极为注意之西北，又将继东北而为国防前线，如剥蕉心，如抽茧丝，层层逼迫，步步沦亡，思之心痛。兹以个人观感所及，兹将外人侵略边疆情形及今后补救办法分述于后，冀当局者，一垂察焉。

一、侵略边疆情形　大抵外人之侵略我边疆也，最上策为利诱归顺，利诱不动，则加以威胁，威胁不成，则分化内部而实行骚扰。此三种方式，在已往之强国抱有侵略主义者，无不奉为金科玉律，一致遵行，不过现在科学进步，思想进步，所用的方法，更钩心斗角，愈演愈烈，纵横排〔捭〕阖，无所不至，争拓领土，扩张市场，迄无了日，故一九一四年之大战，即各国在此三种方式外，归根到底实力征取之总清算。今日之绥东问题，亦是此三种方式已失功效，而使敌人不得不实施最后之途径也。据绥东四旗剿匪司令达密凌苏龙氏畅谈绥东事变云，此事发生于七月三十日，是日有匪军数百人，进窥陶林，经民团击退后，即向商都遁去。八月二日，复集众数千人，再度来犯，与我部正式接触，相持数日，不支而退。此后彼方乃知骚扰之不可能，迄今正在准备实行实力征取，故尚未来犯。不过察北来犯之伪军，德王原有之蒙队约千余人，李守信部千余人，卓什海部千余人，包悦卿、包贵卿、王英等共合数千人，总计约在万人左右，惟多乌合之众，故抵御尚不甚难。此后匪军准备充足，匪军之幕后，又有强大之助力，则我国国防前线防守之事，极难言矣。我人读了上述边情，而知外人侵略我国国防前线之日益亟迫，侵略程度之日益严重，斯则凡我国人均当加以深切之注意，执政者更应深思远虑及早预防者也。

　　二、今后补救办法　今后补救办法，第一端在民众教育，此种教育，为一种强迫教育之实施。近年以来，蒙藏两地，为帝国主义愚民教育或殖民地教育所侵占，思想已渐趋于极端之麻醉，加以年来天祸流行，灾眚常见，民众呻吟于困苦艰难中，无法救济，遂为外人所乘，乘机煽惑，智利兼施，以致汉奸遍地，虎伥盈庭，压抑义民，摧残同种，实为必然。是以今后之图，治标之自卫武力，固甚迫切需要，而纠正民众思想，实施民众教育，以激起爱国情绪，亦为不可少之根本要政。诚能努力实施，使其得知是非顺逆，轻重利害，不为敌人利用，实胜练精兵十万。第二端在民众救济，今日蒙藏所感切肤之痛苦者，实为生活之恐慌，历代大患，如赤眉、黄巢、黄巾等之乱，皆以此弱点为其利用之机会，诚以民众生活之不能解决，则饥馑相望，〈盗〉贼蜂起，政治上愈无办法，不特边陲不固，适足成敌人侵略之企图。如能顺其情俗，察其地利，为之改良畜牧，为之振兴农产，使空虚边檄国防前线重要之地，成为金城汤池可守可攻之域。

　　吾人爱护党国，关怀蒙藏，诚不胜其忧虑！深望蒙藏当局者，懔于"天下有道，守在四夷，天下无道，守在四方"之古训，而

努力迈进，因时应付，措置悉宜，不使国防前线，日益逼戚，则
民生国命，实利赖之。

《西北导报》（半月刊）

南京西北导报社

1936 年 2 卷 3 期

（朱宪　整理）